RÉUSSIR L'EXAMEN

prépabac

Tle GÉNÉRALE
NOUVEAU BAC

W0368260

SVT

SPÉCIALITÉ

- **Sébastien Castillo**
  Professeur agrégé de SVT
- **Jonathan Faivre**
  Professeur agrégé de SVT
- **Sabrina Gaillardou**
  Professeure agrégée de SVT
- **Anne Le Nost**
  Professeure certifiée de SVT
- **Hervé Mulard**
  Professeur agrégé de SVT
- **Delphine Roumier**
  Professeure agrégée de SVT
- **Bruno Vah**
  Professeur agrégé de SVT

Avec la collaboration de Denise Maréchal

Hatier

Le site de vos révisions

L'achat de ce Prépabac vous permet de bénéficier d'un **ACCÈS GRATUIT*** à toutes les ressources d'**annabac.com** :

- fiches de cours, vidéos, résumés audio, quiz interactifs, exercices et sujets d'annales corrigés ;
- parcours de révision sur chaque thème du programme ;
- plannings de révision à J – 30, J – 15 et J – 7.

Pour profiter de cette offre, rendez-vous sur www.annabac.com !

* Selon les conditions précisées sur le site.

Maquette de principe : Frédéric Jély
Mise en pages : IDT
Schémas : Corédoc
Iconographie : Hatier Illustration
Édition : Michel Zelvelder

ISBN 978-2-401-06451-5

Mode d'emploi

Comment utiliser votre Prépabac tout au long de l'année ?

▸ Commencez par situer votre niveau de connaissance grâce au TEST en début de chaque chapitre : votre score vous permet d'établir **votre parcours de révision** dans le chapitre.

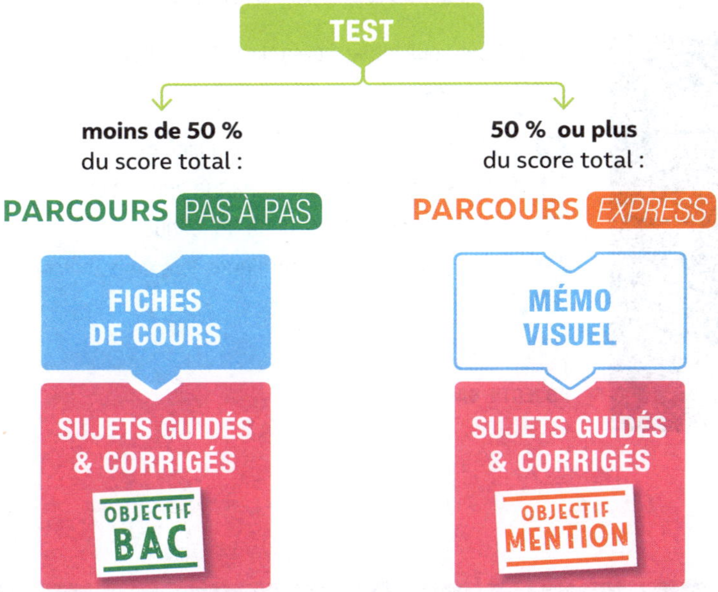

▸ Notez que les sujets OBJECTIF SUP portent sur des thèmes qui ne sont pas au programme de l'épreuve écrite, mais sont utiles à la poursuite de vos études.

Comment vous organiser dans la dernière ligne droite ?

▸ Ciblez vos révisions et exercez-vous en priorité avec les **sujets** OBJECTIF BAC que vous n'avez pas encore traités. Puis vous pouvez compléter avec des sujets OBJECTIF MENTION.

▸ Vous trouverez aussi sur le site **annabac.com** des ressources utiles dans la phase de révision finale (voir ci-contre).

▸ Pour préparer **le Grand Oral** sur une question de SVT, consultez le chapitre 13.

SOMMAIRE

*Les thèmes suivis d'un astérisque * ne sont pas au programme de l'épreuve écrite du bac, mais doivent être maîtrisés pour le Grand Oral et sont utiles à la poursuite de vos études.*

La Terre, la vie et l'organisation du vivant

1 L'origine du génotype des individus

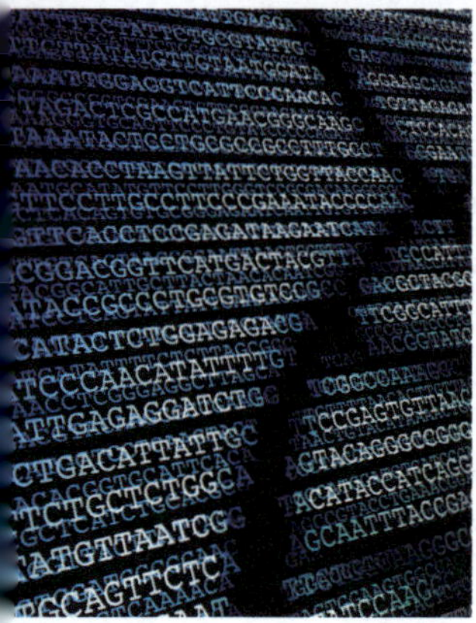

2 L'évolution des génomes au sein des populations

3 Retracer l'histoire de la Terre

Enjeux contemporains de la planète

4 L'organisation fonctionnelle des plantes à fleurs

SOMMAIRE

5 Reproduction de la plante : entre vie fixée et mobilité

6 La domestication des plantes

7 Comprendre les climats du passé

8 Agir sur le réchauffement climatique actuel

Corps humain et santé

9 Des réflexes aux mouvements volontaires

10 La cellule musculaire, une cellule spécialisée

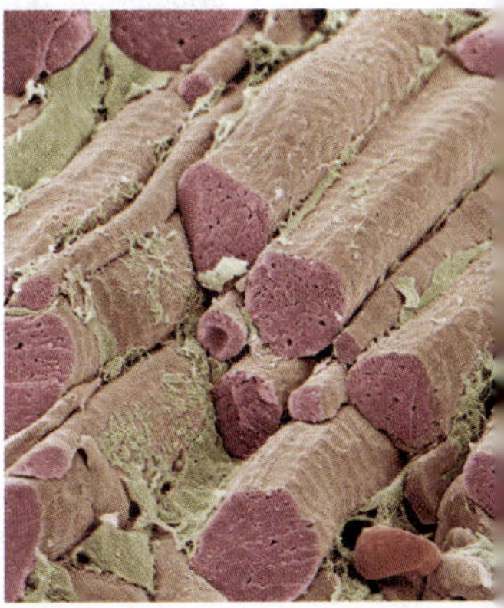

11 Le contrôle des flux de glucose, source essentielle d'énergi

12 Comportements et stress de l'organisme

Le Grand Oral

13 Préparer le Grand Oral sur une question de SVT

Annexes

1 L'origine du génotype des individus

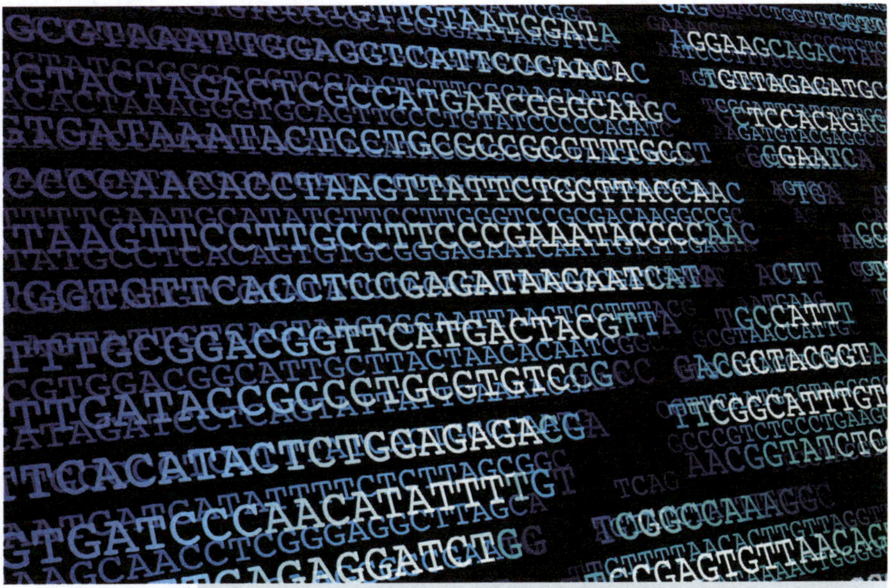

Le séquençage du génome humain (composé de milliards de bases A, T, G et C) a permis d'avancer considérablement nos connaissances en génétique.

TESTEZ-VOUS

→ CORRIGÉS P. 345

Faites le point sur vos connaissances
puis établissez votre **parcours de révision**
en fonction de votre score.

1 Le clonage

→ FICHE 1

Les clones :

☐ a. permettent la multiplication cellulaire
☐ b. proviennent de plusieurs molécules ancestrales
☐ c. produisent un ensemble de cellules génétiquement différentes ... /1

2 La diversification génétique

→ FICHE 1

La diversification génétique :

☐ a. permet le maintien de la stabilité d'une espèce
☐ b. est due à une accumulation de mutations au sein d'un clone
☐ c. peut apparaître au sein d'un sous-clone ... /1

3 Les allèles

→ FICHE 1

Une cellule diploïde :

☐ a. contient toujours deux allèles identiques pour un même gène
☐ b. qui possède un allèle a et un allèle b pour un même gène est homozygote
☐ c. qui possède un allèle a et un allèle b pour un même gène est hétérozygote ... /1

4 Les brassages génétiques

→ FICHE 2

Les brassages peuvent :

☐ a. être des *crossing-over* qui permettent un échange de chromatides lors de la mitose
☐ b. être interchromosomiques et permettre une répartition aléatoire des chromosomes lors de la méiose
☐ c. permettre d'obtenir des cellules génétiquement identiques ... /1

5 La méiose

→ FICHE 2

La méiose permet :

☐ a. d'obtenir des cellules génétiquement identiques
☐ b. de fabriquer des cellules haploïdes
☐ c. d'obtenir des cellules diploïdes génétiquement différentes ... /1

6 Les bases de la génétique

→ FICHE 3

Le séquençage de l'ADN :

☐ a. permet de connaître précisément le génome d'un individu
☐ b. est source de mutations au sein des cellules
☐ c. est utilisé pour faire des tests de paternité ..../1

7 Lignée pure

→ FICHE 3

Une lignée pure est constituée d'individus :

☐ a. hétérozygotes ☐ b. homozygotes
☐ c. qui présentent un phénotype différent ..../1

8 Les arbres généalogiques

→ FICHE 3

Les arbres généalogiques :

☐ a. permettent d'identifier les familles à risque
☐ b. permettent de suivre la transmission d'un caractère particulier au sein d'une famille
☐ c. sont source de mutations ..../1

9 Les accidents chromosomiques

→ FICHE 4

Les *crossing-over* inégaux :

☐ a. permettent la stabilité de l'espèce
☐ b. sont à l'origine de l'apparition de familles multigéniques
☐ c. n'augmentent pas le nombre de gènes dans une cellule ..../1

10 Les anomalies de la méiose

→ FICHE 4

Une mauvaise séparation des chromosomes :

☐ a. se produit lors de toutes les méioses
☐ b. est à l'origine de l'existence d'individus trisomiques
☐ c. survient uniquement chez la mère ..../1

11 Famille multigénique

→ FICHE 4

Une famille multigénique est :

☐ a. composée de plusieurs gènes homologues
☐ b. l'ensemble des gènes que l'on trouve chez un individu
☐ c. un ensemble de gènes issus de la duplication et de mutations d'un gène ancestral unique ..../1

Score total ..../11

Parcours PAS À PAS ou EXPRESS ? → MODE D'EMPLOI P. 3

1 Stabilité génétique et évolution clonale

En bref *La mitose permet d'obtenir des clones de cellules identiques. Parfois, des mutations entraînent l'apparition de sous-clones génétiquement différents.*

I Clones et stabilité génétique

■ Lors de la multiplication cellulaire ou mitose, les cellules d'un organisme se reproduisent à l'identique. On peut donc obtenir un groupe de cellules, issues d'une seule cellule ancestrale, génétiquement identiques, qu'on appelle un clone. Cette multiplication à l'identique est à l'origine de la stabilité génétique.

■ Les mitoses interviennent dans le renouvellement cellulaire, notamment pour les cellules à multiplication rapide comme les cellules de la peau.

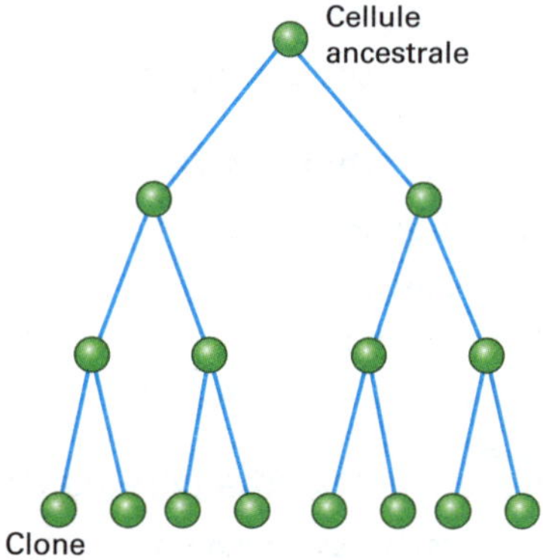

Doc 1 Clones d'une cellule ancestrale

■ Les clones peuvent être des cellules libres (bactéries, cellules immunitaires), des cellules associées en tissus (peau, intestin) ou des organismes entiers. Le clonage est utilisé en agriculture pour obtenir des végétaux aux caractéristiques identiques de génération en génération.

II Diversification génétique au sein d'un clone

■ Parfois, au sein des cellules issues d'un clone, des mutations peuvent survenir, puis se transmettre à la descendance de la cellule mutée. Ces mutations sont à l'origine de cellules génétiquement différentes de la cellule ancestrale, qui se multiplient à leur tour pour créer une lignée de sous-clones.

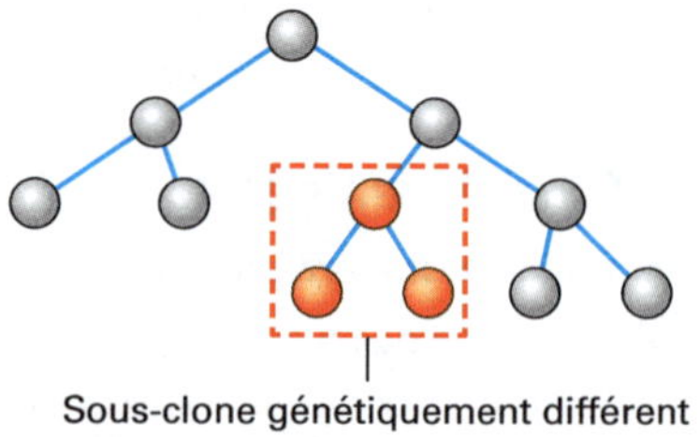

Doc 2 Mutation au sein d'un clone

■ L'accumulation de mutations au sein de la lignée d'un clone modifie ainsi l'information génétique et entraîne une diversification génétique.

Méthode

Expliquer l'origine des cellules cancéreuses

L'être humain est constitué de milliards de cellules qui se renouvellent régulièrement à l'identique par mitose.

Un cancer se développe à partir d'une cellule saine qui a été modifiée, la cellule devient alors cancéreuse et se multiplie pour former une tumeur.

À l'aide du document, expliquer l'origine des cellules cancéreuses formant une tumeur.

Doc Les perturbations du génome et la cancérisation

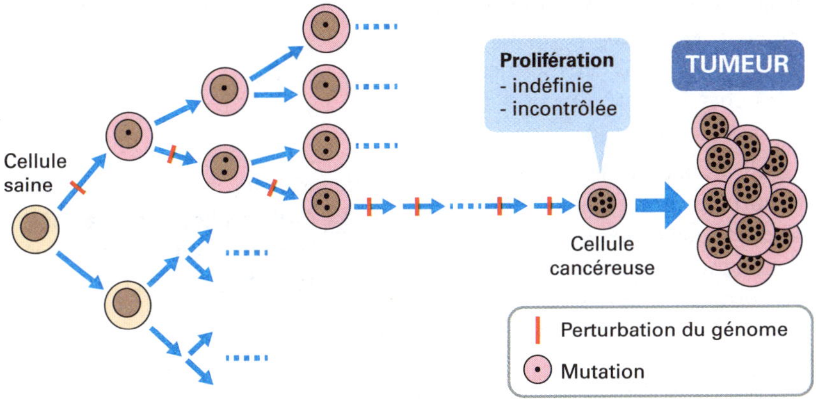

CONSEILS

Étape 1 Indiquer pour chaque embranchement le nombre de mutations présentes à la troisième génération.
Étape 2 Citer l'embranchement qui perturbe le génome.
Étape 3 Conclure sur l'origine des cellules cancéreuses de la tumeur.

SOLUTION

Étape 1 Pour les deux embranchements du haut, on observe une mutation qui persiste à la troisième génération, le troisième embranchement montre deux mutations, le quatrième trois mutations, les quatre derniers n'en présentent aucune.

Étape 2 Seules les mutations du quatrième embranchement perturbent durablement le génome (barres verticales).

Étape 3 Les mutations qui perturbent le génome sont responsables de l'apparition d'une cellule cancéreuse. Celle-ci va alors se multiplier et créer un sous-clone qui donnera alors une tumeur cancéreuse.

2 Le brassage génétique à chaque génération

En bref *Lors de la méiose, les allèles se répartissent dans les gamètes : c'est le brassage génétique. Ce brassage est à l'origine d'une diversité allélique, qui sera accentuée lors de la fécondation.*

I Homozygotes et hétérozygotes

■ Une cellule diploïde contient deux exemplaires de chaque gène. Les deux versions de ces gènes ou **allèles** peuvent être présentes sous une même forme chez les **homozygotes** (A et A par exemple) ou sous deux formes différentes chez les **hétérozygotes** (A et O).

■ Les allèles peuvent être **récessifs**, et ne s'exprimer qu'à l'état homozygote (quand les deux allèles sont présents), ou **dominants** et s'exprimer dès qu'un seul d'entre eux est présent.

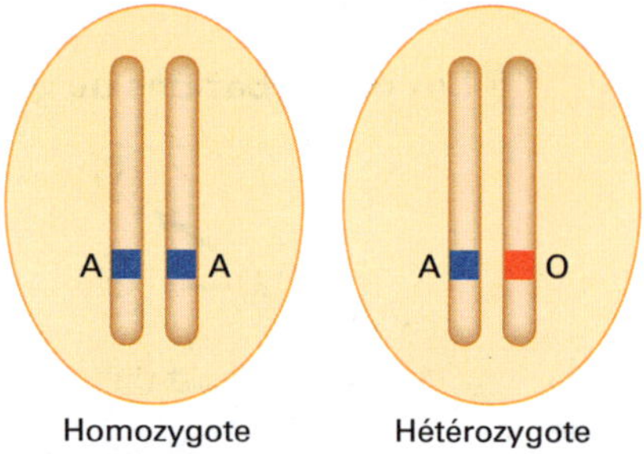

Doc **Cellules homozygote et hétérozygote présentant les allèles A et O**

II Les brassages lors de la méiose

■ La méiose permet de passer d'une seule cellule diploïde à quatre cellules haploïdes après deux divisions cellulaires successives comportant chacune **quatre phases** (prophase, métaphase, anaphase et télophase) 1 et 2.

■ Chaque cellule fille haploïde ne comporte qu'un seul allèle de chaque gène. Les allèles se répartissent de façon différente lors de la méiose : c'est ce que l'on appelle le **brassage génétique**.

■ Il y a deux types de brassage génétique :
- un **brassage interchromosomique**, qui correspond à une séparation aléatoire des chromosomes homologues lors de l'anaphase 1 de la méiose ;
- un **brassage intrachromosomique ou *crossing-over***, qui correspond à un échange entre chromatides de chromosomes homologues lors de la prophase 1 de la méiose et qui est responsable d'échanges d'allèles des paires homologues.

■ Les brassages génétiques permettent de produire des gamètes différents pour les gènes présents à l'état hétérozygote. Plus les gènes d'une cellule sont présents à l'état hétérozygote, plus le nombre de combinaisons de gamètes différents est grand. La fécondation fusionnera ensuite deux génomes indépendants, ce qui augmente encore la **diversité allélique**.

Méthode

Expliquer la transmission des groupes sanguins

Manon, élève de terminale, se pose des questions : son père est du groupe A– et sa mère du groupe B+. Elle est du groupe O– et son petit frère, Paul, du groupe AB+. Les groupes sanguins sont l'expression de deux gènes : le gène du système ABO et le gène du système Rhésus.

Expliquer, à l'aide du tableau, les groupes sanguins de Manon et de Paul, ainsi que celui de leurs parents.

Gènes	Système ABO	Système Rhésus
Allèles	A, B et O	+ et –
Allèle(s) dominant(s)	A et B	+
Allèle récessif	O	–

CONSEILS

Étape 1 Écrire le phénotype et le génotype de Manon et de Paul pour chacun des deux gènes et celui de leurs parents.

Étape 2 Préciser l'origine paternelle ou maternelle des allèles présents chez Manon et Paul.

SOLUTION

Étape 1 Manon est du groupe O– : elle possède donc l'allèle (O) du système ABO et l'allèle (–) du système Rhésus. Elle est homozygote [OO] pour le système ABO et homozygote [– –] pour le système Rhésus. C'est la seule solution, car les deux allèles sont récessifs et parviennent à s'exprimer.

Paul est du groupe AB+ : il possède donc les allèles (A) et (B) du système ABO et l'allèle (+) du système Rhésus. Il est [AB] pour le système ABO, mais peut être soit (+//–), soit (+//+) pour le système Rhésus.

Le père est [A] et sa fille est [O], donc il est (A//O). Comme il est de Rhésus négatif, il est homozygote pour ce caractère (+//+).

La mère est [B] et sa fille est [O], donc elle est (B//O). Comme elle est de Rhésus positif et que sa fille est de Rhésus négatif, elle est hétérozygote (+//–) pour ce caractère.

Étape 2 Manon a reçu un allèle (O) et un allèle (–) de chacun de ses deux parents, seule condition pour qu'elle soit homozygote pour les deux gènes.

Paul a reçu l'allèle (A) de son père et l'allèle (B) de sa mère. Pour le gène Rhésus, il a reçu l'allèle (+) de sa mère et l'allèle (–) de son père.

3 Les principes de base de la génétique

En bref *Pour étudier la transmission de caractères héréditaires, on réalise des croisements ou des arbres généalogiques. Le séquençage de l'ADN permet de connaître le génome d'un individu.*

I Principe des croisements

- Gregor Mendel a élaboré les principes de la génétique sous la forme de trois lois. Lors d'un croisement, les hybrides de première génération présentent un phénotype homogène, les gamètes ne contiennent qu'un seul allèle (pureté des allèles) et les allèles se séparent de manière indépendante.

- La transmission des caractères héréditaires est étudiée au moyen de croisements entre individus de lignée pure. Une lignée pure est un ensemble d'individus homozygotes pour tous les caractères étudiés. On appelle phénotype, noté entre crochets, le caractère observable que l'on étudie, et génotype, noté entre parenthèses, l'allèle présent chez un individu.

II Étude d'un arbre généalogique

Pour étudier la transmission des caractères dans l'espèce humaine, on réalise des arbres généalogiques. On indique ainsi la transmission d'un caractère particulier présent au sein d'une famille, ce qui permet, à partir du phénotype des individus, de reconstituer leur génotype à toutes les générations.

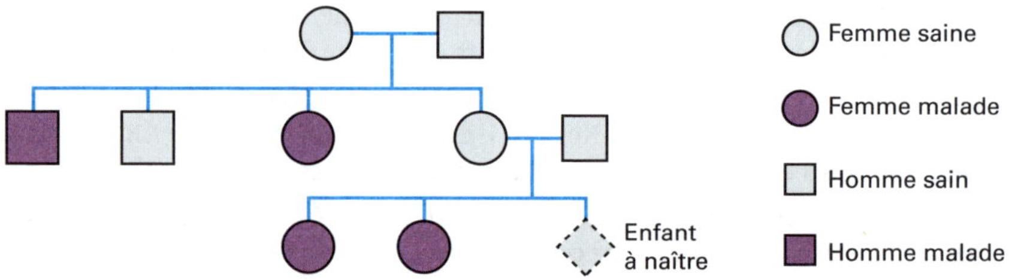

Doc Arbre généalogique d'une famille atteinte par une maladie génétique

III Séquençage de l'ADN

- Le séquençage de l'ADN consiste à déterminer l'enchaînement des nucléotides de l'ADN d'un individu. On peut ainsi connaître les caractéristiques de cet individu et en déduire celles des autres membres de sa famille.

- Chez l'Homme, un séquençage de l'ADN permet notamment d'identifier les gènes responsables de maladies génétiques ou de faire des tests de filiation.

Méthode

Effectuer le diagnostic prénatal d'une maladie génétique

Dans la famille L, les deux parents sains ont donné naissance à un enfant atteint d'une maladie génétique récessive. Lors d'une troisième grossesse, tous les membres de la famille sont testés afin de savoir si l'enfant à naître sera malade. On notera (m) l'allèle responsable de la maladie et (s) l'allèle sain.

Expliquer à l'aide des documents si l'enfant à naître sera malade.

Doc 1 Arbre généalogique de la famille L

Doc 2 Diagnostic prénatal par électrophorèse

On découpe l'ADN avec des enzymes de restriction afin d'obtenir des fragments d'ADN coloré pour le gène de la maladie, que l'on fait ensuite migrer dans un gel.

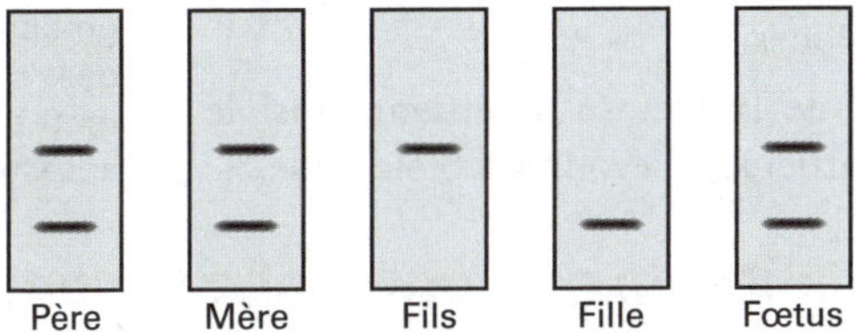

CONSEILS

Étape 1 Établir le génotype de chacun des deux parents, en comparant les bandes obtenues avec le phénotype des enfants malade et sain.

Étape 2 Établir le génotype de l'enfant à naître d'après son test prénatal, en le comparant aux autres membres de la famille.

SOLUTION

Étape 1 Les deux parents sont hétérozygotes pour le gène étudié, car ils possèdent chacun deux bandes différentes, donc deux allèles différents :

- une bande qui correspond à l'allèle (m), que l'on retrouve chez leur fille malade ;
- une bande qui correspond à l'allèle (s) que l'on retrouve chez leur fils sain.

Les deux parents sont donc [m//s].

Étape 2 D'après le diagnostic prénatal, le fœtus est hétérozygote [m//s], puisqu'il a les mêmes résultats que ses parents. Il ne sera donc pas malade.

4 Les accidents chromosomiques lors de la méiose

En bref *Les anomalies de la méiose, comme les* crossing-over *inégaux, sont à l'origine de l'évolution, mais aussi d'anomalies du caryotype, comme la trisomie 21.*

I Les anomalies de la méiose

- Lors des *crossing-over*, il arrive que les échanges de fragments de chromatides ne soient pas équivalents. On parle de *crossing-over* inégal.
- Les chromosomes affectés par un *crossing-over* inégal, en fin de méiose, présentent des combinaisons génétiques différentes. Dans le document 1, l'un des deux chromosomes possède deux copies du gène A, alors que l'autre chromosome n'aura plus de gène A. Ce gène supplémentaire peut ensuite muter et être à l'origine de familles multigéniques.
- Les anomalies de la méiose modifient ainsi le génome, ce qui participe à l'évolution biologique.

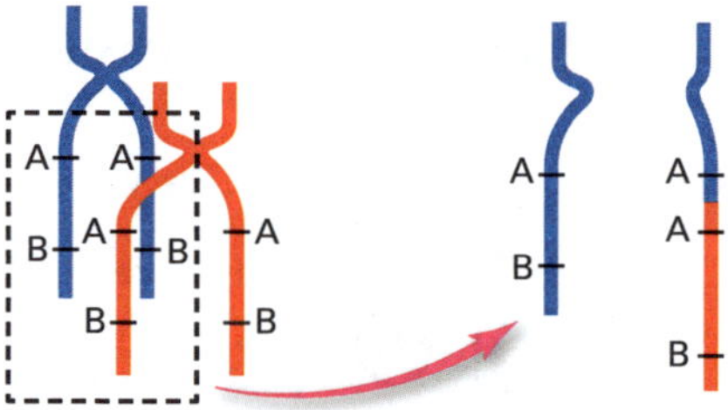

Doc 1 ***Crossing-over* inégal**

MOT CLÉ
Famille multigénique : groupe de gènes issus de la duplication et de mutations d'un gène ancestral unique.

II Les anomalies du caryotype chez l'homme

- Une mauvaise séparation des chromosomes lors de la méiose peut entraîner la formation d'un gamète avec des chromosomes en plus ou en moins.
- La plupart de ces anomalies ne sont pas viables, hormis quelques trisomies comme la trisomie 21 ou monosomie sexuelle.

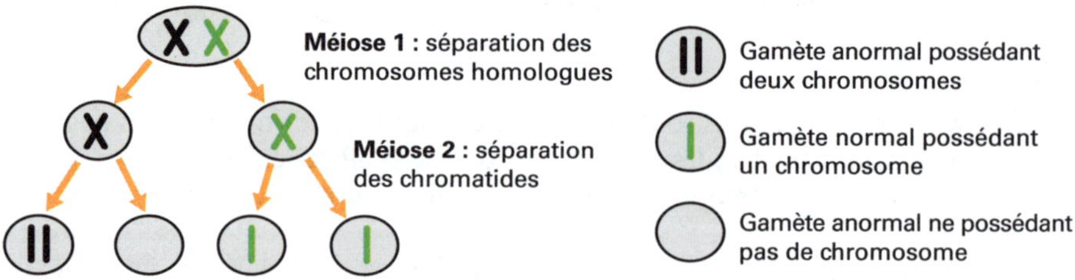

Doc 2 **Schéma d'une méiose anormale**

Méthode

Déterminer l'origine du syndrome de Klinefelter

Le syndrome de Klinefelter est une anomalie présente chez 1/500 à 1/1 000 nouveau-nés masculins. Il entraîne de nombreuses anomalies dans le développement de l'appareil génital, entraînant une stérilité. Pour poser le diagnostic, on réalise un caryotype.

Déterminer à l'aide du document et de vos connaissances l'origine du syndrome de Klinefelter.

Doc **Caryotype d'une personne atteinte du syndrome de Klinefelter**

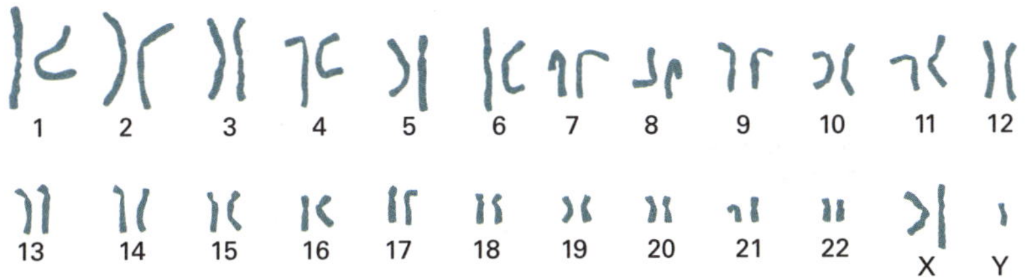

CONSEILS

Étape 1 Trouver l'anomalie affectant le caryotype de la personne malade.
Étape 2 Faire un schéma pour expliquer l'anomalie observée.

SOLUTION

Étape 1 On remarque que la 23e paire de chromosomes comporte trois chromosomes sexuels (XXY) au lieu de deux (XX ou XY). C'est cette anomalie qui est responsable du syndrome de Klinefelter.

Étape 2 Les chromosomes se sont mal répartis lors de la formation des gamètes. Le chromosome X est en double exemplaire au lieu d'un seul chez l'un des deux parents. On obtient donc une cellule-œuf avec 47 chromosomes, dont trois pour la 23e paire.

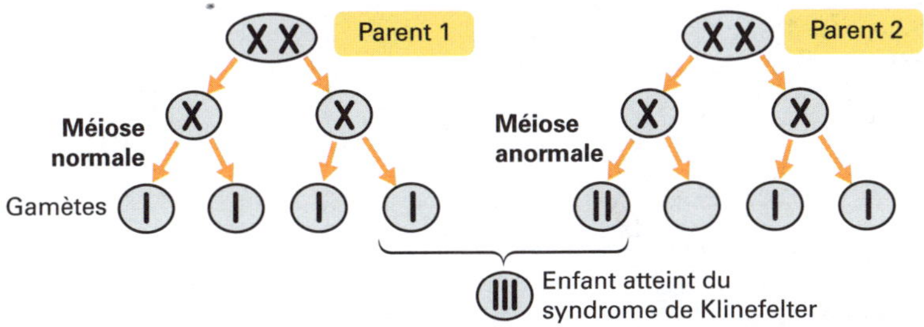

Doc **Anomalie responsable du syndrome de Klinefelter**

MÉMO VISUEL

Le brassage intrachromosomique

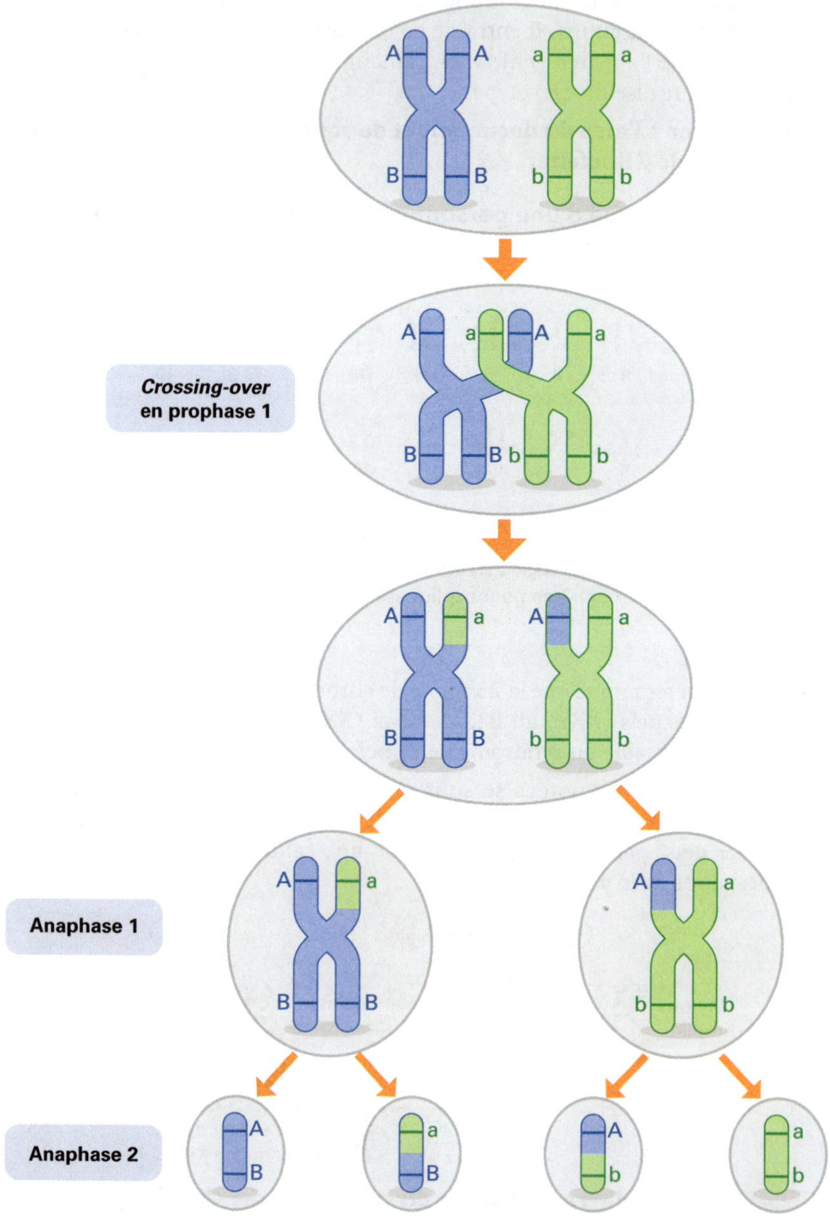

Le brassage interchromosomique

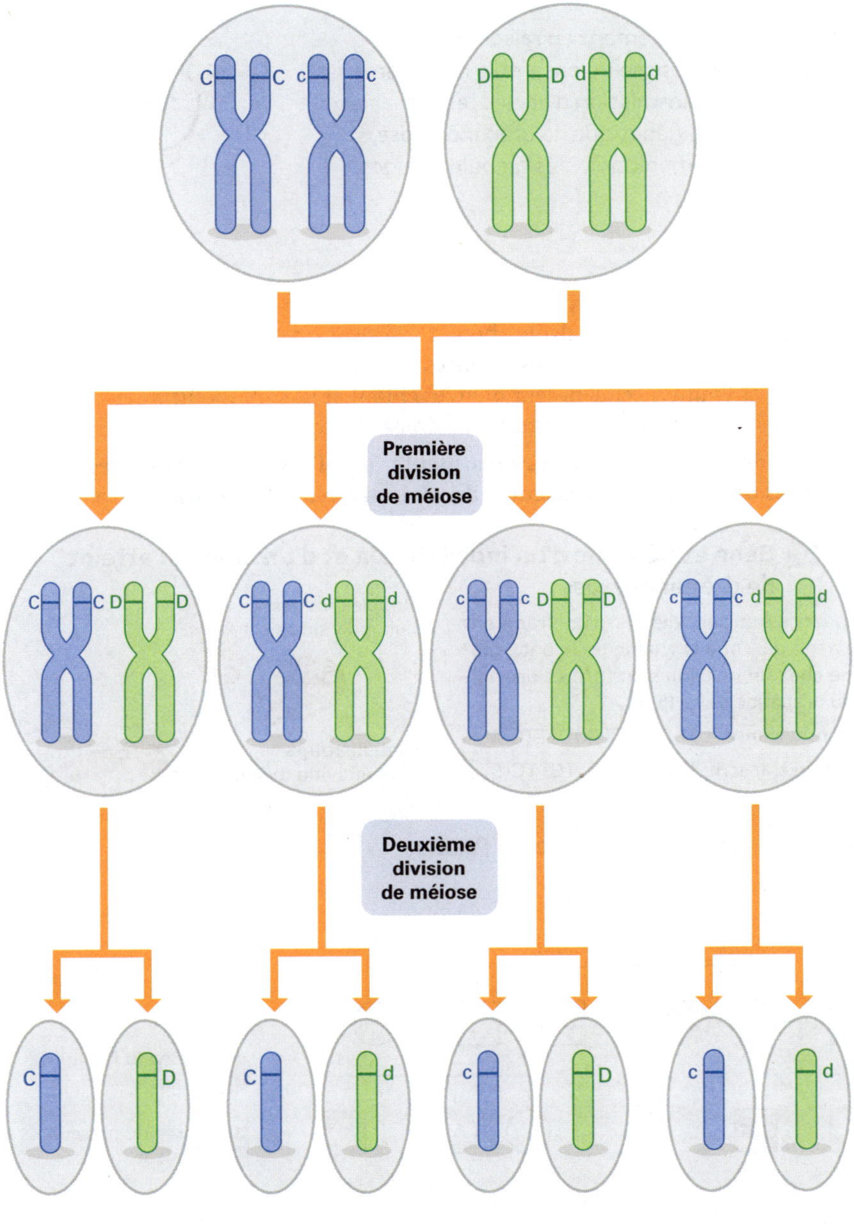

SUJET 1 | OBJECTIF BAC

30 min La transmission de la drépanocytose

→ FICHE 3

Ce sujet d'entraînement au raisonnement scientifique propose un ensemble de documents relatifs à la transmission d'allèles responsables d'une maladie génétique, la drépanocytose, affectant l'hémoglobine des globules rouges.

LE SUJET

La drépanocytose est une maladie altérant le fonctionnement de l'hémoglobine ; cette maladie peut avoir des conséquences graves sur la qualité de vie d'un individu. Paul et Émilie attendent leur premier enfant et ils sont inquiets car certains membres de leur famille sont atteints de drépanocytose.

À partir de l'exploitation des documents, établir les génotypes des trois membres de la famille et discuter du phénotype de l'enfant à naître.

Doc 1 Gène et hématie d'un individu sain et d'un individu atteint de drépanocytose

Séquences nucléotidiques d'un fragment du gène qui code la chaîne de la bêta-globine chez un individu sain (βA) et un individu drépanocytaire (βS) :

βA : brin transcrit 3'-GGACTCCTCTTC-5'

βS : brin transcrit 3'-GGACACCTCTTC-5'

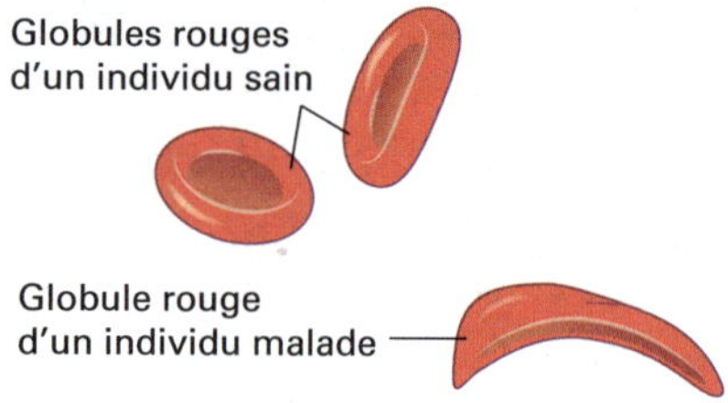

Doc 2 Arbre généalogique de Paul

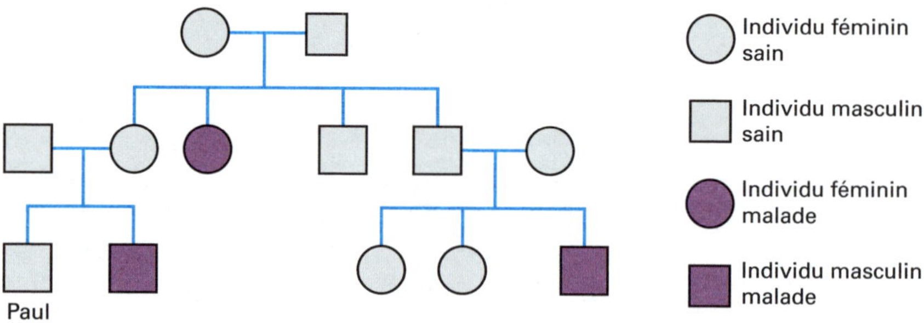

Doc 3 Cartographie génétique ou test ADN

La méthode RFLP (*Restriction Length Fragment Polymorphism*) est basée sur la technique du *Southern Blot* qui permet de couper l'ADN grâce à des enzymes de restrictions, puis de faire migrer les bandes obtenues pour la bêta-globine en colorant les allèles recherchés.

a. Résultats pour la famille de Paul. **b.** Résultats témoins.

1,35 kb →
1,15 kb →

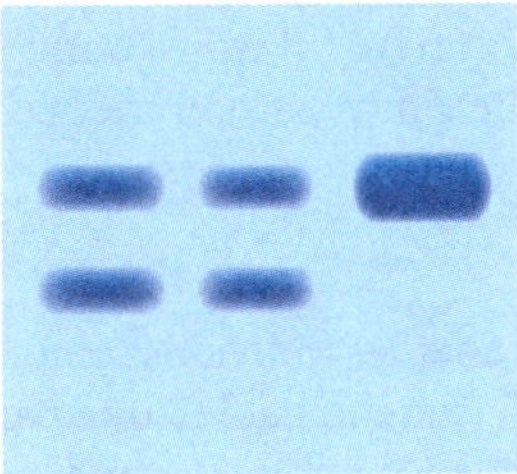

a. Paul Émilie Fœtus

1,35 kb →
1,15 kb →

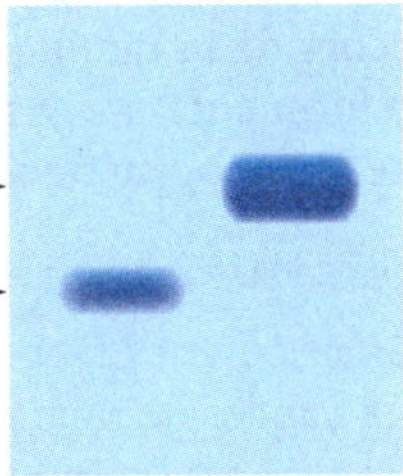

b. Individu sain Individu malade

LES CLÉS POUR RÉUSSIR

Étape 1 Avant de déterminer les génotypes, montrez qu'il s'agit d'une maladie génétique (doc. 1) : il y a une mutation que l'on met en évidence en comparant les séquences ADN d'une personne saine et d'une personne malade.

Étape 2 Constatez la présence d'individus malades au sein d'une famille (doc. 2), ce qui augmente le risque de maladie génétique.

Étape 3 Déterminez, à l'aide du document 3, le génotype des différents membres de la famille, ce qui va permettre de déterminer le phénotype de l'enfant à naître et ainsi de conclure.

LE CORRIGÉ

Les titres en couleurs ne doivent pas obligatoirement figurer sur la copie.

Introduction

La drépanocytose étant une maladie génétique, on cherche à connaître le phénotype d'un enfant à naître. Pour cela, il faut déterminer que cette maladie est génétique, puis les génotypes des parents.

La drépanocytose, une maladie génétique

Le **document 1** montre une différence de séquence entre les allèles d'une personne malade (S) et d'une personne saine (A). Une mutation affecte le 5e nucléotide :

on trouve un T à la place d'un A. Cette mutation est à l'origine de la malformation des hémoglobines, ce qui provoque les symptômes de la maladie. La drépanocytose est donc une maladie héréditaire dont on peut suivre le devenir à l'aide d'un arbre généalogique.

Une famille à risque

Dans l'arbre généalogique de Paul (doc. 2), on remarque que des membres proches de sa famille sont malades, dont son frère : il existe donc un risque que son futur enfant soit atteint par cette maladie. Pour le savoir avec certitude, il faut faire un test génétique.

Utilisation des tests ADN

- Grâce au test ADN (doc. 3), on remarque chez les individus témoins qu'il existe deux bandes de migration pour les allèles de cette maladie : une bande à 1,35 kb présente chez les individus malades, que l'on peut noter s, et une bande à 1,15 kb présente chez les individus sains, que l'on peut noter A.

CONSEIL DE MÉTHODE

Comparez les bandes obtenues pour des personnes saines et malades avec celles obtenues pour les différents membres de la famille.

- Paul et Émilie ont les mêmes résultats. Ils possèdent les deux bandes, ils sont donc hétérozygotes pour le gène de la bêta-globine et leur génotype est (A//s). Ils ne sont pas malades, l'allèle est donc récessif par rapport à l'allèle A. En revanches, leur futur enfant ne possède qu'une bande située à 1,35 kb, qui représente l'allèle s. Il est donc de génotype (s//s) et sera malade.

Conclusion

Le test génétique a permis de déterminer le phénotype des parents et de l'enfant à naître. L'utilisation d'un diagnostic prénatal est donc indispensable pour savoir si l'enfant à naître sera ou non atteint de la maladie.

SUJET 2 | OBJECTIF BAC

60 min

Déterminisme génétique de la couleur des oignons

→ FICHE 2

Ce sujet d'entraînement au raisonnement scientifique étudie le déterminisme de la couleur des oignons. Il permet de comprendre les notions de codominance et de brassage génétique qui apparaissent dans cette plante.

LE SUJET

La couleur des oignons est due à la présence d'un pigment rouge, une anthocyane, dans leur épiderme. La synthèse de ce pigment est le résultat d'une chaîne de biosynthèse.

À l'aide de l'analyse des documents et de vos connaissances, montrer combien de gènes permettent la fabrication du pigment de l'oignon.

Doc 1 Croisements d'oignons

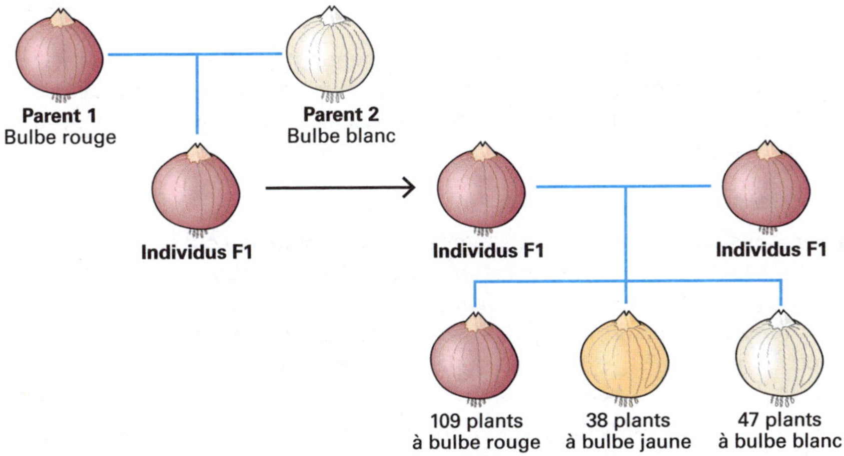

Doc 2 Chaîne de biosynthèse du pigment des oignons

La synthèse des pigments chez un oignon nécessite l'intervention d'enzymes qui sont codées par des gènes situés sur des chromosomes différents. Certaines mutations rendent les enzymes non fonctionnelles et changent ainsi la couleur des oignons.

Pigment 1 (blanc) —Enzyme 1→ Pigment 2 (jaune) —Enzyme 2→ Pigment 3 (rouge)

LES CLÉS POUR RÉUSSIR

Étape 1 Partez du document 2 afin de comprendre comment sont synthétisés les pigments. Dans une chaîne de biosynthèse, il y a fabrication d'un produit final (pigment rouge) à partir de précurseurs (pigments blanc et jaune) grâce à des enzymes codées par des gènes.

Étape 2 Utilisez le document 1 pour faire l'hypothèse que les deux gènes sont indépendants. Analysez les deux croisements. Indiquez le phénotype des différents oignons et précisez les enzymes fonctionnelles ou non.

Étape 3 Donnez les rapports de dominance et de récessivité dans le premier croisement. Testez l'hypothèse à l'aide du deuxième croisement et d'un tableau de croisement.

Étape 4 Pour conclure, comparez les résultats obtenus à l'aide du tableau avec les résultats observés dans l'expérience : s'ils concordent, l'hypothèse est validée.

LE CORRIGÉ

Il n'est pas exigé de faire figurer sur la copie les titres en couleurs.

Introduction

La synthèse des différents pigments des oignons nécessite le fonctionnement d'une chaîne de biosynthèse et donc de différents enzymes codés par des gènes. On cherche à savoir combien de gènes permettent la synthèse du pigment rouge des oignons.

La chaîne de biosynthèse

- On constate qu'il y a trois pigments possibles pour la couleur des oignons : blanc, jaune et rouge. La fabrication de ces pigments nécessite une chaîne de biosynthèse. On suppose qu'il faut deux gènes pour faire fonctionner cette chaîne : un gène pour l'enzyme 1 avec l'allèle fonctionnel noté E1+ et l'allèle non fonctionnel noté E1, et un gène pour l'enzyme 2 avec l'allèle fonctionnel noté E2+ et l'allèle non fonctionnel noté E2.
- Pour qu'un oignon soit rouge, il faut que les deux enzymes soient fonctionnelles : on notera son phénotype [E1+, E2+]. Pour qu'un oignon soit jaune, il faut que E1 soit fonctionnel mais pas E2. Pour qu'un oignon soit blanc, il faut soit que les deux enzymes ne soient pas fonctionnelles, soit seulement E2, car sans fabrication du pigment jaune il ne peut y avoir de pigment rouge. On peut donc avoir des phénotypes [E1, E2] ou [E1, E2+].

Analyse des croisements

CONSEIL DE MÉTHODE
Afin de déterminer le nombre de gènes impliqués, on teste toujours l'hypothèse la plus simple : un gène code pour un caractère.

- Pour le premier croisement, on a des individus de race pure. On suppose que P1 possède deux allèles d'enzymes non fonctionnelles. P1 est rouge, il est donc (E1+//E1+, E2+//E2+) et P2 est blanc, il est donc (E1//E1, E2//E2). On obtient en F1 des individus [E1+, E2+].
- Pour tester l'hypothèse, on réalise un tableau de croisement entre les individus F1.

Gamètes de F1 (colonnes) / Gamètes de F1 (lignes)	(E1+/, E2/)	(E1+/, E2+/)	(E1/, E2/)	(E1/, E2+/)
(E1+/, E2/)	[E1+, E2]	[E1+, E2+]	[E1+, E2]	[E1+, E2+]
(E1+/, E2+/)	[E1+, E2+]	[E1+, E2+]	[E1+, E2+]	[E1+, E2+]
(E1/, E2/)	[E1+, E2]	[E1+, E2+]	[E1, E2]	[E1, E2+]
(E1/, E2+/)	[E1+, E2+]	[E1+, E2+]	[E1, E2+]	[E1, E2+]

- Ce tableau donne les résultats théoriques suivants : il y a 9/16ᵉ oignons de phénotype [E1+, E2+], c'est-à-dire 56 % d'oignons rouges, 3/16ᵉ oignons de phénotype [E1+, E2], c'est-à-dire 18 % d'oignons jaunes et 3/16ᵉ oignons de phénotype [E1, E2+], ce qui fait des oignons blancs et 1/16ᵉ oignons de phénotype [E1, E2], ce qui fait aussi des oignons blancs, soit au total 25 % d'oignons blancs.
- On compare ensuite ces résultats avec ceux de l'expérience pour tester l'hypothèse. On a obtenu dans l'expérience 56 % d'oignons rouges, 19 % d'oignons jaunes et 24 % d'oignons blancs, ce qui correspond bien aux résultats théoriques. L'hypothèse est donc validée : la couleur des oignons nécessite le fonctionnement de deux gènes.

Conclusion

La couleur des oignons est due à l'expression de deux gènes codant deux enzymes d'une chaîne de biosynthèse : un gène pour l'enzyme 1 et un gène pour l'enzyme 2. Lorsque ces deux gènes sont fonctionnels, on obtient des oignons rouges. Mais on peut obtenir des oignons blancs ou jaunes si l'une des deux enzymes est non fonctionnelle.

SUJET 3 | OBJECTIF MENTION

80 min Mendel et Morgan, deux théories de l'hérédité → FICHE 2

Ce sujet d'entraînement au raisonnement scientifique permet de comprendre comment les expériences historiques de Mendel et Morgan ont permis de mettre en place la théorie chromosomique de l'hérédité.

LE SUJET

Publiés en 1866, les travaux de Mendel réfutent la théorie d'une hérédité par mélange et permettent l'élaboration de la théorie de l'hérédité particulaire. Ils passent à peu près inaperçus et ne sont redécouverts qu'en 1900. C'est la découverte des chromosomes et des mécanismes de leur transmission qui va conduire à supposer que ceux-ci sont le support des unités d'information héréditaires que l'on nommera « gène ».

Expliquer comment les observations et expériences présentées dans les documents ont permis de démontrer la théorie particulaire de Mendel.

Des tableaux de croisements sont attendus pour expliquer les résultats obtenus.

Doc 1 Mendel : l'hérédité particulaire

Mendel réalise une hybridation entre des pois ayant deux « traits » différents pour un même caractère héréditaire : la couleur des graines. Il croise ainsi des pois jaunes (A) et des pois verts (a).

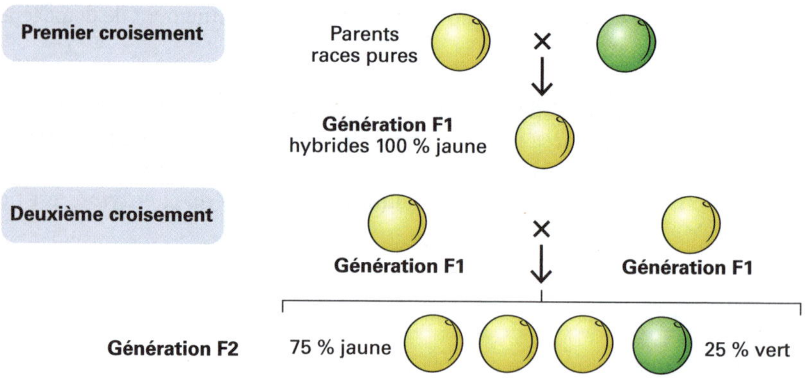

Doc 2 Croisements réalisés par Morgan sur des drosophiles

Afin de tester la théorie de Mendel, Morgan décide d'étudier la transmission de la mutation « white » en croisant une drosophile mâle de ce phénotype (ayant les yeux blancs) avec des femelles de type « sauvage », c'est-à-dire aux yeux rouges. Il réalise ensuite un deuxième croisement où, cette fois-ci, le caractère muté est porté par la femelle.

1er croisement

Parents	Drosophiles mâles aux yeux blancs × drosophiles femelles aux yeux rouges
F1	Drosophiles femelles aux yeux rouges Drosophiles mâles aux yeux rouges
F2 = F1 × F1	25 % de drosophiles mâles aux yeux blancs 50 % de drosophiles femelles aux yeux rouges 25 % de drosophiles mâles aux yeux rouges

2e croisement

Parents	Drosophiles mâles aux yeux rouges × drosophiles femelles aux yeux blancs
F1	Drosophiles femelles aux yeux rouges Drosophiles mâles aux yeux blancs
F2 = F1 × F1	25 % de drosophiles mâles aux yeux blancs 25 % de drosophiles femelles aux yeux blancs 25 % de drosophiles femelles aux yeux rouges 25 % de drosophiles mâles aux yeux rouges

Doc 3 Observation réalisée en 1905 par Stevens et Wilson : caryotypes d'une drosophile femelle et d'une drosophile mâle

Doc 4 Observation de Boveri sur les chromosomes d'oursins

Boveri décrit le développement des œufs d'oursin et ce qui arrive quand un ovule est fertilisé par deux spermatozoïdes. Il conclut que l'ovule et le spermatozoïde sont égaux en ce qui concerne leur contenu d'information héréditaire. Ils ont chacun la moitié d'un ensemble complet de chromosomes (soit un nombre haploïde). Tant qu'il y a un ensemble complet (un nombre diploïde), le développement des larves d'oursin est normal. S'il y a des chromosomes en plus ou en moins, le développement est anormal.

LES CLÉS POUR RÉUSSIR

Étape 1 Expliquez comment l'expérience de Mendel lui a permis d'élaborer sa théorie de la transmission de caractères héréditaires. Pour cela, analysez les croisements en indiquant les allèles dominants et récessifs. Mais c'est le deuxième croisement qui est important : il y a réapparition d'un caractère disparu en F1.

Étape 2 Détaillez les observations de Stevens et Wilson qui permettent de mettre en évidence l'existence de chromosomes et surtout une différence entre les mâles et les femelles. Ces observations vont permettre de formuler l'hypothèse selon laquelle le gène codant la couleur des yeux des drosophiles est porté par le chromosome X.

Étape 3 Testez votre hypothèse à l'aide des différents croisements de Morgan en indiquant d'abord les génotypes des différentes mouches. Le génotype des drosophiles femelles s'écrit XgXg et celui les mâles XgY, g représentant le gène qui codent pour la couleur des yeux des drosophiles.

Étape 4 Réalisez des tableaux de croisement pour expliquer les résultats obtenus en différenciant bien les mâles des femelles.

Étape 5 Pour conclure, comparez les résultats obtenus à l'aide du tableau avec les résultats observés dans l'expérience : s'ils concordent, l'hypothèse est validée.

LE CORRIGÉ

Il n'est pas exigé de faire figurer sur la copie les titres en couleurs.

Introduction

La théorie particulaire de Mendel ne permet pas d'expliquer les résultats obtenus plus tard par Morgan dans ses expériences sur les drosophiles. Mais les connaissances dont disposait Mendel à l'époque ne lui permettaient pas d'élaborer une théorie chromosomique. On cherche à savoir comment les découvertes scientifiques, notamment en cytologie, ont permis à Morgan d'élaborer sa théorie chromosomique.

La théorie particulaire

- Mendel réalise des croisements chez le pois, c'est-à-dire des plants à graines jaunes et vertes (doc. 1). Il obtient en F1 100 % de pois jaunes. Les parents produisent des gamètes renfermant un seul facteur à l'origine du caractère, A ou a, et il considère que les gamètes sont purs. Certains caractères peuvent être masqués par d'autres : il existe des caractères dominants et récessifs. On retrouve ces caractères masqués en F2, comme l'explique le tableau de croisement suivant.

Gamètes de F1 (colonnes) / Gamètes de F1 (lignes)	A/	a/
A/	A//A	A//a
a/	A//a	a//a

▸ Le caractère vert réapparaît en deuxième génération : on obtient 25 % de pois vert et 75 % de pois jaune. Il y a donc transmission des caractères héréditaires et homogénéité des individus de première génération. C'est la théorie de l'hérédité particulaire. Elle sera rejetée faute de pouvoir expliquer la réalité physique de ces particules et leur localisation.

La découverte des chromosomes

▸ Grâce aux travaux de Boveri, on sait que les chromosomes sont le support de l'information génétique. Stevens et Wilson ont ensuite montré qu'il y a une différence chez la drosophile entre les chromosomes d'un mâle ou d'une femelle : un mâle possède trois paires de chromosomes et une paire XY, alors qu'une femelle possède trois paires de chromosomes et une paire XX (doc. 3).

▸ On peut supposer que ce sont les chromosomes qui sont le support de l'hérédité de Mendel.

Les travaux de Morgan

▸ Lors de sa deuxième expérience, Morgan constate des différences entre ses résultats et ceux de Mendel (doc. 2). Il suppose que le gène qui détermine la couleur des yeux des drosophiles se situe sur le chromosome X, puisqu'il y a une différence de phénotype entre les mâles et les femelles.

▸ Afin d'expliquer les résultats expérimentaux, on réalise un tableau de croisement. On notera w pour white, R pour rouge mâle aux yeux blancs et X pour femelle aux yeux rouges.

ATTENTION
Le gène qui détermine la couleur des yeux des drosophiles ne peut pas se situer sur le chromosome Y. En effet, les femelles n'ayant pas de chromosome Y, elles n'auraient pas les yeux colorés.

Tableau du premier croisement de Morgan correspondant à Parent 1 × Parent 2.

Gamètes parents mâles / Gamète parent femelle	Xw	Y
XR	XR//Xw	XR//Y
XR	XR//Xw	XR//Y

Le tableau prévoit 100 % d'individus aux yeux rouges en F1, ce qui est conforme aux résultats observés. L'allèle R étant dominant sur l'allèle w.

Tableau du premier croisement de Morgan correspondant à F1 × F1.

F1 \ F1	XR	Y
XR	XR//XR	XR//Y
Xw	Xw//XR	XR//Y

Le tableau prévoit en F2 100 % des femelles aux yeux rouges, 50 % de mâles aux yeux rouges et 50 % de mâles aux yeux blancs. Les résultats théoriques obtenus correspondent aux résultats expérimentaux.

ATTENTION

Si pour les femelles il y a deux allèles codant pour la couleur des yeux, pour le mâle il n'y en a qu'un. Chez les mâles, l'allèle récessif s'exprime parce qu'il est seul présent.

- On refait le même raisonnement pour le deuxième croisement.

Tableau du 2e croisement : Parent 1 × Parent 2.

Gamète parent femelle \ Gamètes parents mâles	XR	Y
Xw	Xw//XR	Xw//Y
Xw	Xw//XR	Xw//Y

Le tableau prévoit 100 % des femelles aux yeux blancs et 100 % des mâles aux yeux rouges en F1. Ce qui correspond aux résultats obtenus.

Tableau du 2e croisement : F1 × F1.

F1 \ F1	Xw	Y
Xw	Xw//Xw	Xw//Y
XR	XR//Xw	XR//Y

Pour les individus de F2, le tableau prévoit 25 % de femelles aux yeux rouges, 25 % de femelles aux yeux blancs, 25 % de mâles aux yeux rouges et 25 % de mâles aux yeux blancs. Ce qui correspond bien aux résultats obtenus dans l'expérience.

Conclusion

Les travaux de Morgan permettent de localiser les facteurs héréditaires de Mendel : l'allèle responsable de la couleur des yeux des drosophiles est situé sur le chromosome X.

2 L'évolution des génomes au sein des populations

Le pizzly (ou grolar) résulte du croisement entre un grizzly et un ours polaire. Les deux espèces se sont rapprochées en raison de la fonte des glaces au Groenland.

TESTEZ-VOUS

→ CORRIGÉS P. 345

Faites le point sur vos connaissances puis établissez votre **parcours de révision** en fonction de votre score.

1 Transferts de gènes

→ FICHE 5

Les transferts horizontaux :

- ☐ **a.** concernent des transferts de gènes de parents à descendants
- ☐ **b.** sont impliqués dans la résistance bactérienne aux antibiotiques
- ☐ **c.** concernent des transferts de gènes entre espèces différentes

.../1

2 Associations symbiotiques

→ FICHE 5

Les endosymbioses :

- ☐ **a.** sont des associations non obligatoires entre deux organismes
- ☐ **b.** sont des associations transmises de manière héréditaire
- ☐ **c.** expliquent la présence d'organites dans les cellules eucaryotes

.../1

3 L'histoire évolutive des organites

→ FICHE 5

Les mitochondries :

- ☐ **a.** sont d'anciennes cellules eucaryotes ayant été ingérées par une cellule ancestrale
- ☐ **b.** possèdent leur propre matériel génétique
- ☐ **a.** présentent un génome indépendant du génome nucléaire (du noyau)

.../1

4 Les implications du modèle de Hardy-Weinberg

→ FICHE 6

Le modèle de Hardy-Weinberg :

- ☐ **a.** ne s'applique qu'à des populations idéales
- ☐ **b.** prévoit des variations aléatoires des fréquences alléliques
- ☐ **c.** considère que les populations ne sont soumises qu'aux mutations

.../1

5 Une prévision des fréquences alléliques

→ FICHE 6

Soit p la fréquence d'un allèle A et q celle d'un allèle a pour une *génération* n :

- ☐ **a.** la fréquence des hétérozygotes à la génération n + 1 est pq
- ☐ **b.** la fréquence des hétérozygotes à la génération $n + 1$ est pq^2
- ☐ **c.** la fréquence des hétérozygotes à la génération $n + 1$ est $2pq$

.../1

6 Les mécanismes de l'évolution

→ FICHE 7

Les populations sont soumises :

☐ a. à la sélection naturelle qui favorise les individus portant des allèles avantageux pour la survie et la reproduction

☐ b. à la dérive génétique liée à la rencontre aléatoire des individus

☐ c. aux mutations qui apportent très souvent des traits avantageux

.../1

7 Les mutations sources de diversité

→ FICHE 7

Les mutations de l'ADN :

☐ a. apparaissent sous la contrainte des conditions du milieu

☐ b. apparaissent de manière aléatoire

☐ c. sont indispensables à l'évolution des espèces

.../1

8 Vers une définition de l'espèce

→ FICHE 7

Les espèces :

☐ a. sont des populations isolées génétiquement par des barrières

☐ b. ne sont pas modifiées au cours du temps

☐ c. sont des populations différentes morphologiquement

.../1

9 Des populations isolées génétiquement

→ FICHE 7

Les barrières aux flux de gènes entre populations :

☐ a. sont toujours liées à une séparation physique des individus

☐ b. sont définitives à partir du moment où elles sont mises en place

☐ c. peuvent conduire à terme à la séparation de deux espèces

.../1

10 D'autres mécanismes de diversification du vivant

→ FICHE 8

Les mécanismes non génétiques de diversification du vivant concernent :

☐ a. des comportements transmis de génération en génération

☐ b. des associations héréditaires entre êtres vivants

☐ c. le « phénotype étendu » des individus

.../1

Score total .../10

Parcours PAS À PAS ou *EXPRESS* ? → MODE D'EMPLOI P. 3

5 La complexification des génomes

En bref *Des échanges de gènes ou des associations de génomes peuvent avoir lieu entre différents groupes d'êtres vivants. Ces associations et gènes échangés peuvent se transmettre de manière héréditaire.*

I Échanges de gènes entre êtres vivants

- Certains gènes peuvent être échangés entre espèces par des mécanismes non reproductifs : ce sont les **transferts horizontaux** de gènes. Ces échanges sont assurés par des vecteurs (transporteurs) comme les virus ou, s'il s'agit de deux espèces bactériennes, par la formation de ponts entre cytoplasmes.

Exemple : les nématodes, vers microscopiques, sont capables de digérer les parois des cellules végétales grâce à des gènes hérités de bactéries du sol.

- Ces transferts peuvent avoir des conséquences importantes sur l'**évolution des populations** et plus largement des écosystèmes. Ils sont par exemple à l'origine de transferts de gènes de résistances aux antibiotiques entre bactéries, ce qui engendre des problèmes de santé publique humaine.

II Association de génomes par endosymbiose

- Les endosymbioses sont des associations durables entre êtres vivants d'espèces différentes. L'un des deux symbiotes se retrouve inclus à l'intérieur de l'autre. Ce type d'association peut finir par devenir héréditaire en se transmettant de génération en génération.

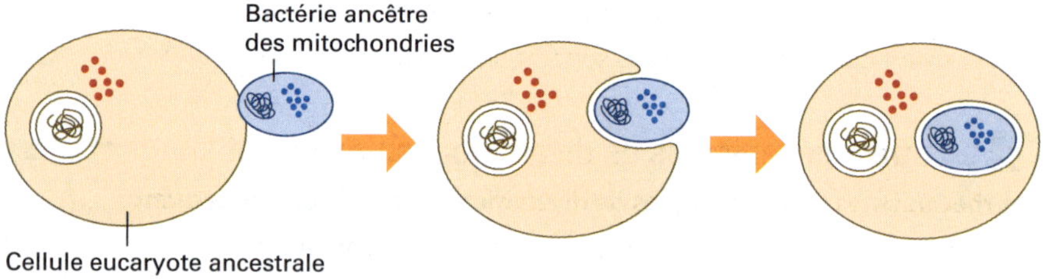

Doc Mécanisme de l'endosymbiose mitochondriale

La bactérie absorbée par la cellule eucaryote est intégrée au cytoplasme. Elle évoluera en mitochondrie, qui présentera les vestiges des deux membranes.

- C'est le cas des organites de la cellule eucaryote (mitochondries, chloroplastes), qui proviennent probablement d'anciennes associations entre une cellule eucaryote et une cellule procaryote bactérienne. Cette théorie de l'« **endosymbiose** » repose sur la présence de matériel génétique propre à ces organites. La majeure partie de leur génome a été simplifiée et transférée vers le noyau de la cellule hôte.

Méthode

Comprendre l'origine des chloroplastes

Les chloroplastes sont les organites clés de la photosynthèse réalisée par les organismes végétaux.

À l'aide du document ci-dessous et de vos connaissances, émettre une hypothèse quant à l'origine des chloroplastes dans les cellules végétales.

Doc Chloroplaste d'une cellule végétale (a) et cyanobactérie (b)

Photographies en microscopie électronique à transmission. Le thylakoïde est une structure permettant de capter la lumière utile à la photosynthèse.

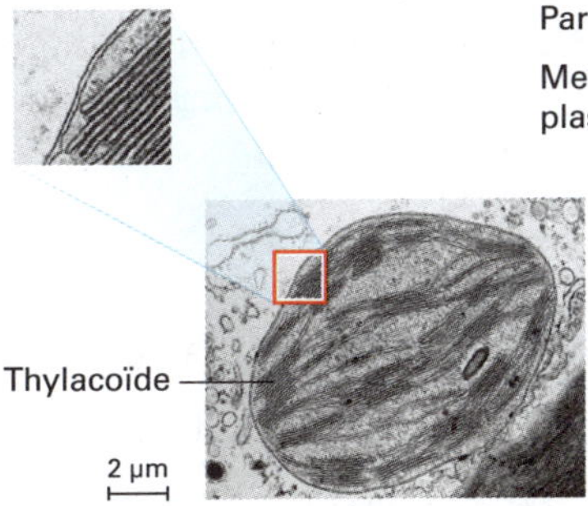

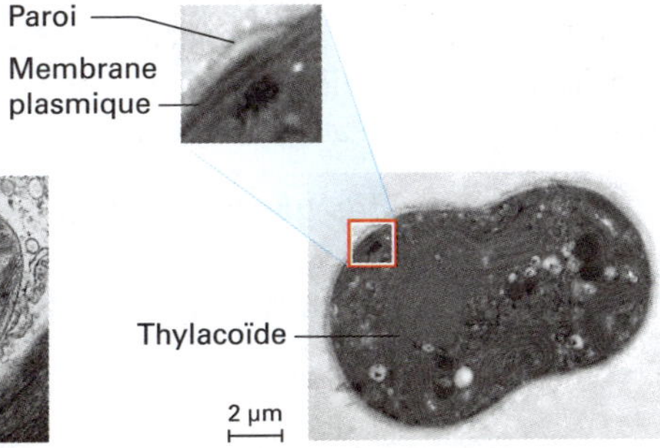

CONSEILS

Étape 1 Dénombrer les membranes plasmiques délimitant le chloroplaste et la cyanobactérie.
Étape 2 Identifier une structure commune aux chloroplastes et aux cyanobactéries.
Étape 3 Imaginer un scénario expliquant l'origine du chloroplaste des cellules eucaryotes.

SOLUTION

Étape 1 Le chloroplaste est délimité par deux membranes, tandis que la cyanobactérie n'en compte qu'une.

Étape 2 Le thylakoïde est une structure que l'on rencontre à la fois dans la cellule eucaryote végétale et chez les cyanobactéries.

Étape 3 Le chloroplaste et la cyanobactérie présentant des structures communes, il est probable qu'une cyanobactérie ait été phagocytée à l'origine par une cellule eucaryote. La seconde membrane présente autour du chloroplaste serait héritée de la membrane plasmique de la cellule eucaryote ayant phagocyté la cyanobactérie.

6 Une prévision mathématique des fréquences alléliques

En bref *Le modèle mathématique de Hardy-Weinberg prévoit une stabilité théorique de la fréquence des allèles au sein d'une population.*

I Modèle de Hardy-Weinberg et fréquences des allèles

■ Hardy et Weinberg ont formulé au xxe siècle un modèle de transmission des allèles au cours d'une génération pour une population « idéale ».

■ Ce modèle avance une **stabilité des fréquences relatives des allèles** d'un gène donné au cours des générations au sein de cette population idéale. Un tableau de croisements permet de prévoir les fréquences des génotypes à la génération suivante.

■ Considérons un gène à deux allèles (A et a). Pour une génération donnée, si p est la fréquence de l'allèle A et q la fréquence de l'allèle a, on a $p + q = 1$. Cela permet d'établir le tableau de croisement suivant.

Doc **Fréquence des génotypes à la génération $n + 1$**

Fréquence des allèles à la génération n	A (p)	a (q)
A (p)	AA (p^2)	Aa (pq)
a (q)	Aa (pq)	aa (q^2)

■ **Démonstration** de la stabilité des fréquences des allèles. Soit f(A) la fréquence de l'allèle A à la génération n, f'(A) sa fréquence à la génération $n + 1$, on a :

$$f'(\text{A}) = f'(\text{AA}) + \frac{1}{2} f'(\text{Aa}) = p^2 + \frac{1}{2} \times 2pq = p^2 + pq = p\ (p + q) = p = f(\text{A}).$$

La fréquence de l'allèle A à la génération $n + 1$ est bien la même qu'à la génération n.

II Conditions pour valider le modèle de Hardy-Weinberg

■ La **population « idéale »** étudiée dans le cadre du modèle de Hardy-Weinberg doit respecter un certain nombre de **conditions** (hypothèses) :
- une population formée d'individus diploïdes à reproduction sexuée ;
- une reproduction entre individus de même génération ;
- une rencontre entre individus (et donc des gamètes) liée au hasard ;
- une population d'effectif infini (pas de dérive génétique) ;
- une absence de mutation du gène considéré ;
- une absence de sélection (positive ou négative) du gène considéré ;
- une absence de migration des individus de la population.

■ Dans la plupart des **populations réelles**, au moins l'une de ces hypothèses ne peut être vérifiée et empêche donc de valider le modèle de Hardy-Weinberg.

Méthode

Calculer des fréquences alléliques dans une population idéale

Chez une espèce végétale diploïde à floraison annuelle, un gène codant la couleur des fleurs est représenté par deux allèles : l'allèle A est à l'origine d'une coloration rouge sang, l'allèle B d'une coloration rose.

Un échantillon d'individus de la population a été prélevé et la couleur des fleurs déterminée à partir de la concentration des pigments présents. On distingue ainsi trois types d'individus dont les phénotypes peuvent être annotés de la manière suivante : [rouge], [rose foncé] et [rose].

Dans un échantillon de 416 individus, on a trouvé 220 [rouge], 130 [rose] et 66 [rose foncé].

On considère que la population respecte le modèle de Hardy-Weinberg.

Calculer les fréquences de chaque allèle du gène codant la couleur des fleurs dans la population étudiée.

CONSEILS

Étape 1 Annoter les génotypes des individus correspondant aux trois phénotypes relevés dans la population végétale.
Étape 2 Donner la relation mathématique décrivant la fréquence de chaque allèle.
Étape 3 Calculer la fréquence de chaque génotype.
Étape 4 Calculer la fréquence de chaque allèle dans la population.

SOLUTION

Étape 1 Les organismes sont diploïdes.
Phénotype [rouge] : génotype (AA).
Phénotype [rose] : génotype (BB).
Phénotype [rose foncé] : génotype (AB).

Étape 2 La population respectant le modèle de Hardy-Weinberg, les fréquences des allèles sont stables au cours des générations. Donc, on a :

$$f(\text{A}) = f(\text{AA}) + \frac{1}{2}\ f(\text{AB}) \text{ et } f(\text{B}) = f(\text{BB}) + \frac{1}{2}\ f(\text{AB}).$$

Étape 3 Les fréquences des génotypes peuvent être calculées en divisant l'effectif de chaque phénotype par l'effectif total de la population :

$$f(\text{AA}) = \frac{220}{416}\ ;\ f(\text{BB}) = \frac{130}{416}\ ;\ f(\text{AB}) = \frac{66}{416}.$$

Étape 4 Les fréquences de chaque allèle sont donc les suivantes :

$$f(\text{A}) = \frac{220}{416} = \frac{1}{2} \times \frac{66}{416} = \frac{253}{416} = 0{,}6 \text{ et } f(\text{B}) = \frac{130}{416} = \frac{1}{2} \times \frac{66}{416} = \frac{98}{416} = 0{,}4.$$

7 Des mécanismes génétiques à l'origine de l'évolution

En bref *Les variations individuelles dans les populations sont le support de forces évolutives : sélection naturelle et dérive génétique. Ces mécanismes sont à l'origine de la diversité des espèces.*

I Des populations d'individus soumises à des forces évolutives

- Les populations sont formées d'individus présentant une **variabilité intraspécifique**, en raison de la diversité des allèles (à cause notamment des mutations). Cette variabilité est le support de l'évolution : elle entraîne la variation des fréquences d'allèles représentés dans la population au cours du temps.
- L'une des forces évolutives à l'origine de la modification des fréquences d'allèles dans les populations est la **sélection naturelle**. Dans un milieu donné, un allèle peut se montrer avantageux ou désavantageux pour l'individu qui le porte. Celui-ci pourra donc mieux (ou moins bien) survivre et se reproduire, transmettant (ou non) ses allèles à la génération suivante.
- La plupart des allèles sont néanmoins neutres vis-à-vis de la survie et de la reproduction des individus. Par conséquent, les variations de fréquences des allèles dans une population sont majoritairement attribuées aux effets du hasard de rencontres des individus et donc des allèles (dans le cadre de la reproduction) : c'est la **dérive génétique**.

II Les espèces, ensembles d'individus isolés génétiquement

- Une **espèce** peut être considérée comme une population d'individus isolés génétiquement d'autres populations. Cet isolement implique des **barrières génétiques** entre les individus.
- Ces barrières sont généralement de nature géographique (distance, montagnes...), mais elles peuvent aussi être anatomiques, comportementales ou chromosomiques, empêchant l'accouplement (périodes de reproduction différentes, par exemple), voire la fécondation.
- Ces barrières sont souvent **limitées dans le temps**, du fait de l'instabilité du milieu de vie (modification du paysage) et des individus (mutations, dérive et sélection). Par conséquent, la notion d'espèce est liée au temps (apparition de deux espèces distinctes à la suite de la séparation géographique d'une même population).

> **RAPPEL**
> On considère que des individus d'une même espèce peuvent engendrer une descendance fertile.

Méthode

Comprendre l'action de la sélection naturelle

Des populations de mésanges bleues (*Parus caeruleus*) ont été étudiées sur deux sites français (Liouc et Quissac) du Gard. Les chercheurs ont mesuré :
- l'abondance de chenilles se nourrissant de feuilles de chêne, et étant elles-mêmes la source de nourriture principale des mésanges ;
- le nombre d'œufs pondus par les mésanges bleues.

L'alimentation apporte l'énergie nécessaire à la ponte, dont la période est contrôlée par un gène à deux allèles : ponte précoce et ponte tardive.

À partir des données, montrer que le milieu de vie exerce une sélection des mésanges et proposer un scénario évolutif pour leurs populations.

Doc Abondance de chenilles et pourcentages d'œufs pondus

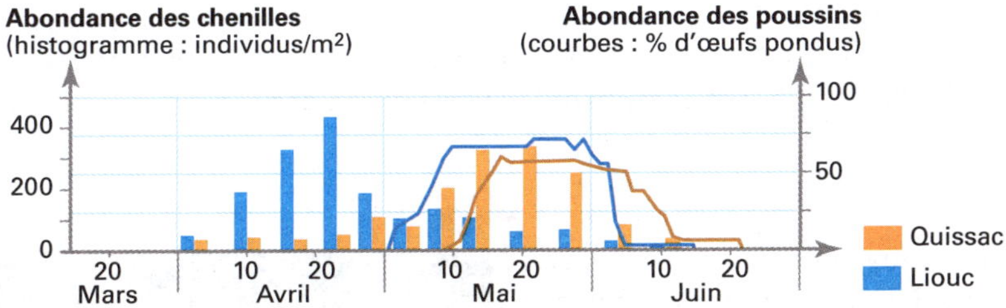

CONSEILS

Étape 1 Étudier la relation entre abondance des chenilles et ponte des mésanges.
Étape 2 Expliquer l'influence du milieu sur la date de ponte des mésanges et en déduire les allèles sélectionnés sur chaque site.
Étape 3 Émettre une hypothèse sur le devenir des populations de mésanges.

SOLUTION

Étape 1 À Liouc comme à Quissac, le maximum de pontes a lieu quelques jours à quelques semaines après le maximum d'abondance des chenilles. La ponte et l'abondance des chenilles sont plus précoces à Liouc qu'à Quissac.

Étape 2 La période de ponte des mésanges est liée à l'abondance des chenilles. L'allèle (ponte précoce) apporte un avantage aux mésanges de Liouc, car elles bénéficient d'une période d'abondance de nourriture. L'allèle est donc sélectionné à Liouc. L'allèle (ponte tardive) est avantageux à Quissac, car l'abondance des chenilles est plus tardive : il est sélectionné sur ce site.

Étape 3 Le milieu entraîne l'isolement génétique des populations d'oiseaux des deux sites. On peut donc supposer que, dans de nombreuses générations, elles ne seront plus capables de se reproduire et formeront deux espèces.

8 Autres mécanismes contribuant à la biodiversité

En bref *La diversification du monde vivant n'est pas seulement liée à des modifications génétiques. D'autres mécanismes participent au « phénotype étendu » des individus.*

I Des associations entre êtres vivants

■ Certains organismes **s'associent durablement**, s'assurant ainsi une meilleure survie et une meilleure reproduction. Ces associations, non héréditaires, sont dites obligatoires (les organismes ne peuvent pas survivre séparément).

■ Ces associations peuvent être à bénéfices réciproques pour les deux partenaires : on parle alors de **symbiose mutualiste**. Exemple : microbiote aidant la digestion de l'hôte, qui l'héberge en retour.

■ Dans certains cas, l'un des partenaires se développe aux dépens de l'autre : on parle alors de **parasitisme**. Exemple : cynips (guêpe parasite) pondant ses œufs sur les feuilles de chêne et entraînant la formation d'une galle.

II L'utilisation d'éléments du milieu

Certains organismes réalisent des **constructions** (terriers, nids...) à partir d'éléments du milieu pour assurer leur protection. D'autres éléments peuvent être utilisés pour attirer des individus du sexe opposé.

Doc Le jardinier satiné

Le jardinier satiné construit un « berceau » de brindilles orné de ses plumes ou de petits objets bleus pour attirer une femelle.

III Une transmission des comportements

■ Les **chants d'oiseaux** jouent un rôle dans la reconnaissance entre individus. La réalisation d'un nouveau chant est donc un facteur d'isolement de populations. L'utilisation d'outils chez les primates ou les pratiques culturelles dans les sociétés humaines peuvent avoir les mêmes conséquences.

■ Ces comportements participent ainsi à la **diversification du vivant** sans modifier leur génome. Transmis de génération en génération par apprentissage, leur pratique peut être sélectionnée si elle apporte des bénéfices aux individus les réalisant.

Méthode

Étudier l'association d'êtres vivants à l'origine du lichen

Les lichens sont formés par l'association de deux êtres vivants distincts.

À partir des documents et de vos connaissances, montrer que le lichen est un organisme issu d'une symbiose mutualiste.

Doc 1 Coupe de lichen

Les sorédies sont les formes de dispersion reproductives du lichen, assurant une reproduction asexuée des deux partenaires (par mitoses).

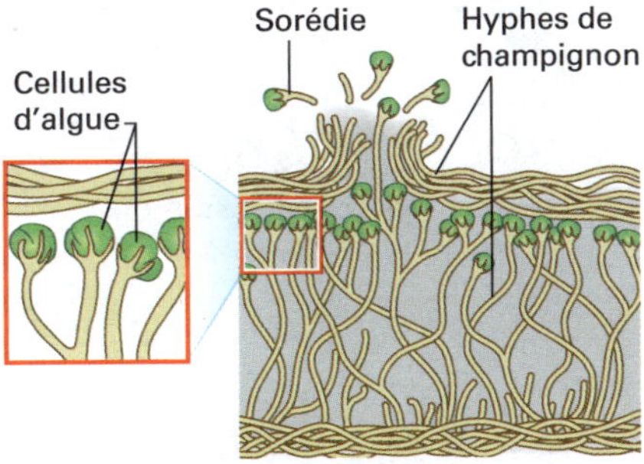

Doc 2 Nutrition des végétaux et des champignons

Les végétaux chlorophylliens captent l'énergie lumineuse par photosynthèse afin de produire de la matière organique à partir de matière minérale (CO_2 atmosphérique) et d'autres minéraux du sol.

Les champignons ne réalisent pas la photosynthèse, mais leurs réseaux d'hyphes prélèvent des sels minéraux dans le sol et extraient de la matière organique à partir de la digestion d'autres êtres vivants.

CONSEILS

Étape 1 Montrer que le lichen est une association durable d'êtres vivants.
Étape 2 Relever les différences dans la nutrition des végétaux et des champignons, en termes de matières minérale et organique.
Étape 3 En déduire les bénéfices de la symbiose pour les deux partenaires.

SOLUTION

Étape 1 Le lichen est formé de deux organismes : des algues unicellulaires incluses dans des hyphes de champignon. Cette association perdure grâce aux sorédies, forme reproductive dispersant les deux partenaires à la fois.

Étape 2 Les végétaux peuvent élaborer leur matière organique par photosynthèse à partir de matière minérale issue du milieu. Les champignons ne réalisent pas la photosynthèse et doivent donc prélever leur matière organique directement dans le milieu.

Étape 3 La symbiose permet des échanges bénéfiques entre les deux partenaires : les algues transfèrent les produits photosynthétiques au champignon, qui fournit la matière minérale et assure une protection.

MÉMO VISUEL

Une diversification du vivant

COMPLEXIFICATION GÉNÉTIQUE

\+

DIVERSIFICATION SANS MODIFICATIONS DU GÉNOME

Transferts horizontaux entre espèces différentes

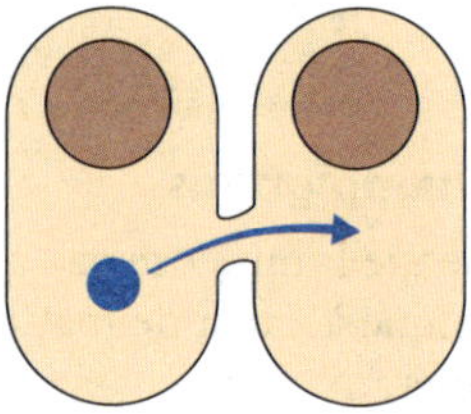

Endosymbioses héréditaires

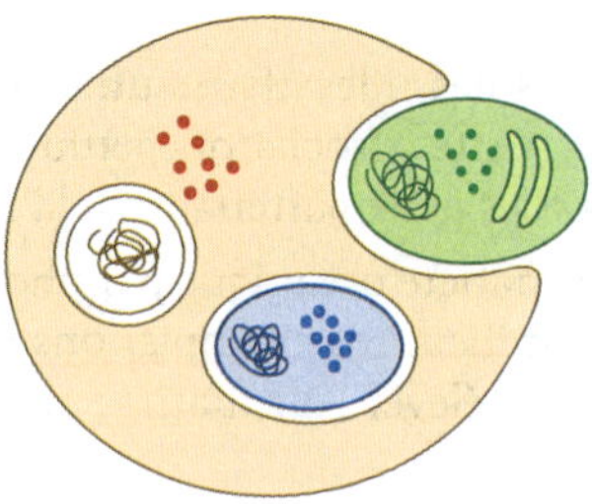

Associations du vivant
Symbiose, parasitisme

Constructions, parures

Comportements transmis

Mécanismes de l'évolution des espèces

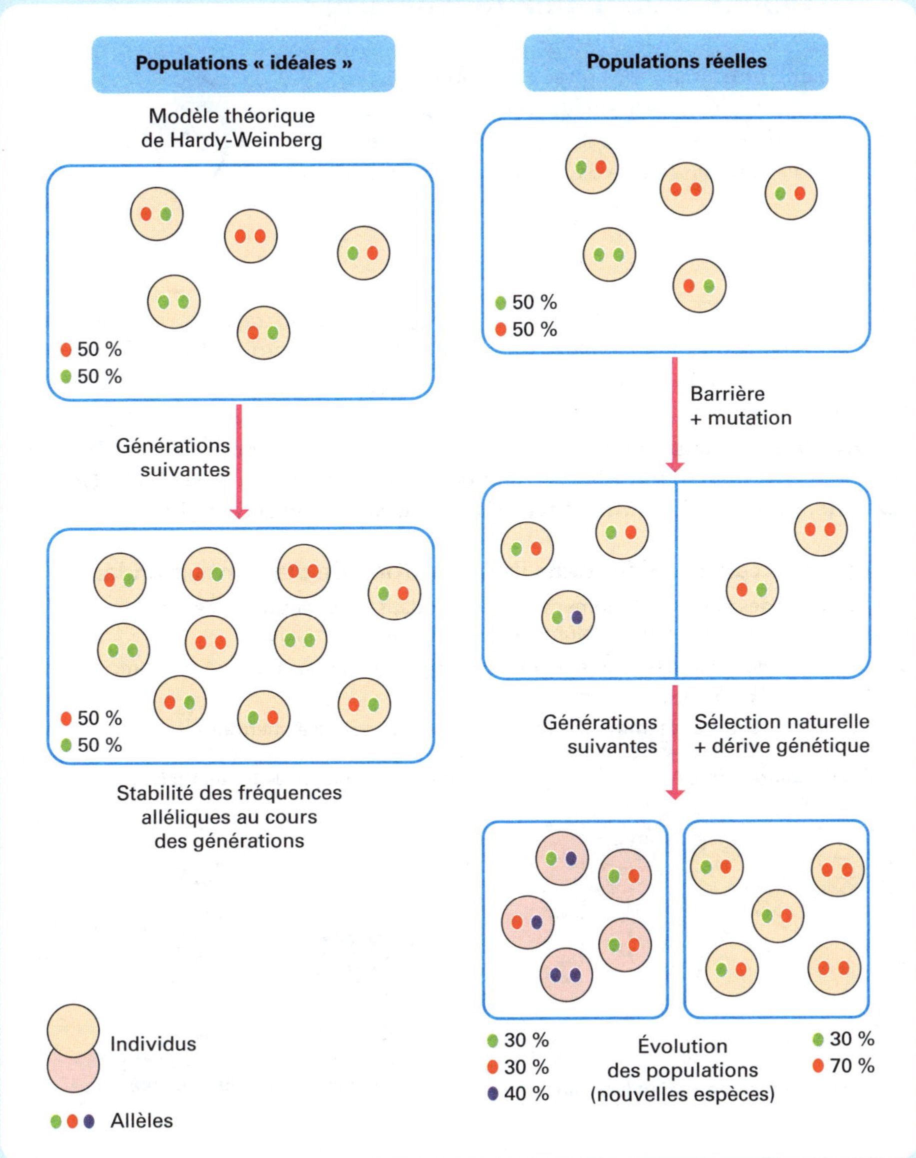

SUJET 4 | OBJECTIF BAC

30 min Le plumage du diamant mandarin

→ FICHE 7

Ce sujet d'entraînement au raisonnement scientifique présente les effets antinomiques de la sélection sexuelle et de la sélection naturelle, en étudiant un oiseau, le diamant mandarin.

LE SUJET

Le diamant mandarin est un petit oiseau originaire d'Australie souvent utilisé dans la recherche sur le comportement animal. En laboratoire, les préférences des femelles quant au choix des mâles pour la reproduction ont été étudiées et mettent en évidence une sélection sexuelle.

D'après vos connaissances et les documents, indiquer en quoi les choix reproductifs des diamants mandarins illustrent un cas de sélection sexuelle. Préciser s'ils sont cohérents avec la sélection naturelle.

Doc 1 Des caroténoïdes dans l'alimentation de diamants mandarins

Les caroténoïdes sont des pigments présents dans l'alimentation des oiseaux, qui influencent la coloration de leur plumage et leur réponse immunitaire.

a. Indice de coloration des diamants mandarins mâles soumis à un régime alimentaire enrichi en caroténoïdes.

b. Efficacité de la réponse immunitaire en fonction du régime alimentaire.

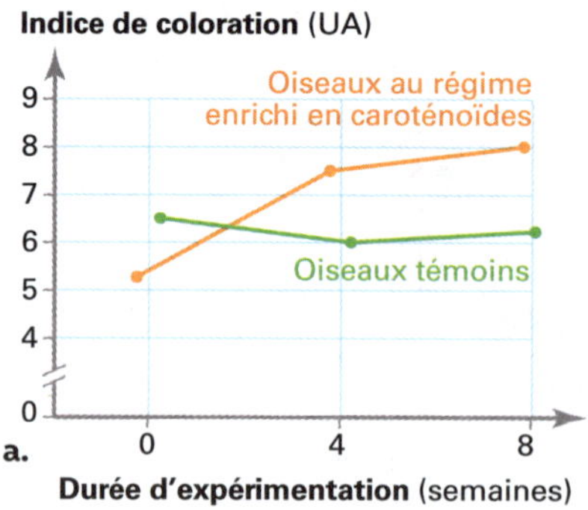

a.

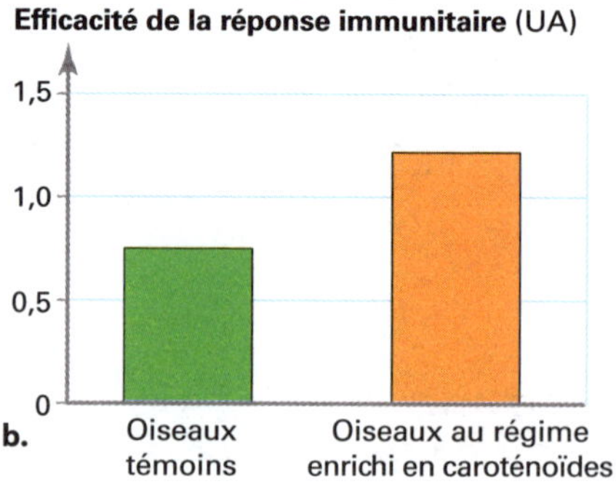

b.

Doc 2 Préférence des femelles et régime alimentaire

L'influence du régime alimentaire des mâles a été testé sur le choix des diamants mandarins femelles.

Un échantillon de dix femelles a été mis en présence de mâles. Leurs préférences ont été évaluées en pourcentage de temps passé aux côtés des mâles à l'alimentation enrichie en caroténoïdes en comparaison du temps passé aux côtés des mâles au régime témoin, plus pauvre.

Un pourcentage positif implique un temps passé aux côtés des mâles au régime riche en caroténoïdes plus important que celui passé aux côtés des mâles au régime témoin. C'est pourquoi on a un pourcentage négatif pour les mâles témoins.

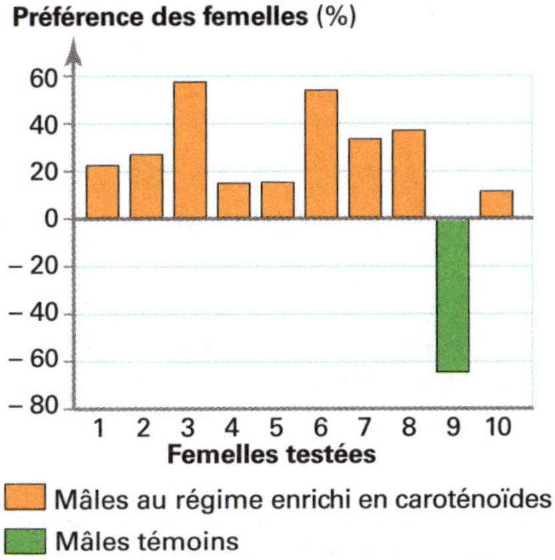

Doc 3 Sélection sexuelle et théorie du handicap

Le principe de la sélection sexuelle a été proposé par Darwin dès 1859 dans le cadre de sa théorie de l'évolution. Lors d'une compétition entre individus d'une même espèce en vue de la reproduction, elle repose sur l'évolution de certains caractères héréditaires de façon indépendante des facteurs de survie (par exemple, combats de cerfs aboutissant à l'accouplement du gagnant, plumage et parade des paons mâles pour attirer les femelles).

Selon la théorie du handicap, des phénotypes avantageux servant à séduire le sexe opposé constitueraient des phénotypes clairement désavantageux pour la survie (par exemple, ils entraveraient la fuite face aux prédateurs).

LES CLÉS POUR RÉUSSIR

Étape 1 Tirez des documents les résultats issus des expérimentations sur les diamants mandarins. Appuyez-vous sur le principe général de la sélection sexuelle (doc. 3) pour l'appliquer à l'exemple des diamants mandarins.

Étape 2 Inscrivez ces résultats expérimentaux dans le cadre de la sélection sexuelle et/ou de la sélection naturelle.

Étape 3 Précisez si les effets de la sélection sexuelle sont cohérents avec ceux de la sélection naturelle.

LE CORRIGÉ

Les titres en couleurs ne doivent pas obligatoirement figurer sur la copie.

CONSEIL DE MÉTHODE

Les deux parties de la consigne peuvent être traitées successivement ou intégrées de manière cohérente au sein d'une réponse structurée.

Introduction

Dans le cadre de sa théorie de l'évolution, Charles Darwin avait déjà énoncé le principe de la sélection sexuelle, qui avance une compétition entre individus d'une même espèce pour la reproduction. Cette sélection sexuelle entre parfois en contradiction avec un autre précepte de l'évolution : la sélection naturelle.

Le diamant mandarin est un petit oiseau très utilisé en laboratoire pour étudier notamment le comportement reproducteur animal et ainsi comprendre le contexte de la sélection sexuelle.

En quoi les diamants mandarins illustrent-ils la sélection sexuelle ? Cette sélection est-elle en accord avec le principe de la sélection naturelle ?

Régime alimentaire et sélection sexuelle

- La coloration du plumage des diamants mandarins dépend de leur régime alimentaire. En effet, d'après le **document 1**, une expérience en laboratoire montre qu'au bout de huit semaines des diamants mandarins mâles soumis à un régime riche en caroténoïdes présentent un plumage plus coloré que ceux soumis à un régime témoin plus pauvre en caroténoïdes (indice de coloration de 8 UA pour le régime riche en caroténoïdes contre 6 UA pour le régime témoin).

- Le choix des femelles pour l'accouplement en fonction de la coloration des mâles a ensuite été testé (doc. 2). Ainsi, le temps passé par dix femelles auprès des mâles aux différents régimes alimentaires a été mesuré. On peut constater que neuf femelles passent entre 15 et 60 % de temps en plus auprès des mâles au régime alimentaire enrichi en caroténoïdes par rapport aux autres mâles.

Une seule femelle semble avoir préféré les mâles au régime témoin. Ces résultats suggèrent donc que les femelles ont une préférence sexuelle pour les mâles au plumage de coloration plus intense.

Régime alimentaire et sélection naturelle

- Les résultats du **document 1** montrent également que les diamants mandarins mâles soumis à un régime alimentaire riche en caroténoïdes présentent un système immunitaire dont l'efficacité est estimée à 1,3 UA, contre 0,8 UA pour les mâles au régime témoin.
- Les caroténoïdes seraient donc responsables d'une amélioration de l'efficacité du système immunitaire, ce qui suggère un avantage vis-à-vis de la sélection naturelle dans la mesure où ces mâles ont plus de chance de survivre à des attaques d'agents pathogènes.
- Néanmoins, un plumage plus coloré signifie également une plus grande visibilité pour les prédateurs, qui auront ainsi tendance à mieux repérer ce type de mâle. Par conséquent, un régime riche en caroténoïdes pourrait aussi s'avérer un désavantage vis-à-vis de la sélection naturelle, puisqu'il rendrait les mâles plus vulnérables vis-à-vis des prédateurs et donc limiterait leur survie.

Conclusion

Le cas des diamants mandarins permet de mettre en évidence un exemple de sélection sexuelle, dans la mesure où les femelles choisissent leur mâle pour la reproduction en fonction de l'intensité de la coloration de leur plumage. Cette coloration intense, qui est un avantage pour les mâles dans le cadre de la sélection sexuelle, l'est aussi pour la sélection naturelle dans la mesure où les mâles plus colorés (et donc au régime plus riche en caroténoïdes) ont un système immunitaire plus efficace. Néanmoins, du point de vue de la prédation, cette coloration est aussi un désavantage. Sélection sexuelle et sélection naturelle n'agissent donc pas toujours dans le même sens. L'évaluation de leur importance relative permettrait de déterminer *in fine* le caractère avantageux ou non de la coloration chez les diamants mandarins mâles.

SUJET 5 | OBJECTIF BAC

60 min Espèces et spéciation

→ FICHE 7

Ce sujet d'entraînement au raisonnement scientifique permet de bien cerner la notion d'espèce et les mécanismes contribuant à l'apparition de nouvelles espèces ou spéciation.

LE SUJET

La spéciation désigne l'apparition de nouvelles espèces à partir d'ancêtres communs. Ce processus est lié à la mise en place de barrières reproductives.

À partir de vos connaissances et de l'étude des deux documents, définir la notion d'espèce et présenter les mécanismes à l'origine de la spéciation.

Un schéma bilan des mécanismes de la spéciation est attendu.

Doc 1 Phylogénie et répartition actuelle du groupe des ratites

Les ratites sont un groupe d'oiseaux inaptes au vol, présents sur plusieurs continents. On rappelle qu'avant –250 Ma la Terre présentait un continent unique nommé Pangée.

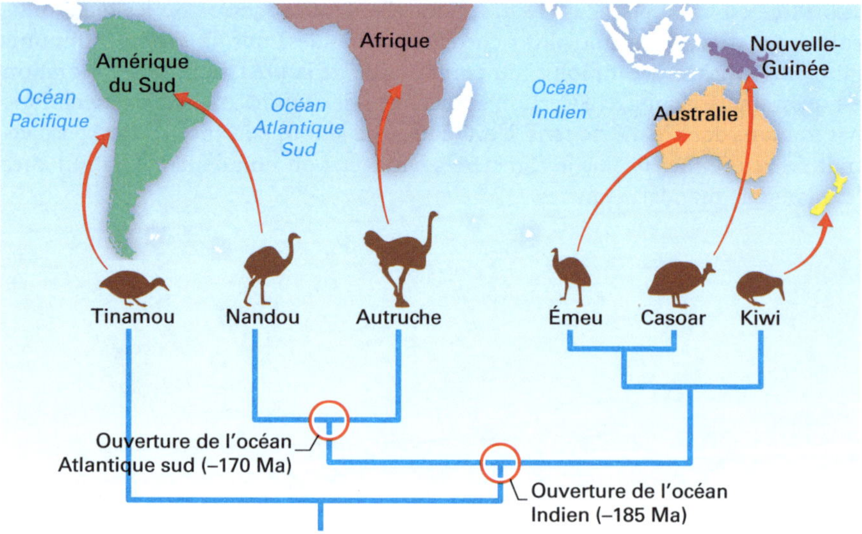

Doc 2 Polyploïdisation et isolement génétique

La polyploïdisation est un dédoublement de l'intégralité du génome. Elle peut avoir lieu par un accident de méiose suivi d'une autofécondation. Ce mécanisme est fréquent chez les végétaux à reproduction asexuée.

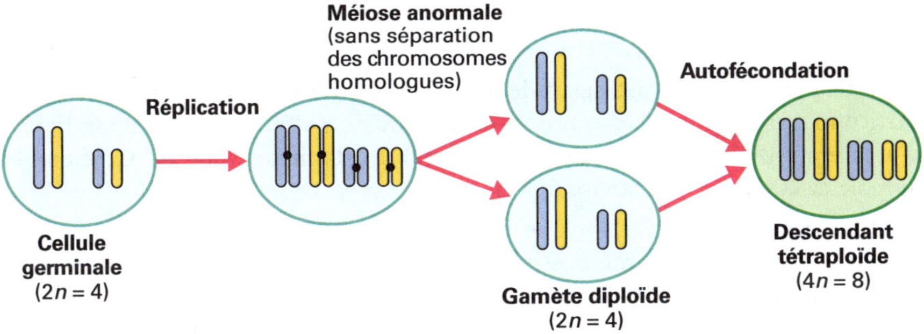

LES CLÉS POUR RÉUSSIR

Étape 1 Définissez la notion d'espèce. Montrez la difficulté d'établir une définition précise de l'espèce. Établissez une définition qui fasse consensus parmi les biologistes.

Étape 2 Exposez les mécanismes de la spéciation. Au brouillon, relevez les informations tirées des documents, notamment la nature des barrières d'isolement d'espèces illustrées. Identifiez à partir de ces documents les principaux mécanismes à l'origine de la spéciation. Ajoutez éventuellement des connaissances complémentaires.

Étape 3 Récapitulez sous la forme d'un schéma-bilan les barrières d'isolement génétique des populations à partir d'une population ancestrale.

LE CORRIGÉ

Il n'est pas exigé de faire figurer sur la copie les titres en couleurs.

Introduction

Au cours de l'histoire de la Terre, le monde vivant a connu de nombreux bouleversements. La biodiversité observée aujourd'hui est donc le résultat de millions, voire de milliards d'années d'évolution.

Au XIXe siècle, dans le cadre de sa théorie de l'évolution, Charles Darwin s'est intéressé aux mécanismes permettant l'émergence de nouvelles espèces. On regroupe aujourd'hui ces mécanismes sous le terme de « spéciation ». L'étude de l'apparition des espèces suppose ainsi de bien cerner au préalable la notion d'espèce et les mécanismes de la spéciation.

Nous montrerons dans un premier temps que la notion d'espèce est plus complexe qu'il n'y paraît. Nous présenterons ensuite quelques exemples de mécanismes à l'origine de l'apparition de quelques espèces.

L'espèce, une définition complexe

Il paraît plutôt aisé de distinguer deux espèces par de simples critères de ressemblance morphologique. Néanmoins, il existe de nombreux cas où deux individus d'apparence différente appartiennent en réalité à la même espèce (par exemple, le mâle et la femelle du canard colvert).

Classiquement, on considère que deux individus appartiennent à une même espèce s'ils engendrent une descendance fertile. Cette définition présente toutefois des limites, dans la mesure où il existe des exceptions (tigres et lions en captivité peuvent donner des descendants capables de se reproduire à leur tour). On considérera donc par consensus que deux populations appartiennent à des espèces distinctes si elles sont génétiquement isolées les unes des autres.

La spéciation désigne l'apparition de nouvelles espèces à partir d'une espèce ancestrale. Cela suppose la mise en place de barrières, d'origines variées, au sein d'une population ancestrale, aboutissant à la séparation de populations.

À SAVOIR

L'**isolement génétique** implique un flux de gènes inexistant entre ces populations, par absence de reproduction des individus entre eux.

Une spéciation par des barrières géographiques

Selon le **document 1**, la diversité actuelle du groupe des ratites s'explique par plusieurs événements géologiques à l'origine de la séparation d'une population ancestrale qui vivait vraisemblablement sur le continent unique nommé Pangée. Ainsi, l'ouverture de l'océan Indien il y a 185 Ma a conduit à la séparation d'une population d'oiseaux d'Afrique/Amérique du Sud d'une autre population vivant en Océanie. Par la suite, il y a 170 Ma, l'ouverture de l'océan Atlantique sud a contribué à la séparation du groupe des autruches du groupe des nandous. On peut supposer que l'isolement de l'Australie, de la Nouvelle-Zélande et de la Nouvelle-Guinée est à l'origine de la spéciation ayant conduit aux espèces actuelles présentes en Océanie (émeus, casoars et kiwis).

Ainsi, des barrières géographiques comme l'ouverture d'océans ou la formation d'une chaîne de montagnes peuvent séparer des populations, isolant des sous-populations qui ne pourront plus, à terme, se reproduire entre elles. Ensuite, l'accumulation de mutations au sein de ces sous-populations conduira à un isolement génétique.

Une spéciation par isolement génétique sans barrière géographique

Le **document 2** illustre un cas de spéciation ne nécessitant pas d'isolement géographique. Cet exemple repose sur un accident génétique conduisant au dédoublement de l'intégralité du génome d'un individu ou polyploïdisation. Cet événement est fréquent chez les végétaux ayant recours à une reproduction asexuée.

La polyploïdisation peut avoir lieu lorsqu'un accident de méiose conduit à la réplication du génome d'un gamète sans séparation des cellules filles. Par conséquent, le gamète reste diploïde. Par autofécondation, le descendant engendré est tétraploïde, avec quatre jeux de chromosomes par cellule.

Ainsi, les individus diploïdes de la population ne pourront plus engendrer de descendance fertile avec les individus tétraploïdes, ce qui engendre un isolement génétique de ces derniers. Ce mécanisme montre que deux populations peuvent être isolées génétiquement au sein d'une même population ancestrale et former deux espèces différentes.

Conclusion

Les espèces peuvent être définies comme des populations d'individus isolées génétiquement les unes des autres, ce qui peut être le fait d'un isolement géographique. Ces deux critères – isolement génétique et géographique – sont intimement liés aux mécanismes d'apparition des espèces à partir d'une espèce ancestrale (spéciation).

L'isolement génétique, qu'il soit direct (par accident génétique) ou lié à une barrière géographique, est généralement renforcé par accumulations de mutations, par sélection naturelle et/ou par dérive génétique dans les nouvelles populations formées. Il existe néanmoins des cas où l'isolement est rompu et les deux populations sont à nouveau réunies (exemple du pizzly, rejeton de l'ours polaire et du grizzly).

Doc **Schéma bilan illustrant les mécanismes à l'origine d'une spéciation**

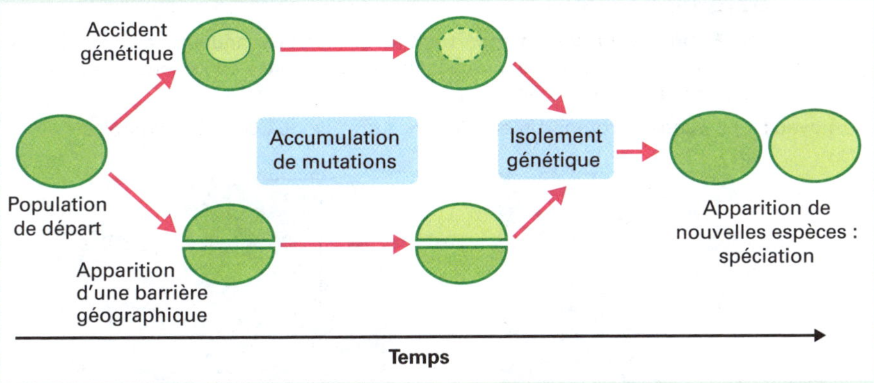

SUJET 6 | OBJECTIF MENTION

75 min Algues et théorie endosymbiotique

→ FICHE 5

Ce sujet d'entraînement au raisonnement scientifique aborde la théorie de l'endosymbiose en reconstituant l'histoire évolutive à l'origine d'organites comme les chloroplastes.

LE SUJET

La théorie endosymbiotique est un modèle avancé par Lynn Margulis dans les années 1960 pour expliquer l'origine des organites (mitochondries, chloroplastes) contenus au sein des cellules eucaryotes.

Les espèces regroupées sous le nom « d'algues » illustrent bien cette théorie. Leur diversité suggère divers événements d'association entre deux organismes, l'un se retrouvant inclus dans l'autre.

D'après vos connaissances et les documents, proposer un scénario expliquant la présence de structures endosymbiotiques au sein des rhodophytes et des cryptophytes.

Un schéma détaillant le scénario endosymbiotique est attendu.

Doc 1 Ultrastructure de rhodophyte au microscope électronique à transmission (MET)

L'algue rouge *Porphyridium rubrum* appartient au groupe des rhodophytes. L'étude des gènes du chloroplaste géant contenu dans cette algue montre qu'ils sont très proches des gènes de cyanobactéries actuelles.

N : noyau ; P : pyrénoïde (compartiment de concentration du CO_2) ; C : chloroplaste.

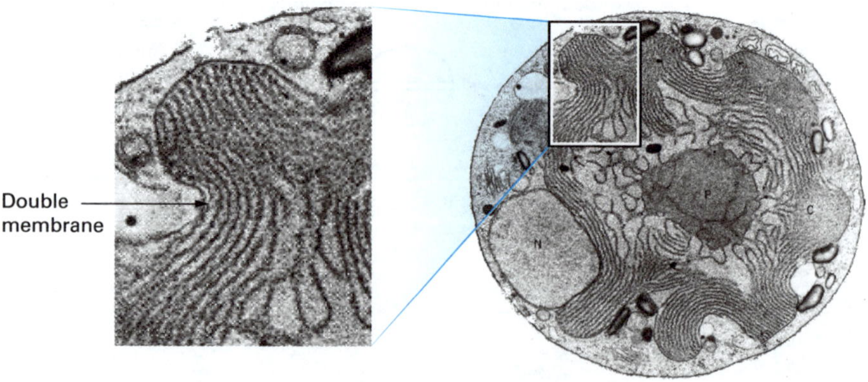

Doc 2 Scénario d'endosymbiose primaire

Selon le scénario de l'endosymbiose primaire, un organisme eucaryote ancestral serait issu de la digestion « incomplète » d'un organisme procaryote, comme une cyanobactérie. Les arguments en faveur de ce scénario sont la présence, chez le nouvel organisme, de la membrane plasmique de la cyanobactérie intégrée et de la membrane plasmique de l'eucaryote ayant « avalé » cette dernière.

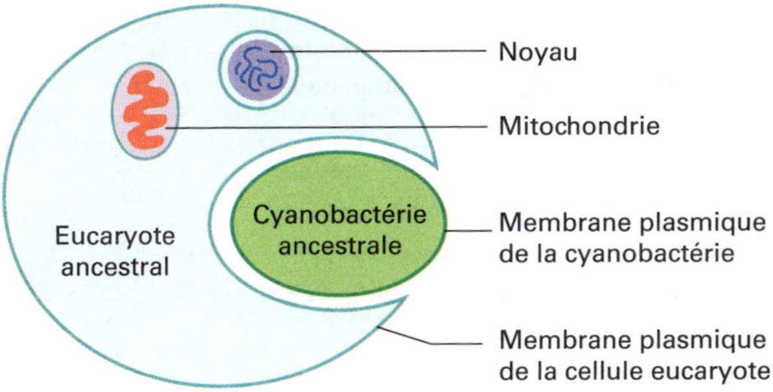

Doc 3 Les cryptophytes, des algues à structure complexe

a. Ultrastructure d'un cryptophyte au MET. N : noyau de l'algue ; NM : nucléomorphe ; CER : les deux membranes les plus externes du chloroplaste ; C : chloroplaste.

b. Schéma interprétatif des structures observées. Les cryptophytes contiennent un chloroplaste présentant quatre membranes plasmiques. Entre la 2e et la 3e membrane se trouve un nucléomorphe, vestige du noyau de l'organisme intégré.

Les gènes du chloroplaste sont aussi apparentés à ceux des cyanobactéries actuelles.

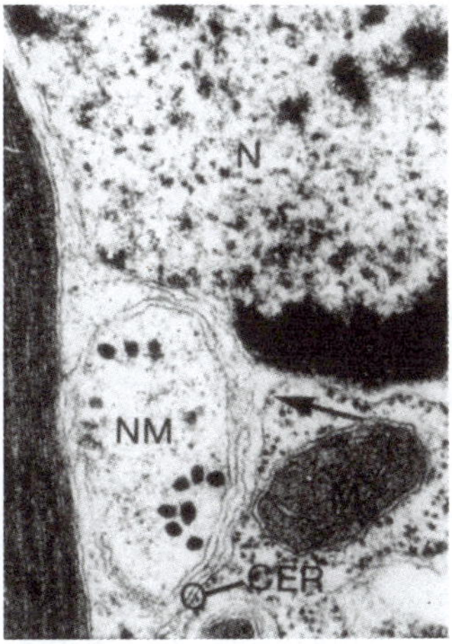

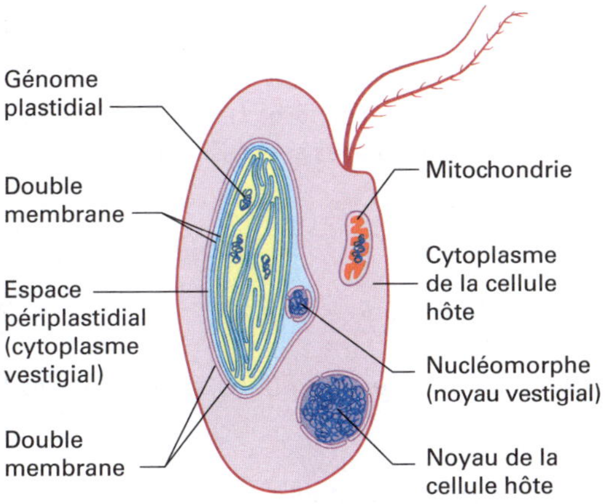

Doc 4 L'endosymbiose secondaire

Le scénario de l'endosymbiose secondaire permet d'expliquer les structures complexes observées chez certains organismes comme les cryptophytes. Ce scénario avance une endosymbiose par une cellule eucaryote ancestrale A d'un autre organisme eucaryote B ayant lui-même été précédemment impliqué dans une endosymbiose avec un procaryote (le plus souvent, une cyanobactérie).

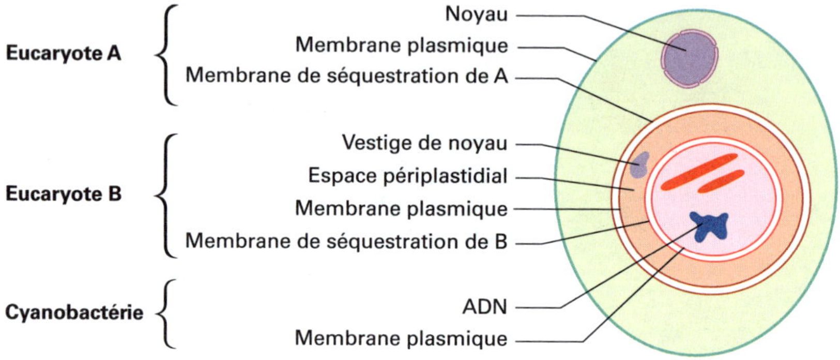

LES CLÉS POUR RÉUSSIR

Étape 1 Tirez des documents les éléments repérables sur les ultrastructures des rhodophytes et des cryptophytes.

Étape 2 À partir de ces éléments, reliez chaque groupe d'algues à un scénario d'endosymbiose.

Étape 3 Récapitulez l'ensemble des événements endosymbiotiques dans un ordre chronologique cohérent pouvant expliquer la diversité de ces algues.

Étape 4 Réalisez un schéma bilan chronologique faisant apparaître les événements d'endosymbioses successifs ayant concerné ces groupes d'algues.

LE CORRIGÉ

Il n'est pas exigé de faire figurer sur la copie les titres en couleurs.

Introduction

La théorie endosymbiotique avancée par Lynn Margulis dans les années 1960 suggère que les organites des cellules eucaryotes proviennent de l'assimilation d'une autre cellule.

En se basant sur des vestiges structuraux visibles en microscopie électronique, il est possible de retracer ces événements d'endosymbiose et d'expliquer la diversité des « algues » actuelles, en partant de l'exemple des rhodophytes et des cryptophytes.

Quels sont les arguments permettant de reconstituer un scénario d'endosymbioses à l'origine des rhodophytes et des cryptophytes ?

Endosymbiose primaire et groupe des rhodophytes

- Les rhodophytes, ou algues rouges, montrent en microscopie électronique à transmission (doc. 1) un chloroplaste géant délimité par une double membrane. On sait par ailleurs que les gènes de ce chloroplaste sont très apparentés aux gènes des cyanobactéries actuelles.
- Ces observations suggèrent une endosymbiose primaire (doc. 2) : une cellule eucaryote ancestrale aurait « ingéré » une cyanobactérie ancestrale, devenant au cours de l'évolution le chloroplaste de l'algue. Ce scénario est conforté par la proximité génétique entre l'ADN du chloroplaste et celui des cyanobactéries actuelles.
- La double membrane autour du chloroplaste de l'algue serait ainsi le vestige de la membrane de la cyanobactérie et de la membrane de la cellule eucaryote ayant « entouré » la cyanobactérie.

Endosymbiose secondaire et groupe des cryptophytes

- Les cryptophytes sont des algues dont l'ultrastructure met en évidence des éléments complexes (doc. 3). On peut en effet constater la présence d'un chloroplaste à quatre membranes plasmiques, dont les deux plus externes encerclent une structure interprétée comme un vestige de noyau (nucléomorphe) et un espace périplastidial (en périphérie du plaste), qui s'apparente à un vestige de cytoplasme. Les gènes du chloroplaste sont également apparentés aux gènes des cyanobactéries actuelles.
- Ces observations suggèrent cette fois une endosymbiose secondaire : une cellule eucaryote ancestrale ayant auparavant « ingéré » une cyanobactérie ancestrale aurait à son tour été ingérée par une autre cellule eucaryote (doc. 4).
- Le chloroplaste de l'algue obtenue comprendrait par conséquent des vestiges de ces deux organismes ancestraux et des événements d'endosymbiose successifs :

– l'ADN du chloroplaste et la première membrane plasmique de ce dernier appartiendraient à la cyanobactérie ancestrale ;

– la seconde membrane plasmique correspondrait à la membrane de la cellule eucaryote ancestrale ayant ingéré la cyanobactérie ;

– le nucléomorphe, l'espace périplastidial et la troisième membrane du chloroplaste seraient respectivement le noyau, le cytoplasme et la membrane plasmique de cette cellule eucaryote ancestrale ;

– la quatrième et dernière membrane du chloroplaste correspondrait à la membrane de la seconde cellule eucaryote ancestrale ayant ingéré les cellules précédentes.

Conclusion

Un certain nombre d'arguments tirés de l'ultrastructure des algues étudiées, visibles en microscopie électronique, permettent d'avancer un scénario de la théorie endosymbiotique.

Ce scénario propose des événements successifs d'ingestions incomplètes de cellules, eucaryotes ou procaryotes, ayant contribué au cours de l'évolution à la diversité du vivant tel qu'on peut l'observer actuellement.

CONSEIL DE MÉTHODE

Faites apparaître sur le schéma les éléments structuraux ayant été utilisés comme argument pour soutenir les différents scénarios.

Doc **Endosymbioses successives à l'origine de la diversité de certains groupes d'algues**

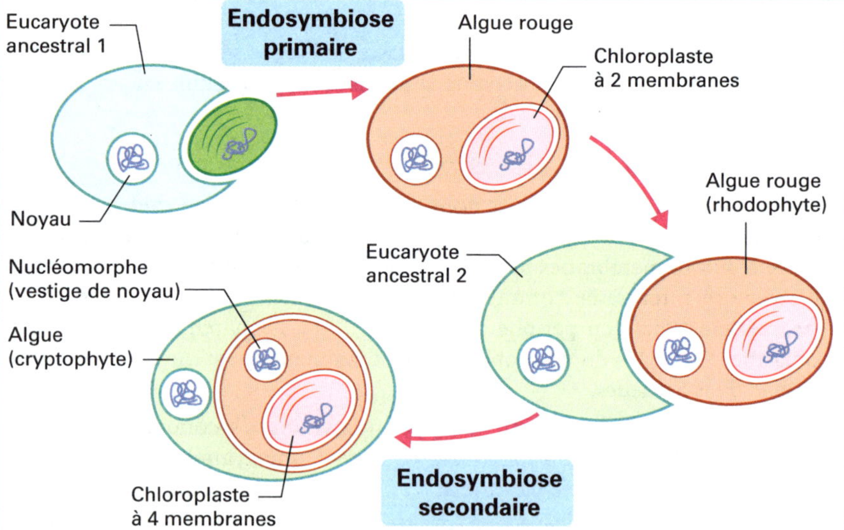

3 Retracer l'histoire de la Terre

Dalle calcaire à ammonites de la région de Digne-les-Bains (Hautes-Alpes). Ce groupe de mollusques marins, disparu à la fin du Mésozoïque, a fourni de nombreux fossiles stratigraphiques.

TESTEZ-VOUS

→ CORRIGÉS P. 345

Faites le point sur vos connaissances puis établissez votre **parcours de révision** en fonction de votre score.

1 Les principes de la stratigraphie

→ FICHE 9

Une structure A est plus récente qu'une structure B si :

- ☐ a. A est au-dessus de B
- ☐ b. A est en dessous de B
- ☐ c. A est inclus dans B
- ☐ d. A recoupe B

.../1

2 L'échelle des temps géologiques

→ FICHE 9

Le passage du Mésozoïque au Cénozoïque :

- ☐ a. est marqué par une crise biologique locale
- ☐ b. est marqué par une crise biologique régionale
- ☐ c. est marqué par une crise biologique mondiale
- ☐ d. n'est marqué par aucune crise biologique particulière

.../1

3 Les fossiles stratigraphiques

→ FICHE 9

Les fossiles dits « stratigraphiques » doivent :

- ☐ a. être abondants et fréquents
- ☐ b. évoluer lentement et donc être présents longtemps
- ☐ c. évoluer rapidement et n'être présents que durant une courte durée
- ☐ d. être endémiques

.../1

4 La radiochronologie

→ FICHE 10

Grâce aux méthodes de radiochronologie, on peut dater :

- ☐ a. le moment de consolidation (diagenèse) d'une roche sédimentaire
- ☐ b. la cristallisation d'un minéral d'une roche magmatique
- ☐ c. la mort d'un fossile stratigraphique
- ☐ d. la dernière phase de métamorphisme d'un gneiss

.../1

5 Demi-vie

→ FICHE 10

La demi-vie du rubidium 87 vaut 49 Ga, car :

- ☐ a. tous les noyaux de ^{87}Rb se désintègrent en 49 Ga
- ☐ b. la moitié des noyaux de ^{87}Rb se désintègrent en 49 Ga
- ☐ c. tous les noyaux de ^{87}Rb se désintégreront en 98 Ga
- ☐ d. chaque noyau de ^{87}Rb met 49 Ga pour se désintégrer

.../1

6 Choisir un chronomètre

→ FICHE 10

Pour dater un basalte archéen (– 4 à – 2,5 Ga), on peut utiliser la méthode :

- ☐ a. au carbone 14 ($t_{1/2} = 5\,730$ ans)
- ☐ b. au $^{87}Rb/^{87}Sr$ ($t_{1/2} = 49$ Ga)
- ☐ c. au $^{40}K/^{40}Ar$ ($t_{1/2} = 1{,}28$ Ga)
- ☐ d. à l'$^{235}U/^{207}Pb$ ($t_{1/2} = 0{,}7$ Ga)

.../1

7 Ophiolites et chaînes de montagnes

→ FICHE 11

Dans une chaîne de montagnes née d'une collision continentale, les ophiolites sont :

- ☐ a. toujours présentes
- ☐ b. généralement coincées entre les continents
- ☐ c. uniquement situées sur un seul des continents
- ☐ d. généralement situées à proximité des anciennes marges passives

.../1

8 Faciès schiste bleu

→ FICHES 10 et 11

Un métagabbro dans le faciès schiste bleu indique la présence :

- ☐ a. d'une ancienne lithosphère océanique
- ☐ b. d'une ancienne obduction
- ☐ c. d'une ancienne subduction
- ☐ d. d'un métamorphisme de haute température et de basse pression

.../1

Score total .../8

Parcours PAS À PAS ou EXPRESS ? → MODE D'EMPLOI P. 3

9 La chronologie relative

En bref *La géométrie des structures géologiques permet de reconstituer une chronologie relative de leur mise en place. L'étude des fossiles sert à l'élaboration d'une échelle des temps géologiques.*

I Principes de la chronologie relative

■ Des relations géométriques permettent de reconstituer la chronologie relative de la mise en place des diverses structures géologiques.

■ Trois principes logiques guident l'étude stratigraphique :
- superposition : une couche sus-jacente à une autre est plus récente ;
- recoupement : une structure qui en recoupe une autre est plus récente ;
- inclusion : une structure incluse dans une autre est plus ancienne.

■ Les associations de fossiles stratigraphiques (doc.) caractérisent un intervalle de temps précis. Elles permettent d'établir des corrélations entre des régions éloignées.

Doc **Association de fossiles stratigraphiques du Stampien (Cénozoïque)**

MOTS CLÉS
- **Stratigraphie :** étude de la stratification des roches et de leur âge relatif.
- **Fossile stratigraphique :** espèce fossile caractéristique d'une période géologique relativement courte.

II L'élaboration de l'échelle des temps géologiques

■ Les coupures dans les temps géologiques sont établies sur des critères paléontologiques : l'apparition ou la disparition de groupes fossiles.

■ La superposition des temps géologiques aboutit à l'échelle stratigraphique : l'ère, encadrée par des crises biologiques majeures, est divisée en périodes, elles-mêmes divisées en étages. Ces derniers sont définis par des stratotypes.

MOT CLÉ
Stratotype : affleurement de référence définissant un étage géologique.

Méthode

Établir la chronologie d'une coupe géologique

Les coupes géologiques permettent d'établir des chronologies relatives.

À partir de l'analyse de la coupe géologique de la nappe du Guil (Hautes-Alpes), établir la succession des événements visibles.

Doc **Coupe géologique au niveau du Pic des Ourgières**

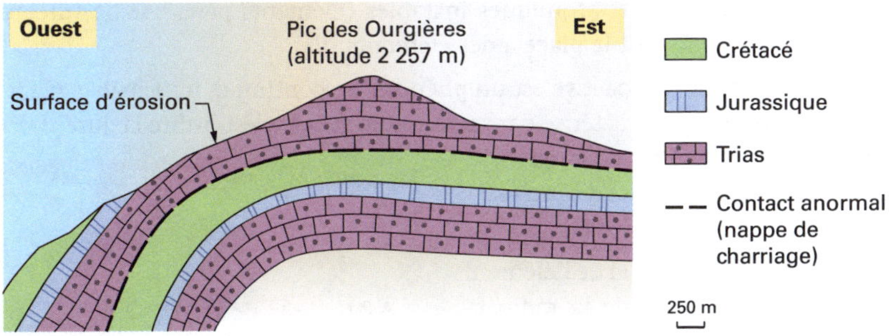

CONSEILS

Étape 1 Lister les principales structures et événements géologiques à ordonner chronologiquement.
Étape 2 Appliquer les principes de la stratigraphie et vos connaissances.
Étape 3 Reconstituer l'ordre chronologique des événements.

SOLUTION

Étape 1 Il faut positionner chronologiquement les trois dépôts sédimentaires (Crétacé, Jurassique, Trias), la mise en place du pli, de la nappe de charriage et la surface d'érosion.

Étape 2 Par superposition, on déduit que les dépôts du Crétacé sont plus récents que ceux du Jurassique, eux-mêmes plus récents que ceux du Trias. La mise en contact direct du Trias par-dessus Crétacé s'explique par l'existence d'un contact anormal : celui-ci est donc postérieur au Crétacé. Le pli affectant à la fois la nappe de charriage et les couches sédimentaires sous-jacentes est encore plus récent. Enfin, l'érosion touche l'ensemble des structures, c'est donc l'événement le plus récent.

Étape 3 On en déduit l'ordre chronologique suivant :
1. Dépôts du Trias, du Jurassique, puis du Crétacé.
2. Superposition anormale (nappe de charriage) de ces dépôts sur eux-mêmes.
3. Plissement de l'ensemble.
4. Érosion des reliefs.

10 La chronologie absolue

En bref *La radiochronologie est une méthode qui permet de donner un âge absolu donc numérique à certains événements géologiques.*

I Principe de la radiochronologie

■ La plupart des roches contiennent, généralement à l'état de traces, des isotopes **radioactifs** : ces éléments atomiques instables (éléments pères) se désintègrent progressivement, laissant la place à des éléments fils.

■ La désintégration radioactive est un phénomène continu et irréversible. Chaque élément radioactif est caractérisé par sa **demi-vie ($t_{1/2}$)**, c'est-à-dire la durée nécessaire pour que la moitié de la quantité initiale du radioélément se désintègre.

■ Le rapport entre la quantité de l'élément père radioactif et de l'élément fils **radiogénique** (issu de la radioactivité) ne dépend donc que du temps qui s'est écoulé depuis la formation de l'objet étudié : ceci permet de déterminer l'âge des minéraux constitutifs d'une roche. Ce rapport constitue ainsi un véritable « **chronomètre** ».

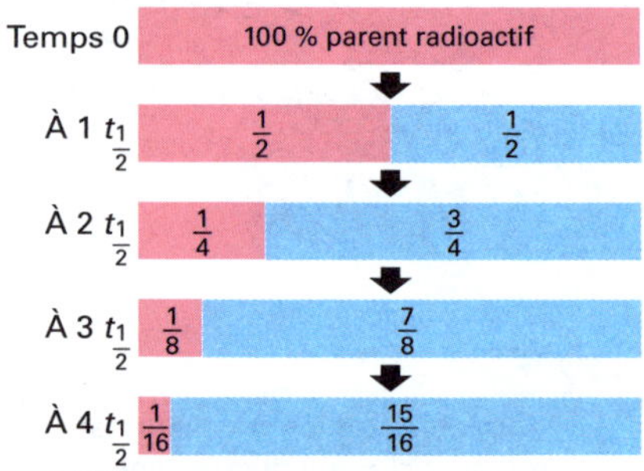

Doc **Évolution des quantités d'éléments père et fils**

II Matériel nécessaire et résultats

■ Différents « chronomètres » sont utilisés en géologie. Leur choix dépend de la nature des roches et de l'événement à dater, ainsi que de leur âge supposé (qui a pu être évalué par chronologie relative).

■ On date en réalité la **fermeture** d'un système, c'est-à-dire le moment où cesse tout échange entre le système et son environnement. Par exemple, la cristallisation d'un minéral correspond à la fermeture d'un système (cristallin).

■ Le métamorphisme ou la cristallisation des roches magmatiques peuvent ainsi être datés, mais pas la sédimentation : en effet, ce phénomène correspond rarement à une fermeture d'un système et les roches sédimentaires présentent généralement peu d'éléments pouvant servir de chronomètre.

■ Des mesures effectuées sur différents chronomètres (différents minéraux) d'une même roche peuvent donner des valeurs différentes, car chaque minéral a sa propre température de cristallisation (donc de fermeture).

Méthode

Choisir une méthode de chronologie absolue

En 2012, une équipe franco-turque a découvert en Turquie les restes d'un rhinocéros prisonnier dans une roche volcanique.

D'après les documents, expliquer comment dater ce fossile, en identifiant le chronomètre à utiliser.

Doc 1 Un fossile de rhinocéros

Ceratotherium neumayri est une espèce de rhinocéros qui était fréquente dans le bassin méditerranéen à la fin du Miocène (– 5 Ma). La roche volcanique qui a emprisonné l'animal est une ignimbrite (nuée ardente), composée principalement de quartz, de feldspaths potassiques et sodiques, et de biotite (riche en K).

Doc 2 Exemples de chronomètres

On considère qu'un chronomètre ne peut être utilisé pour dater un événement ayant plus de 10 fois sa demi-vie.

Chronomètre	$t_{1/2}$	Type de matériau
^{14}C	5 570 ans	Matière organique fossile riche en carbone
$^{40}K/^{40}Ar$	1,248 Ga	Minéraux potassiques des roches magmatiques

CONSEILS

Étape 1 Identifier les matériaux datables et les chronomètres utilisables.
Étape 2 Comparer les chronomètres avec l'événement à dater. Conclure

SOLUTION

Étape 1 On peut dater soit la mort du rhinocéros (s'il reste de la matière organique) grâce au ^{14}C, soit la cristallisation des minéraux potassiques (feldspaths ou biotite) de la nuée ardente qui l'a tué grâce au $^{40}K/^{40}Ar$.

Étape 2 Le document 2 précise que l'on ne peut utiliser un chronomètre pour dater un objet âgé de plus de 10 fois sa demi-vie. La méthode au ^{14}C ne peut donc être utilisée pour des objets de plus de 55 700 ans. Or, le fossile découvert est celui d'une espèce vivant à la fin du Miocène, donc âgée d'au moins 5 Ma (soit beaucoup plus que 55 700 ans).
Le seul moyen de dater le rhinocéros est donc d'utiliser la méthode au $^{40}K/^{40}Ar$ sur les minéraux de la roche volcanique encaissante.

11 Le passé mouvementé de la Terre

En bref *L'utilisation de méthodes de datation associée à la reconnaissance de structures géologiques caractéristiques permet de reconstituer l'histoire mouvementée de notre planète.*

I Des continents aux âges variés

Les continents actuels regroupent des domaines géologiques d'âges différents. Ils contiennent souvent des reliquats d'anciennes chaînes de montagnes issues de précédents cycles orogéniques dont on peut retrouver les traces des principales étapes : fragmentation continentale (rifting), ouverture d'un océan, subduction, collision de continents, disparition des reliefs.

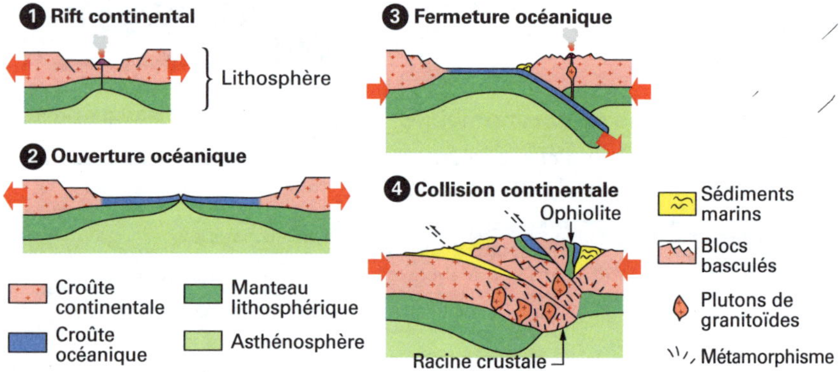

Doc Étapes d'un cycle orogénique

II À la recherche des océans disparus

- La présence de complexes ophiolitiques au sein des chaînes de montagnes témoigne d'anciens océans, exhumés par la collision continentale.
- Certains domaines océaniques sont bordés par des marges passives montrant des indices de distension (failles normales, blocs basculés), qui témoignent de la fragmentation du continent (rift continental) précédant l'ouverture de l'océan.

> **MOT CLÉ**
> **Complexe ophiolitique :** groupe de roches issues de la lithosphère océanique (péridotite, gabbro, basalte en coussins, sédiments océaniques).

- La dynamique de la lithosphère détermine différentes périodes paléogéographiques pendant lesquelles alternent des périodes de réunion des blocs continentaux (formation de la Pangée à la fin du Paléozoïque) et des périodes de fragmentation (mise en place de dorsales fragmentant la Pangée au Mésozoïque).

Méthode

Repérer les étapes d'un cycle orogénique

Les Alpes constituent le dernier cycle orogénique affectant l'Europe.

Reconstituer l'histoire des Alpes grâce aux indices relevés dans la carte.

Doc **Carte géologique simplifiée des Alpes**

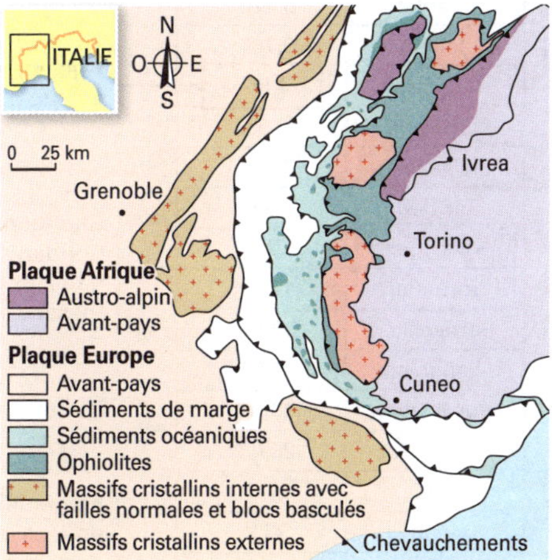

CONSEILS

Étape 1 Rappeler les grandes étapes d'un cycle orogénique.

Étape 2 Repérer les indices témoignant des étapes du cycle orogénique sur le document et les classer par étapes.

Étape 3 Organiser les informations chronologiquement et conclure.

SOLUTION

Étape 1 Un cycle orogénique comprend généralement une fragmentation continentale suivie d'une océanisation, la disparition de l'océan par subduction/obduction, puis la collision continentale et l'érosion des reliefs.

Étape 2 Les failles normales et blocs basculés des massifs cristallins externes, ainsi que les sédiments de marge constituent une ancienne marge passive. La présence d'ophiolites et de sédiments océaniques témoigne de la présence d'un ancien océan. Les chevauchements résultent de la collision de deux plaques continentales.

Étape 3 L'histoire des Alpes a commencé par la fragmentation d'un ancien continent, créant des marges passives et l'ouverture d'un océan. Cet océan a ensuite disparu par subduction (et obduction) due à la collision entre deux plaques tectoniques, ce qui explique la présence d'une ceinture ophiolitique coincée entre les deux plaques.

Organisation de l'échelle des temps géologiques

Ère	Période	Étage	Âge du début (en Ma)
Époque actuelle			
CÉNOZOÏQUE	QUATERNAIRE	Holocène	0,0117
		Tarantien	0,126
		Ionien	0,781
		Calabrien	1,80
		Gélasien	2,58
	NÉOGÈNE	Plaisancien	3,600
		Zancléen	5,333
		Messinien	7,246
		Tortonien	11,63
		Serravallien	13,82
		Langhien	15,97
		Burdigalien	20,44
		Aquitanien	23,03
	PALÉOGÈNE	Chattien	28,1
		Rupélien	33,9
		Priabonien	37,8
		Bartonien	41,2
		Lutétien	47,8
		Yprésien	56,0
		Thanétien	59,2
		Sélandien	61,6
		Danien	66,0
MÉSOZOÏQUE	CRÉTACÉ	Maastrichtien	72,1
		Campanien	83,6
		Santonien	86,3
		Coniacien	89,8
		Turonien	93,9
		Cénomanien	100,5
		Albien	113,0
		Aptien	125,0
		Barrémien	129,4
		Hauterivien	132,9
		Valanginien	139,8
		Berriasien	145,0

- 1,80 : Âge absolu (ou numérique) évalué par radiochronologie
- Messinien / Tortonien : Changement d'étage correspondant à un changement dans les associations de fossiles stratigraphiques
- Priabonien : Étage défini par son contenu en fossiles stratigraphiques dont le nom est attribué en fonction de la localisation du stratotype : ici Priabona (Italie)
- Limite Mésozoïque / Cénozoïque : Changement d'ère (Mésozoïque à Cénozoïque) en raison d'une crise biologique majeure
- Étages du Crétacé : Succession d'étages établie par chronologie relative (superposition, recoupement, inclusion) et reposant sur les contenus paléontologiques (fossiles stratigraphiques)

Une Terre au passé mouvementé

Cycle orogénique (vue en coupe)

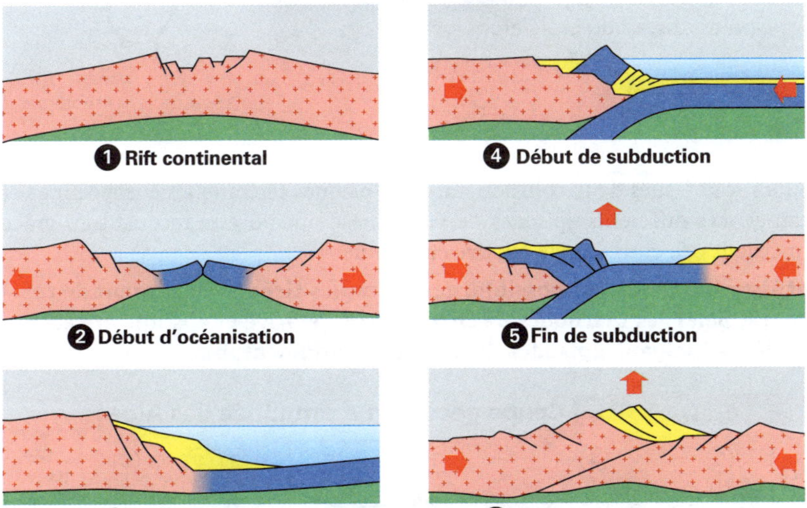

Collision continentale (vue en carte)

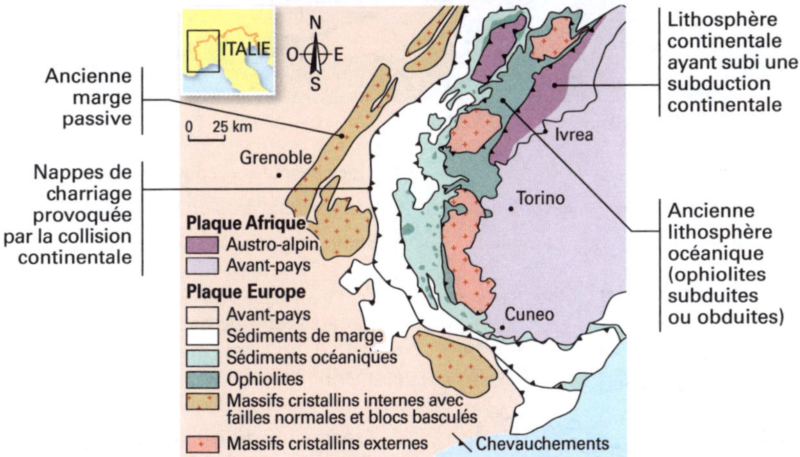

SUJET 7 | OBJECTIF BAC

80 min Le cycle orogénique alpin

→ FICHES 9, 10 et 11

Ce sujet de restitution organisée de connaissances doit vous permettre, grâce à des indices chronologiques, d'identifier les principales étapes du cycle alpin.

LE SUJET

Les Alpes sont issues de la collision entre les plaques tectoniques européennes et africaines. Les différents épisodes de l'orogenèse ont pu être reconstitués grâce aux méthodes de chronologie relative et absolue.

En utilisant, quand c'est possible, des exemples tirés du document de référence, rappeler les méthodes de chronologie relative et absolue et reconstituer les principaux épisodes du cycle orogénique alpin.

Document de référence **Coupe géologique simplifiée des Alpes**

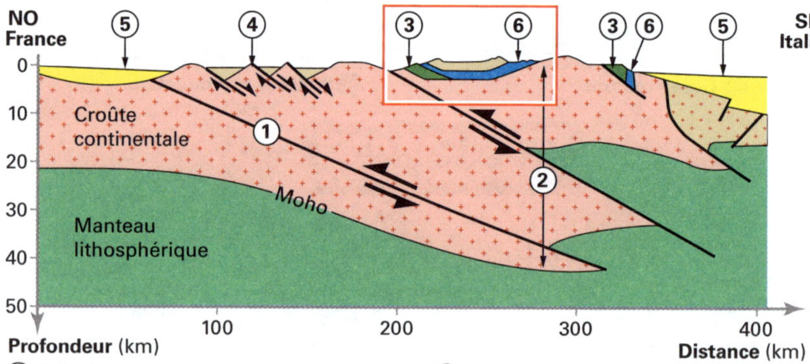

① Faille inverse
② Épaississement de la croûte continentale
③ Ophiolites
④ Blocs basculés recouverts de sédiments
⑤ Sédiments d'érosion (–35 à –5,5 Ma)
⑥ Sédiments plissés et charriés

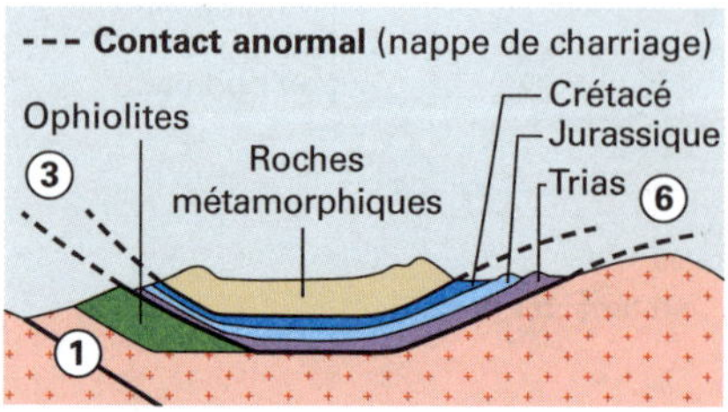

Zoom

Dans cette zone, les gabbros des ophiolites ont été datés par la méthode $^{147}Sm/^{143}Nd$ (samarium/néodyme), donnant un âge de 198 ± 22 Ma (Jurassique inférieur).

Les sédiments du Trias au Crétacé ont été daté par l'étude des foraminifères (petits animaux planctoniques).

LES CLÉS POUR RÉUSSIR

Étape 1 Travaillez la consigne au brouillon pour bien cerner le sujet : identifiez le plan proposé dans la question.

Étape 2 Rappelez les principes de chronologie relative et absolue ; recherchez dans le document de référence des exemples permettant d'illustrer chaque type de chronologie. On peut utiliser les numéros du document pour y faire référence.

Étape 3 Listez les étapes principales d'un cycle orogénique et identifiez les indices à rechercher dans le document de référence.

Étape 4 Rédigez la réponse. L'introduction doit énoncer la problématique et le plan de résolution. Le développement, s'appuyant sur les étapes 2 et 3, prend la forme d'un argumentaire mêlant idées et exemples tirés du document de référence, quand c'est possible. Des schémas intégrés peuvent étayer la synthèse en apportant des précisions. La conclusion répond à la problématique et se termine par une ouverture.

LE CORRIGÉ

Les titres en couleurs ne doivent pas obligatoirement figurer sur la copie.

Introduction

Les chaînes de montagnes, telles que les Alpes, représentent l'une des étapes d'un cycle orogénique, qui dure en moyenne 400 Ma. Comment établir la chronologie des différentes étapes d'un tel cycle orogénique ?

Nous rappellerons d'abord les méthodes de chronologie relative et absolue en géologie, puis nous reconstituerons les principales étapes du cycle alpin.

Les méthodes de chronologie relative et absolue

- La chronologie relative des différentes structures visibles peut être reconstituée en utilisant la stratigraphie. Celle-ci repose sur plusieurs principes logiques :

– le principe de superposition : dans le zoom, la couche sédimentaire du Crétacé recouvre celle du Jurassique, qui elle-même recouvre celle du Trias, ce qui signifie que les sédiments du Trias sont plus anciens que ceux du Jurassique, eux-mêmes plus anciens que ceux du Crétacé ;

– le principe de recoupement : les plis affectent les sédiments charriés (6) du Trias au Crétacé ; ces plis sont donc postérieurs à ces sédiments et à leur charriage sur le continent.

– le principe d'inclusion : une structure incluse dans une autre est plus ancienne.

CONSEIL DE MÉTHODE

Aucun exemple d'inclusion évident n'est présenté dans le document, on peut éventuellement proposer un schéma personnel…

- Autre principe, des couches possédant des fossiles stratigraphiques identiques sont contemporaines. Ceci a permis de dater les couches sédimentaires du Trias au Crétacé (6): en effet, les foraminifères sont des microfossiles planctoniques, relativement abondants et pouvant évoluer rapidement ; ce sont donc d'excellents fossiles stratigraphiques, qui permettent d'établir des corrélations entre des sites plus ou moins éloignés.

- Dans les roches magmatiques ou métamorphiques, la chronologie absolue consiste à dater la fermeture du système (la formation des minéraux). En effet, ces roches contiennent à l'état de trace des isotopes radioactifs, tels que ^{87}Rb ou ^{147}Sm. Une fois le système fermé, ces isotopes ne sont plus renouvelés : au fur et à mesure de leur désintégration, leur quantité diminue, tandis que la quantité de leurs éléments fils (^{87}Sr ou ^{143}Nd) augmente. La mesure du rapport entre éléments fils et père (^{147}Sm/^{143}Nd) permet donc d'évaluer l'âge de la roche. Par cette technique, les ophiolites (3) ont été datées du Jurassique inférieur.

À NOTER

Dans les mailles cristallines, le rubidium peut parfois se substituer au sodium (Na) ou au potassium (K), car il appartient à la même famille d'éléments (les alcalins). La méthode ^{87}Rb/^{87}Sr n'est donc applicable qu'aux minéraux sodiques ou potassiques.

Les étapes du cycle orogénique alpin

- Le cycle alpin commence par la fracturation d'un continent, donnant naissance à un rift continental bordé par des marges passives. L'une de ces marges passives est visible sur le continent européen : il s'agit des blocs basculés recouverts de sédiments, déplacés les uns par rapport aux autres par des failles normales.

- Le rift s'est progressivement agrandi et a donné naissance à une véritable dorsale océanique. En effet, la présence d'ophiolites (3), constituées de roches caractéristiques de la lithosphère océanique (péridotite, gabbro, basalte, sédiments océaniques) indique qu'un océan s'est mis en place dans la région au Jurassique inférieur, voire dès le Trias. La présence de sédiments marins du Trias au Crétacé indique que cet océan a vraisemblablement perduré jusqu'au Crétacé.

- L'océan s'est ensuite refermé, probablement par subduction.

CONSEIL DE MÉTHODE

Les traces à rechercher, non présentes sur le document de référence, seraient des roches métamorphiques typiques d'une subduction (schistes bleus, éclogite) ou des roches volcaniques caractéristiques d'éruptions explosives (andésites, rhyolites).

- Les continents sont alors entrés en collision. Celle-ci explique la présence de failles inverses (1), de nappes de charriage et de plis (6) bien après le Crétacé. La compression a provoqué un empilement de portions de croûte, entraînant un épaississement de la croûte continentale et une surélévation des reliefs (2).

- Les reliefs font alors immédiatement l'objet d'une érosion intense, entraînant le dépôt de roches sédimentaires (5) datées de –35 à –5,5 Ma. *In fine*, l'ensemble de la chaîne sera aplani.

Conclusion

L'utilisation des méthodes de chronologie permet donc de reconstituer l'histoire mouvementée des Alpes, de l'ancien océan alpin à sa disparition, jusqu'à la collision continentale. On n'observe cependant aucune roche volcanique typique d'une subduction dans les Alpes : a-t-on mal cherché ? Cette subduction était-elle particulière ?

SUJET 8 | OBJECTIF BAC

45 min

La transition Crétacé-Tertiaire

→ FICHES 9 et 10

Ce sujet d'entraînement au raisonnement scientifique traite de la transition Crétacé-Tertiaire, lors de laquelle a eu lieu la fameuse extinction de masse. L'affleurement de Bidart (Pyrénées) permet de tester différentes hypothèses.

LE SUJET

La transition Crétacé-Tertiaire (ou limite KT) est un repère temporel majeur, daté de 65,5 Ma, qui permet d'établir des corrélations chronologiques entre des séries stratigraphiques à l'échelle mondiale.

Grâce aux principes de la géochronologie, montrer que le site de Bidart permet de suivre les événements ayant eu lieu à la limite Crétacé-Tertiaire. Argumenter l'idée que les changements observés justifient un changement d'ère géologique.

Doc 1 Un affleurement à Bidart (Pyrénées-Atlantiques)

Les études montrent que la sédimentation marine a été continue pendant tout le Crétacé et le Paléocène dans le pays basque.

Doc 2 Concentration en iridium dans les roches de Bidart

L'iridium est un élément peu abondant dans la croûte terrestre, un enrichissement local peut suggérer un apport météoritique.

Le volcanisme de point chaud du Piton de la Fournaise (La Réunion) libère aussi des quantités importantes d'iridium (plusieurs milligrammes par tonne). Ce volcan est situé dans la zone qui aurait engendré les laves du Deccan.

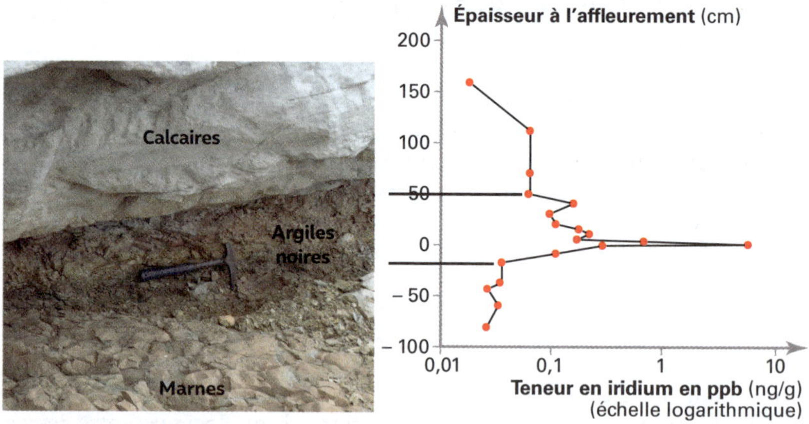

Doc 3 Les foraminifères autour de la limite Crétacé-Tertiaire

Les foraminifères sont de petits animaux planctoniques qui occupent de très nombreuses niches écologiques. Ils représentent jusqu'à 10 % du zooplancton et sont très diversifiés (au moins 38 000 espèces fossiles et entre 10 000 et 20 000 espèces existent de nos jours). Le tableau suivant indique la présence (en bleu) ou l'absence (en blanc) des principaux genres de foraminifères autour de la limite Crétacé-Tertiaire. À Bidart, on a retrouvé des Globigérinidés dans les calcaires, des Globotruncanidés et des Hétérohélicidés dans les marnes.

		Crétacé			Tertiaire		
Groupe	**Genre**	**S**	**C**	**Ma**	**D**	**Mo**	**T**
Hétéro-hélicidés	*Heterohelix*	■	■	■	■	■	■
	Pseudotextularia	■	■	■			
	Racemiguembelina			■			
Globo-truncanidés	*Hedbergella*	■	■	■			
	Globotruncana		■	■			
	Abathomphalus			■			
Globigérinidés	*Globigerina*						

S : Santonien ; C : Campanien ; Ma : Maestrichtien ; D : Danien ; Mo : Montien ; T : Thanétien

Doc 4 **Présence (en bleu) ou absence (en blanc) de quelques genres de reptiles à la limite Crétacé-Tertiaire**

– 81 Ma | – 72 Ma | – 65,5 Ma

			C	Ma	D
Animaux aériens		Ornithochéridés	■	■	
		Ptérodactyloïdés	■	■	
Animaux aquatiques	Crocodiliens	Goniopholidés	■	■	
		Dryosauridés		■	■
		aligatoridés	■	■	■
	Ichtyosaures	Platyptérygiidés	■		
	Plésiosaures	Élasmosauridés	■	■	
Animaux terrestres	Dinosaures ornithischiens	Cératopsidés	■	■	
		Ankylosauridés	■	■	
		Thescélosauridés		■	
	Dinosaures saurischiens	Titanosauridés	■	■	
		Tyrannosauridés	■	■	
		Dryptosauridés		■	

C : Campanien ; Ma : Maestrichtien ; D : Danien

Doc 5 Datation $^{40}K/^{40}Ar$ des formations volcaniques du Deccan

Les trapps du Deccan (Inde) sont des épanchements volcaniques de plus de 3 500 m d'épaisseur.

La zone grisée représente la valeur moyenne des mesures dans la partie centrale des trapps et son incertitude (64,7 ± 0,9 Ma).

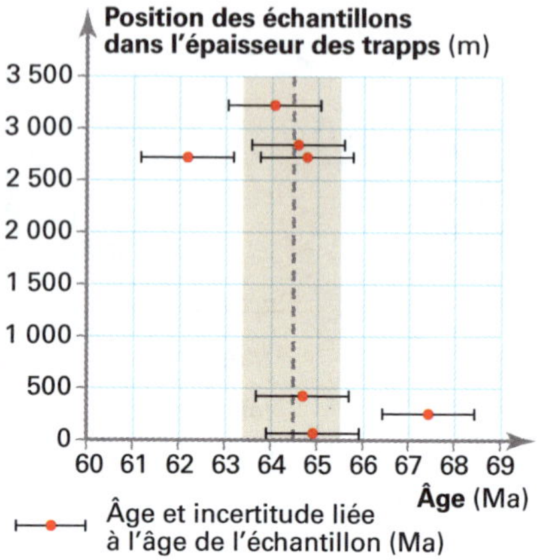

Doc 3 Datation $^{40}Ar/^{39}Ar$ du cratère d'impact de Chixculub (Mexique)

Près de Chixculub, au Yucatan (Mexique), a été découvert un cratère sous-marin de 177 km de diamètre laissé par l'impact d'un astéroïde d'au moins 11 km de diamètre. Le choc a été suffisamment important pour vitrifier les roches situées aujourd'hui à la base du cratère. En 1992, une première datation de cette vitrification a été effectuée, avec la méthode $^{40}Ar/^{39}Ar$, un raffinement de la méthode $^{40}K/^{40}Ar$.

La datation des roches vitrifiées à la base du cratère de Chixculub a donné des âges de 65 ± 0,08 Ma. Il a été suggéré que des fluides très chauds liés à l'impact avaient pu circuler dans ces roches pendant 1 à 2,3 Ma après l'impact, retardant d'autant la fermeture du système.

LES CLÉS POUR RÉUSSIR

Étape 1 Identifiez les deux consignes : à Bidart, quels indices témoignent de l'événement ayant eu lieu à la limite Crétacé-Tertiaire ? En quoi les changements observés sont-ils majeurs ?

Étape 2 Au brouillon, saisissez les informations recueillies dans les documents et les mettre en relation.

Étape 3 Rédigez la réponse en rappelant systématiquement les numéros des documents lors de leur utilisation. Faites un paragraphe pour chaque idée principale et séparez le tout en deux parties correspondant aux deux consignes.

LE CORRIGÉ

Il n'est pas exigé de faire figurer sur la copie les titres en couleurs.

La transition Crétacé-Tertiaire à Bidart

- Dans la région de Bidart (doc. 1) se sont déposés, par ordre chronologique (superposition), des marnes, des argiles noires, puis des calcaires. L'ensemble de cette séquence a ensuite été incliné à 45°.

- Les couches peuvent être datées grâce à l'étude des foraminifères (doc. 3). Ces micro-organismes sont nombreux, évoluent vite et, étant des organismes marins planctoniques, peuvent être présents dans de vastes zones géographiques : ils peuvent donc constituer d'excellents repères stratigraphiques. Or, les marnes contiennent des foraminifères exclusifs du Crétacé (Globotruncanidés), tandis que les calcaires contiennent des foraminifères exclusifs du Tertiaire (Globigérinidés). Ceci confirme la chronologie relative (doc. 1) et indique que les argiles noires sont proches de la limite Crétacé-Tertiaire.

- La couche d'argile noire contient des concentrations en iridium cent fois plus élevées (doc. 2) que les calcaires ou les marnes encaissants. Un tel pic peut être dû à un impact météoritique ou à du volcanisme de point chaud, tel que celui du Piton de la Fournaise.

- Les roches volcaniques peuvent être datées par la méthode $^{40}K/^{40}Ar$ (doc. 5). Ainsi, le volcanisme du Deccan aurait duré plusieurs millions d'années, avec un pic d'activité principal autour de –64,7 ± 0,9 Ma. Ces événements sont contemporains de la transition Crétacé-Tertiaire (–65,5 Ma). Le pic d'iridium mesuré dans les argiles noires de Bidart pourrait ainsi être lié au volcanisme du Deccan.

> **INFO**
> Le point chaud responsable aujourd'hui du volcanisme de l'île de La Réunion est celui qui a engendré les laves du Deccan, il y a 65 Ma. Le continent indien a depuis migré vers le nord et le point chaud, fixe, est sous l'île de La Réunion.

- Le pic est localisé à la base des argiles noires, or on sait que le volcanisme du Deccan a commencé dès le Maastrichtien et qu'il a duré jusqu'à la fin du Danien ; il y a donc peut-être une autre source d'iridium plus massive et ponctuelle.

- L'apport d'iridium peut aussi provenir de la météorite ayant impacté la Terre à Chixculub, au Mexique (doc. 6). Ce cratère a été daté de –65 ± 0,08 Ma (par la méthode $^{40}Ar/^{39}Ar$), sachant que la circulation de fluides chauds a pu retarder la cristallisation complète des roches pendant 1 à 2,3 Ma après l'impact. Ainsi, l'argile noire de Bidart pourrait avoir 65,5 Ma, donc dater précisément de la transition Crétacé-Tertiaire.

> **CONSEIL DE MÉTHODE**
> Un bilan intermédiaire permet de répondre à la première partie de la consigne.

- L'analyse des documents montre que le site de Bidart a enregistré tous les événements ayant eu lieu lors de la limite Crétacé-Tertiaire :

– un dépôt de marnes riches en foraminifères typiques du Crétacé ;
– un dépôt d'argile noire riche en iridium provenant des volcans du Deccan et/ou de l'astéroïde tombé à Chixculub ;
– un dépôt de calcaires riches en foraminifères typiques du Tertiaire.

Un changement d'ère géologique

▸ L'échelle des temps géologiques étant établie sur des critères paléontologiques, seule une crise biologique majeure peut justifier un changement d'ère.

▸ Des bouleversements affectent les foraminifères lors de la limite Crétacé-Tertiaire (doc. 3) : les Globotruncanidés disparaissent du registre fossile, ainsi que deux des trois genres d'Hétérohélicidés étudiés. À l'inverse, les Globigérinidés, absents au Crétacé, abondent au Tertiaire.

INFO
D'autres organismes marins disparaissent également à cette époque. C'est le cas des ammonites, des mollusques céphalopodes qui dominaient les océans depuis plusieurs centaines de millions d'années.

▸ Les reptiles également sont impactés (doc. 4) : disparition à la fin du Crétacé de tous les dinosaures, plésiosaures, ichtyosaures, reptiles aériens et d'un tiers des genres de crocodiliens. Ces bouleversements touchent donc à la fois les milieux terrestres et aquatiques.

CONSEIL DE MÉTHODE
Un bilan intermédiaire permet de répondre à la deuxième partie de la consigne.

▸ La transition Crétacé-Tertiaire témoigne de bouleversements biologiques majeurs touchant tous les milieux de vie, marins ou terrestres. Il y a donc une crise biologique majeure à cette époque, qui justifie le changement d'ère géologique : c'est le passage du Mésozoïque au Cénozoïque.

▸ L'étude des documents 5 et 6 permet d'identifier les causes de cette crise :

– un épisode volcanique majeur (3500 m de trapps d'après le document 5) qui aurait fragilisé les écosystèmes pendant 8 Ma (émission de gaz toxiques, changements climatiques liés au volcanisme, etc.) ;

– le « coup de grâce » lié à l'impact de Chixculub il y a 65,5 Ma. Celui-ci aurait entraîné plusieurs tsunamis et la libération de grandes quantités de poussières ayant profondément altéré les climats ; les espèces, déjà fragilisées, n'auraient alors pas survécu.

SUJET 9 | OBJECTIF MENTION

45 min L'histoire des Vosges

→ FICHES 9, 10 et 11

Les Vosges sont une chaîne de montagnes anciennes dont il ne subsiste que de rares reliefs. À partir d'observations de terrain, ce sujet d'entraînement au raisonnement scientifique vous propose d'en retracer l'histoire et de valider ou non les hypothèses émises par deux élèves.

LE SUJET

À la suite d'une sortie géologique, les élèves ont appris que les Vosges faisaient partie de l'ancienne chaîne varisque érodée et que le fossé rhénan constituait un rift continental. Deux élèves, Élise et Fabrice, s'opposent cependant sur un point :
- Élise soutient que le fossé rhénan est postérieur au cycle orogénique varisque ;
- Fabrice pense au contraire que le fossé rhénan est un reliquat du fossé ayant existé à l'origine du cycle varisque.

Grâce aux documents, reconstituer le cycle orogénique varisque afin de valider ou infirmer les théories d'Élise et de Fabrice.

Doc 1 Coupe géologique du fossé rhénan

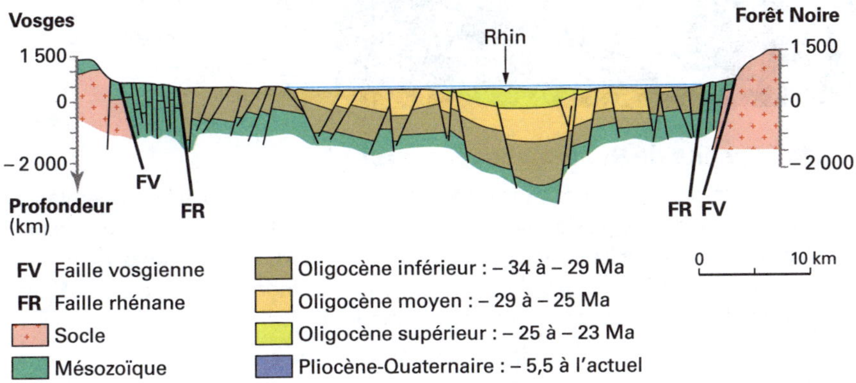

Doc 2 L'affleurement de Rossberggesick (Vosges du Sud)

En refroidissant, cette coulée volcanique massive a formé des prismes appelés « orgues ». L'étude minéralogique montre qu'il s'agit d'andésite. La présence à proximité d'andésites riches en vacuoles indique que ces coulées accompagnaient des éruptions explosives. Cette roche date du Viséen inférieur (environ – 345 Ma).

Doc 3 L'affleurement de Chèvre-Roche

Doc 4 Granite de Remiremont (Vosges)

Le granite de Remiremont est un granite à deux micas, formé vraisemblablement par anatexie (fusion partielle de la croûte continentale en profondeur). Dans la région de Thannenkirch (Vosges du Nord, près de Ribeauvillé), on trouve un granite comparable à celui de Remiremont. L'équipe de Z. Kratinová a daté ces granites en utilisant la méthode de l'uranium/plomb.

Les isotopes 235 et 238 de l'uranium se désintègrent respectivement en plomb 207 et 206, selon des constantes respectives $\lambda_{235} = 9{,}85 \times 10^{-10}$ an^{-1} et $\lambda^{238} = 1{,}55 \times 10^{-10}$ an^{-1}.

On montre que l'âge $t = \dfrac{\ln\left(\dfrac{^{207}Pb}{^{235}U}+1\right)}{\lambda_{235}} = \dfrac{\ln\left(\dfrac{^{206}Pb}{^{238}U}+1\right)}{\lambda_{238}}$.

En 2007, Z. Kratinová a trouvé des rapports $^{207}Pb/^{235}U = 0,3773$ et $^{206}Pb/^{238}U = 0,05172$. Sur d'autres échantillons, ces mesures ont donné des résultats comparables.

Doc 5 Affleurement sur la route de Florimont (près de Ribeauvillé)

Le granite de cet affleurement est un granite à deux micas, semblable et contemporain de celui de Remiremont. Le grès est le même que celui de l'affleurement de Chèvre-Roche. Le contact anormal, quasiment vertical, est l'une des failles bordant le fossé rhénan.

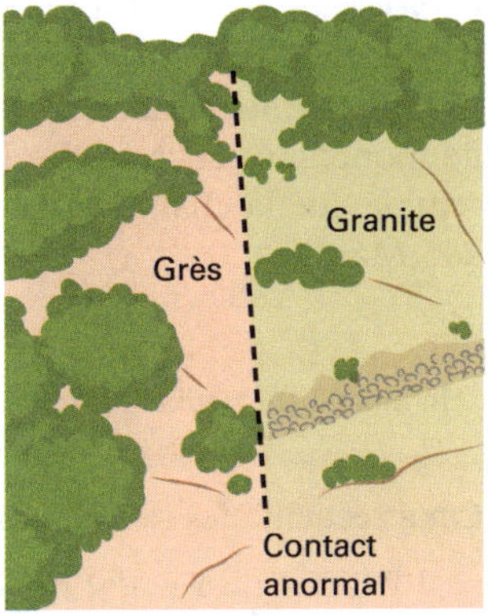

LES CLÉS POUR RÉUSSIR

Étape 1 Au brouillon, saisissez les informations et mettez-les en relation. Lorsque c'est possible, appliquez les principes de stratigraphie afin de repérer l'ordre chronologique des structures.

Étape 2 Regroupez les documents selon qu'ils permettent de reconstituer l'histoire du cycle orogénique ou la formation du fossé rhénan.

Étape 3 Rédigez la réponse en rappelant systématiquement les numéros des documents lors de leur utilisation. Faites un paragraphe pour chaque idée principale et séparez le tout en deux parties correspondant aux deux consignes. Concluez en précisant quel élève a raison.

LE CORRIGÉ

Il n'est pas exigé de faire figurer sur la copie les titres en couleurs.

Les indices du cycle orogénique varisque

Le cycle varisque peut être étudié grâce aux documents 2, 3 et 4.

- Le **document 2** donne des indices d'un ancien océan ayant subduit (andésites) au Viséen (–345 Ma).
- Le **document 4** indique la présence de granites d'anatexie (Remiremont ou Thannenkirch), datés de $t = \dfrac{\ln(0,3773+1)}{9,85 \times 10^{-10}} \approx 325$ Ma par la méthode $^{235}U/^{207}Pb$ et $t = \dfrac{\ln(0,05172+1)}{1,55 \times 10^{-10}} \approx 325$ Ma par la méthode $^{238}U/^{206}Pb$.

L'anatexie n'est possible que si la croûte continentale est à grande profondeur, comme c'est le cas lors d'une collision continentale (racine crustale).

▸ D'après le **document 3**, le granite est recouvert par un grès plus récent (principe de superposition, datation à –245 Ma). Le granite d'anatexie s'étant formé en profondeur, le fait qu'il soit recouvert par une roche sédimentaire indique que la chaîne de montagnes était érodée lors du dépôt. Ainsi, il semble que la chaîne varisque était entièrement aplanie (pénéplanation) il y a 245 Ma.

À NOTER
La concordance des dates données par les deux méthodes à l'U/Pb et la répétabilité des mesures confortent la datation.

CONSEIL DE MÉTHODE
Un bilan intermédiaire permet de resituer rapidement la chronologie.

On a recueilli des indices sur les grandes étapes du cycle varisque :

- subduction il y a 345 Ma ;
- collision continentale il y a 325 Ma, d'où naissance de reliefs ;
- pénéplanation achevée il y a 245 Ma.

Confrontation des données avec les théories des élèves

▸ Les failles principales (failles rhénanes et vosgiennes, doc. 1) et le champ de failles secondaires ayant permis l'affaissement du fossé rhénan affectent toutes les couches, sauf celles de l'Oligocène supérieur et du Plio-Quaternaire : elles sont donc antérieures à l'Oligocène supérieur (recoupement) et se seraient mises en place au cours de l'Oligocène moyen. Le fossé rhénan ayant achevé de se former il y a 23 Ma, il ne peut être celui qui a débuté le cycle varisque, puisque celui-ci était actif il y a 345 Ma.

▸ Le **document 5** confirme ces observations. Le granite (–325 Ma) étant au même niveau que le grès (–245 Ma), c'est une faille normale (telles celles bordant un rift) qui a entraîné l'affaissement du compartiment sud par rapport au compartiment nord. Cette faille est postérieure au grès et au granite (recoupement), donc le rift est postérieur à la collision continentale et de surcroît à la disparition de la chaîne varisque.

Conclusion

Le fossé rhénan est bien plus récent que celui ayant débuté le cycle varisque, ce qui conforte la théorie d'Élise.

SUJET 10 | OBJECTIF MENTION

60 min Un affleurement complexe en Alsace

→ FICHES 9, 10 et 11

Dans le sud de l'Alsace, on trouve des traces d'une chaîne de montagnes aujourd'hui disparue. Grâce aux indices récoltés sur le terrain, ce sujet d'entraînement au raisonnement scientifique vous permet de retrouver les grandes lignes de son histoire.

LE SUJET

Dans la vallée d'Oderen, dans le sud de l'Alsace, les élèves ont étudié un affleurement permettant de reconstituer une grande partie du cycle orogénique varisque qui a donné naissance à une immense chaîne de montagnes traversant l'Europe, dont les Vosges, le Massif Central et le Massif Armoricain sont des vestiges.

Reconstituer dans l'ordre chronologique les événements enregistrés dans cet affleurement et les rattacher aux épisodes du cycle varisque.

Doc 1 Coupe et carte géologiques simplifiées de la colline de Thalhorn

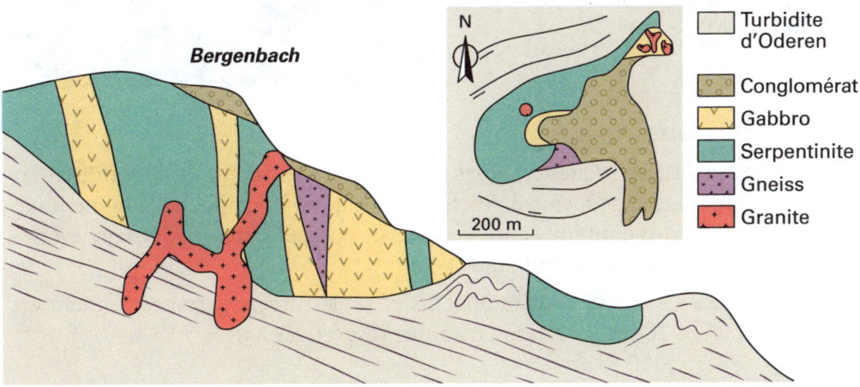

Doc 2 Le conglomérat de Bergenbach

Les galets de serpentinite, de gabbro et de gneiss de ce conglomérat proviennent manifestement de roches sous-jacentes. D'après les fossiles contenus dans sa matrice, ce conglomérat se serait formé au Dévonien.

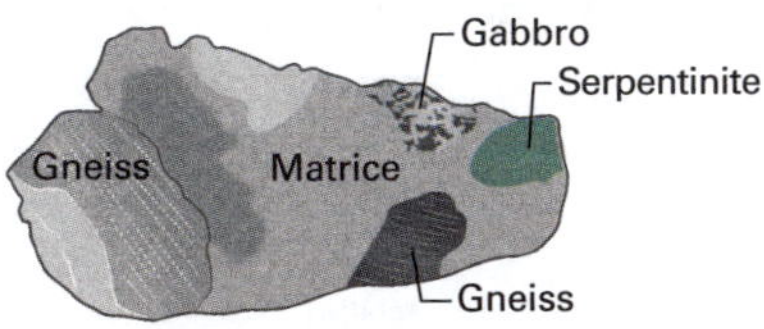

Doc 3 Les turbidites d'Oderen

Les turbidites sont des sédiments ayant dévalé une forte pente, comme celle d'un talus bordant une plateforme continentale. Les turbidites d'Oderen sont inclinées à 45° et contiennent des fossiles de brachiopodes datant du Carbonifère inférieur.

Doc 4 Le granite

Le granite affleurant se présente sous forme de petits filons contenant des cristaux de biotite, d'amphibole et de feldspath dans une matrice à petits cristaux. D'après l'étude géochimique, c'est un granite d'anatexie d'environ 330 Ma.

Doc 5 Serpentinites, gabbros

Les serpentinites sont des péridotites métamorphisées dans le faciès schiste vert.

Des gabbros formés dans le même contexte provenant d'un affleurement voisin (klippe de Kruth-Sauwas) ont été datés selon la méthode samarium/néodyme à 372 ± 18 Ma.

Doc 6 Les gneiss

Les gneiss sont des roches typiques de la croûte continentale. Ils résultent en général du métamorphisme de roches granitiques. En appliquant la méthode U/Pb aux zircons contenus dans ces gneiss, on peut dater les derniers événements thermiques qu'ils ont subis.

L'uranium 235 et 238 sont radioactifs et se désintègrent respectivement en plomb 207 et 206, selon des constantes respectives $\lambda_{235} = 9{,}85 \times 10^{-10}$ an^{-1} et $\lambda_{238} = 1{,}55 \times 10^{-10}$ an^{-1}.

On montre que l'âge $t = \dfrac{\ln\left(\dfrac{^{207}\text{Pb}}{^{235}\text{U}}+1\right)}{\lambda_{235}} = \dfrac{\ln\left(\dfrac{^{206}\text{Pb}}{^{238}\text{U}}+1\right)}{\lambda_{238}}$.

Ces gneiss ont donné des rapports $^{207}\text{Pb}/^{235}\text{U} = 0{,}762$ et $^{206}\text{Pb}/^{238}\text{U} = 0{,}0932$.

Doc 7 **Extrait de l'échelle chronologique suivant le Protérozoïque**

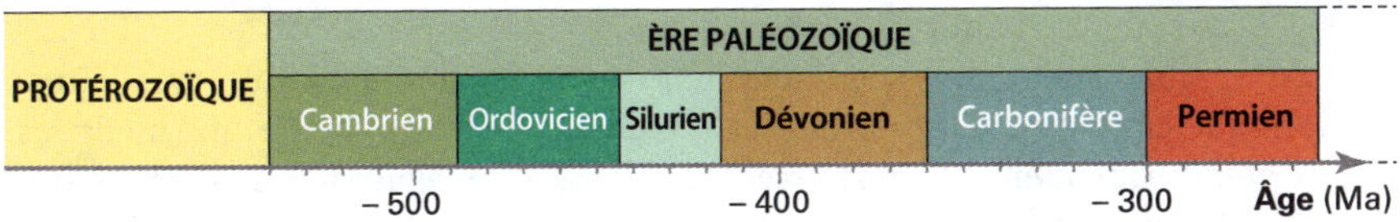

LES CLÉS POUR RÉUSSIR

Étape 1 Au brouillon, reprenez rapidement la coupe du document 1 et y ajouter les dates pouvant être obtenues dans les autres documents. Replacez chaque date absolue dans l'échelle des temps géologiques du document 6.

Étape 2 Pour chaque roche, relevez si elle a été modifiée depuis sa formation et par quel processus (métamorphisme, tectonique...). Reliez quand c'est possible la modification au contexte géologique.

Étape 3 Identifiez les contacts anormaux et, grâce aux principes de la stratigraphie, établissez la chronologie relative des différentes structures géologiques .

Étape 4 Rédigez la réponse en rappelant systématiquement les numéros des documents lors de leur utilisation. Reprenez les idées par ordre chronologique, ce qui permettra d'être le plus clair possible.

LE CORRIGÉ

Il n'est pas exigé de faire figurer sur la copie les titres en couleurs.

Chronologie des événements

- L'affleurement présente des gneiss, qui auraient, par la méthode U/Pb, au moins 575 Ma (doc. 6). Ces gneiss proviendraient d'une croûte continentale existant au Protérozoïque (doc. 7).

- Les gneiss sont intercalés dans des serpentinites et des gabbros (doc. 1). Ces dernières roches sont caractéristiques d'une lithosphère océanique et forment un complexe ophiolitique. Il y avait donc ici un ancien océan, qui existait il y a 372 Ma (doc. 5), c'est-à-dire à la fin du Dévonien. La présence de lithosphère continentale et de lithosphère océanique, sans accident majeur, peut indiquer qu'on n'est pas loin d'une bordure continentale.

- Ces roches sont recouvertes de conglomérats (doc. 1). Pour les dater, on peut utiliser soit le principe de superposition, soit le principe d'inclusion (doc. 2), car ces conglomérats contiennent des galets de serpentinite, de gabbros et de gneiss. Comme les conglomérats datent du Dévonien, on en déduit qu'ils se sont formés entre –372 Ma (formation du gabbro) et –359 Ma (fin du Dévonien).

▸ Tout ce complexe de roches surplombe les turbidites d'Oderen, datées du Carbonifère inférieur (doc. 4). Comme les roches anciennes se superposent aux roches plus récentes et que l'on observe un contact anormal, on peut supposer que l'ensemble gneiss/serpentinite/gabbro/conglomérat constitue une nappe ophiolitique charriée sur les turbidites d'Oderen. Ces turbidites étant inclinées, elles ont probablement été renversées au cours d'un épisode de compression, peut-être le même que celui qui a mis en place la nappe de charriage.

▸ Pour finir, les filons de granite recoupent l'ensemble des structures précédentes (doc. 1) : ils sont donc postérieurs. Ce sont des granites d'anatexie (nés dans la racine crustale) datés de -330 Ma, ce qui permet de dater la collision entre le Carbonifère inférieur (les turbidites d'Oderen se sont formées en mer) et -330 Ma.

À NOTER
L'érosion est le dernier épisode qui touche l'affleurement. Sans elle, les roches ne seraient pas exposées à la surface.

Conclusion

L'affleurement de Bergenbach-Thalhorn permet de retracer le cycle orogénique varisque dans la région :
- présence d'une ancienne lithosphère continentale dès le Protérozoïque ;
- extension océanique à la fin du Dévonien et au début du Carbonifère ;
- collision entraînant des nappes de charriage, avec des ophiolites, des plis (dans les turbidites), puis intrusion de granites d'anatexie au Carbonifère moyen ;
- érosion jusqu'à l'époque actuelle.

Doc **Datations des roches affleurant à Bergenbach**

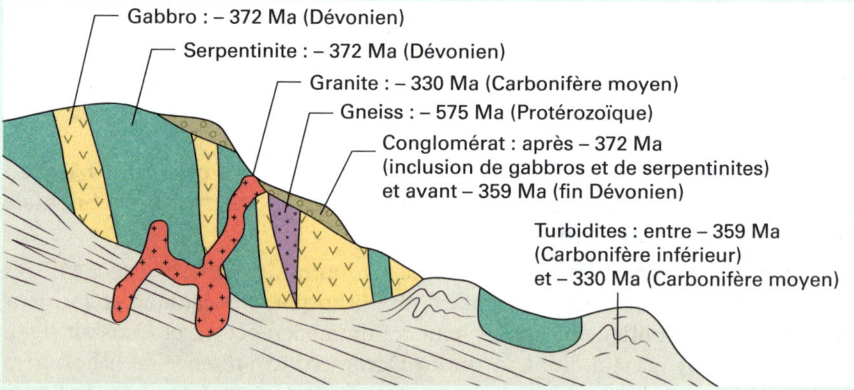

4 L'organisation fonctionnelle des plantes à fleurs

Les végétaux doivent composer avec le milieu. Cela conduit à la sélection de caractères adaptés à la vie fixée, tel cet arbre qui, sous l'effet du vent, présente un port dit prostré.

TEST

FICHES DE COURS

SUJETS GUIDÉS & CORRIGÉS

TESTEZ-VOUS

→ CORRIGÉS P. 345

Faites le point sur vos connaissances puis établissez votre **parcours de révision** en fonction de votre score.

1 Les racines

→ FICHE 12

Les racines de la plante :

☐ a. augmentent leur surface d'échanges en formant des mycorhizes
☐ b. possèdent des poils absorbants, où s'effectuent les échanges gazeux
☐ c. sont des organes aériens qui participent à l'absorption d'eau
☐ d. possèdent des poils absorbants qui absorbent l'eau et les sels minéraux

.../1

2 Les feuilles

→ FICHE 12

Les feuilles de la plante :

☐ a. possèdent des stomates où se déroulent les échanges gazeux
☐ b. sont responsables de l'absorption de l'eau et des sels minéraux
☐ c. sont des organes dans lesquels circule uniquement de la sève élaborée
☐ d. sont les organes de production de la matière organique

.../1

3 La conduction des sèves

→ FICHE 12

Les vaisseaux spécialisés qui conduisent :

☐ a. la sève brute constituent le phloème
☐ b. la sève brute constituent le xylème
☐ c. la sève élaborée constituent le phloème
☐ d. la sève élaborée constituent le xylème

.../1

4 Caractéristiques des méristèmes

→ FICHE 13

Le méristème :

☐ a. est une zone située à l'extrémité des feuilles
☐ b. est un amas de cellules qui se divisent, s'allongent puis se différencient
☐ c. est un amas de cellules à l'origine de l'organogenèse
☐ d. participe à la croissance et au développement de la plante

.../1

5 Contrôle du développement de la plante

→ FICHE 13

Le développement de la plante :

- ☐ a. est sous le contrôle de phytohormones comme l'auxine
- ☐ b. n'est pas influencé par une lumière directionnelle
- ☐ c. est sous l'influence du phototropisme uniquement
- ☐ d. est influencé par la lumière reçue à l'extrémité de la tige

…/1

6 L'absorption de la lumière

→ FICHE 14

La lumière :

- ☐ a. est absorbée par des pigments localisés dans le cytoplasme
- ☐ b. apporte l'énergie nécessaire à la phase photochimique
- ☐ c. est absorbée par des pigments localisés dans des chloroplastes
- ☐ d. apporte l'énergie nécessaire à la phase chimique

…/1

7 Métabolisme photosynthétique

→ FICHE 14

La photosynthèse est un métabolisme :

- ☐ a. à l'origine de la production des pigments dans la feuille
- ☐ b. à l'origine de la production de sucres dans la feuille
- ☐ c. qui comprend uniquement une phase photochimique
- ☐ d. qui comprend le couplage d'une phase chimique et d'une phase physique

…/1

8 Stockage du glucose

→ FICHE 15

Le glucose fait l'objet d'un stockage :

- ☐ a. toujours temporaire
- ☐ b. sous forme de glycogène dans les chloroplastes
- ☐ c. sous forme d'amidon dans les racines et les tiges
- ☐ d. à long terme dans la graine

…/1

9 Utilisation du glucose

→ FICHE 15

Les sucres produits par photosynthèse :

- ☐ a. servent de substrats pour la production de tanins
- ☐ b. sont transportés dans tous les organes de la plante par la sève brute
- ☐ c. sont transportés dans les vaisseaux du phloème
- ☐ d. peuvent être utilisés pour la respiration cellulaire dans les racines

…/1

Score total …/9

Parcours PAS À PAS ou *EXPRESS* ? → MODE D'EMPLOI P. 3

12 L'adaptation de la plante à la vie fixée

En bref *Les plantes ne se déplacent pas. Leurs feuilles, leurs tiges, leurs racines et leur organisation sont une adaptation à la vie fixée.*

I L'optimisation des échanges nutritifs

■ La plante à fleurs comporte une tige, des feuilles en contact avec l'atmosphère et des racines qui ancrent la plante dans le sol. Du fait de cet ancrage, la plante s'est adaptée à la vie fixée.

■ Les feuilles présentent une grande surface qui leur permet une grande exposition à la lumière. Elles possèdent des stomates, composés de deux cellules qui délimitent une ouverture facilitant les échanges gazeux entre la plante et l'atmosphère.

■ Dans le sol, les racines de la plante s'associent très souvent à des champignons pour former une structure symbiotique appelée mycorhize. Le développement des mycorhizes améliore l'absorption d'eau et de sels minéraux dans le sol ; en échange, la plante fournit de la matière organique aux champignons.

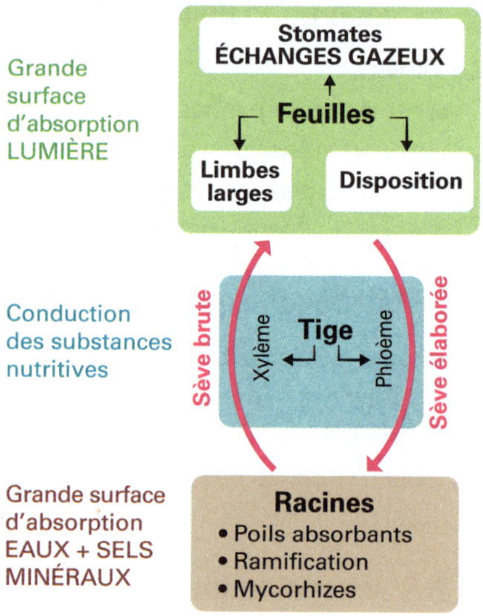

Doc **Adaptations de la plante à la vie fixée**

II La conduction des substances nutritives

■ Les zones d'absorption de la plante sont les racines et les feuilles. Comme la matière organique est synthétisée dans les feuilles, il est nécessaire de leur transférer des substances nutritives par la tige.

■ La tige est parcourue de vaisseaux, qui sont des cellules cylindriques permettant la conduction de substances nutritives. Les vaisseaux du xylème conduisent la sève brute et les vaisseaux du phloème conduisent la sève élaborée.

MOTS CLÉS

- **Sève brute** : liquide riche en eau et en sels minéraux, provenant des racines.
- **Sève élaborée** : liquide riche en matière organique produite par le métabolisme des plantes.

Méthode

Mettre en évidence l'adaptation des feuilles

La lumière est une ressource nécessaire pour l'Homme, notamment pour la synthèse de vitamine D, mais surtout pour la plante qui réalise la photosynthèse. Des données sont utilisées pour comparer l'Homme et la violette, une plante dont les fleurs sont utilisées en confiserie et en parfumerie.

Montrer qu'à poids égal la violette possède une surface d'absorption de la lumière plus efficace que celle de l'Homme.

Doc Masse et surfaces d'échanges chez l'Homme (*Homo sapiens*) et la violette (*Viola odorata*)

Homme		Violette	
Masse	85 kg	Masse	0,007 kg
Surface de la peau	2,55 m^2	Surface des feuilles	0,035 m^2
Surface des alvéoles pulmonaires	157 m^2	Surface des racines	4,55 m^2
Surface de la muqueuse intestinale	238 m^2		

CONSEILS

Étape 1 Identifier ce qui, chez l'Homme, peut être comparé aux feuilles pour l'absorption de la lumière.
Étape 2 Identifier l'intérêt de comparer des rapports surface/masse.
Étape 3 Calculer les rapports surface/masse de l'organe d'absorption de la lumière pour ces deux organismes.
Étape 4 Interpréter les résultats de vos calculs pour déterminer l'être vivant le mieux adapté à l'absorption de la lumière.

SOLUTION

Étape 1 Chez l'Homme, c'est la peau qui est en contact avec la lumière.

Étape 2 Les deux organismes ont des tailles et des structures très différentes. Pour comparer « équitablement » les surfaces d'échanges des deux organismes, on considère les valeurs des surfaces, rapportées à un même poids.

Étape 3 Chez la violette, le rapport est de 0,035/0,007 = 5 m^2/kg ; chez l'Homme, il est de 2,55/85 = 0,03 m^2/kg.

Étape 4 À masse égale, la violette possède une surface d'absorption de la lumière 166 fois plus grande que celle de l'homme. La feuille de la violette est donc un organe bien plus adapté à l'absorption de lumière que la peau de l'Homme.

13 La plante, un développement localisé et contrôlé

En bref *Le développement d'une plante se fait via de nombreuses divisions et croissances cellulaires. Il peut être influencé par les conditions du milieu de vie de la plante.*

I Les méristèmes, sièges du développement des plantes

■ De nombreuses divisions cellulaires se déroulent dans des régions de la plante appelées **méristèmes**. Ces zones participent au développement et à la croissance de la plante en produisant en permanence de nouvelles cellules.

■ Les méristèmes **caulinaires** sont localisés à l'extrémité des tiges, les méristèmes **axillaires** sont à la base des feuilles et les méristèmes **racinaires** à l'apex des racines.

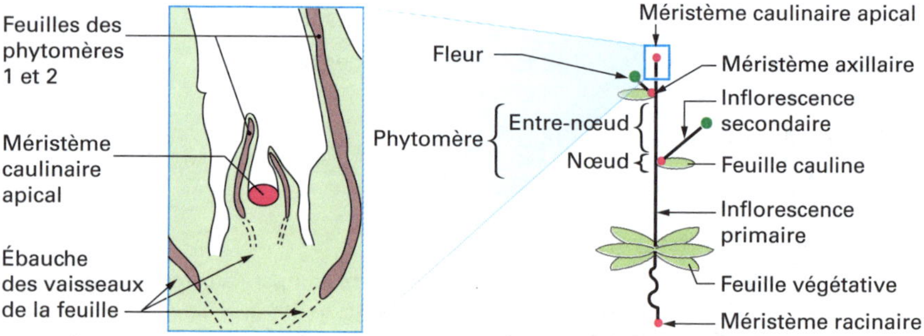

Doc **Méristèmes et zoom sur un méristème apical caulinaire**

■ Les cellules produites dans les méristèmes s'allongent puis se différencient. Divisions cellulaires, allongement et différenciation permettent aux organes de la plante de se construire : c'est l'organogenèse.

MOT CLÉ
Organogenèse : ensemble des processus à l'origine de la production des organes (feuilles, tige, racines, fleurs).

II Un développement sous contrôle

■ Le développement des plantes peut être influencé par des hormones végétales ou phytohormones, comme l'auxine, qui agissent sur les cellules.

■ L'environnement de la plante peut aussi influencer son développement. La plante peut modifier son port ou sa ramure pour supporter des vents forts ou pour mieux accéder à la lumière. Ces réactions sont des tropismes.

MOT CLÉ
Phototropisme : modification de la dynamique de croissance d'une plante sous l'effet de la lumière.

Méthode

Mettre en évidence le phototropisme

Dans son ouvrage « *La force motrice dans les plantes* », publié en 1880, Charles Darwin définit « l'héliotropisme [phototropisme] négatif et positif [... comme la] torsion d'un organe vers la lumière ou dans le sens opposé ».

En vous appuyant sur le document, montrer comment Darwin a mis en évidence le phototropisme.

Doc Expériences réalisées par Darwin en 1880 (a, b, c) et complétées par Went en 1930 (d)

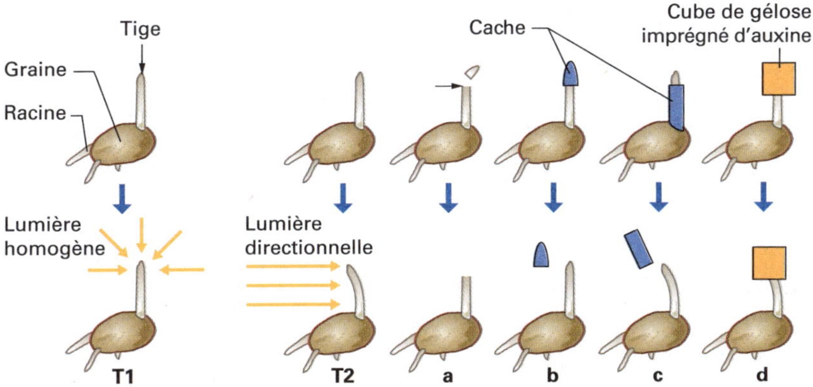

CONSEILS

Étape 1 Commenter le résultat des expériences témoins T1 et T2.

Étape 2 Comparer les résultats de l'expérience témoin T2 avec les expériences a, b et c.

Étape 3 Conclure quant à la réaction de la plante à la lumière, la zone et la substance impliquées dans le phototropisme.

SOLUTION

Étape 1 Sous l'effet de la lumière venant de gauche, la tige se courbe vers la gauche (T2). Si la lumière est homogène la tige reste droite (T1).

Étape 2 La tige coupée à l'apex (a) ou qui a l'apex caché (b) ne se courbe pas vers la lumière, contrairement à la tige témoin T2. En revanche, la tige dont on a masqué la base (c) se courbe comme la tige témoin T2.

Étape 3 La tige se courbe vers la lumière par le phénomène appelé phototropisme. Quand l'apex est caché ou coupé, il n'y a pas de réaction à la lumière. C'est donc l'apex qui est à l'origine de la réponse phototropique. Si on le coupe et que l'on met à sa place un cube imprégné d'auxine (d), la tige se courbe. L'auxine est donc la substance impliquée dans la réaction phototropique.

14 La photosynthèse, métabolisme producteur de matière organique

En bref *La plante convertit l'énergie lumineuse en énergie chimique par photosynthèse. Celle-ci permet la production de matière organique servant à la croissance de la plante.*

I La captation de lumière par les pigments

■ La feuille est constituée d'un tissu de cellules chlorophylliennes, riches en chloroplastes. Ces organites sont emplis de vésicules, les **thylakoïdes**, dont la membrane contient des pigments comme la **chlorophylle** ou le **carotène** qui sont regroupés dans des structures nommées les **photosystèmes**.

■ Les pigments sont des molécules excitables par la lumière. Leur excitation est à l'origine d'une cascade de réactions aboutissant à la photolyse de l'eau et à la libération de dioxygène : c'est la **phase photochimique**.

MOT CLÉ
Photolyse : dégradation d'une molécule sous l'effet de la lumière.

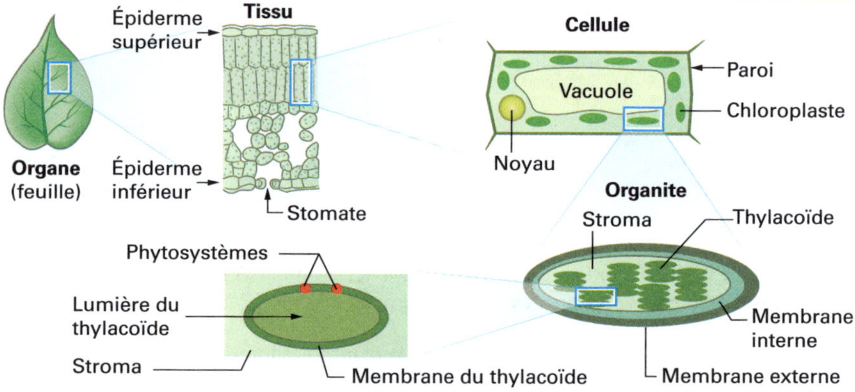

Doc **Structures impliquées dans la captation de lumière**

II La synthèse de matière organique

■ L'énergie produite au cours de la phase photochimique est réinvestie au cours d'une **phase chimique** lors de laquelle une succession de réactions aboutira à la production de glucides à partir de l'assimilation du dioxyde de carbone. Pour que la photosynthèse soit opérationnelle, les phases chimiques et photochimiques doivent être couplées.

■ Le principal glucide produit par la photosynthèse est le **glucose**, mais d'autres « sucres » sont élaborés comme le fructose, le saccharose... Ces glucides sont ensuite acheminés dans toute la plante au moyen de la sève élaborée.

Méthode

Mettre en évidence le rôle des pigments photosynthétiques

Les pigments sont des molécules complexes dont la structure chimique permet une absorption de lumière. L'excitation du pigment par la lumière est à l'origine de la phase photochimique de la photosynthèse.

À l'aide des documents, montrer en quoi les pigments sont impliqués dans le déroulement de la photosynthèse.

Doc 1 Chromatographie d'une feuille d'épinard

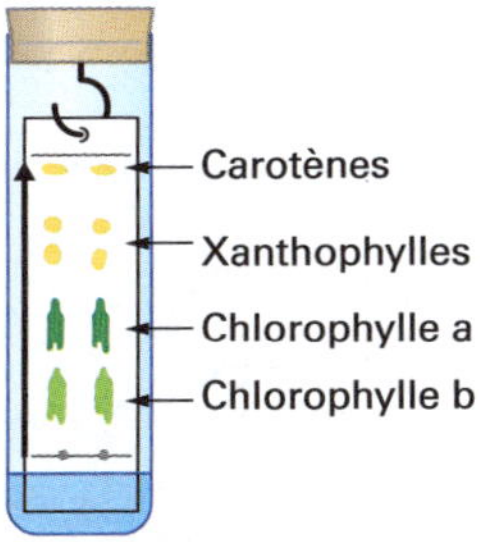

Doc 2 Superposition du spectre d'action photosynthétique et des spectres d'absorption des pigments de l'épinard

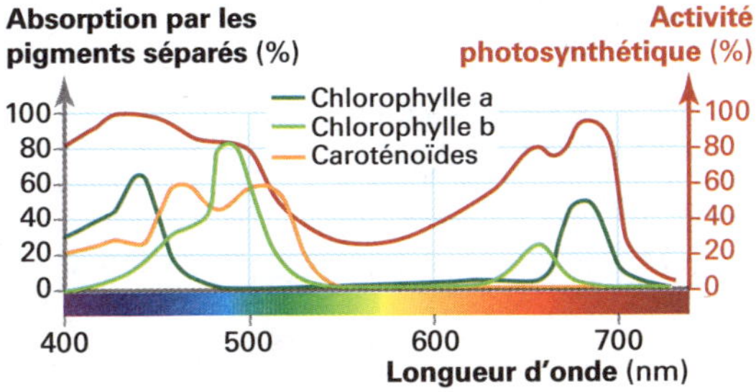

CONSEILS

Étape 1 Déterminer la composition pigmentaire de l'épinard au moyen du document 1.
Étape 2 Déterminer le spectre d'absorption des pigments de l'épinard au moyen du document 2.
Étape 3 Mettre en relation vos observations avec le spectre d'action photosynthétique et conclure.

SOLUTION

Étape 1 La feuille de l'épinard comporte en majorité des pigments verts (chlorophylles a et b) et quelques pigments jaune orange (carotènes, xantophylles).

Étape 2 Les longueurs d'onde absorbées par les pigments de la feuille d'épinard sont essentiellement situées entre 400 et 540 nm (violet-bleu-vert) et entre 650 et 700 nm (rouge).

Étape 3 Le spectre d'action photosynthétique se superpose au spectre d'absorption des pigments chlorophylliens de la feuille d'épinard. Les pigments de la feuille contribuent donc à la photosynthèse en absorbant des longueurs d'onde spécifiques.

15 Le devenir de la matière organique dans la plante

En bref *La photosynthèse produit des glucides qui sont transformés par des enzymes spécifiques en une grande variété de molécules.*

I Le stockage du glucose

■ Le glucose issu de la photosynthèse est stocké temporairement dans les chloroplastes grâce à une enzyme spécifique, l'amidon synthase, qui catalyse l'assemblage des unités de glucose en une chaîne d'amidon.

MOT CLÉ
Amidon : chaîne de glucoses constituant les réserves de la plante.

■ Le glucose peut être mis en réserve sous forme d'amidon dans des organes pour passer la mauvaise saison (tubercules de pomme de terre) ou dans des graines pour nourrir la jeune plante avant qu'elle ne soit autonome.

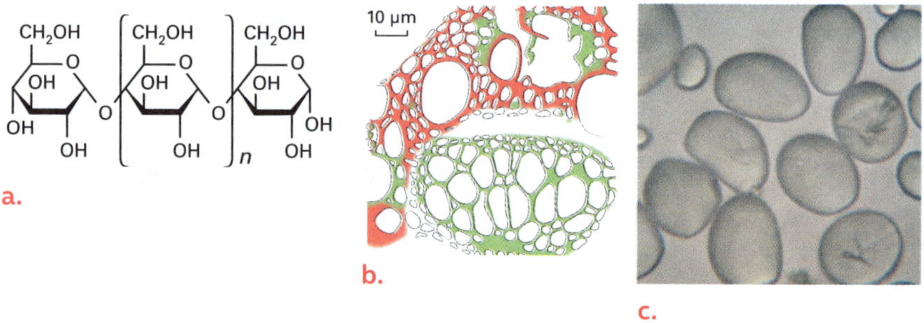

Doc Structure, transport et stockage du glucose

a. Molécule d'amidon composée de *n* molécules de glucose. b. Coloration des parois du xylème en rose et des parois du phloème en vert dans un vaisseau conducteur.
c. Cellule de pomme de terre et ses amyloplastes riches en amidon.

II Le glucose et le développement de la plante

■ Le glucose est utilisé par tous les organes de la plante qui ont besoin d'un substrat pour la respiration cellulaire. Il participe aussi à la formation de la cellulose et de la lignine qui structurent les parois des cellules végétales et participent ainsi à la rigidité de la plante.

■ Les glucides servant aussi à l'élaboration des protéines ou des lipides de réserve, des tanins, substances toxiques pour les herbivores, ou des anthocyanes, des pigments impliqués dans l'attraction des insectes pollinisateurs.

MOTS CLÉS
- **Cellulose** : chaîne linéaire de glucoses composant les parois végétales.
- **Lignine** : molécule entrant, avec la cellulose, dans la composition du bois.

Méthode

Étudier l'activité métabolique résultant de la photosynthèse

En 1950, les Américains M. Calvin et A. Benson cultivent des chlorelles (algues unicellulaires) dans un milieu contenant du CO_2 radioactif. Au bout de 5 secondes, puis de 1 minute, ils observent les molécules synthétisées.

En vous appuyant sur vos connaissances et le document, expliquer comment la plante maintient son activité métabolique à l'obscurité.

Doc 1 Séparation par chromatographie des molécules marquées extraites des chlorelles

Entouré en bleu : molécules extraites après 5 secondes de culture.

Entouré en rouge : molécules extraites après 1 minute de culture.

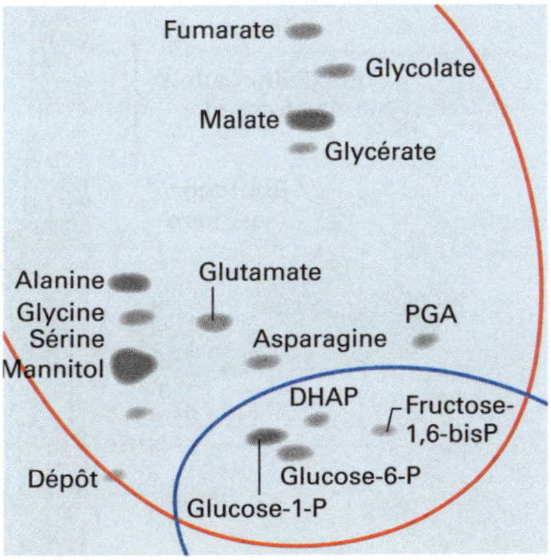

CONSEILS

Étape 1 Rappeler la molécule produite par photosynthèse et comment elle est stockée dans la plante.
Étape 2 Montrer que le glucose est à l'origine de la production de molécules nécessaires à l'activité métabolique des cellules.
Étape 3 Formuler une hypothèse permettant de répondre à la consigne.

SOLUTION

Étape 1 Le glucose est produit par photosynthèse, puis transformé en amidon par l'amidon synthase. L'amidon est stocké dans les chloroplastes ou dans des organes de réserve.

Étape 2 Au bout de 5 secondes, la chlorelle a essentiellement produit du glucose et du fructose. Au bout d'une minute, elle produit aussi des acides aminés (glutamate, asparagine…) et une plus grande diversité de sucres.

Étape 3 L'amidon stocké la journée dans les chloroplastes peut être dégradé la nuit pour produire les diverses molécules nécessaires à la vie cellulaire.

MÉMO VISUEL

Vie fixée et développement de la plante

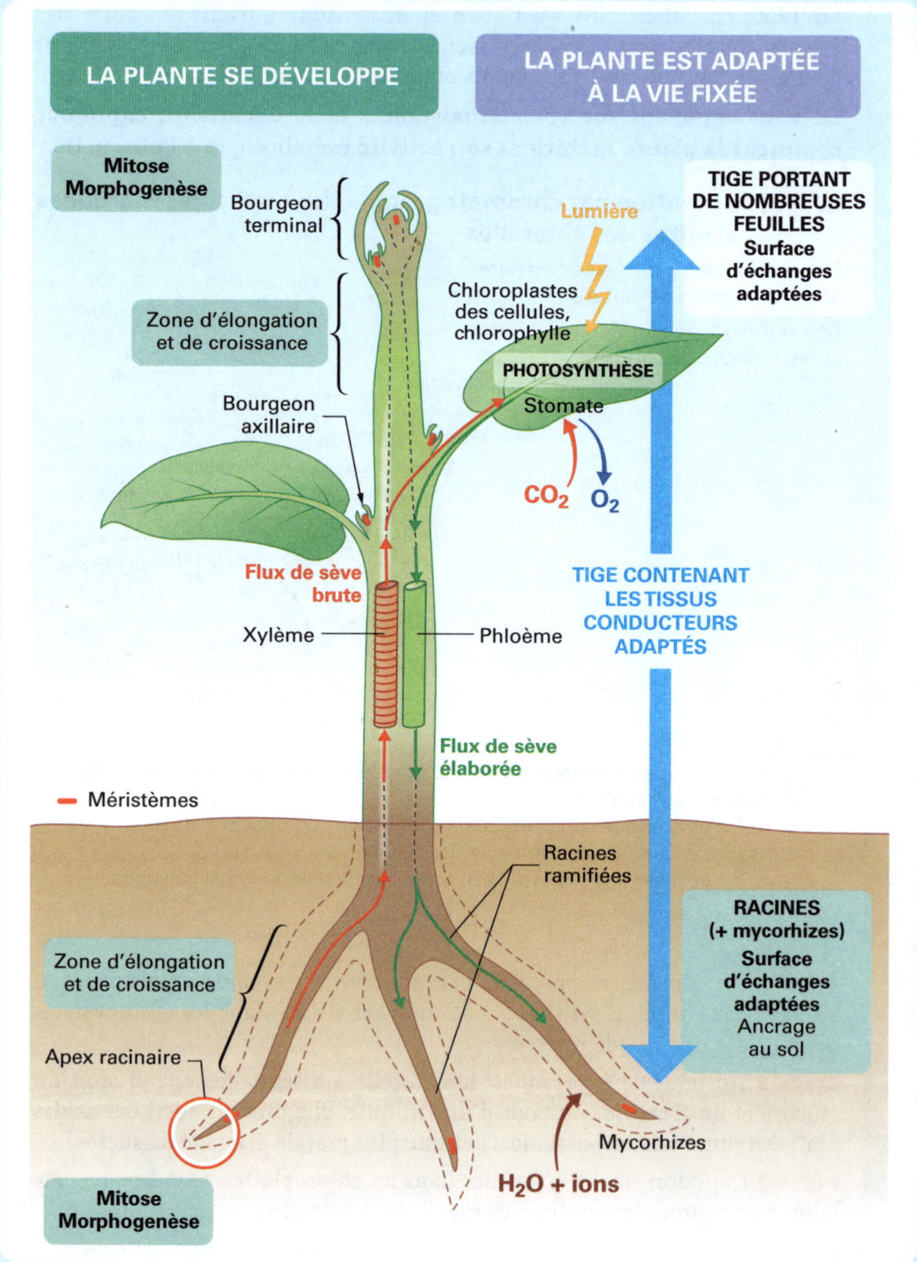

Le lieu de la photosynthèse

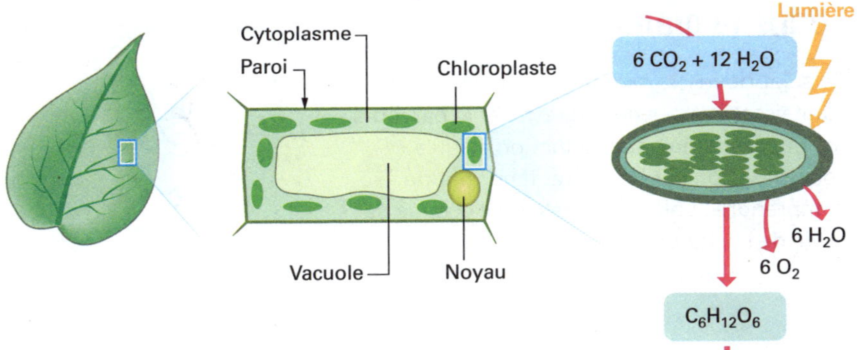

FEUILLE | CELLULE CHLOROPHYLLIENNE | CHLOROPLASTE

Glucose $C_6H_{12}O_6$

STOCKAGE

Temporaire
Dans les chloroplastes
AMIDON

À long terme
Graines (blé, maïs)
Tubercules (radis, pomme de terre)
AMIDON

UTILISATION DÉGRADATION

Apports pour la croissance, la mitose et la morphogenèse :
CELLULOSE
PAROI

Respiration cellulaire :
Métabolisme

TRANSFORMATION

Rôle dans la défense :
TANINS

Rôle dans l'attraction des disséminateurs :
ANTHOCYANE (pigment rouge de la tomate)

Rôle dans le transport :
Saccharose (association glucose + fructose)

Rôle dans la production de molécules :
PROTÉINES
ACIDES AMINÉS
PIGMENTS

SUJET 11 | OBJECTIF BAC

80 min

Origine et devenir du glucose dans la plante

→ FICHES 12, 13, 14 et 15

Ce sujet de restitution organisée de connaissances permet de retracer le parcours du glucose depuis sa production jusqu'à son utilisation par la plante. Il permet de comprendre la place centrale qu'il occupe dans la vie de la plante.

LE SUJET

Le glucose, molécule issue de l'activité photosynthétique, permet d'assurer la croissance, le développement et la reproduction des plantes à fleurs dans le cadre d'une vie fixée.

À l'aide de vos connaissances et en vous appuyant sur les documents, montrer que le glucose joue de multiples rôles et que cette molécule occupe une place centrale dans le métabolisme des plantes à fleurs.

Doc 1 Évolution du taux d'amidon et de glucose au cours de la maturation de la pulpe de banane

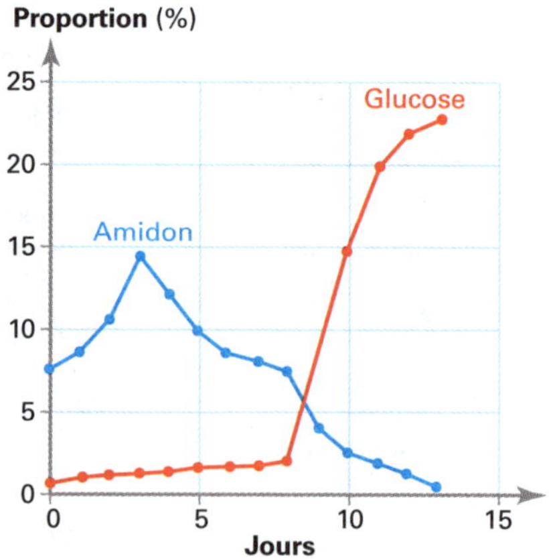

Doc 2 Molécule d'amidon constituée d'un enchaînement de nombreux glucoses

Une molécule de glucose est encadrée en bleu.

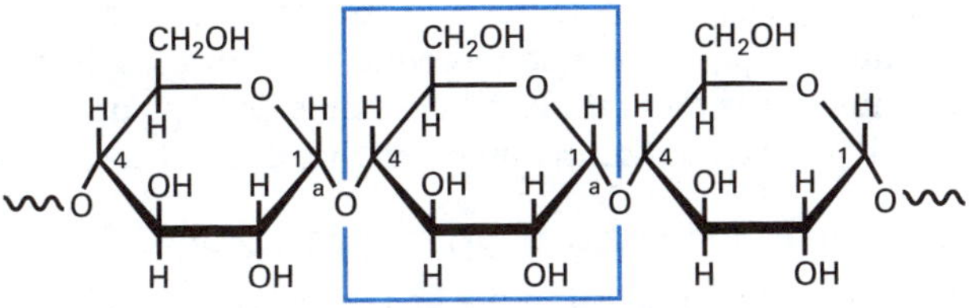

LES CLÉS POUR RÉUSSIR

Étape 1 Travaillez la consigne au brouillon pour bien cerner le sujet : définissez les termes employés en leur trouvant des synonymes par exemple.

Étape 2 Retracez au brouillon les lieux de production et de consommation du glucose, et la façon dont il est utilisé et transporté. Votre réflexion peut aussi se porter sur les différentes formes de sucres dans la plante qui découlent de la transformation du glucose.

Étape 3 Toujours au brouillon, replacez les documents dans le plan et identifiez la place du glucose dans les grandes fonctions de la plante.

Étape 4 Rédigez la réponse. L'introduction doit énoncer la problématique et annoncer le plan de résolution. Le développement prend la forme d'un argumentaire.

LE CORRIGÉ

Les titres en couleurs ne doivent pas obligatoirement figurer sur la copie.

Introduction

- Le glucose est une molécule organique de la famille des glucides. C'est une molécule de petite taille produite à l'issue de la réalisation de la photosynthèse. La plante doit assurer sa croissance, son développement et sa reproduction : ce sont autant de fonctions qui nécessitent un apport énergétique sous la forme de glucose. Ainsi, entre la production de glucose par photosynthèse dans les feuilles et sa consommation dans toute la plante, on comprend qu'une mobilité de cette molécule est indispensable afin d'assurer les grandes fonctions de la plante.

Comment la plante produit-elle le glucose ? Comment assure-t-elle l'ensemble de ses fonctions à partir de cette molécule organique ? Quelles sont les contraintes associées à la production et à la consommation de glucose ?

Nous montrerons que les feuilles sont le lieu de production du glucose. Puis nous verrons comment le glucose peut soutenir la croissance et le développement des plantes, et comment il participe à sa reproduction. Enfin, la localisation de la photosynthèse impose des contraintes à l'ensemble de la plante ; il s'agira donc d'identifier les adaptations qui soutiennent les flux de glucose dans la plante.

Le glucose est issu de la photosynthèse réalisée dans les feuilles

- La photosynthèse est un processus qui a lieu dans les chloroplastes des cellules chlorophylliennes situées dans les feuilles. La photosynthèse consomme de l'eau et du dioxyde de carbone (CO_2) et produit du glucose et du dioxygène (O_2) en présence de lumière.

- La feuille possède des structures, les stomates, qui centralisent les échanges gazeux, les entrées et sortie de O_2 et de CO_2. Comme le limbe des feuilles est large, les échanges gazeux et la captation de lumière sont facilités.

- La feuille possède également des nervures, contenant notamment les vaisseaux de xylème qui apportent l'eau en partie utilisée par l'activité photosynthétique.

- La feuille est donc un organe source, spécialisé dans la production de glucose via la réalisation de la photosynthèse et des échanges gazeux nécessaires, adaptée à la vie fixée de la plante.

Le glucose, molécule énergétique nécessaire au développement de la plante

- La croissance et le développement des plantes se font par mitose, élongation cellulaire et différenciation au niveau des méristèmes. Cette croissance et ce développement nécessitent la production d'énergie. Celle-ci est assurée par la respiration cellulaire, qui est un processus consommant du glucose.

Le glucose est ainsi utilisé par toutes les cellules composant les organes de la plante : les bourgeons, les fleurs, les tiges, les racines, les feuilles… C'est donc une molécule qui fournit l'énergie nécessaire à l'organogenèse de la plante.

CONSEIL DE MÉTHODE

Chaque document pourra être exploité à plusieurs reprises selon le plan que vous aurez choisi.

- La photosynthèse se déroule uniquement en présence de lumière, qui est donc un facteur limitant. En journée, le stockage de glucose s'effectue sous forme d'amidon dans les chloroplastes des cellules chlorophylliennes. Comme le montre le **document 2**, l'amidon est une molécule formée d'une chaîne de nombreuses molécules de glucose. Il est redécoupé au cours de la nuit afin de rendre le glucose disponible pour la plante pour alimenter la respiration cellulaire par exemple.

▸ Le glucose est transformé en cellulose et en lignine dans toutes les cellules sous l'effet d'enzymes spécifiques. Le glucose est ainsi à l'origine de la synthèse des molécules de la paroi, élément clé du port dressé des plantes, de l'élongation et de la différenciation des cellules.

▸ Le glucose participe aussi à l'élaboration des tanins, des molécules toxiques qui participent à la défense des plantes face aux agressions des organismes herbivores.

Le glucose, molécule clé dans la reproduction de la plante

▸ Le glucose est stocké à long terme sous forme d'amidon. Ce stockage peut avoir lieu dans des organes de stockage, comme les tubercules (pomme de terre) ou les bulbes (oignon). Après la mauvaise saison, les réserves en amidon sont dégradées en glucose qui apporte l'énergie nécessaire pour la croissance et le développement d'un nouveau plant.

▸ Lors de la reproduction sexuée, le glucose est transformé en sucres qui peuvent être accumulés dans le nectar de certaines fleurs. Le nectar participe à l'attraction des pollinisateurs et donc à la fécondation croisée.

Après la fécondation, le glucose est également transformé en amidon et accumulé dans les graines. Cet amidon sera dégradé en glucose pour soutenir la croissance et le développement du jeune plant avant qu'il ne réalise la photosynthèse.

CONSEIL DE MÉTHODE

Chaque document doit être exploité au cours de votre développement. Analyser les données chiffrées et conclure par une notion importante.

▸ Chez les plantes à fleurs, après la fécondation, on observe le développement de fruits qui contiennent beaucoup de sucres simples (glucose et saccharose).

▸ Comme le montre le **document 1**, la pulpe de certains fruits lors de leur maturation accumule de l'amidon : de 8 % jusqu'à 15 % du total de la pulpe à l'issue des trois premiers jours. On remarque également qu'à partir du 3e jour le taux d'amidon chute pour atteindre 0 % au 14e jour ; en parallèle, la quantité de glucose atteint 23 % de la pulpe sur le même intervalle de temps. Ce document permet de comprendre que l'accumulation de glucose dans les fruits résulte de la dégradation de l'amidon accumulé lors des trois premiers jours de la maturation.

▸ Le fruit est donc un bon exemple de l'utilisation du glucose pour, dans un premier temps, accumuler des réserves sous forme d'amidon, puis, pour illustrer la mobilisation de ces réserves afin de produire un fruit mature qui pourra être dispersé dans le milieu.

Du lieu de production aux lieux de consommation

▸ D'un lieu de production unique, la feuille, le glucose doit être distribué à l'ensemble des organes de la plante. Des flux de glucose ont lieu dans la plante, sous la forme de saccharose (un sucre formé d'un glucose couplé à un fructose).

▸ La distribution des sucres se fait via les vaisseaux de phloème, spécialisés dans le transport de la sève élaborée vers l'ensemble de la plante. Ces flux sont majoritairement descendants, en raison de la localisation de la photosynthèse dans les feuilles.

Conclusion

- Les plantes à fleurs sont des organismes photosynthétiques qui produisent une grande quantité de glucose. Celui-ci est utilisé directement pour la respiration cellulaire ou est transformé pour former de nombreuses substances nécessaires à la plante pour sa croissance, son développement ou sa reproduction.

CONSEIL DE MÉTHODE

La conclusion met en valeur les points importants du développement et peut se terminer par une ouverture qui permet d'élargir la réflexion sur le sujet proposé.

- Si le glucose a une place centrale dans la vie métabolique de la plante, on peut noter qu'il est notamment transformé en de nombreuses molécules grâce à des enzymes spécifiques. Or nous savons que les enzymes sont des protéines dont l'expression est contrôlée par des gènes.
- Il serait par exemple intéressant d'étudier l'expression des gènes à l'origine de la production des enzymes pour savoir si ces gènes s'expriment différemment en fonction de la localisation des cellules dans la plante et en fonction des saisons.

SUJET 12 | OBJECTIF BAC

30 min Mobilisation des réserves lors de la germination

→ FICHES 13, 14 et 15

Ce sujet d'entraînement au raisonnement scientifique permet de comprendre comment le grain de maïs, organe de réserve produit à l'issue de la fécondation, assure le développement de la jeune plante.

LE SUJET

Zea mais est une plante domestiquée très commune dans le monde. Elle est notamment cultivée pour ses graines qui contiennent de nombreuses réserves. On se propose d'étudier la germination de ces graines afin de comprendre comment se développe la jeune plante avant qu'elle ne réalise la photosynthèse.

À partir de l'analyse des documents, localiser les réserves dans la graine et expliquer comment la jeune plante parvient à les mobiliser pour assurer sa croissance lors de la germination.

Doc 1 Tests sur des grains de maïs à différents stades de leur développement

Des grains de maïs sont placés dans différents milieux jusqu'à germination complète. Ils sont ensuite broyés et différents tests colorés sont effectués : un test à l'eau iodée, qui se teinte en bleu foncé en présence d'amidon sinon en orange, et un test à la liqueur de Fehling, qui se teinte en rouge brique en présence de glucose. L'albumen est représenté en blanc et l'embryon en jaune.

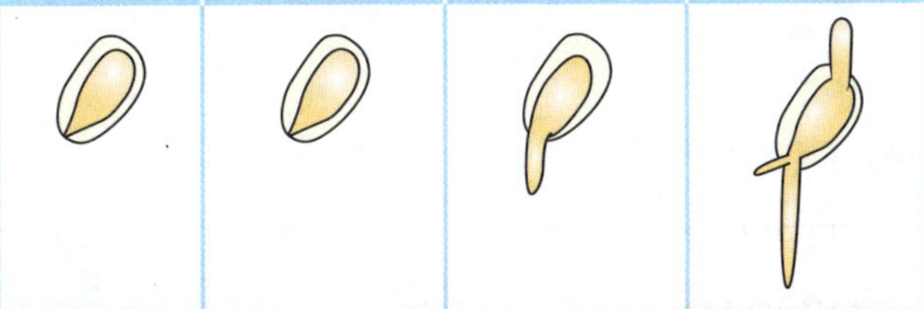

	Grain non imbibé (témoin)	Grain imbibé pendant 24 h	Grain imbibé pendant 48 h	Grain germé (imbibé plus de 48 h)
Test à l'eau iodée				
Test à la liqueur de Fehling				

Doc 2 Tests à l'eau iodée effectués sur des extraits de grains de maïs secs non germés

	Extrait d'albumen seul	Extrait d'embryon seul	Extrait d'un grain de maïs entier
Test à l'eau iodée			

Doc 3 Taux de germination de grains de maïs

Les gibbérellines sont des phytohormones produites par l'embryon.

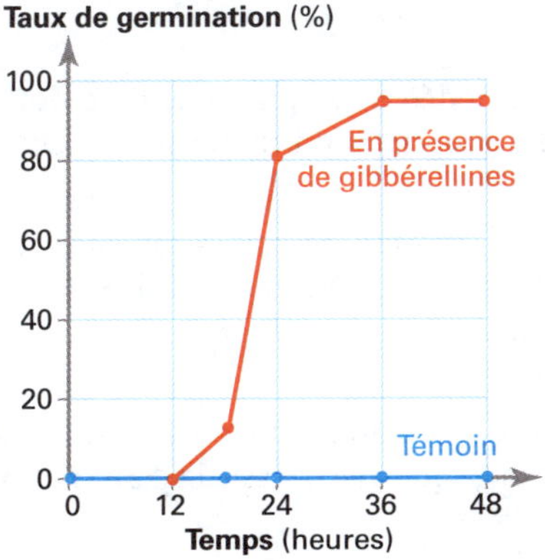

Doc 4 Activité de l'amylase sur des grains de maïs

L'amylase est une enzyme qui dégrade l'amidon en glucose.

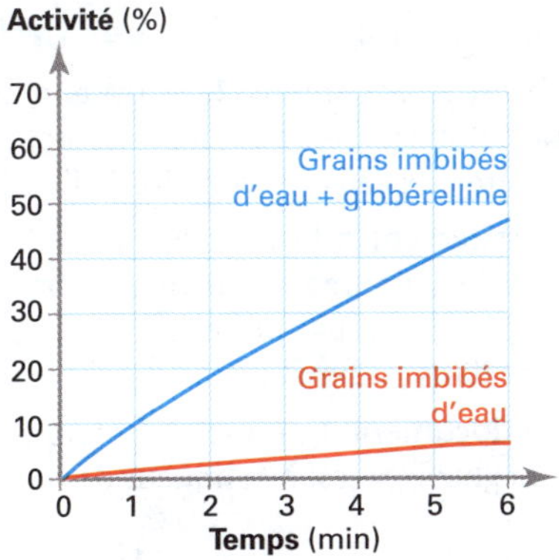

LES CLÉS POUR RÉUSSIR

Étape 1 Décryptez la consigne afin d'identifier les objectifs que vous devez atteindre, à savoir la localisation des réserves dans la graine et le mécanisme de leur mobilisation.

Étape 2 Étudiez chaque document et déterminez à quel objectif il peut apporter des informations.

Étape 3 Concluez en construisant un schéma bilan lorsque cela est possible.

LE CORRIGÉ

Il n'est pas exigé de faire figurer sur la copie les titres en couleurs.

Introduction

▶ La graine est une structure biologique complexe constituée d'un embryon qui donnera par son développement une nouvelle plante autonome. Elle est aussi entourée d'un tégument épais qui préserve l'embryon de l'assèchement et lui offre une protection physique au cours de son transport.

L'embryon dans la graine ne possède aucun tissu photosynthétique. En d'autres termes, son développement ne dépend que de ses réserves et de sa capacité à réaliser la respiration, permettant ainsi la croissance de la jeune plante jusqu'à ce qu'elle devienne autonome.

Où sont localisées les réserves dans la graine de maïs ? Comment ces réserves sont-elles mobilisées ?

CONSEIL DE MÉTHODE

L'exploitation des documents doit se faire dans un ordre qui permet de construire une démarche logique.

Localisation des réserves de la graine

▶ Selon le **document 2**, le traitement à l'eau iodée de la graine entière donne une coloration bleu sombre. Compte tenu des propriétés du colorant, on peut en déduire que celle-ci contient de l'amidon.

Le traitement à l'eau iodée de l'embryon seul donne une coloration orange et celui de l'albumen seul une coloration bleu sombre. On peut en déduire que l'amidon n'est pas présent dans toute la graine, mais qu'il est localisé spécifiquement dans l'albumen.

▶ Le **document 1** permet de suivre la composition en amidon (test à l'eau iodée) et en glucose (test à la liqueur de Fehling) de la graine au cours de la germination.

CONSEIL DE MÉTHODE
Bien lire les conditions expérimentales afin de construire une démarche logique.

Le grain de maïs sec, qui n'a pas débuté la germination, se révèle riche en amidon mais dépourvu de glucose.

Lorsque la germination a commencé, au bout de 24 ou de 48 heures, l'eau iodée se colore en violet, de façon donc moins intense que la coloration obtenue avec le grain sec. On peut en déduire que le grain de maïs en cours de germination s'appauvrit en amidon.

En parallèle, la coloration à la liqueur de Fehling donne un précipité rouge brique, qui révèle la présence de glucose dans les grains en cours de germination.

CONSEIL DE MÉTHODE
Mettre en relation les connaissances et les interprétations de l'expérience permet d'identifier le mécanisme de mobilisation des réserves dans la graine.

- On sait que l'amidon est une molécule formée de l'assemblage d'un grande nombre de glucoses. Si le glucose apparaît quand le grain de maïs contient moins d'amidon, on peut en conclure que l'amidon présent dans l'albumen est dégradé en molécules de glucose, qui sont utilisées par la jeune plante pour sa croissance.

Mobilisation des réserves pour le développement de la plante

- Dans le **document 3**, on peut voir que le taux de germination des grains de maïs au bout de 24 heures est de 0 % dans des conditions témoins, mais atteint 80 % lorsque le milieu est additionné de gibbérellines, une phytohormone produite par l'embryon. On peut en déduire que les gibbérellines stimulent la germination des grains de maïs.

- Le **document 4** permet aussi de suivre l'activité d'une enzyme spécialisée dans la dégradation de l'amidon en glucose, l'amylase, en présence ou non de gibbérellines. On note que l'activité de l'amylase au bout de 4 minutes est de 4 UA lorsque les graines sont seulement imbibées d'eau et est 10 fois plus élevée lorsque le milieu est enrichi en gibbérellines.

Ces observations permettent de constater que les gibbérellines contrôlent la germination en stimulant l'activité de l'amylase. Celle-ci dégrade l'amidon et accélère la mobilisation du glucose, ce qui permet à la plante de se développer.

- Lors de la germination des grains de maïs, des enzymes sont activées par des phytohormones afin de mobiliser les réserves et les rendre disponible pour le développement de la jeune plante.

Conclusion

Finalement, la fécondation donne naissance à un embryon qui est aussi entouré d'un albumen et de téguments protecteur. L'albumen, par sa capacité à accumuler de l'amidon, est qualifié de tissus de réserves. Grâce à ces réserves de nature glucidique, la graine peut germer : les réserves d'amidon sont mobilisées sous forme de sucre plus simple, le glucose, utilisé pour le développement de l'embryon. Cette mise en réserve, puis la mobilisation de ces mêmes réserves sont deux mécanismes fondamentaux qui assurent la croissance et le développement d'un nouvel individu, jusqu'à ce qu'il devienne totalement autonome en réalisant la photosynthèse.

Doc **Mécanisme de la levée de dormance de la graine**

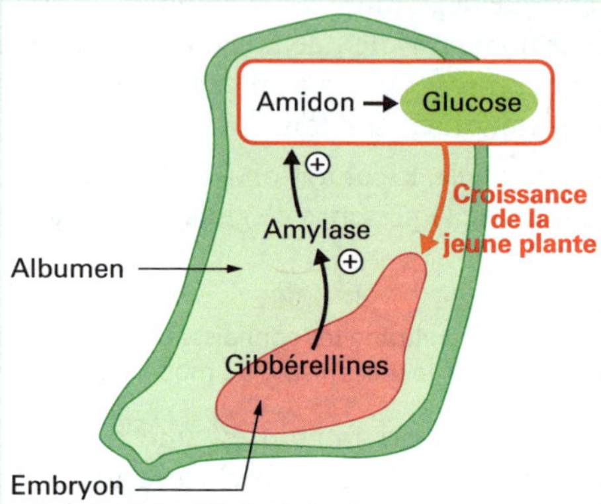

SUJET 13 | OBJECTIF MENTION

30 min La croissance de la racine des plantes à fleurs

→ FICHE 13

Ce sujet d'entraînement au raisonnement scientifique aborde la relation qui existe entre la production d'auxine par la plante et la croissance des racines. L'influence de la gravité sur cette croissance est également étudiée.

LE SUJET

L'auxine est une phytohormone polyvalente. C'est une molécule capable de contrôler la croissance de la plante avec des mécanismes d'action très variables selon les organes concernés. On se propose de comprendre le rôle de l'auxine dans la croissance de la racine.

Après avoir identifié le rôle de l'auxine sur la croissance de la racine, expliquer comment la gravité peut influencer cette croissance.

Doc 1 Répartition de l'auxine à l'extrémité des racines de l'arabette des dames (*Arabidopsis thaliana*)

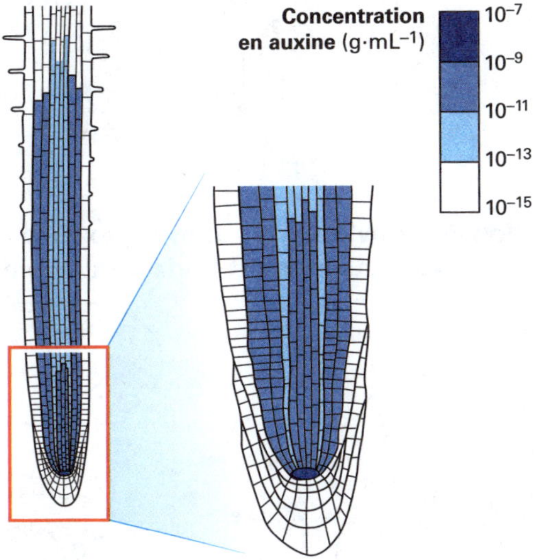

Doc 2 Taux d'élongation des cellules de racines en fonction de la concentration en auxine

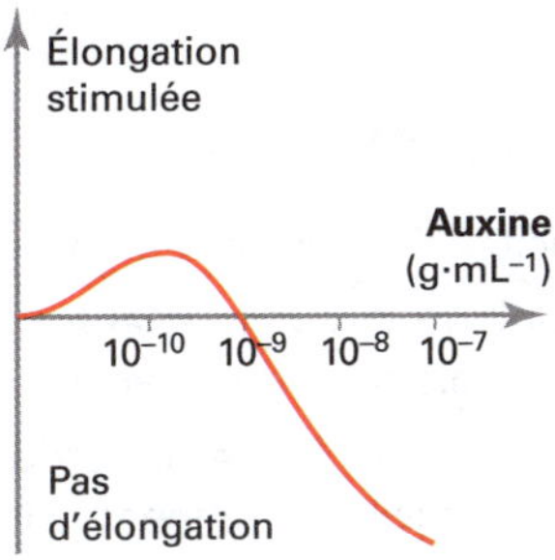

Doc 3 Expérience réalisée sur un germe de maïs pour étudier sa croissance

Un grain de maïs est mis à germer (a). Après 27 heures de développement, le germe est placé à l'horizontale (b). Au bout de 2 heures, on observe une inflexion du germe vers le bas (c).

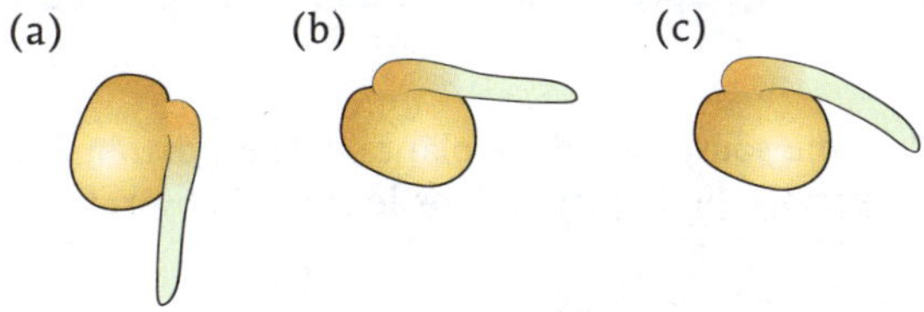

Doc 4 **Expérience réalisée sur un germe de maïs en contact avec un cube de gélose imprégné d'auxine**

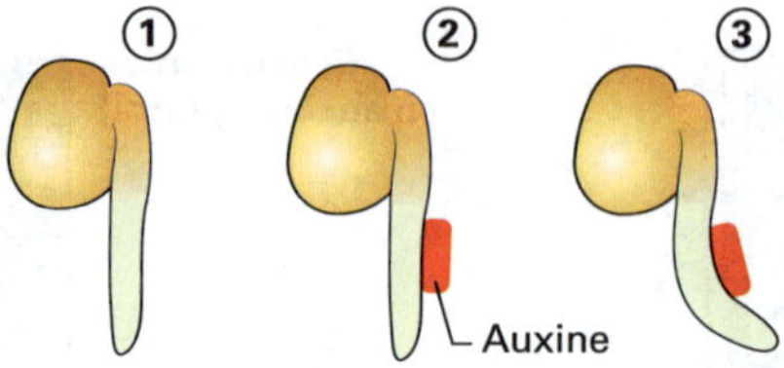

Doc 5 **Disposition des amyloplastes dans l'apex de deux racines positionnées verticalement et horizontalement**

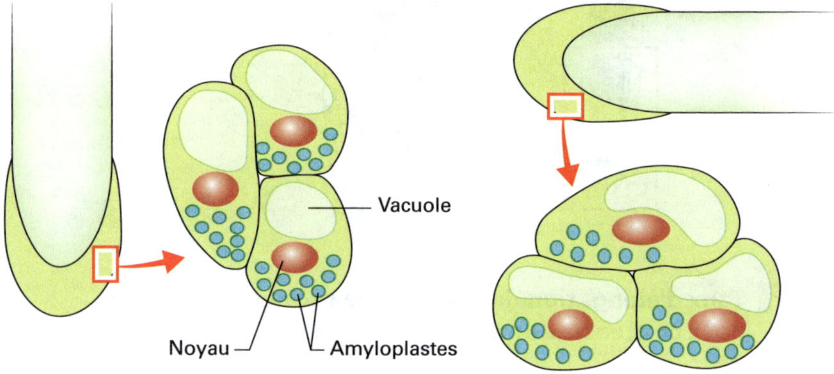

LES CLÉS POUR RÉUSSIR

Étape 1 Identifiez et explicitez dans l'introduction les objectifs de la consigne.

Étape 2 Identifiez les documents qui permettent de montrer le rôle de l'auxine et celui de la gravité dans la croissance de la racine.

Étape 3 Rédigez la réponse en incluant et en ordonnant de manière logique l'ensemble des informations recueillies (données chiffrées).

LE CORRIGÉ

Il n'est pas exigé de faire figurer sur la copie les titres en couleurs.

Introduction

▸ La racine est l'organe souterrain de la plante. Elle est extrêmement ramifiée et permet à la fois l'ancrage de la plante dans le sol et l'absorption de l'eau et des sels minéraux, éléments nutritifs essentiels au métabolisme photosynthétique et à l'équilibre hydrique de la plante.

Pour assurer ces fonctions essentielles, les racines grandissent et colonisent progressivement le sol. Comment l'auxine intervient-elle dans cette croissance ? On s'interrogera également sur l'influence de la gravité sur cette croissance.

Rôle de l'auxine sur la croissance de la racine

▸ Dans le **document 1**, on note qu'au niveau de l'apex et sous la coiffe de la racine une petite région (quelques cellules) montre une concentration en auxine élevée, comprise entre 10^{-8} et 10^{-7} g·mL^{-1}. La concentration diminue lorsqu'on s'éloigne de l'apex, mais reste comprise entre 10^{-9} et 10^{-10} dans le reste de la racine.

▸ Le **document 2** permet de connaître les concentrations en auxine qui stimulent l'élongation des cellules et donc leur croissance. Il faut des concentrations comprises entre 10^{-11} et 10^{-9} g·mL^{-1} pour que l'élongation des cellules de la racine soit stimulée, la vitesse d'élongation étant maximale pour des concentrations de 10^{-10} g·mL^{-1}.

On peut en déduire que, dans la racine, l'auxine est produite à l'apex, zone où le méristème engendre de nombreuses cellules par division. L'auxine semble se répartir dans le reste de la racine avec des taux qui favorisent l'élongation des cellules composant la racine. Dans les régions où les concentrations en auxine descendent entre 10^{-14} et 10^{-15}, ils ne sont plus suffisants pour stimuler la croissance.

Rôle de l'auxine conjointement avec la gravité

▸ Grâce au document 3, on remarque que le germe du grain de maïs s'oriente vers le bas, dans le sens de la gravité. Cependant, si le grain est tourné pour que le germe se retrouve perpendiculaire à la force gravitaire, on note qu'au bout de 2 heures il se courbe, semblant se réorienter dans le sens de la gravité.

Ceci suggère qu'il existe un mécanisme de contrôle permettant à la racine de croître dans le sens de la gravité et donc de plonger en profondeur dans le sol.

> **À NOTER**
> Cette faculté de s'orienter selon la gravité est appelée le gravitropisme.

▸ Le **document 4** permet d'observer les effets de l'auxine sur la croissance du germe de maïs. La graine 1 a naturellement une racine verticale orientée dans le sens du champ gravitaire. Lorsqu'on place un cube de gélose imprégné d'auxine au contact de la racine, on remarque qu'elle se courbe. On peut supposer que cet effet est dû à une différence de croissance au sein des tissus de la racine qui est provoquée par l'auxine.

▸ Comme le montre le **document 4**, la croissance de la racine est plus importante aux endroits où l'auxine est moins concentrée. Ainsi, la courbure observée dans les **documents 3 et 4** apparaît du fait d'une modification de la répartition de l'auxine dans la racine. En effet, la croissance est plus importante du côté opposé à la courbure ; cela suggère que l'auxine y est moins concentrée. À l'inverse, du côté interne de la courbure, la croissance est moins importante, cela suggère que l'auxine y est plus concentrée. Expliquer les différences de croissance par une modification de la concentration en auxine de part et d'autre de l'axe central de la racine entre en complète cohérence avec les effets de l'auxine mis en évidence dans avec les **documents 1 et 2** et avec l'expérience montrant les effets d'une surconcentration localisée en auxine sur la croissance de la racine.

CONSEIL DE MÉTHODE

Pour appuyer votre raisonnement, il est conseillé de faire des transitions, cela peut être une question. Ici on aurait pu proposer « Comment la répartition de l'auxine peut-elle être modifiée ? » pour introduire l'étude du document 5.

Rôle de la gravité sur la croissance de la racine

- Le **document 5** permet de visualiser la disposition des amyloplastes dans les cellules de l'apex de la racine en fonction de l'orientation de la racine. Lorsque la racine est orientée parallèlement à la gravité, les amyloplastes sont situés vers l'apex de la racine ; lorsqu'elle est orientée perpendiculairement à la gravité, les amyloplastes sont déportés sur toute la longueur des cellules qui sont maintenant « à l'horizontale ». Cette nouvelle disposition des amyloplastes pourrait constituer un signal déclenchant une modification de la répartition de l'auxine, comme cela est reproduit dans le **document 4**, et donc dans la formation de la courbure observée dans le **document 3**.

CONSEIL DE MÉTHODE

La mise en relation des documents doit permettre d'envisager un mécanisme à l'origine des résultats expérimentaux observés dans le document 3.

- La croissance de la racine pourrait donc être contrôlée par la gravité. Le « déplacement » des amyloplastes modifierait alors la répartition de l'auxine dont les variations de concentration provoquent la production d'une courbure qui tend à rétablir la verticalité de la racine.

Conclusion

L'auxine est donc une phytohormone produite par la plante, qui agit sur la croissance de la racine. Lorsque l'orientation de la racine est modifiée par rapport à la gravité, cela déclenche un mécanisme à l'origine de la modification de la répartition de l'auxine dans la racine. Ce mécanisme redirige la racine parallèlement à la force gravitaire. Le tropisme lié à la gravité ou gravitropisme est donc un mécanisme sous le contrôle d'une phytohormone : l'auxine.

À NOTER

Le tropisme est la réaction d'une plante en réponse à certains facteurs (lumière, gravité). Il se traduit par une modification de l'orientation de certains organes.

5 Reproduction de la plante : entre vie fixée et mobilité

Les fraisiers se reproduisent de manière sexuée par l'intermédiaire de leurs fleurs et de leurs fruits, mais ils sont également capables de se multiplier de manière asexuée en propageant des tiges rampantes, les stolons.

TESTEZ-VOUS

→ CORRIGÉS P. 345

Faites le point sur vos connaissances
puis établissez votre **parcours de révision**
en fonction de votre score.

1 La reproduction des angiospermes

→ FICHE 16

La reproduction sexuée des plantes :

☐ a. est le seul mode de reproduction existant
☐ b. repose sur la totipotence des cellules végétales
☐ c. met en jeu les phénomènes de méiose et de fécondation
☐ d. implique la formation de fleurs

.../1

2 Sexuée ou asexuée

→ FICHE 16

Un fragment de tige, ou bouture, utilisé pour reformer un plant entier :

☐ a. permet l'obtention d'un plant fils génétiquement différent
☐ b. permet d'accroître la variabilité de la population
☐ c. suit les principes de la reproduction asexuée des plantes
☐ d. suit les principes de la reproduction sexuée des plantes

.../1

3 La fécondation

→ FICHE 17

Les insectes qui butinent les fleurs :

☐ a. sont directement impliqués dans la pollinisation
☐ b. sont directement impliqués dans la fécondation
☐ c. sont directement impliqués dans la dissémination
☐ d. empêchent l'autofécondation

.../1

4 Grains de pollen

→ FICHE 17

Les gamètes mâles sont :

☐ a. les grains de pollen
☐ b. contenus dans les grains de pollen
☐ c. acheminés vers l'ovule par un tube pollinique
☐ d. libérés sur le stigmate

.../1

5 La pollinisation des fleurs

→ FICHE 17

La pollinisation :

- ☐ a. n'engendre pas de modification de la fleur
- ☐ b. est préalable à la fécondation
- ☐ c. engendre la formation d'une graine
- ☐ d. correspond à l'arrivée d'un grain de pollen sur l'ovule

.../1

6 La fécondation croisée

→ FICHE 17

La fécondation croisée chez les angiospermes :

- ☐ a. est obligatoire
- ☐ b. est la règle générale
- ☐ c. est évitée grâce à des mécanismes d'incompatibilité
- ☐ d. est favorisée grâce à des mécanismes d'incompatibilité

.../1

7 La graine

→ FICHE 18

La graine des plantes à fleurs :

- ☐ a. résulte de la fécondation
- ☐ b. ne peut être dispersée par le vent
- ☐ c. est entourée de téguments et contient des réserves
- ☐ d. ne peut germer qu'après le passage dans le tube digestif d'un animal

.../1

8 Le fruit

→ FICHE 18

Le fruit :

- ☐ a. se forme à partir de l'ovule
- ☐ b. se forme avant la formation du zygote
- ☐ c. contient une quantité variable de graines
- ☐ d. ne peut être dispersé que par un agent extérieur comme le vent ou un animal

.../1

9 La collaboration plante-animal

→ FICHES 17 et 18

La coévolution peut expliquer :

- ☐ a. l'ensemble des transformations de deux espèces en interaction
- ☐ b. la zoogamie
- ☐ c. l'endozoochorie

.../1

Score total .../9

Parcours PAS À PAS ou EXPRESS ? → MODE D'EMPLOI P. 3

16 Deux modalités de reproduction

En bref *Les plantes à fleurs, ou angiospermes, présentent deux modalités de reproduction : un mode asexué et un mode sexué qui implique la fleur.*

I La reproduction asexuée chez les angiospermes

- Les plantes à fleurs peuvent se reproduire de manière asexuée, c'est-à-dire sans l'intervention de gamètes. Ce mode de reproduction repose sur la totipotence des cellules végétales et sur les capacités de croissance indéfinie des plantes.

MOT CLÉ

Totipotence : propriété des cellules à se différencier en n'importe quel type de cellule spécialisée.

- Les cellules végétales faiblement différenciées peuvent en effet retrouver un état méristématique (dédifférenciation), se multiplier par mitose et redonner un plant complet à partir de presque n'importe quelle partie de la plante (tiges, racines, feuilles).
- Les plants fils sont ainsi génétiquement identiques au plant mère : il s'agit de clones.

II La fleur, organe de la reproduction sexuée

- La reproduction sexuée des angiospermes est assurée par la fleur. Celle-ci possède des pièces florales stériles (sépales et pétales) et des pièces fertiles : étamines et pistil.
- Les gamètes femelles, immobiles, sont situés au sein du pistil, dans les ovules. Les étamines sont le lieu de production des grains de pollen, vecteurs des gamètes mâles.

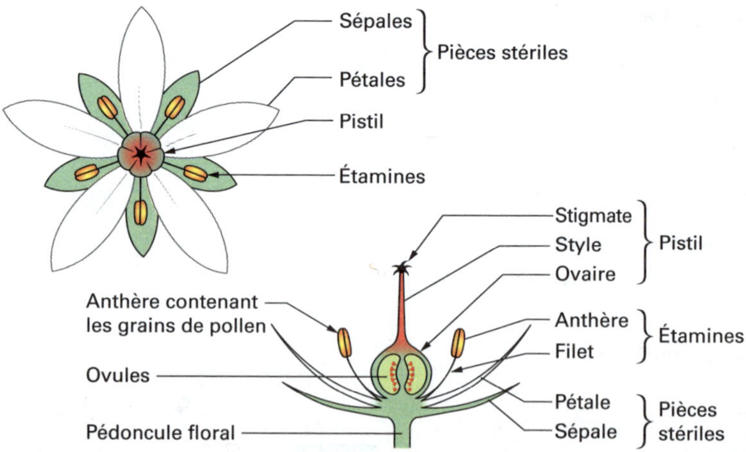

Doc **Organisation type d'une fleur d'angiosperme**

Méthode

Montrer la totipotence des cellules végétales

En 1958, le Britannique Frederick Campion Steward réalise une expérience à partir de fragments racinaires de carotte.

À l'aide du document, montrer la totipotence des cellules du phloème prélevées dans une racine de carotte.

Doc Expérience de Steward

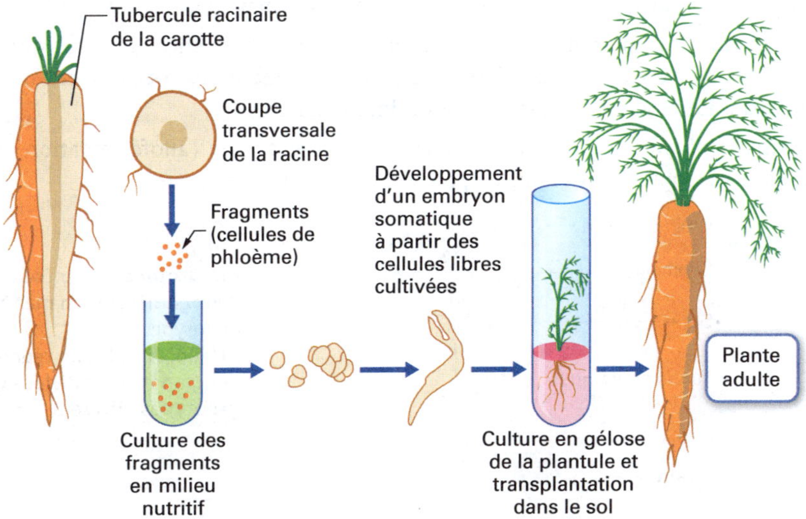

CONSEILS

Étape 1 Décrire l'expérience en soulignant le caractère différencié des cellules mises en culture.

Étape 2 Conclure à partir des résultats obtenus.

SOLUTION

Étape 1 Steward a mis en culture des cellules du phloème, différenciées, prélevées dans la racine d'une carotte. Ces cellules se sont multipliées dans un milieu nutritif et ont formé un embryon qui, cultivé en gélose, donne une plantule complète avec racines, tiges et feuilles.

Étape 2 Les cellules racinaires du phloème, une fois cultivées, ont la propriété de régénérer un plant complet. Elles sont bien totipotentes, capables après dédifférenciation de se différencier en tout type cellulaire.

17 La pollinisation chez les plantes à fleurs

En bref *Les gamètes mâles sont généralement dispersés grâce à la mobilité des grains de pollen. La pollinisation préalable à la fécondation implique souvent une collaboration avec un animal.*

I Autofécondation et fécondation croisée

- Le grain de pollen déposé sur le stigmate du pistil va acheminer les gamètes mâles vers les gamètes femelles contenus dans les ovules.
- Chez certaines plantes, la fécondation peut se réaliser entre gamètes d'une même fleur : c'est l'autofécondation. Il existe cependant des **mécanismes d'incompatibilité** rendant l'autofécondation impossible.
- Dans la plupart des cas, la fécondation est dite croisée (allofécondation) et implique la mobilité des grains de pollen d'une fleur à une autre.

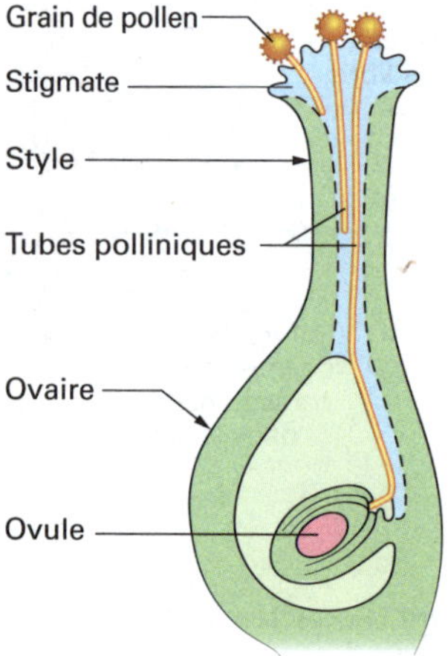

Doc **La fécondation chez les angiospermes**

MOTS CLÉS
- **L'autofécondation** réunit deux gamètes d'un même génotype.
- **L'allofécondation** réunit des gamètes d'individus de génotypes différents.

II Les modalités de dispersion des grains de pollen

- La pollinisation repose en général sur une collaboration entre la plante et un animal pollinisateur (**zoogamie**), qui peut être un insecte (**entomogamie**).
- Le vent peut aussi être l'agent de transport des grains de pollen (**anémogamie**).
- La zoogamie est à l'origine de processus de **coévolution** qui caractérisent les plantes et leurs pollinisateurs. Les organismes impliqués dans cette **relation mutualiste** présentent des adaptations améliorant la prise en charge du pollen.

Méthode

Argumenter la coévolution plante-animal pollinisateur

La pollinisation de l'orchidée *Zaluzianskya microsiphon* est en général assurée par la mouche *Prosoeca ganglbaueri*. Cette dernière possède un organe de succion, le proboscis, qui lui permet d'accéder au nectar sucré situé au fond de la corolle. Lorsque la mouche introduit son proboscis dans la fleur, elle se charge de pollen.

À partir de l'analyse du document, déterminer les arguments en faveur de la coévolution entre *Z. microsiphon* et *P. ganglbaueri*.

Doc Longueur du proboscis et profondeur des fleurs dans seize régions géographiques

Les points rouges correspondent aux mouches et orchidées d'une même région.

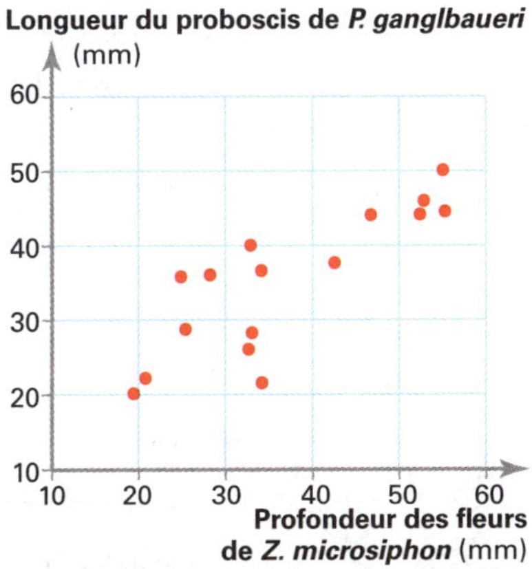

CONSEILS

Étape 1 Analyser le graphique afin d'établir une corrélation entre la longueur du proboscis de la mouche et la profondeur des fleurs de l'orchidée.
Étape 2 Identifier l'adaptation des deux partenaires selon la région.
Étape 3 Traduire ces données en processus de coévolution.

SOLUTION

Étape 1 La longueur du proboscis varie de 20 à 50 mm et les profondeurs des fleurs de 20 à 55 mm. Il existe une relation quasi linéaire entre la profondeur de la fleur et la longueur du proboscis. Dans chacune des régions, les longueurs sont soit équivalentes, soit assez proches.

Étape 2 Dans chaque région, les mouches ont un organe de succion suffisamment long pour se nourrir du nectar et les fleurs sont suffisamment profondes pour que les mouches, en se nourrissant, se chargent de pollen.

Étape 3 La longueur de l'organe de succion des mouches a évolué conjointement avec la profondeur des fleurs. Chaque modification chez l'un des partenaires de la relation mutualiste a pour conséquence la sélection d'un caractère adapté chez l'autre. C'est un cas de coévolution.

18 La graine et sa dissémination

En bref *La fleur, après la fécondation, se transforme en fruit contenant les graines. La dissémination des graines fait parfois intervenir un animal.*

I La formation des graines et des fruits

- À l'issue de la fécondation, les ovules se transforment en graines. Celles-ci contiennent l'**embryon** d'une future plante protégé par une **enveloppe résistante**, le tégument. Les graines contiennent également des **réserves** accumulées après la fécondation, qui seront utilisées lors de la germination.
- Les graines sont contenues dans les fruits, qui résultent eux-mêmes d'une transformation de la fleur.

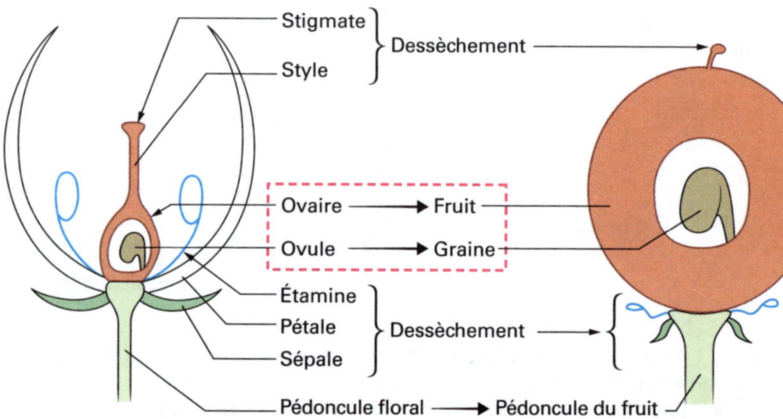

Doc **De la fleur au fruit : cas d'un fruit simple**

II La dissémination des graines

- La dissémination des graines est une étape de mobilité dans la reproduction de la plante. Elle peut être assurée par le vent (**anémochorie**), mais aussi par l'eau ou par tout autre agent physique de transport.
- Chez certaines espèces, la dissémination repose sur un mutualisme entre un animal disperseur et la plante (**zoochorie**). Des phénomènes de **coévolution** peuvent également se produire.
- Certaines plantes possèdent des dispositifs spécifiques de dissémination (fruits « explosifs », par exemple).

Méthode

Déterminer l'effet de l'endozoochorie sur la germination

La germination de graines du genévrier de Phénicie a été évaluée. Trois lots sont constitués : des graines témoins n'ayant subi aucun traitement, des graines scarifiées à l'aide de papier de verre afin d'altérer le tégument, des graines récoltées dans des déjections d'oiseaux. Toutes les graines ont ensuite été placées dans des conditions favorables à la germination.

À partir de l'analyse du document, déterminer le rôle du tégument et l'effet du passage dans le tube digestif d'un oiseau (endozoochorie) sur la germination des graines.

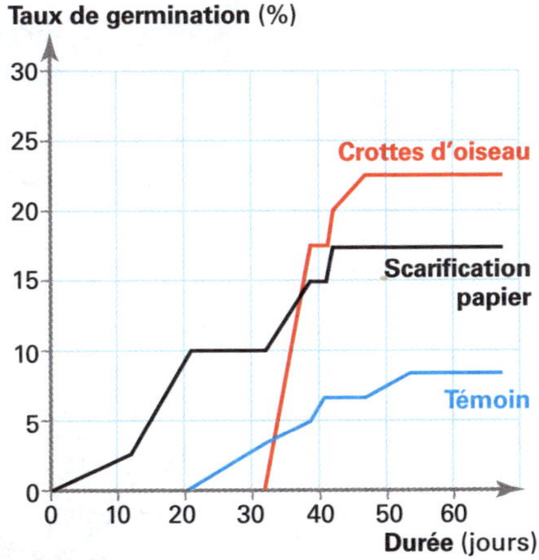

Doc **Taux de germination des graines en fonction du temps**

CONSEILS

Étape 1 Analyser les courbes par rapport au lot témoin. Des calculs peuvent être judicieux.
Étape 2 Déduire le rôle du tégument à partir de l'expérience de scarification.
Étape 3 Conclure sur l'effet de l'endozoochorie.

SOLUTION

Étape 1 Le taux de germination passe de 0 % à 21 jours à 8 % au bout de 50 jours pour les graines du lot témoin. Pour les graines scarifiées, il est de 17,5 % au 50e jour, soit multiplié par 2,2. Pour les graines retrouvées dans des déjections d'oiseaux, le taux est de 22,5 % par rapport au lot témoin, soit multiplié par 3,1.

Étape 2 La scarification augmente la proportion de graines germées. Le tégument semble donc empêcher la germination lorsqu'il est inaltéré.

Étape 3 Le taux de germination des graines retrouvées dans les déjections d'oiseaux est le plus élevé. Le passage dans le tube digestif de l'oiseau doit altérer davantage le tégument qu'une simple scarification, ce qui accroît les capacités de germination.

MÉMO VISUEL

Les deux modalités de reproduction des angiospermes

REPRODUCTION SEXUÉE

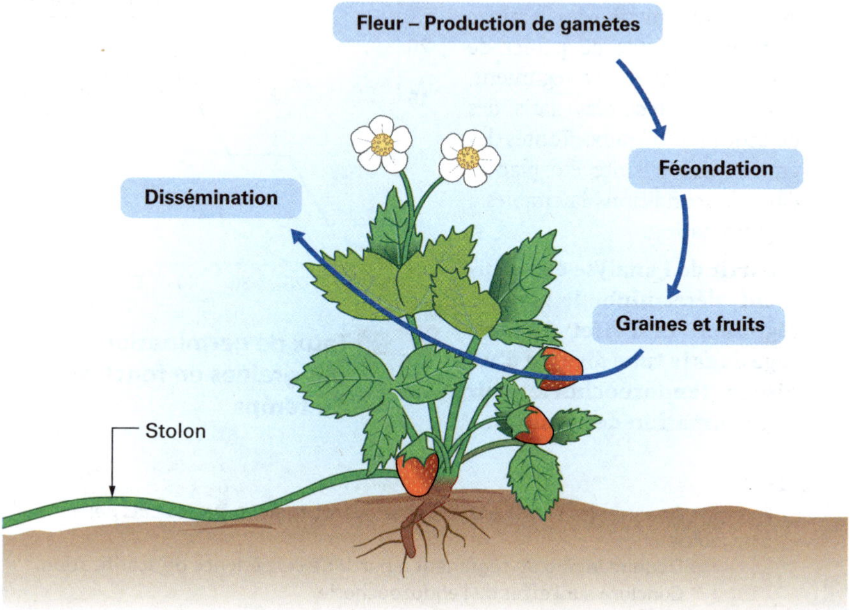

REPRODUCTION ASEXUÉE

Reproduction sexuée des angiospermes et collaborations avec les animaux

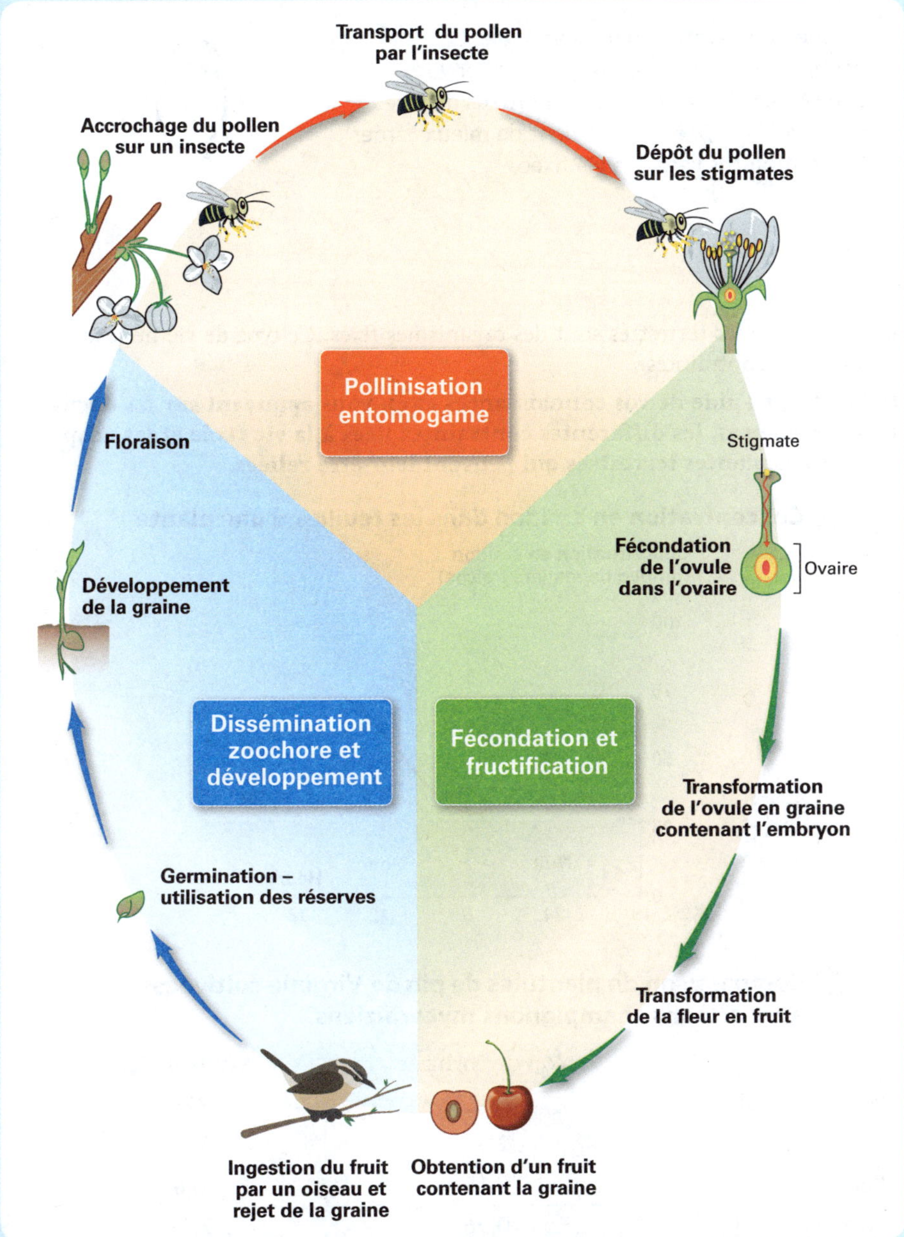

SUJET 14 | OBJECTIF BAC

80 min Contraintes et adaptations à la vie fixée → FICHES 13 à 18

Ce sujet de restitution organisée de connaissances vous permet de vérifier votre compréhension des notions abordées dans les chapitres 4 et 5, et notamment de mieux cerner les contraintes liées à la vie fixée.

LE SUJET

Les angiospermes terrestres sont des organismes fixés. Ce type de vie impose de nombreuses contraintes.

Présenter, à l'aide de vos connaissances et en vous appuyant sur les documents proposés, les différentes contraintes liées à la vie fixée et les adaptations des plantes terrestres qui peuvent leur être reliées.

Doc 1 Concentration en amidon dans les feuilles d'une plante

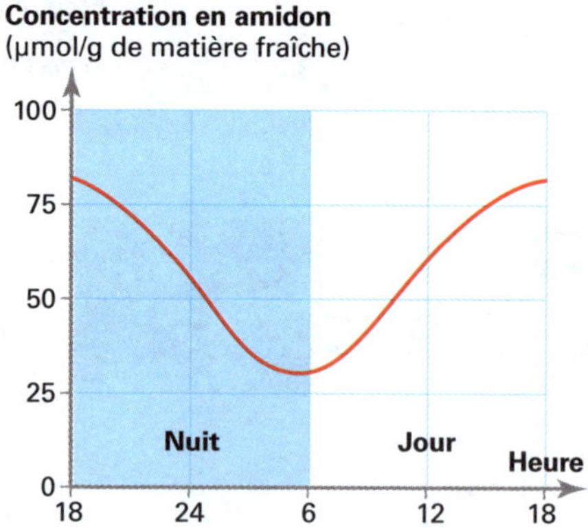

Doc 2 Comparaison de plantules de pin de Virginie cultivées avec ou sans champignons mycorhiziens

	Non mycorhizée	Mycorhizée
Poids sec total (mg)	152	323
Azote (mg)	2,87	5,75
Phosphate (mg)	0,15	0,6
Potassium (mg)	0,96	2,17

LES CLÉS POUR RÉUSSIR

Étape 1 Travaillez la consigne au brouillon pour bien cerner le sujet : définissez et discutez les termes employés, en leur trouvant des synonymes par exemple.

Étape 2 Recherchez au brouillon l'ensemble des contraintes liées à la vie terrestre fixée évoquées dans les chapitres 4 et 5 et les adaptations des plantes pouvant répondre à ces contraintes. Pensez à noter également les exemples qui ont pu être vus.

Étape 3 Analysez et interprétez à l'aide de vos connaissances les documents proposés. Déterminez à quels points de votre développement ces documents peuvent être intégrés.

Étape 4 Rédigez la réponse. L'introduction doit clairement énoncer la problématique et annoncer le plan de résolution. Le développement prend la forme d'un argumentaire mêlant faits et idées ; l'exploitation des documents doit y être associée. Des schémas intégrés peuvent apporter synthèse ou précisions. La conclusion répond à la problématique et se termine par une ouverture.

LE CORRIGÉ

Les titres en couleurs ne doivent pas obligatoirement figurer sur la copie.

Introduction

CONSEIL DE MÉTHODE
La problématisation du sujet nécessite de définir les termes du sujet.

Les angiospermes, ou plantes à fleurs, sont des organismes fixés qui vivent à l'interface entre le sol et l'atmosphère. Le mode de vie fixé impose aux êtres vivants des contraintes pour se nourrir, se protéger et se reproduire. Les plantes présentent des adaptations qui peuvent être mises en relation avec ces contraintes. Par ailleurs, les paramètres environnementaux étant variables, des phénomènes d'acclimatation sont observables et permettent d'assurer le fonctionnement de ces organismes.

En quoi les adaptations des angiospermes leur permettent-ils de répondre aux contraintes de la vie fixée ?

Nous traiterons les adaptations permettant la nutrition des plantes, puis leur protection et enfin leur reproduction dans des environnements variables.

Le développement de grandes surfaces d'échange permet la nutrition

- La croissance indéfinie des plantes (mérèse et élongation cellulaire) et la différenciation d'organes (tiges, feuilles, racines) permettent la mise en place de grandes surfaces d'échanges.
- Le développement de phytomères optimise la captation de la lumière et du CO_2 par les feuilles et donc la photosynthèse. Le port dressé du végétal est assuré par des constituants (cellulose, lignine) qui rigidifient les parois végétales.
- Le développement de l'appareil racinaire et des poils absorbants favorise la captation de l'eau et des sels minéraux du sol.

RAPPEL
Un phytomère est une unité végétale qui comporte un nœud au niveau duquel est insérée une feuille, un bourgeon axillaire et un entre-nœud.

D'après le **document 2**, les plantules de pin de Virginie mycorhizées ont une masse supérieure (323 mg) à celle des plantules non mycorhizées (152 mg). Les plantules cultivées avec les champignons mycorhiziens présentent des masses plus importantes d'azote, de phosphate et de potassium. L'association mycorhizienne, de nature symbiotique, facilite la nutrition hydrominérale.

- La différenciation de tissus conducteurs (xylème et phloème) permet de distribuer les différentes sèves au sein du végétal. La sève brute apporte l'eau et les sels minéraux aux organes photosynthétiques. La sève élaborée transporte des molécules organiques vers toutes les cellules de l'organisme, dont les lieux de stockage.

Des adaptations assurent la protection des plantes

- La production de molécules aux propriétés antiphytophages, antibactériennes ou antifongiques (anthocyanes, tanins) assure la protection des plantes contre un grand nombre de prédateurs.
- L'enveloppe résistante des graines protège l'embryon des agressions extérieures.
- Le stockage de matière organique dans les graines ou dans des organes spécialisés (tubercules) permet le passage de l'hiver et la reprise du développement au printemps.

RAPPEL
L'environnement comprend des facteurs biotiques et abiotiques.

D'après le **document 1**, la concentration en amidon dans les feuilles passe de 80 à 30 mmol/g de matière fraîche durant les 12 heures de nuit ; elle passe de 30 à 80 mmol/g de matière fraîche durant les 12 heures de jour. L'amidon est stocké le jour dans les chloroplastes et sa dégradation permet la production d'énergie la nuit, lorsque la photosynthèse est impossible.

- Le développement des plantes, contrôlé par des hormones végétales, est influencé par les conditions variables du milieu. Cela permet une réponse adaptée des plantes à la lumière ou au vent.

La reproduction des plantes est adaptée à la contrainte de fixation

- La reproduction asexuée des angiospermes permet la colonisation d'un milieu de proche en proche.

CONSEIL DE MÉTHODE
Ne pas oublier d'envisager les deux modalités de reproduction des plantes.

- La fleur (reproduction sexuée) est adaptée à la dispersion des grains de pollen par le vent ou, le plus souvent, par un animal pollinisateur (pétales colorés, production de nectar, odeurs émises, etc.). La coévolution plante-animal pollinisateur optimise la pollinisation.
- Les mécanismes d'incompatibilité limitent l'autofécondation et permettent ainsi l'accroissement de la diversité génétique des populations au cours des générations.
- La formation de fruits, entourant les graines, adaptés à la dissémination par des agents physiques ou des animaux, concourt à la propagation de l'espèce. Dans le cas de relations plante-animal disperseur, des mécanismes de coévolution optimisent le transport des graines.

Conclusion

Les plantes à fleurs présentent diverses adaptations permettant une réponse aux contraintes de la vie fixée. Elles peuvent ainsi, dans des environnements variables, assurer leur nutrition, leur protection mais également leur reproduction.

L'extinction massive d'espèces d'insectes menace cependant la survie de certaines espèces d'angiospermes, dépendantes de ces pollinisateurs.

SUJET 15 | OBJECTIF BAC

30 min La dispersion des graines par les bonobos

→ FICHE 18

Ce sujet d'entraînement au raisonnement scientifique permet d'étudier les relations entre un animal disperseur de graines et les plantes. Il propose également d'envisager les conséquences de l'extinction de l'espèce disséminatrice.

LE SUJET

Les bonobos sont une espèce de primate vivant exclusivement en République démocratique du Congo. Il ne resterait qu'entre 10 000 et 20 000 individus qui sont menacés par les activités humaines.

À partir de l'exploitation des documents, montrer l'importance des bonobos pour la reproduction des plantes à fleurs dans la forêt du Congo.

Doc 1 Régime alimentaire des bonobos

Les données ci-dessous présentent les résultats de 22 mois d'étude. Un total de 133 espèces végétales sont consommées par les bonobos. Les espèces dont les fruits sont ingérés avec les graines appartiennent à 45 genres de 25 familles d'angiospermes.

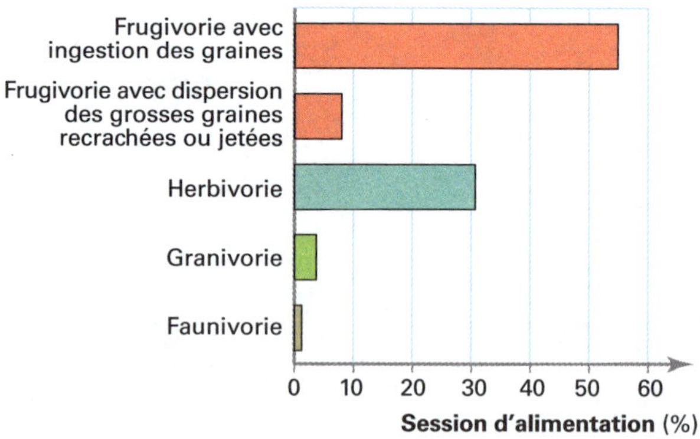

Doc 2 Distance de dispersion des graines ingérées

75 « voyages » de graines ont été étudiés depuis la plante d'origine, de leur ingestion à leur défécation.

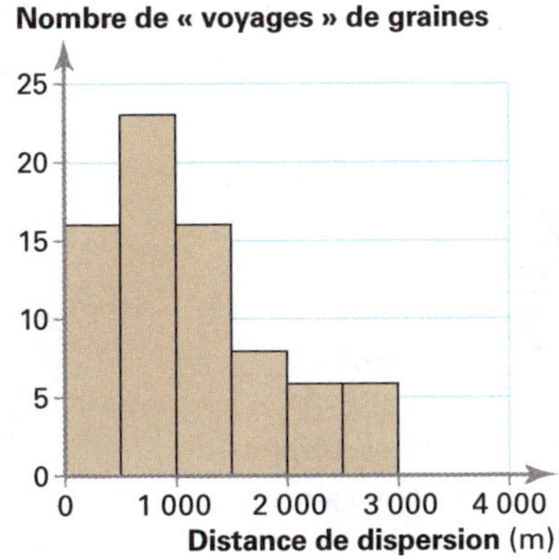

Doc 3 Taux de de germination de huit espèces végétales dont les graines sont consommées par le bonobo

En dehors de *Cissus dinklagei*, une liane, les autres espèces sont des arbres.

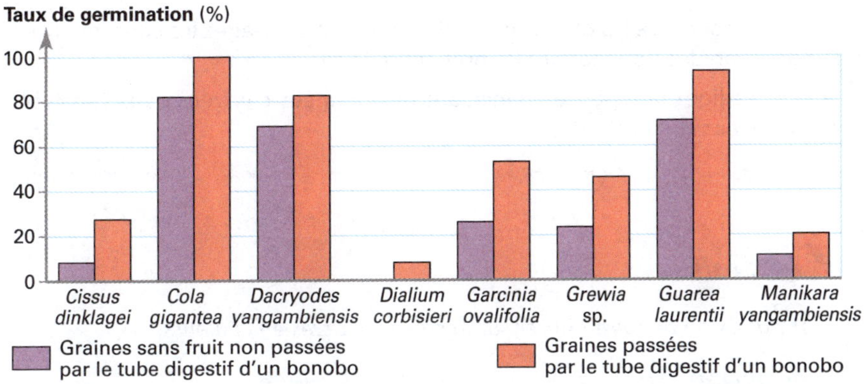

Doc 4 La dispersion des grosses graines dans la forêt du Congo

Le bonobo est le plus grand primate de son aire de répartition et le second plus grand frugivore après l'éléphant de forêt. Les plantes à fruits peuvent être dispersées par de nombreux animaux, mais les vecteurs de dispersion des fruits à grosses graines sont plus rares. Dans les forêts tropicales, les oiseaux et les primates se nourrissent dans des strates différentes de la canopée. Ils n'assurent donc pas la dispersion des mêmes espèces.

Doc 5 **Richesse spécifique et abondance des arbres dispersés par les bonobos**

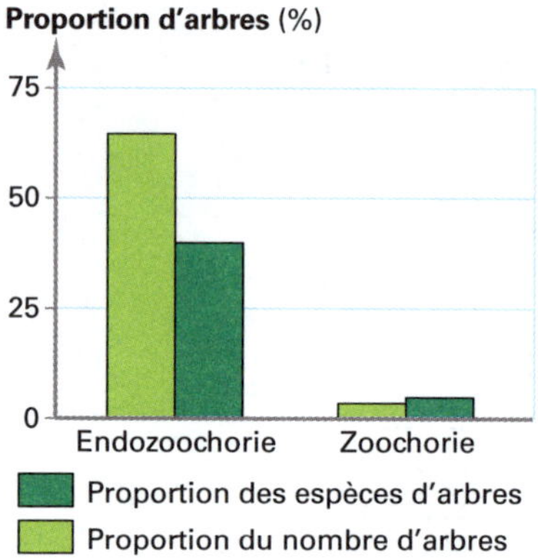

RAPPEL
L'endozoochorie est le mode de dissémination par lequel la graine est ingérée et rejetée dans les fèces.

LES CLÉS POUR RÉUSSIR

Étape 1 Analysez chaque document au brouillon en identifiant les effets des bonobos sur les plantes.

Étape 2 À la suite de l'exploitation du document 5, envisagez les conséquences de l'extinction des bonobos sur la forêt congolaise.

Étape 3 Rédigez la réponse en incluant des données chiffrées dans l'analyse. Citez les documents étudiés.

LE CORRIGÉ

Il n'est pas exigé de faire figurer sur la copie les titres en couleurs.

Introduction

Les bonobos sont des primates endémiques des forêts congolaises. Ils sont aujourd'hui menacés par les activités humaines. On cherche à montrer leur importance pour la reproduction des plantes.

Régime alimentaire, dispersion des graines et taux de germination

▸ D'après le **document 1**, les bonobos consomment 133 espèces végétales. L'herbivorie constitue 30 % de leurs sessions d'alimentation, la granivorie environ 4 %. Les bonobos sont majoritairement frugivores : dans 55 % des cas, ils consomment des fruits avec les graines, dans 8 % des cas ils recrachent ou jettent les grosses graines. La diversité des plantes dont les fruits sont consommés entièrement est importante, puisqu'elles appartiennent à 45 genres de 25 familles d'angiospermes.

- D'après le **document 2**, 21 % (16/75) des « voyages » de graines assurés par les bonobos déposent celles-ci dans les 500 premiers mètres autour de la plante d'origine, 31 % (23/75), entre 500 et 1 000 mètres et 8 % au-delà de 2,5 km.

- Le pourcentage de germination des graines, passées ou non par le tube digestif d'un bonobo, a été étudié (doc. 3). Pour toutes les espèces, la germination est plus importante lorsque les graines ont été ingérées par les bonobos. Par exemple, pour *Cola gigantea*, 100 % des graines germent après être passées dans le tube digestif d'un bonobo, contre 80 % des graines issues directement des fruits. Pour *Dialium corbisieri*, 8 % des graines germent après le passage dans le tube digestif d'un bonobo, mais aucune des graines issues directement des fruits. La germination des graines de cette espèce semble même dépendante de l'intervention du bonobo.

CONSEIL DE MÉTHODE

Le fait de citer quelques exemples significatifs permet de montrer vos qualités d'analyse.

- Le **document 5** montre que près de 40 % des espèces d'arbres sont dispersés par endozoochorie, ce qui représente près de 65 % de la totalité des arbres. Les bonobos participent aussi à la dissémination par zoochorie pour environ 5 % des espèces.

Les bonobos assurent donc la dissémination de la majorité des arbres et d'un nombre important d'espèces. Cela confirme les données du document 3, qui montre que l'ingestion des graines des sept espèces d'arbres étudiées optimise leur germination.

Importance et déclin des populations de bonobos

La dispersion des grosses graines repose sur l'intervention d'animaux de grande taille (doc. 4). Or le bonobo est l'un des rares grands animaux de la forêt congolaise. Et les oiseaux n'assurent pas la dispersion des mêmes espèces.

Les bonobos, grands consommateurs de fruits, assurent la dissémination de très nombreuses espèces : 79 % des graines sont déposées à plus de 500 m de la plante d'origine et l'endozoochorie facilite la germination des graines dispersées.

Dans le cas des plantes portant des fruits à grosses graines, peu d'animaux semblent pouvoir se substituer aux bonobos pour leur dissémination.

Les bonobos sont aujourd'hui menacés d'extinction par les activités humaines. Leur disparition aurait des conséquences dramatiques pour la dispersion de nombreuses espèces végétales, notamment d'arbres, dans la forêt congolaise.

SUJET 16 | OBJECTIF MENTION

60 min L'auto-incompatibilité des croisements

→ FICHE 17

Ce sujet d'entraînement au raisonnement scientifique nous révèle le mécanisme génétique complexe, au niveau moléculaire, qui permet aux plantes d'éviter l'autofécondation.

LE SUJET

L'auto-incompatibilité est un mécanisme génétique permettant aux plantes d'éviter l'autofécondation et de limiter les croisements entre individus apparentés. Les incompatibilités ont également des implications dans le choix des variétés de plantes que les horticulteurs souhaitent croiser.

À partir de l'exploitation des documents, expliquer le fonctionnement de l'auto-incompatibilité et déterminer quelle variété de pommiers serait entièrement compatible avec la Golden Delicious.

Doc 1 Le locus S

L'auto-incompatibilité repose sur l'expression de deux gènes liés au locus S. Il existe de très nombreuses versions alléliques pour ce locus. Dans le grain de pollen, haploïde, une version allélique de la protéine SLF est exprimée. Dans les cellules du style, diploïdes, deux versions de ribonucléases, notées S-RNases, des enzymes capables de dégrader les ARN, sont exprimées.

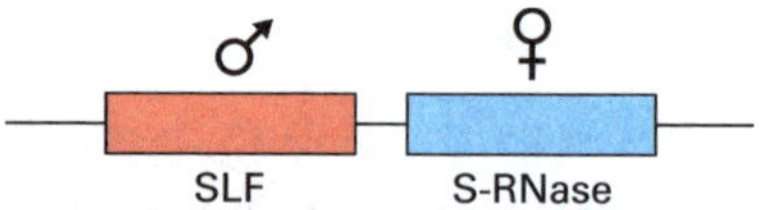

Doc 2 Allèles du locus S chez quelques variétés de pommiers

Variété	Génotype
Idared	$(S_3//S_7)$
Granny Smith	$(S_3//S_{23})$
Golden Delicious	$(S_2//S_3)$
Delbard Jubilé	$(S_2//S_{22})$
Cox Orange Pippin	$(S_5//S_9)$
Reine des reinettes	$(S_1//S_3)$

Doc 3 Croissance des tubes polliniques compatibles et incompatibles

Lorsqu'un grain de pollen arrive sur un stigmate, il se réhydrate et émet un tube pollinique transportant les gamètes mâles vers l'ovule.

Des grains de pollen de génotype (S_2/) ou (S_6/) sont déposés sur les pistils de génotypes (S_2//S_2) ou (S_6//S_6). La longueur des tubes polliniques est mesurée au cours du temps ; le nombre de tubes polliniques parcourant une distance donnée dans le stigmate est compté.

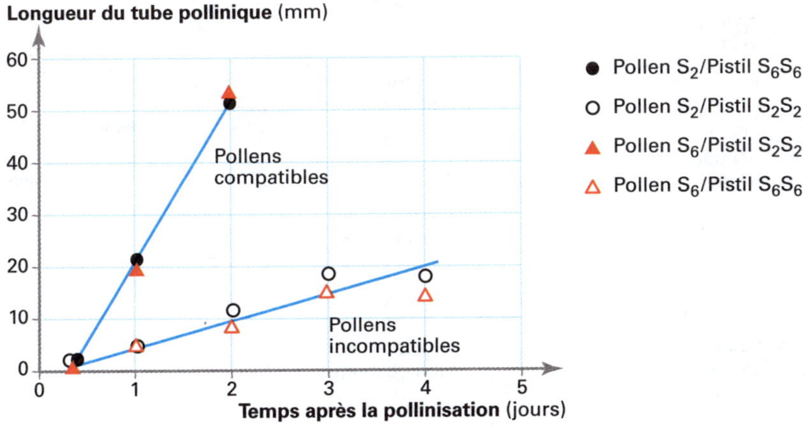

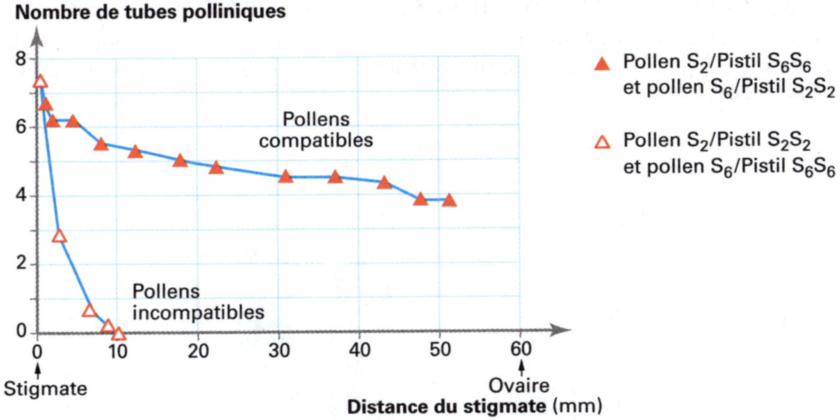

Doc 4 Modèle moléculaire de l'auto-incompatibilité

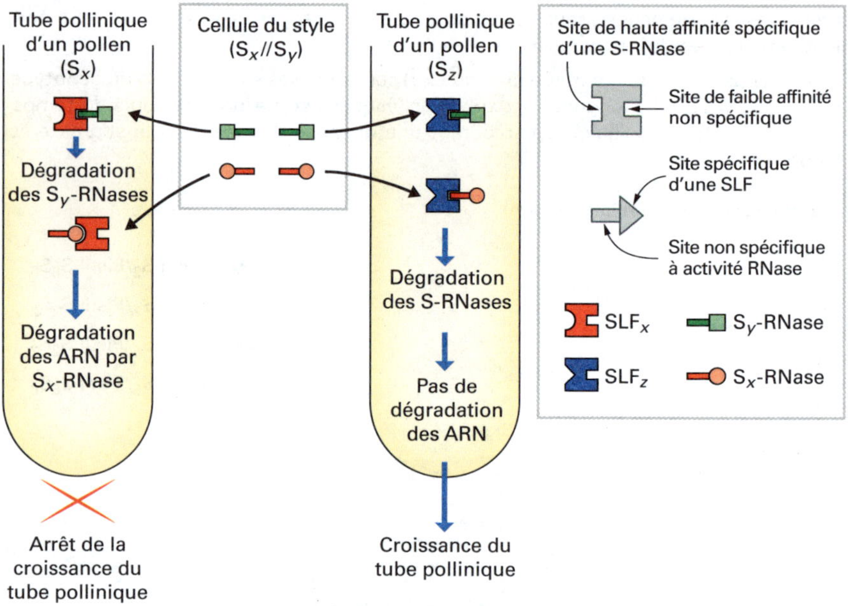

Doc 5 Quantification des S-RNases dans des tubes polliniques

Des tubes polliniques de génotypes (S_{11}/) ou (S_{12}/) sont mis en croissance dans des styles de génotype ($S_{11}//S_{13}$). La quantité de S_{11}-RNase est évaluée 18 et 24 heures après la pollinisation.

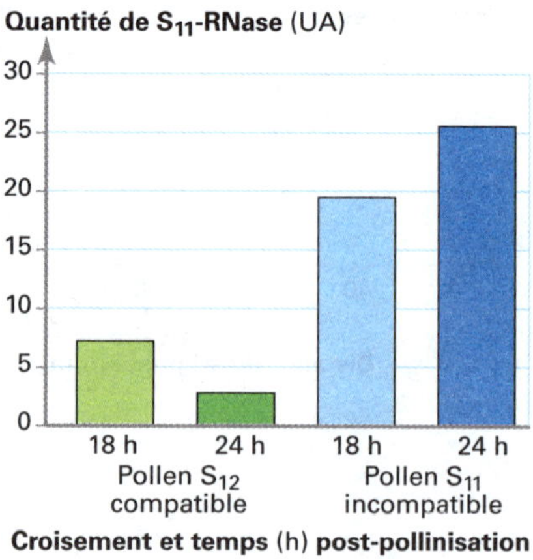

LES CLÉS POUR RÉUSSIR

Étape 1 Expliquez les mécanismes de l'auto-incompatibilité, puis déterminez la compatibilité de croisements de pommiers. Assurez-vous de la bonne compréhension de notions de génétique (haploïde, diploïde, génotypes).

Étape 2 Travaillez au brouillon à la saisie des informations et à leur mise en relation.

Étape 3 Le document 4 étant complexe, son analyse doit se faire en relation avec les données du document 5 pour davantage de clarté.

Étape 4 Rédigez la réponse en formulant clairement les conclusions intermédiaires du raisonnement.

LE CORRIGÉ

Il n'est pas exigé de faire figurer sur la copie les titres en couleurs.

Introduction

L'auto-incompatibilité génétique interdit l'autofécondation. On cherche à expliquer le fonctionnement de ce mécanisme pour déterminer les variétés de pommiers qui peuvent être croisées avec la Gloden Delicious.

L'auto-incompatibilité est un mécanisme génétique qui repose sur l'expression de deux gènes liés du locus S (doc. 1). Dans le grain de pollen, une version de la protéine SLF est exprimée. Les cellules du style expriment deux versions de S-RNases, des enzymes qui dégradent les ARN.

L'étude de la croissance des tubes polliniques

- D'après le **document 3**, la taille du tube pollinique transportant les gamètes mâles à l'ovule passe de 0 à 52 mm en deux jours lorsque les grains de pollen sont de génotype (S_2/) et le pistil de génotype (S_6//S_6) ou que les grains de pollen sont de génotype (S_6/) et le pistil de génotype (S_2//S_2). Pour ces pollens, le nombre de tubes polliniques arrivés à 10 mm de l'ovaire est de 4. Ces pollens qualifiés de compatibles [pour la fécondation] ne peuvent ici avoir pour origine la même fleur.

Lorsque les grains de pollen sont de génotype (S_2/) et le pistil de génotype (S_2//S_2) ou que les grains de pollen sont de génotype (S_6/) et le pistil de génotype (S_6//S_6), la longueur des tubes pollinique n'est que de 15 mm environ au bout de 4 jours et aucun tube pollinique n'est dénombré au-delà de 10 mm du stigmate. Ces pollens sont qualifiés d'incompatibles et peuvent avoir pour origine la même fleur que le pistil. Les mécanismes d'auto-incompatibilité évitent donc l'autofécondation.

- Le **document 5** présente la quantité de S-RNases dans les tubes polliniques. Ces enzymes produites par les cellules du style (doc. 1) entrent donc dans les tubes en croissance. La quantité de S_{11}-RNase passe de 7 à 3 UA entre 18 et 24 heures après la pollinisation lorsque le grain de pollen compatible a un génotype (S_{12}/). Elle passe de 19 à 25 UA entre 18 et 24 heures après la pollinisation lorsque le grain de pollen incompatible a un génotype (S_{11}/). Puisque le style a un génotype (S_{11}//S_{13}), une seule des deux versions alléliques exprimées suffit à rendre le pollen incompatible. La forte quantité de S-RNase des pollens incompatibles par rapport à celle des pollens compatibles semble être à l'origine de l'incompatibilité.

Compatibilité et incompatibilité au niveau moléculaire

- Le **document 4** présente, au niveau moléculaire, les mécanismes de l'auto-incompatibilité. La protéine SLF possède un site de haute affinité spécifique d'une S-RNase et un site de faible affinité non spécifique. Les S-RNases présentent un site spécifique d'une SLF et un site non spécifique responsable de l'activité enzymatique RNase. Lorsqu'une protéine SLF se fixe à une S-RNase non spécifiquement, ces dernières sont dégradées et le tube pollinique peut croître.

CONSEIL DE MÉTHODE

Il est capital ici de bien relier les documents 4 et 5 : les résultats et le modèle.

- Ce cas est celui du **document 5** : la protéine SLF_{12} exprimée par le grain de pollen compatible (S_{12}/) ne fixe pas spécifiquement les S-RNases 11 et 13 produites par les cellules du style de génotype (S_{11}//S_{13}).
- En revanche, lorsqu'une protéine SLF se fixe de manière spécifique à une S-RNase, le site enzymatique de cette dernière reste libre. Les ARN du tube pollinique sont dégradés et sa croissance cesse. Dans l'expérience du **document 5**, la protéine SLF_{11} exprimée par le grain de pollen incompatible (S_{11}/) fixe spécifiquement les S_{11}-RNases produites par les cellules du style. Alors que les S_{13}-RNases sont dégradées, les S_{11}-RNases dégradent les ARN du tube pollinique.
- L'auto-incompatibilité évite ainsi l'autofécondation. Si la version allélique de la protéine SLF correspond à l'une des deux versions de S-RNases exprimées par les cellules du style, les deux protéines se fixent spécifiquement et la dégradation des ARN stoppe la croissance du tube pollinique.

La variété de pommier compatible avec la Golden Delicious

D'après le **document 2**, la variété Golden Delicious possède les versions S_2 et S_3 du locus S. Ainsi, seule la variété Cox Orange Pippin serait pleinement compatible, car elle présente les versions S_5 et S_9. Les autres variétés ont toute une version du locus S en commun avec la Golden Delicious, ce qui interdirait la croissance des tubes polliniques de la moitié des pollens produits.

Enjeux contemporains de la planète

6 La domestication des plantes

La réserve mondiale de semences de l'archipel du Svalbard (Norvège) conserve dans un lieu sécurisé des graines de toute la planète. Elle compte aujourd'hui 983 500 échantillons de semences.

TESTEZ-VOUS

→ CORRIGÉS P. 345

Faites le point sur vos connaissances
puis établissez votre **parcours de révision**
en fonction de votre score.

1 Les premiers temps de la domestication

→ FICHE 19

La sélection massale :

☐ a. est une forme de sélection naturelle
☐ b. est une forme de sélection artificielle
☐ c. est réalisée au hasard dans divers foyers de domestication
☐ d. retient des caractères intéressants pour la culture

…/1

2 Plantes cultivées

→ FICHE 19

Le syndrome de domestication :

☐ a. qualifie un ensemble de caractéristiques des plantes cultivées
☐ b. qualifie un ensemble de caractéristiques des plantes sauvages
☐ c. qualifie un ensemble de caractères génétiques humains
☐ d. comprend une dissémination favorisée des graines

…/1

3 Relation biotique

→ FICHES 19 et 20

La relation entre l'homme et les plantes cultivées :

☐ a. est uniquement une relation de sélectionneur et sélectionné
☐ b. date des plus anciens *Homo sapiens*, il y a 200 000 ans
☐ c. est de type mutualisme

…/1

4 Hybridation

→ FICHE 19

La technique d'hybridation :

☐ a. consiste à croiser deux individus afin d'obtenir des homozygotes
☐ b. consiste à croiser deux individus d'espèces différentes
☐ c. permet d'obtenir des plants qui cumulent les caractéristiques des parents
☐ d. est la seule technique permettant de modifier le génome des plantes

…/1

5 Les OGM

→ FICHE 19

Un OGM est un organisme :

- ☐ a. dont le génotype est modifié artificiellement
- ☐ b. obtenu par culture cellulaire *in vitro* après suppression du noyau
- ☐ c. dont on a modifié le nombre de chromosomes
- ☐ d. dont la modification génétique est transmissible à la descendance

.../1

6 Transgenèse

→ FICHE 19

Les étapes de la transgenèse comportent :

- ☐ a. la sélection d'un gène intéressant chez un organisme donneur
- ☐ b. la sélection des organismes ayant intégré le transgène
- ☐ c. l'introduction du transgène dans le génome de l'organisme donneur

.../1

7 Variétés anciennes

→ FICHE 20

Les variétés populations présentent :

- ☐ a. une diversité génétique plus grande que les populations sauvages
- ☐ b. une diversité génétique plus faible que les populations sauvages
- ☐ c. des caractères adaptés à une culture mondiale
- ☐ d. une stérilité qui rend leur culture dépendante des semenciers

.../1

8 Pratiques culturales modernes

→ FICHE 20

L'utilisation d'intrants et de pesticides dans les cultures :

- ☐ a. permet de compenser l'homogénéité des cultures
- ☐ b. permet de compenser certains caractères du syndrome de domestication
- ☐ c. réduit la diversité génétique des plantes domestiquées
- ☐ d. augmente la diversité génétique des plantes, car ce sont des produits mutagènes

.../1

9 Sélection

→ FICHE 20

La domestication des plantes s'accompagne pour l'homme :

- ☐ a. d'une modification du génome des individus
- ☐ b. d'aucune modification des génomes
- ☐ c. de la sélection de caractères génétiques particuliers

.../1

Score total .../9

Parcours PAS À PAS ou EXPRESS ? → MODE D'EMPLOI P. 3

19 Les processus de la domestication

En bref *L'amélioration des plantes cultivées constitue un enjeu majeur pour l'humanité, notamment pour son alimentation.*

I Des plantes sauvages aux plantes cultivées

■ La comparaison de plantes cultivées et de leur « ancêtre » sauvage met en évidence un ensemble de caractères normalement défavorables en milieu naturel : c'est le syndrome de la domestication.

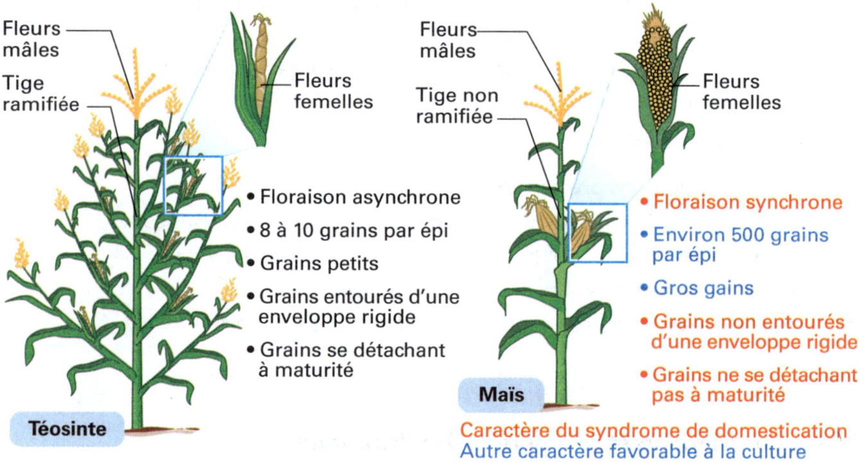

Doc **Comparaison de la téosinte et du maïs**

■ La domestication a commencé dans divers foyers par le choix des plants les plus intéressants ou sélection massale. Cette sélection artificielle de caractères d'intérêt agronomique a rendu la reproduction des plantes totalement dépendante de l'action humaine. Une relation mutualiste s'est ainsi établie entre l'homme et les plantes cultivées.

II La création variétale moderne

■ Depuis le xxe siècle, les progrès de la génétique permettent l'obtention de plus en plus rapide de nouvelles variétés végétales.

■ Par autofécondation puis croisement, des lignées pures puis des variétés hybrides ont été mises au point. Depuis les années 1980, les biotechnologies et notamment la transgenèse autorisent des modifications ciblées des plantes.

■ La production de semences est aujourd'hui une activité économique spécialisée.

Méthode

Calculer le nombre de gènes impliqués dans la domestication

Vers 1970, George Beadle réalise des croisements entre des plants de maïs et de téosinte pour déterminer l'origine des différences morphologiques.

À partir de l'étude des croisements, déterminer le nombre de gènes impliqués dans la différence phénotypique des deux plantes.

Doc Les croisements réalisés par George Beadle

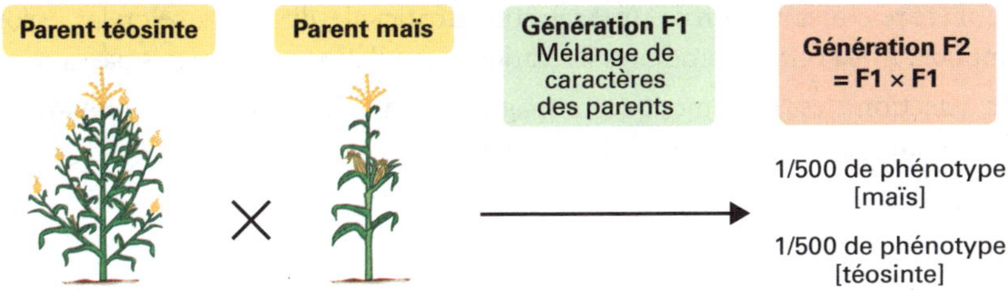

CONSEILS

Étape 1 Pour un gène, déterminer le génotype des parents et de la génération F1.
Étape 2 Indiquer que la probabilité d'obtenir le phénotype [maïs] ou [téosinte] dans la génération F2 est égale à 1/4.
Étape 3 En considérant *x* gènes indépendants, indiquer que la probabilité d'obtenir le phénotype [maïs] ou [téosinte] dans la génération F2 est de $(1/4)^x$.
Étape 4 Déterminer *x* et conclure.

SOLUTION

Étape 1 Pour un gène à deux allèles, le génotype du maïs peut s'écrire (m//m) et celui de la téosinte (t//t). Les individus de la génération F1 de phénotype intermédiaire sont donc hétérozygotes (m//t).
Étape 2 La génération F1 produit deux types de gamètes. La probabilité d'obtenir (m//m) ou (t//t) en génération F2, soit des phénotypes [maïs] ou [téosinte], est donc de $P = 1/4$.
Étape 3 Pour deux gènes indépendants, la génération F1 produit quatre types de gamètes dans des proportions de 1/4. Donc $P = (1/4)^2 = 1/16$ individus de la génération F2 auront le phénotype [maïs] ou [téosinte]. Pour trois gènes, $P = 1/64$; pour quatre gènes, $P = 1/256$; pour cinq gènes, $P = 1/1\,024$.
Étape 4 Comme la génération F2 présente 1/500 individus de chaque phénotype, *x* est compris entre 4 et 5, donc quatre ou cinq gènes sont impliqués dans la différence phénotypique entre le maïs et la téosinte.

INFO

Dans les années 1980, des études génétiques ont montré que **cinq régions** chromosomiques étaient impliquées.

20 Les conséquences de la domestication

En bref *La domestication des plantes s'est accompagnée d'une perte globale de leur diversité génétique. Elle a par ailleurs influencé certains caractères génétiques humains.*

I La diversité des plantes cultivées

- Les **espèces cultivées** présentent des variétés résultant de mutations aléatoires, qui ont été retenues ou non par une sélection artificielle, différente selon les régions du monde. Ainsi ont été produites les variétés populations ou variétés paysannes.
- La sélection s'est également accompagnée d'un **appauvrissement global de la diversité allélique** des plantes domestiquées.

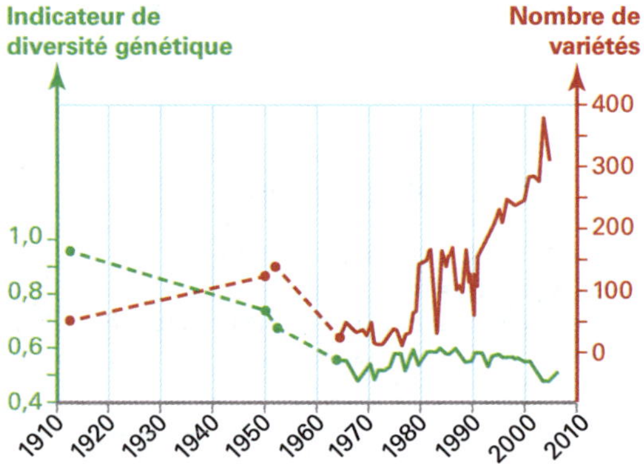

Doc Évolution de la diversité variétale et génétique des blés en France

- La perte de certaines caractéristiques des plantes sauvages, par exemple de défenses, couplée à l'extension de leur culture favorise le développement de maladies infectieuses végétales. Ces **fragilités** sont compensées par des pratiques culturales adaptées (apport de pesticides, entre autres).
- L'**exploitation** des ressources génétiques, historiques ou sauvages, permet d'envisager de nouvelles méthodes de culture et de s'affranchir de l'apport d'un certain nombre d'intrants.

II L'influence de la domestication sur l'humanité

La **domestication** de plantes a contribué à la sélection de caractères génétiques spécifiques dans les populations humaines. Par exemple, l'apport d'amidon dans le **régime alimentaire** s'est accompagné d'une production accrue d'amylase salivaire dans certaines populations.

Méthode

Établir la relation entre diversité et sensibilité des cultures

En 1846, en Irlande, l'anéantissement des cultures de pommes de terre par le mildiou a entraîné une famine conduisant à la mort d'un million de personnes. De nombreux exemples de destruction massive de cultures par des agents pathogènes sont attribués à l'homogénéité génétique des plants.

À partir de l'analyse du document, montrer que la biodiversité cultivée impacte la sensibilité des cultures aux pathogènes.

Doc Pourcentage de plants malades en fonction du nombre de variétés

Dans la région de Mei Tan, en Chine, les chercheurs ont relevé le nombre de variétés de riz cultivées par 60 familles de paysans et noté la proportion de plants malades.

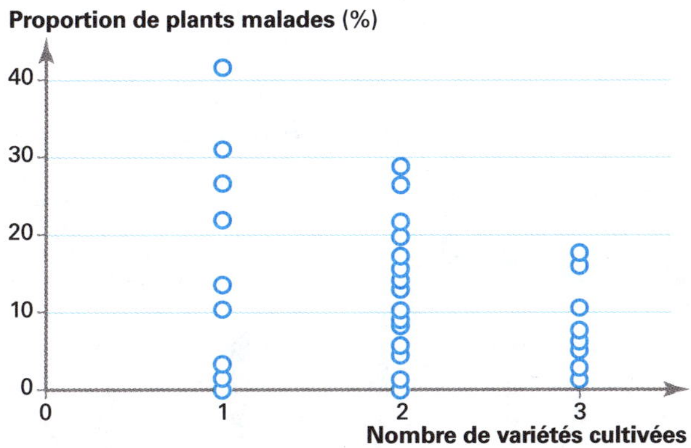

CONSEILS

Étape 1 Analyser le graphique en réalisant une moyenne des points expérimentaux et en décrivant les valeurs maximales.
Étape 2 Conclure sur l'effet de la biodiversité.

SOLUTION

Étape 1 Le pourcentage de plants de riz malades est en moyenne de 20 % lorsqu'une seule variété de riz est cultivée, de 15 % lorsqu'il y en a deux et de 10 % lorsqu'il y en a trois. Le pourcentage maximal de plants malades passe de 41 % pour les cultures ne comportant qu'une seule variété à 18 % pour les cultures associant trois variétés.

Étape 2 L'augmentation de la biodiversité cultivée réduit le nombre de plants affectés par des maladies. La culture de plusieurs variétés associées limite leur sensibilité aux pathogènes.

MÉMO VISUEL

Processus de domestication et diversité des plantes cultivées

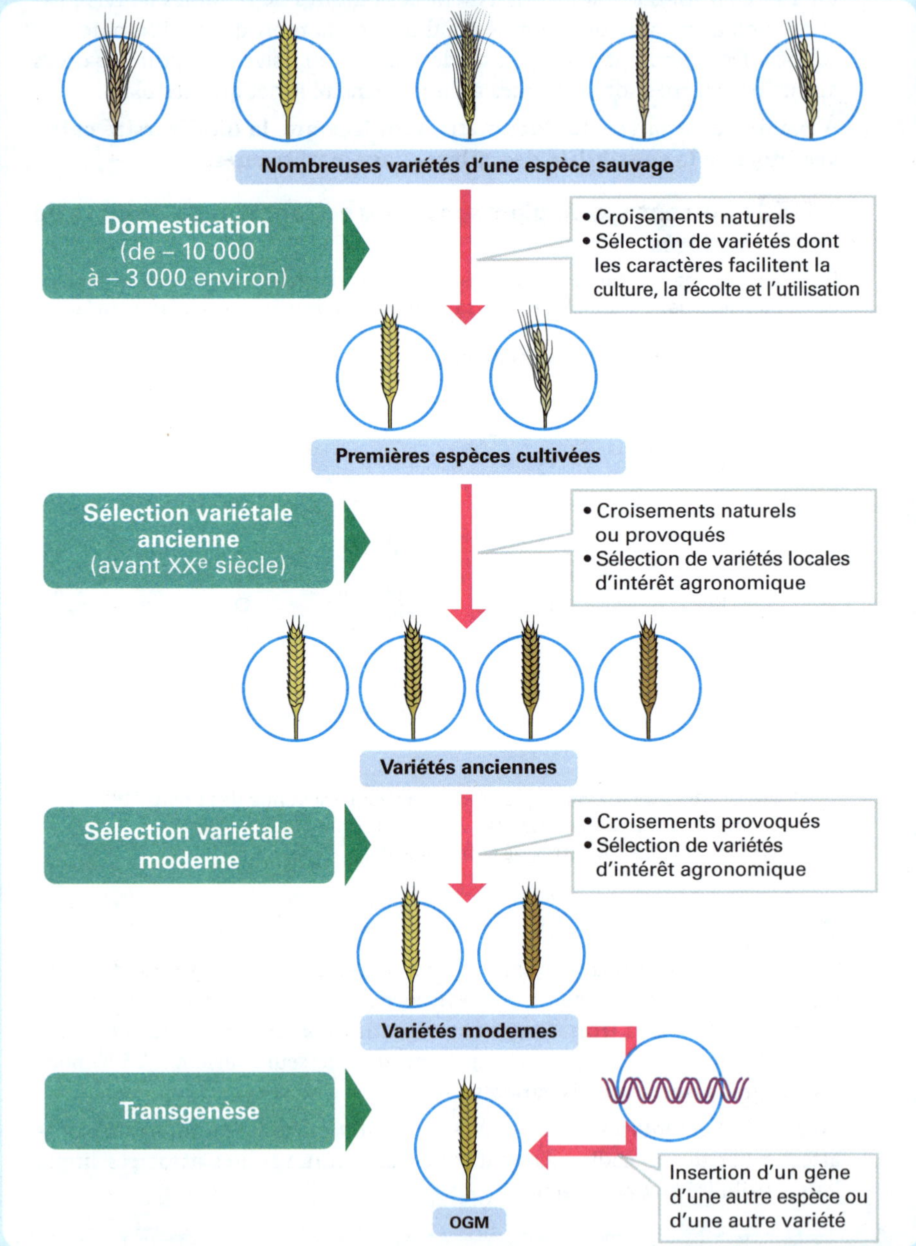

La relation mutualiste entre l'homme et les plantes domestiquées

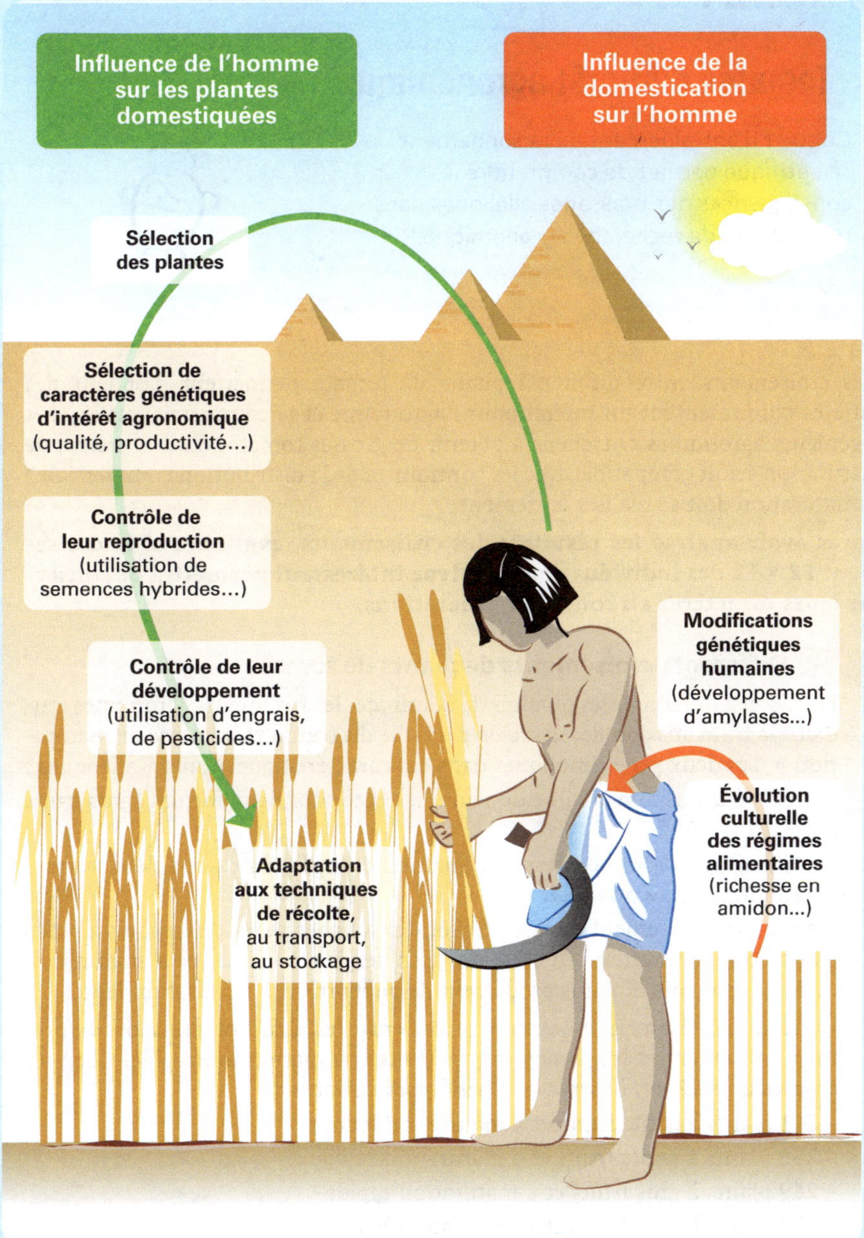

Le thème de ce chapitre n'est pas au programme de l'épreuve écrite du bac mais est utile à la poursuite de vos études.

SUJET 17 | OBJECTIF SUP

20 min Tomates d'intérêt agronomique

→ FICHES 2 et 19

Ce sujet d'entraînement au raisonnement scientifique permet de comprendre les conséquences des brassages alléliques dans un contexte de recherche agronomique.

LE SUJET

Des croisements entre différents plants de tomate permettent d'obtenir des variétés qui présentent un intérêt pour l'agronomie et la commercialisation. Les ingénieurs agronomes cherchent à obtenir de grosses tomates dont la vitesse de maturation serait compatible avec les contraintes de la distribution commerciale : la maturation doit se réaliser lentement.

Après avoir analysé les résultats des croisements, expliquer si le croisement F2 × F2 des individus de phénotype intéressant permettra de conserver leurs caractères au cours des générations.

Doc Différents croisements de plants de tomate

De façon à améliorer les qualités de la tomate, les ingénieurs agronomes étudient la transmission des caractères « taille du fruit » et « vitesse de maturation ». Les deux gènes impliqués dans ces caractéristiques sont bi-alléliques :

- un gène détermine la taille du fruit ; il existe sous deux formes (gros fruits ou petits fruits) ;
- un gène contrôle la vitesse de maturation ; il existe sous deux formes (maturation lente ou rapide).

Un premier croisement est réalisé avec des souches pures de tomates à petits fruits et à maturation lente, et des tomates à gros fruits et à maturation rapide. Les plants obtenus produisent de petits fruits à maturation lente.

Un second croisement est ensuite réalisé entre les plants obtenus lors du premier croisement et les parents à gros fruits et à maturation rapide. Chez ces descendants F2, on observe les phénotypes suivants :

- 241 plants à petits fruits et à maturation lente ;
- 258 plants à petits fruits et à maturation rapide ;
- 249 plants à gros fruits et à maturation rapide ;
- 252 plants à gros fruits et à maturation lente.

LES CLÉS POUR RÉUSSIR

Étape 1 Analysez le premier croisement afin de déterminer la dominance et la récessivité des allèles des gènes impliqués.

Étape 2 Analysez le second croisement pour déterminer si les gènes sont liés ou indépendants.

Étape 3 Identifiez dans la génération F2 les tomates de phénotype intéressant du point de vue agronomique.

Étape 4 Déterminez leur génotype pour prévoir la descendance du croisement F2 × F2. Concluez.

LE CORRIGÉ

Les titres en couleurs ne doivent pas obligatoirement figurer sur la copie.

Analyse du premier croisement

- Les plants de tomates impliqués dans le premier croisement sont des souches pures, donc homozygotes. Ils ne produisent chacun qu'un seul type de gamète contenant les allèles déterminant soit de petits fruits et une maturation lente pour l'un, soit de gros fruits et une maturation rapide pour l'autre.
- Les plants obtenus sont donc hétérozygotes, de phénotype [petits fruits, maturation lente]. Pour le gène gouvernant la taille du fruit, l'allèle déterminant les petits fruits est dominant. Pour le gène contrôlant la vitesse de maturation, l'allèle déterminant une maturation lente est dominant.

L'allèle g détermine de gros fruits, g^+ détermine de petits fruits. L'allèle r contrôle une maturation rapide, l'allèle r^+ contrôle une maturation lente.

Analyse du second croisement

- Le second croisement est réalisé entre les hétérozygotes obtenus précédemment et des plants à gros fruits et maturation rapide. Ces derniers présentant les deux caractères à l'état récessif sont donc des homozygotes doubles récessifs. Ce croisement est un ***test cross***.

> **À NOTER**
> Un *test cross* ou croisement test est le croisement d'individus avec des homozygotes récessifs pour les gènes étudiés.

Les proportions des phénotypes obtenus en F2 correspondent aux types et aux proportions des gamètes produits par les hétérozygotes.

- Quatre phénotypes sont obtenus en F2 : 241 plants [g^+, r^+], 258 plants [g^+, r], 249 plants [g, r], 252 plants [g, r^+]. Aux erreurs d'échantillonnage près, les quatre phénotypes obtenus sont équiprobables. Les hétérozygotes produisent donc quatre types de gamètes lors de la méiose et la ségrégation des allèles du gène déterminant la taille du fruit est indépendante de la ségrégation des allèles du gène contrôlant la vitesse de maturation. Les deux gènes sont donc indépendants, situés sur des chromosomes différents et seul intervient ici le brassage interchromosomique.

- Le génotype des hétérozygotes de première génération peut donc s'écrire ($g^+//g$, $r^+//r$).

Identification des phénotypes d'intérêt agronomique

- Les individus F2 de phénotype d'intérêt pour l'agronome sont les 252 plants [gros fruits, maturation lente]. Pour le caractère [taille du fruit], ces plants présentent l'état récessif et sont donc homozygotes. Pour le caractère [vitesse de maturation], ils possèdent l'allèle dominant gouvernant la maturation lente et l'allèle récessif hérité du parent double homozygote récessif. Ces plants ont donc pour génotype ($g//g$, $r^+//r$).

Descendance du croisement F2 × F2

- Dans le cas de croisements F2 × F2, tous les descendants présenteront de gros fruits, puisque l'allèle g est le seul transmis. Ce caractère intéressant sera conservé. Pour le gène contrôlant la vitesse de maturation, les individus F2 produisent deux types de gamètes contenant soit ($r^+/$), soit ($r/$). Le croisement F2 × F2 donnera :

Génotypes des gamètes de F2 (colonnes) / Génotypes des gamètes de F2 (lignes)	($r^+/$)	($r/$)
($r^+/$)	($r^+//r^+$)	($r^+//r$)
($r/$)	($r^+//r$)	($r//r$)

CONSEIL DE MÉTHODE

Pour envisager les génotypes et phénotypes des descendants d'un croisement, la construction d'un tableau de croisement est la meilleure solution.

Un quart des descendants de ce croisement sera donc homozygote ($r//r$) et présentera une maturation rapide.

Conclusion

- Les croisements F2 × F2 ne permettent donc pas de conserver les caractères intéressants du point de vue de la vitesse de maturation au cours des générations.

SUJET 18 | OBJECTIF SUP

30 min

Le colza Roundup Ready

→ FICHE 19

Ce sujet d'entraînement au raisonnement scientifique reprend toutes les étapes de la conception d'une plante génétiquement modifiée. Il permet d'envisager les conséquences de cet OGM sur la biodiversité sauvage.

LE SUJET

Le glyphosate est un herbicide commercialisé sous le nom de Roundup®. Pour ne tuer que les plantes indésirables, un colza transgénique résistant au glyphosate a été développé, le colza Roundup Ready.

À partir de l'exploitation des documents, expliquer comment le colza transgénique résistant au glyphosate a été obtenu et identifier les risques que représentent sa culture pour les plantes sauvages.

Doc 1 EPSP synthase et action du glyphosate

L'EPSP synthase est une enzyme naturelle impliquée dans la synthèse d'acides aminés essentiels aux cellules végétales. Le glyphosate inhibe la fixation du PEP au niveau du site actif de l'enzyme et bloque ainsi la réaction.

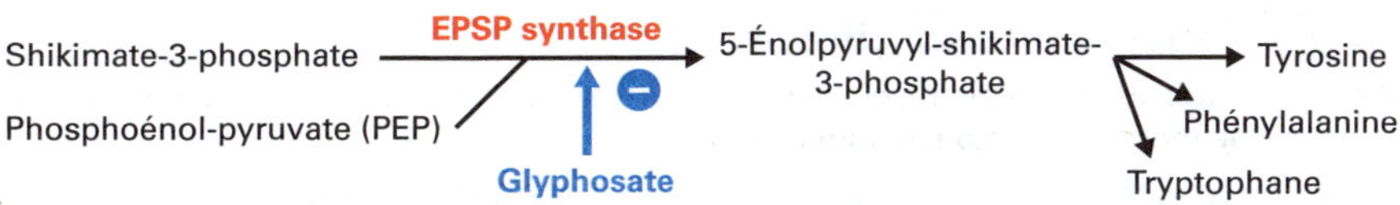

Doc 2 Nombre d'adventices résistantes au glyphosate

Les espèces adventices (indésirables) ne sont pas ici toujours associées à des cultures de plantes génétiquement modifiées.

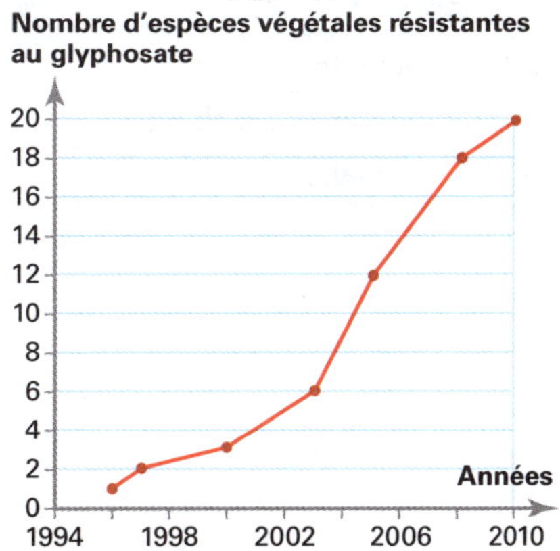

Doc 3 Transfert du gène *CP4 EPSPS*

Le gène *CP4 EPSPS*, d'origine bactérienne, code également une EPSP synthase. Cette enzyme, différant de l'enzyme végétale par un acide aminé du site actif, est insensible au glyphosate.

Agrobacterium tumefaciens est une bactérie parasite des plantes. Elle possède naturellement un plasmide (ADN circulaire) nommé Ti (*Tumor inducing*) qui contient des gènes provoquant une multiplication incontrôlée des cellules végétales.

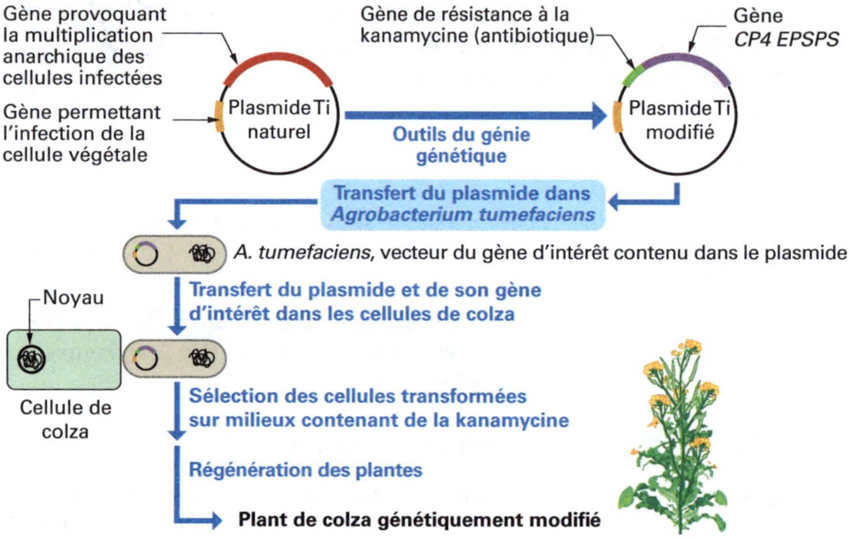

Doc 4 Hybrides interspécifiques

Dans la nature, des croisements peuvent se produire entre le colza cultivé et des espèces sauvages de même famille ou de familles voisines.

Croisement	Nombre moyen de graines pour 100 fleurs d'individus hybrides
Colza × roquette bâtarde	0,3
Colza × moutarde des champs	0,1
Colza × ravenelle	1,7

LES CLÉS POUR RÉUSSIR

Étape 1 Analysez chaque document au brouillon en identifiant à quelle partie de la question les informations sont à rattacher.

Étape 2 Pour interpréter le document 3, faites appel à la notion de sélection naturelle.

Étape 3 Pour interpréter le document 4, faites appel à vos connaissances sur la reproduction sexuée et envisagez les conséquences d'une propagation du gène *CP4 EPSPS* dans la flore sauvage.

Étape 4 Rédigez la réponse en incluant des données chiffrées dans l'analyse. Citez les documents étudiés.

LE CORRIGÉ

Il n'est pas exigé de faire figurer sur la copie les titres en couleurs.

Introduction

▸ Le glyphosate est un herbicide commercialisé sous le nom de Roundup®. Le colza transgénique Roundup Ready est résistant au glyphosate, ce qui permet d'éliminer les plantes indésirables sans nuire à la culture. On cherche à expliquer comment ce colza transgénique a été obtenu et à identifier les risques de sa culture pour les plantes sauvages.

Obtention du colza transgénique

▸ D'après le **document 1**, l'EPSP synthase catalyse la réaction :

shikimate-3-phosphate + phosphoénol-pyruvate →
5-énolpyruvyl-shikimate-3-phosphate

Ce dernier composé est ensuite impliqué dans la synthèse d'acides aminés essentiels tels que la phénylalanine, la tyrosine ou le tryptophane. Le glyphosate agit en bloquant la réaction, ce qui entraîne la mort de la plante, car elle ne peut plus synthétiser ces acides aminés.

> **À NOTER**
> Le glyphosate est qualifié d'inhibiteur de l'enzyme.

▸ D'après le **document 3**, le gène *CP4 EPSPS* code pour une EPSP synthase bactérienne insensible au glyphosate. *Agrobacterium tumefaciens*, une bactérie parasite des plantes, possède dans son plasmide Ti des gènes qui provoquent une multiplication incontrôlée des cellules. Grâce aux outils du génie génétique, ces gènes sont remplacés par le gène *CP4 EPSPS* couplé à un gène de résistance à la kanamycine, un antibiotique. *A. tumefaciens*, mise en contact avec des cellules de colza, sert de vecteur de ces gènes qui s'intègrent dans le génome des cellules végétales. La sélection des cellules transformées se réalise sur un milieu contenant de la kanamycine ; les cellules végétales ne possédant pas le gène de résistance à la kanamycine meurent. Les plants de colza génétiquement modifiés contenant le gène *CP4 EPSPS* produisent alors l'EPSP synthase bactérienne insensible au glyphosate.

Conséquences de la culture du colza transgénique sur la flore sauvage

▸ D'après le **document 2**, le nombre d'espèces adventices résistantes au glyphosate est passé de 1 en 1996 à 20 en 2010. Sans même être systématiquement associées aux cultures de colza transgénique, l'utilisation du glyphosate sélectionne les individus résistants dans les populations naturelles. Cette résistance au glyphosate peut ensuite se transmettre de génération en génération par sélection naturelle.

▸ Le **document 4** montre que des croisements interspécifiques sont possibles entre le colza et la roquette bâtarde, la moutarde des champs et la ravenelle. Le tableau présente le nombre moyen de graines pour 100 fleurs appartenant à des individus hybrides. Ils produisent entre 0,1 graine pour 100 fleurs dans le cas des hybrides colza × moutarde des champs et 1,7 graine pour 100 fleurs dans le cas des hybrides colza × ravenelle. Ces valeurs sont faibles, mais elles montrent que les croisements sont possibles et donnent naissance à des hybrides fertiles. Dans le cas du colza transgénique, le gène *CP4 EPSPS* pourrait donc être transmis aux hybrides, qui deviendraient à leur tour résistants.

▸ Les risques de la culture du colza transgénique résistant au glyphosate sont donc doubles. D'une part, l'utilisation du glyphosate peut sélectionner des plants résistants au glyphosate dans les populations d'adventices, ce qui conduira, pour les éliminer, à augmenter les doses. D'autre part, le colza peut donner des hybrides fertiles avec des plantes sauvages, avec pour conséquence la propagation du gène *CP4 EPSPS* dans les populations de plantes sauvages.

SUJET 19 | OBJECTIF SUP

30 min Oméga-3 et régimes alimentaires

→ FICHE 20

De nombreuses recherches en nutrigénomique sont menées pour adapter les régimes alimentaires aux génomes des patients. Ce sujet d'entraînement au raisonnement scientifique aborde donc un thème en plein essor.

LE SUJET

Les acides gras polyinsaturés à longue chaîne oméga-3 sont essentiels au développement et au fonctionnement du cerveau humain. Ils peuvent être obtenus directement à partir d'aliments, comme le poisson, ou synthétisés à partir de précurseurs présents dans les huiles végétales.

À partir de l'analyse des documents, expliquer l'impact des génotypes individuels sur la synthèse des oméga-3 à longue chaîne et les conséquences des changements alimentaires sur l'évolution humaine.

Doc 1 Gènes *FADS* et effet du génotype sur la synthèse d'oméga-3

Les gènes *FADS1* et *FADS2* localisés sur le chromosome 11 codent des désaturases, des enzymes qui interviennent dans la conversion des acides gras. La quantité d'oméga-3 sanguins a été mesurée chez des individus présentant les deux génotypes principaux, A et D, des gènes *FADS*.
La quantité d'acides gras est calculée en affectant une valeur de 1 aux individus homozygotes (A//A). La molécule « 18:3 » par exemple comporte 18 atomes de carbone et 3 doubles liaisons.

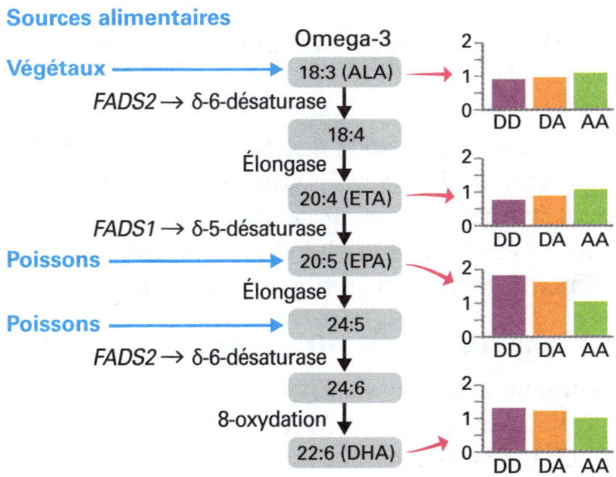

Doc 2 Évolution des fréquences alléliques et agriculture

À l'aide d'études de l'ADN de fossiles humains, l'évolution des fréquences des génotypes A et D a pu être établie en Europe. Les chasseurs-cueilleurs prénéolithiques avaient une alimentation d'origine animale, notamment riche en poisson.

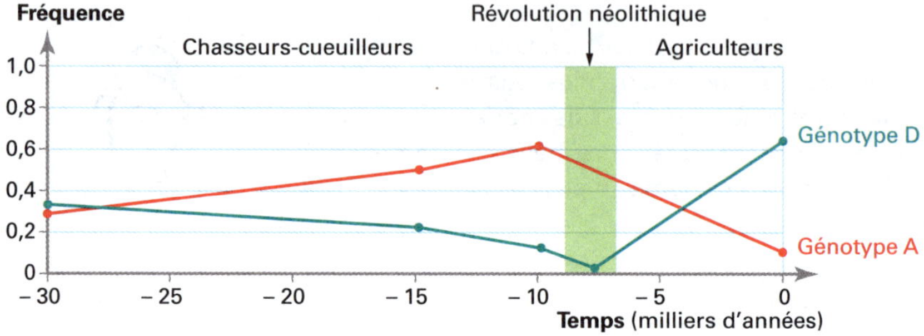

LES CLÉS POUR RÉUSSIR

Étape 1 Pour analyser le document 1, il faut avoir compris que plus vite une enzyme fonctionne, plus son substrat est rapidement transformé.

Étape 2 L'interprétation du document 2 doit faire apparaître la notion de sélection naturelle.

Étape 3 Rédigez la réponse en incluant des données chiffrées dans l'analyse. Citez les documents étudiés. Concluez en répondant à la consigne.

LE CORRIGÉ

Il n'est pas exigé de faire figurer sur la copie les titres en couleurs.

Introduction

▸ Les oméga-3 à longue chaîne sont des acides gras polyinsaturés essentiels au développement du cerveau humain. Ils peuvent être obtenus par la consommation de poisson ou synthétisés à partir de précurseurs à chaînes plus courtes présents dans les huiles végétales. On cherche à comprendre les conséquences des changements alimentaires sur l'évolution de l'homme.

Impact des génotypes individuels sur la synthèse des oméga-3

▸ D'après le **document 1**, le gène *FADS2* code pour l'enzyme δ-6-désaturase et le gène *FADS1* pour l'enzyme δ-5-désaturase. Ces gènes présentent deux principaux génotypes : A et D. Les deux enzymes interviennent dans la synthèse des acides gras oméga-3 à longue chaîne. La δ-6-désaturase transforme un acide gras à 18 atomes de carbone et 3 doubles liaisons retrouvé dans les végétaux (ALA) en molécule à 18 carbones et 4 doubles liaisons (18:4). Elle transforme aussi un acide gras 24:5 en 24:6. La δ-5-désaturase catalyse la réaction 20:4 (ETA) en 20:5 (EPA).

À NOTER
Les acides gras sont des acides carboxyliques qualifiés de saturés lorsqu'ils ne comportent aucune double liaison. À l'inverse, les acides gras qui possèdent une ou plusieurs doubles liaisons sont dits insaturés.

▸ Dans la partie droite du **document 1**, la quantité d'oméga-3 pour les individus (A//A) est fixée à 1. Par rapport à ces homozygotes, ceux de génotype (D//D) possèdent moins d'acides gras sanguins à chaînes de longueur moyenne (0,9 ALA et 0,75 ETA), mais davantage d'acides gras à chaîne plus longue (1,75 EPA et 1,25 DHA, molécule à 22 carbones et 6 doubles liaisons). Les hétérozygotes (A//D) ont systématiquement des concentrations sanguines intermédiaires.

▸ Les individus homozygotes pour le génotype D (D//D) synthétisent donc davantage d'oméga-3 à longue chaîne, entraînant une baisse des concentrations sanguines en acides gras à chaîne plus courte. Les désaturases codées par les gènes *FADS* catalysent mieux l'allongement des acides gras pour les individus possédant le génotype D.

Conséquence des changements alimentaires sur l'évolution humaine

▸ D'après le **document 2**, dans les populations européennes de chasseurs-cueilleurs, la fréquence du génotype A est passée de 0,3 il y a 30 000 ans à 0,6 il y a 10 000 ans. La fréquence du génotype D est passée de 0,3 il y a 30 000 ans à presque 0 il y a 7 000 ans. L'alimentation riche en poisson de ces populations permettait un apport important en oméga-3 à chaînes longues de 20 et 24 carbones (doc. 1). Ce régime s'est traduit par la sélection du génotype A des gènes *FADS* qui n'assure pas une synthèse très efficace de ces acides gras à partir de précurseurs végétaux. Après la révolution néolithique, dans les populations d'agriculteurs, la fréquence du génotype A a diminué ; elle est aujourd'hui d'environ 0,1. En revanche, celle du génotype D est remontée à 0,6 en 7 000 ans. Le régime alimentaire riche en végétaux des populations d'agriculteurs s'est traduit par la sélection du génotype D, qui confère une capacité de synthèse plus efficace d'oméga-3 à longue chaîne à partir de précurseurs présents dans les huiles végétales.

▸ Ainsi, la modification du régime alimentaire dans les populations européennes s'est accompagnée de modifications génétiques touchant les gènes *FADS* en augmentant la fréquence de génotypes qui permettent une synthèse plus efficace d'oméga 3 à longue chaîne à partir des précurseurs présents dans les huiles végétales.

SUJET 20 | OBJECTIF SUP

60 min Intolérance au lactose et évolution

→ FICHE 20

Ce sujet d'entraînement au raisonnement scientifique aborde cette fois la domestication animale. Là aussi, vous trouverez des liens entre évolution culturelle des pratiques alimentaires et évolution du génome humain.

LE SUJET

L'homme a domestiqué les animaux presqu'aussi rapidement que les plantes. Ces animaux sont élevés entre autres pour leur viande et pour leur lait.

À partir de l'exploitation des documents, montrer que la tolérance au lactose à l'âge adulte est liée à l'évolution culturelle des populations humaines.

Doc 1 La tolérance au lactose

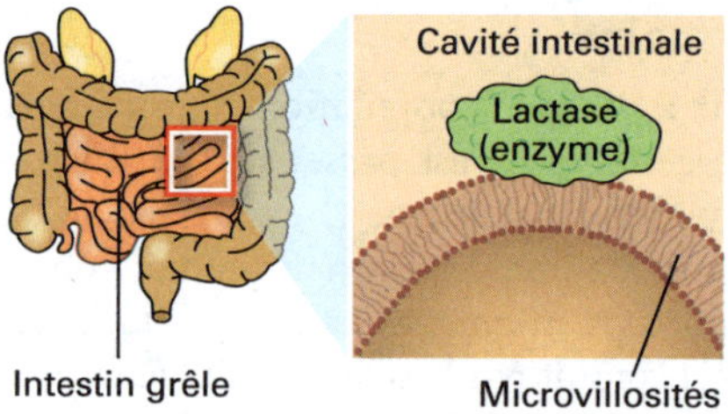

Le lactose, principal glucide du lait, est un disaccharide formé par l'union d'une molécule de glucose et d'une molécule de galactose. Son absorption nécessite au préalable une hydrolyse réalisée par la lactase, enzyme de la bordure en brosse des cellules de l'épithélium intestinal.

Le gène de la lactase humaine, situé sur le chromosome 2, comporte 17 exons et code un polypeptide de 1 927 acides aminés.

Chez les mammifères, la digestion du lactose ne peut s'effectuer que chez les jeunes, durant l'allaitement. Chez les adultes, l'enzyme n'est plus produite.

Chez les humains, on trouve deux phénotypes héréditaires. Les individus « lactase non persistants » (LNP) qui manifestent une intolérance au lactose vers 3 à 5 ans (ballonnements, douleurs abdominales, borborygmes et, dans les cas les plus aigus, des diarrhées) et les individus « lactase persistants » (LP), qui gardent l'aptitude à digérer le lactose une fois adultes.

Doc 2 Répartition mondiale des phénotypes LP et LNP

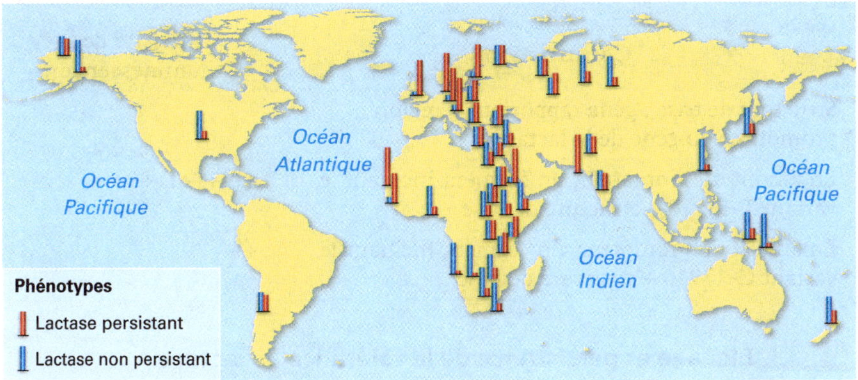

Doc 3 Identification de mutations du gène *MCM6*

La comparaison des séquences des gènes de la lactase pour des individus LP et LNP n'a pas montré de différences. En revanche, différentes mutations ont été mises en évidence au sein des introns (séquences non codantes) du gène voisin, *MCM6*. Chez les Européens, on a constaté une différence nucléotidique à la position 13 910 en amont du point de départ de la transcription du gène de la lactase, entre les individus LP et LNP : une thymine (en gras sur le schéma) chez les LP, une cytosine chez les LNP.

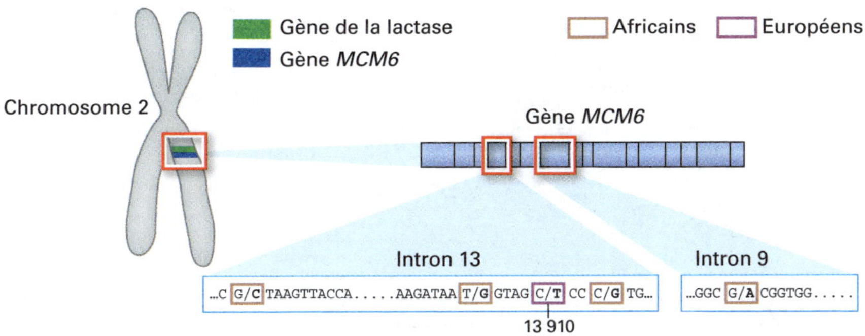

Doc 4 Expérience de transgenèse

Trois types de constructions génétiques comprenant toutes une même structure de base ont été utilisés : la séquence d'un gène rapporteur, la luciférase, associée à la région promotrice du gène de la lactase sur laquelle se fixe l'ARN polymérase. La luciférase est une enzyme qui, en présence de son substrat, provoque une réaction s'accompagnant d'une émission de lumière. Ces constructions génétiques ont ensuite été insérées dans des cellules intestinales *in vitro*. Elles reviennent à placer la transcription du gène de la luciférase sous la dépendance de la région promotrice du gène de la lactase. La quantité de luciférase synthétisée, mesurée par luminescence, traduit l'importance de la transcription.

Construction	Intensité de la luminescence
Structure de base : gène rapporteur + région promotrice du gène de la lactase	+
En amont du promoteur, un segment incluant le variant T-13910 + structure de base	+++++++++
En amont du promoteur, un segment incluant le variant C-13910 + structure de base	++

Doc 5 Élevage et persistance de la tolérance au lactose

Les analyses génétiques réalisées sur des fossiles d'*Homo sapiens* ont révélé l'absence de la mutation T-13910 chez les individus datés de plus de 10 000 ans.

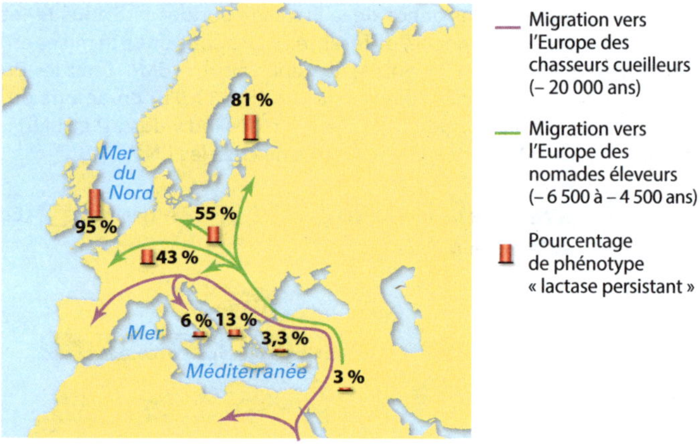

LES CLÉS POUR RÉUSSIR

Étape 1 Travaillez au brouillon à la saisie des informations et à leur mise en relation.

Étape 2 Comprendre les constructions génétiques des expériences du document 4 : le gène rapporteur, la luciférase, permet d'étudier l'expression du gène qu'il remplace, la lactase.

Étape 3 Dans l'analyse et l'interprétation du document 5, faites le lien entre élevage et consommation de lait.

Étape 4 Rédigez la réponse en faisant ressortir les conclusions intermédiaires du raisonnement.

LE CORRIGÉ

Il n'est pas exigé de faire figurer sur la copie les titres en couleurs.

On cherche à montrer que la persistance de la tolérance au lactose à l'âge adulte chez l'humain est liée à l'évolution culturelle des populations.

Génétique de la tolérance au lactose à l'âge adulte

- Chez les jeunes mammifères allaités, la dégradation du lactose en glucose et galactose est réalisée par une enzyme, la lactase (doc. 1). Chez l'homme, la lactase est un polypeptide de 1 927 acides aminés codé par un gène du chromosome 2.
- Cette enzyme n'est plus produite chez les mammifères adultes, mais certains individus dits « lactose persistants » (LP) gardent la capacité de dégrader le lactose. Les individus « lactose non persistants » (LNP) perdent cette capacité à l'âge adulte et la consommation de lactose provoque chez eux des troubles digestifs.
- Sur le **document 2**, on remarque que la répartition des phénotypes LP et LNP, phénotypes héréditaires, est inégale.

CONSEIL DE MÉTHODE
Il est important de développer un peu cette inégalité de répartition, même si tous les détails ne sont pas exposés.

Certaines populations sont majoritairement LNP, comme au Japon, en Nouvelle-Guinée, en Chine, en Amérique du Nord et au sud de l'Afrique. D'autres sont majoritairement LP, comme en Europe du Nord, en Afrique de l'Ouest ou au sud du Pakistan.

- D'après le **document 3**, la séquence du gène de la lactase est identique chez tous les individus, qu'ils soient LP ou LNP. Chez les Africains et les Européens, des mutations ont été mises en évidence dans les introns du gène *MCM6* voisin de celui de la lactase. Chez les Européens, seul un nucléotide diffère en position 13 910, en amont du point de départ de la transcription du gène de la lactase : c'est un T chez les individus LP, un C chez les LNP.

CONSEIL DE MÉTHODE
Le travail au brouillon permet d'éviter d'exposer les mutations retrouvées dans les populations africaines, qui ne concernent pas le document suivant.

- Dans des cellules intestinales, on a inséré *in vitro* par transgenèse trois constructions génétiques différentes (doc. 4). Les résultats indiquent que la transcription du gène de la luciférase est réalisée dans toutes les cellules intestinales, mais qu'elle est plus importante lorsque l'on a ajouté les segments contenant C-13910 ou T-13910 en amont du promoteur. L'expression du gène rapporteur est même quatre à cinq fois plus importante avec la structure contenant le variant T-13910 des individus LP.

▸ Ces expériences montrent que les mutations trouvées dans les introns du gène *MCM6* influencent la transcription du gène de la lactase ; ce sont des séquences régulatrices.

▸ Les individus LP présentant la mutation T-13910 gardent la capacité de dégrader le lactose à l'âge adulte, car cette mutation entraîne une transcription, et donc une production importante de lactase par rapport aux individus LNP présentant le variant C-13910.

Relation entre les régimes alimentaires et la répartition des phénotypes

▸ D'après le **document 5**, les analyses ADN d'*Homo sapiens* datés de plus de 10 000 ans révèlent l'absence de la mutation T-13910. Les populations du sud de l'Europe proviennent de populations africaines de chasseurs-cueilleurs ayant migré il y a environ 20 000 ans, c'est-à-dire avant l'apparition de cette mutation. La proportion d'individus LP dans les populations du sud de l'Europe varie entre 3 et 13 %. Les populations du nord de l'Europe dérivent de populations nomades d'éleveurs ayant migré entre –6 500 ans et –4 500 ans. Dans ces populations, le pourcentage d'individus LP varie entre 43 et 95 %.

▸ Les populations nomades qui se sont installées au nord de l'Europe pratiquaient l'élevage. On peut émettre l'hypothèse que la forte fréquence de l'allèle T-13910 est liée à un avantage sélectif des individus LP qui pouvaient consommer le lait produit à l'âge adulte, contrairement aux individus LNP. Par ailleurs, un faible nombre de migrants en Europe du Nord peut aussi expliquer les fréquences élevées des individus LP par **effet de fondation**.

À NOTER

L'**effet de fondation** est un cas particulier de dérive génétique : une population de petite taille s'isole, ce qui entraîne une variation importante des fréquences alléliques.

▸ Quoi qu'il en soit, il apparaît que les pratiques culturelles comme l'élevage ont joué un rôle dans l'évolution des populations humaines en favorisant les individus LP dans les populations consommant du lait.

On peut également envisager un mécanisme similaire pour certaines populations africaines, avec des mutations différentes dans la séquence régulatrice du gène de la lactase, mais des effets semblables (doc. 3).

7 Comprendre les climats du passé

Le Gros Caillou de la Croix-Rousse, à Lyon, témoigne de l'avancée d'un glacier alpin lors de la glaciation du Riss, il y a 140 000 ans. Il a été abandonné par le glacier qui s'est retiré.

TESTEZ-VOUS

→ CORRIGÉS P. 346

Faites le point sur vos connaissances puis établissez votre **parcours de révision** en fonction de votre score.

1 Les phases glaciaires

→ FICHE 21

Aujourd'hui, nous pouvons considérer que nous sommes :

- ☐ **a.** dans une phase glaciaire qui se réchauffe
- ☐ **b.** dans une phase glaciaire qui se refroidit
- ☐ **c.** dans une phase interglaciaire qui se réchauffe
- ☐ **d.** dans une phase interglaciaire qui devrait se refroidir

.../1

2 Les thermomètres isotopiques

→ FICHE 21

Par rapport à une phase glaciaire, le $\delta^{18}O$ est, pendant l'interglaciaire :

- ☐ **a.** plus élevé dans les glaces et les sédiments océaniques
- ☐ **b.** plus faible dans les glaces et les sédiments océaniques
- ☐ **c.** plus élevé dans les glaces et plus faible dans les sédiments océaniques
- ☐ **d.** plus faible dans les glaces et plus élevé dans les sédiments océaniques

.../1

3 Les paramètres de Milankovitch

→ FICHE 21

On peut dire que les contrastes entre les saisons :

- ☐ **a.** augmentent avec l'excentricité et l'obliquité
- ☐ **b.** diminuent avec l'excentricité et l'obliquité
- ☐ **c.** augmentent avec l'excentricité et diminuent avec l'obliquité
- ☐ **d.** diminuent avec l'excentricité et augmentent avec l'obliquité

.../1

4 Le climat froid du Cénozoïque

→ FICHE 22

Le refroidissement du climat au Cénozoïque peut s'expliquer par :

- ☐ **a.** la diminution de l'albédo liée au développement des forêts tropicales
- ☐ **b.** l'isolement climatique de l'Antarctique
- ☐ **c.** l'isolement climatique du Groenland
- ☐ **d.** l'érosion de hautes chaînes de montagnes

.../1

5 Les boucles de rétroaction positive

→ FICHE 22

Comme exemple de rétroaction positive, on peut citer :

- ☐ a. la diminution de la solubilité du CO_2 avec la température
- ☐ b. l'augmentation de l'albédo avec la surface des glaces
- ☐ c. l'augmentation de l'intensité de l'érosion avec la température
- ☐ d. l'augmentation de l'intensité photosynthétique avec la teneur en CO_2 …/1

6 Les gaz à effet de serre

→ FICHE 22

Les gaz à effet de serre participent au réchauffement, car :

- ☐ a. plus il fait chaud, plus ils sont présents dans l'atmosphère
- ☐ b. ils absorbent les rayonnements infrarouges solaires et terrestres
- ☐ c. ils absorbent le rayonnement visible solaire et terrestre
- ☐ d. ils absorbent les ultraviolets solaires et terrestres …/1

7 Le Crétacé

→ FICHE 23

Au Crétacé, les températures étaient plus élevées, car :

- ☐ a. il n'y avait pas de forêts pour absorber le CO_2
- ☐ b. les gros dinosaures, en respirant, rejetaient beaucoup de CO_2
- ☐ c. les continents s'écartaient et les dorsales rejetaient beaucoup de CO_2
- ☐ d. l'absence de hauts reliefs limitait la fixation du CO_2 …/1

8 Le Paléozoïque

→ FICHES 22 et 23

La fin du Paléozoïque se caractérise par un climat froid en raison de :

- ☐ a. l'absorption et du piégeage du CO_2 par les forêts du Carbonifère
- ☐ b. l'absence de dorsales pouvant libérer du CO_2
- ☐ c. la présence de chaînes de montagnes dont l'érosion conduisait à fixer le CO_2
- ☐ d. l'absence d'êtres vivants capables de respirer et de rejeter du CO_2 …/1

Score total …/8

Parcours PAS À PAS ou EXPRESS ? → MODE D'EMPLOI P. 3

21 Les variations climatiques du Quaternaire

En bref *Le Quaternaire a connu une succession de phases froides (glaciaires) et moins froides (interglaciaires) liées notamment à des variations de l'orbite terrestre.*

I Une alternance de périodes glaciaires et interglaciaires

■ Les données préhistoriques, géologiques et paléo-écologiques attestent de l'existence d'une période glaciaire entre –120 000 et –11 000 ans.

■ Cette glaciation est confirmée par la mesure de rapports isotopiques de l'oxygène dans les calottes polaires et les sédiments océaniques. En effet, plus il fait froid, plus l'eau contenant de l'oxygène 18 (^{18}O) s'évapore difficilement, comparée à l'eau composée d'oxygène 16 (^{16}O). La glace formée à partir des précipitations s'appauvrit donc en ^{18}O (**$\delta^{18}O$** plus faible) en période froide.

À l'inverse, l'eau des océans s'enrichit en ^{18}O en période froide : les coquilles des animaux marins ont donc un $\delta^{18}O$ plus élevé.

■ À l'échelle du **Quaternaire**, ces données font apparaître une alternance de périodes glaciaires et interglaciaires durant les derniers 800 000 ans.

MOTS CLÉS

- **$\delta^{18}O$** : rapport entre le $^{18}O/^{16}O$ mesuré et celui de référence (en général celui de l'océan actuel), exprimé en ‰.
- **Quaternaire** : dernière période du Cénozoïque, débutant il y a 2,58 Ma.

II Le rôle des paramètres orbitaux terrestres

■ Les variations des rapports isotopiques de l'oxygène coïncident avec les variations de l'orbite terrestre décrits par les cycles de Milankovitch.

■ Ces variations des paramètres orbitaux ont modifié la puissance solaire reçue par la Terre. Elles sont à l'origine de l'entrée ou de la sortie d'une glaciation.

a. Excentricité

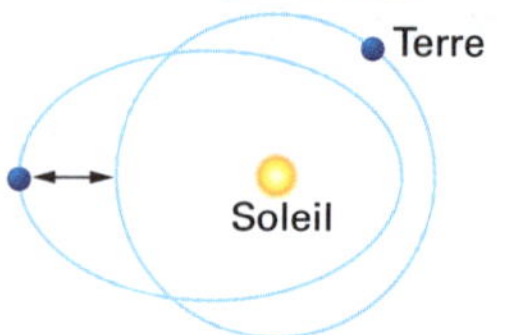

Cycles de 100 000 ans entre l'orbite elliptique et l'orbite quasi circulaire

b. Obliquité

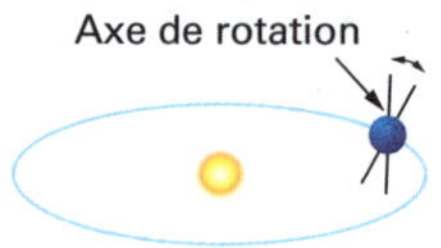

Cycles de 41 000 ans : l'inclinaison passe de 24,5° à 22,5°

c. Précession

Cycles de 19 000 et 23 000 ans

Doc **Les cycles de Milankovitch**

Méthode

Corréler variations climatiques et cycles de Milankovitch

Les glaciations du Quaternaire s'expliquent par des variations astronomiques.

Montrer que les variations des paramètres orbitaux expliquent les périodes glaciaires de ces 600 000 dernières années.

Doc **Volume des glaces et paramètres orbitaux**

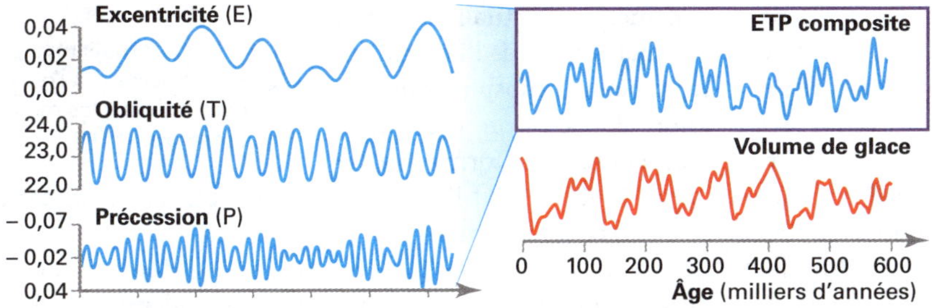

CONSEILS

Étape 1 Repérer les cycles des différents paramètres et donner leur période.
Étape 2 Expliquer le lien entre paramètre orbital et climat global.
Étape 3 Établir les corrélations en débutant par les cycles de longue période.

SOLUTION

Étape 1 En 600 000 ans, on repère 6 cycles pour l'excentricité, donc une période de 100 000 ans ; 14 cycles pour l'obliquité, donc une période de 43 000 ans et 27 cycles pour la précession, donc une période de 22 000 ans.

Étape 2 Quand la Terre s'éloigne du Soleil (excentricité croissante), le climat mondial se refroidit, d'où l'entrée en glaciation. De la même façon, une obliquité élevée augmente le contraste entre les saisons, favorisant la glaciation. La précession entraîne un décalage progressif entre les saisons et la position de la Terre sur son orbite : aujourd'hui, l'été boréal a lieu alors que la distance Terre-Soleil est élevée, ce qui réduit le contraste entre les saisons dans l'hémisphère Nord.

Étape 3 On observe que la courbe de l'évolution du volume des glaces se superpose quasiment à la courbe de la résultante des trois paramètres orbitaux. Ainsi, on retrouve tous les 110 à 120 000 ans une période avec un faible volume de glace (période interglaciaire) lié à une excentricité et une obliquité faibles. Au sein de la dernière phase glaciaire, on observe 4 ou 5 cycles correspondant globalement aux cycles de 22 000 ans de la précession des équinoxes.

22 Le refroidissement du Cénozoïque

En bref *Le climat actuel s'inscrit dans un refroidissement global amorcé il y a 30 millions d'années du fait de la raréfaction du CO_2 atmosphérique.*

I Un refroidissement au cours du Cénozoïque

- Les indices géochimiques ($\delta^{18}O$) des sédiments marins révèlent, par **principe d'actualisme**, une baisse globale de la température depuis l'Éocène.
- Simultanément, la teneur atmosphérique en CO_2 diminue en raison de l'érosion des reliefs (Alpes, Himalaya...), alimentant la formation de nouvelles roches calcaires. Le CO_2 étant l'un des principaux gaz à effet de serre, sa raréfaction expliquerait le refroidissement.
- Il y a 30 millions d'années, la tectonique des plaques a isolé l'Antarctique en créant un courant océanique circumpolaire. Le continent s'est rapidement englacé, d'où une hausse de l'albédo (fraction de la lumière réfléchie ou diffusée) terrestre.

MOT CLÉ
Principe d'actualisme : postule que les processus à l'œuvre aujourd'hui sont les mêmes qu'autrefois.

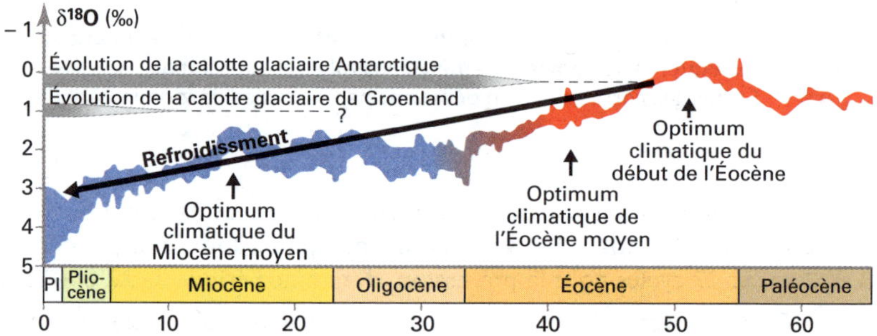

Doc **Refroidissement et baisse du $\delta^{18}O$ des sédiments marins**

II Rôle des boucles de rétroaction

- Une boucle de rétroaction apparaît lorsqu'une petite variation d'un paramètre entraîne *in fine* une variation importante dans le même sens (rétroaction positive) ou dans le sens opposé (rétroaction négative).
- L'albédo intervient dans une boucle de rétroaction positive. Si la température diminue, la surface occupée par les glaces augmente et l'albédo aussi, entraînant une diminution encore plus rapide de la température.
- De même, la solubilité du CO_2 dans les océans diminue avec la température. Une hausse de la température réduit la capacité de l'océan à absorber le CO_2 atmosphérique, ce qui favorise le réchauffement.
- Ces rétroactions explique le passage rapide entre période glaciaire et interglaciaire.

Méthode

Interpréter les variations des rapports isotopiques

Le climat du Quaternaire a connu de nombreuses variations, avec de forts épisodes glaciaires et interglaciaires.

À l'aide du document, déterminer les périodes glaciaires et interglaciaire du Quaternaire.

Doc Variations du $\delta^{18}O$ depuis 400 000 ans

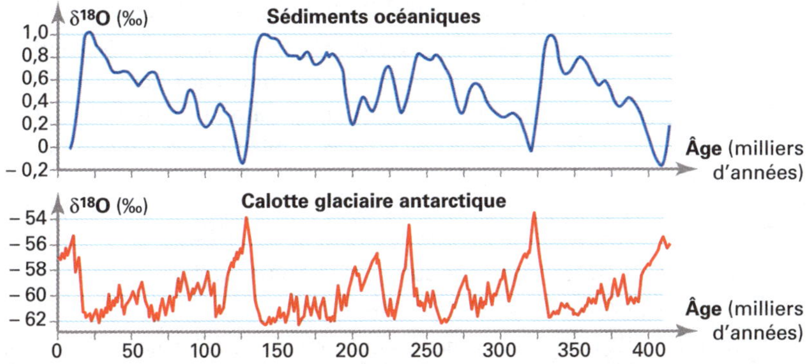

CONSEILS

Étape 1 Repérer où ont été mesurés les rapports et indiquer comment varie ce paramètre dans la glace et les océans.
Étape 2 Rappeler le lien existant entre température globale et $\delta^{18}O$.
Étape 3 Reconstituer les grandes variations du climat en repérant les périodes glaciaires et interglaciaires.

SOLUTION

Étape 1 Le document présente le $\delta^{18}O$ des océans (en haut) et des glaces (en bas). Le $\delta^{18}O$ des glaces et des océans varie de façon opposée : un $\delta^{18}O$ des glaces faible correspond à un $\delta^{18}O$ des océans élevé, donc une période froide.

Étape 2 En période chaude, le $\delta^{18}O$ dans la glace est plus élevé (« moins négatif ») qu'en période froide. Dans les sédiments océaniques, au contraire, le $\delta^{18}O$ est plus élevé en période froide qu'en période chaude.

Étape 3 On repère trois ou quatre périodes de glaciations successives :
- de – 10 000 à – 115 000 ans ;
- de – 130 000 à – 325 000 ans, avec un climat doux vers – 220 000 ans ;
- avant – 340 000 ans, avec une phase douce vers – 440 000 ans.

23 Les climats extrêmes du passé

En bref *L'étude des fossiles et des glaciers montre que la Terre a connu autrefois des climats très différents de l'actuel.*

I La Terre « chaude » du Mésozoïque

- Au Mésozoïque (notamment au Crétacé, de – 146 à – 66 Ma), la présence de **charbon** à proximité des pôles de l'époque, qui étaient dépourvus de glace, révèle un climat globalement plus chaud (d'environ 3 °C) qu'aujourd'hui.
- Ceci s'explique principalement par la tectonique des plaques : le continent unique, la **Pangée**, commence à se fracturer dès le Permo-Trias. Le CO_2 libéré par l'activité volcanique des dorsales s'accumule dans l'atmosphère, d'où le réchauffement ; par ailleurs, l'absence de reliefs à éroder limite sa consommation.

II Les grandes glaciations du Paléozoïque

- La découverte de traces glaciaires sur de nombreux continents révèle l'existence d'une vaste glaciation au **Permo-Carbonifère**.
- Au Carbonifère, les continents achèvent de se réunir pour former la Pangée. Les collisions continentales entraînent l'édification de la **chaîne varisque**. Son altération aurait entraîné une baisse importante de la teneur en CO_2 de l'atmosphère.
- Le Carbonifère voit aussi le développement de vastes forêts piégeant le CO_2 atmosphérique. Le bois qui a sédimenté sur place sans être consommé est à l'origine des **gisements de charbon** (puits à CO_2). L'arrêt de la formation des charbons à la fin du Carbonifère semble corrélé avec le développement de champignons capables de dégrader totalement la lignine.
- On explique ainsi la glaciation permo-carbonifère par la modification du cycle géochimique du carbone, liée à l'altération de la chaîne varisque et à la fossilisation importante de matière organique.

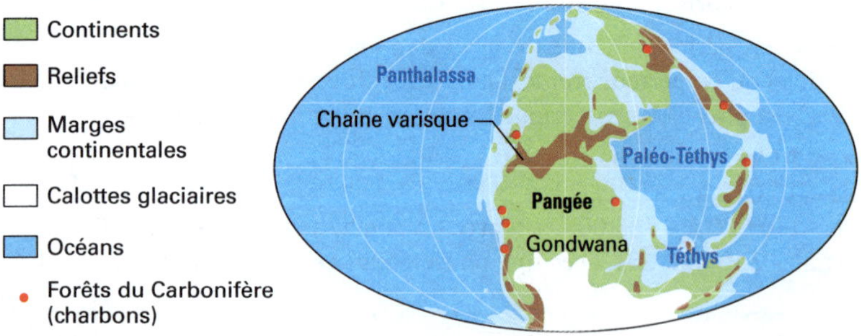

Doc **La Terre lors de la glaciation du Carbonifère (– 300 Ma)**

Méthode

Exploiter des équations chimiques pour modéliser le climat

Au Carbonifère se met en place la chaîne hercynienne, d'ampleur comparable à l'Himalaya actuel. Cette période est aussi celle d'une vaste glaciation.

Montrer que l'érosion de la chaîne hercynienne peut expliquer la glaciation permo-carbonifère.

Doc Quelques équilibres chimiques régissant l'altération et la précipitation

Dans les chaînes de montagnes, les affleurements présentent généralement davantage de roches magmatiques que dans les zones de plaine. Ces roches peuvent posséder des minéraux tels que des feldspaths ou des pyroxènes, qui s'altèrent suivant les réactions suivantes :

Altération d'un feldspath calcique :

$$CaAl_2Si_2O_8 + 3\ H_2O + 2\ CO_2 \rightarrow 2\ HCO_3^- + Ca^{2+} + Al_2Si_2O_5(OH)_4 \quad (1)$$

Altération d'un pyroxène calcique :

$$CaSiO_3 + H_2O + 2\ CO_2 \rightarrow SiO_2 + Ca^{2+} + 2\ HCO_3^- \quad (2)$$

Les produits d'érosion (sous la forme d'ions solubles Ca^{2+} et HCO_3^-) seront transportés jusqu'aux océans où ils seront mobilisés pour former de nouvelles roches calcaires, selon l'équation :

$$2\ HCO_3^- + Ca^{2+} \rightarrow CaCO_3 + CO_2 + H_2O \quad (3)$$

CONSEILS

Étape 1 Repérer les interventions du CO_2 et le nombre de moles impliquées.
Étape 2 Faire le bilan complet entre altération et précipitation.
Étape 3 Conclure en rappelant le rôle du CO_2 dans l'effet de serre.

SOLUTION

Étape 1 Il faut deux moles de CO_2 pour altérer une mole de feldspath ou de pyroxène calciques. Cela libère deux moles d'HCO_3^- et une mole d'ion Ca^{2+}, qui peuvent précipiter sous forme de calcite et libérer une mole de CO_2.

Étape 2 Le bilan pour le CO_2 de l'altération d'un feldspath calcique (1) ou d'un pyroxène calcique (2) puis de la précipitation des produits de l'érosion (3) consomme une mole de CO_2 par mole de minéral altéré.

Étape 3 Ainsi l'altération des roches magmatiques, généralement exposées lors de la formation de reliefs, puis la précipitation des produits de l'érosion consomme du CO_2 atmosphérique. La formation d'un relief comme l'orogenèse hercynienne peut donc conduire à une baisse de la concentration en CO_2 atmosphérique, d'où une entrée en glaciation, le CO_2 étant l'un des principaux gaz à effet de serre.

MÉMO VISUEL

Variations climatiques sur de courtes périodes

Facteurs astronomiques

a. Excentricité

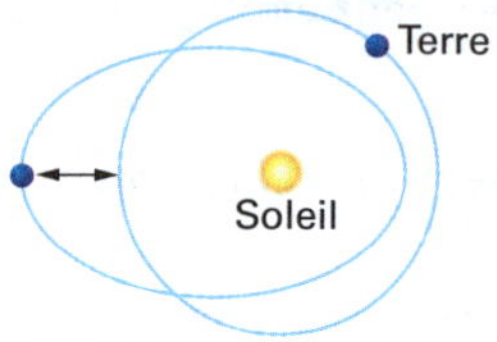

b. Obliquité

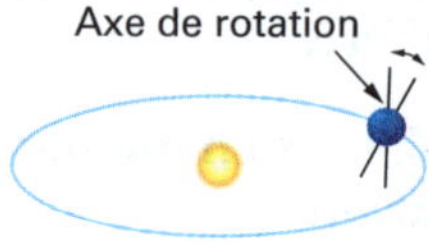

c. Précession

Avancée ou recul des glaces

CLIMAT DU PASSÉ RÉCENT

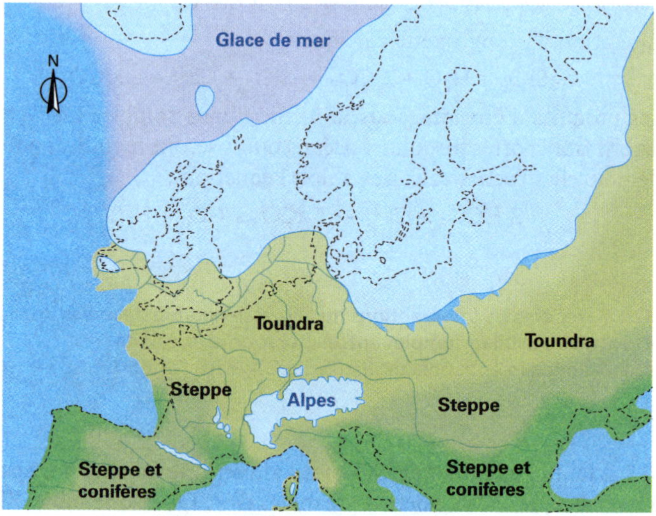

Climat lors de la glaciation du Würm (– 12 000 ans)

Reconstitution du climat

Indices préhistoriques

Indices isotopiques dans les glaces et les sédiments marins

$$\delta^{18}O = \left(\frac{\left(\frac{\delta^{18}O}{\delta^{16}O}\right)_{\text{échantillon}}}{\left(\frac{\delta^{18}O}{\delta^{16}O}\right)_{\text{standard}}} - 1 \right)$$

Indices géologiques (traces glaciaires...)

Variations climatiques sur de longues périodes

Photosynthèse

Tectonique des plaques

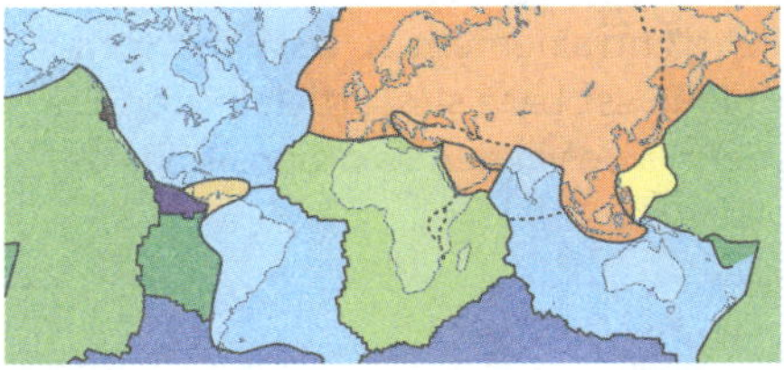

Érosion — Volcanisme — Position des continents

Photosynthèse, Érosion, Volcanisme → **CO_2 atmosphérique**

Position des continents → **Albédo**

↓

CLIMAT DU PASSÉ LOINTAIN

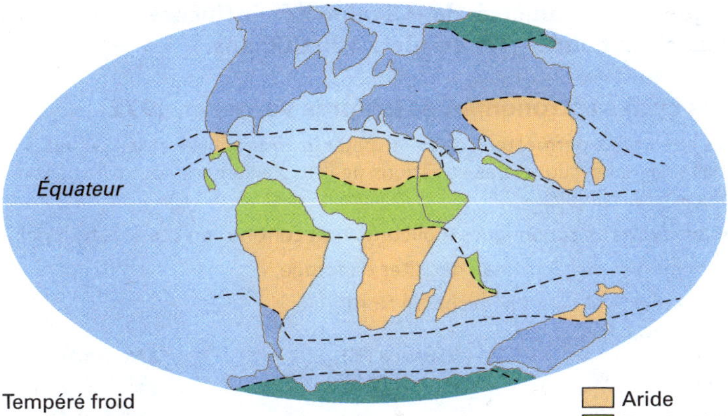

- Tempéré froid
- Tempéré chaud et paratropical
- Aride
- Tropical humide

Climat chaud du Mésozoïque

↑

Reconstitution du climat (principe d'actualisme)

Indices paléontologiques

Indices isotopiques dans les glaces et les sédiments marins

$$\delta^{18}O = \left(\frac{\left(\frac{\delta^{18}O}{\delta^{16}O}\right)_{\text{échantillon}}}{\left(\frac{\delta^{18}O}{\delta^{16}O}\right)_{\text{standard}}} - 1\right)$$

Indices géologiques (traces glaciaires, charbons, évaporites...)

SUJET 21 | OBJECTIF BAC

80 min **Les cycles de Milankovitch**

→ FICHES 21 et 22

Ce sujet d'entraînement au raisonnement scientifique est basé sur l'article historique qui a permis de valider les propositions de Milankovitch.

LE SUJET

L'idée que des paramètres astronomiques influencent le climat avait été suggérée par Agassiz (1807-1873), puis Milankovitch (1879-1958). Il faudra attendre 1976 pour en confirmer la pertinence grâce aux données expérimentales exposées dans un article de Hays, Imbrie et Shackleton, publié dans *Science*.

Grâce aux documents et à vos connaissances, expliquer en quoi les variations cycliques des paramètres de Milankovitch influencent les variations cycliques du climat durant les derniers 500 000 ans.

Doc 1 Les cycles astronomiques (d'après Vernekar, 1972)

Les analyses spectrales permettent de déterminer les fréquences et les périodes caractéristiques d'un signal cyclique. Les variations de l'ensoleillement sont calculées d'après les variations astronomiques.

A. Périodes des cycles astronomiques (obliquité, trait continu ; précession, trait pointillé).

B. Ensoleillement hivernal au niveau des sites de forage.

C. Ensoleillement estival dans l'hémisphère Nord.

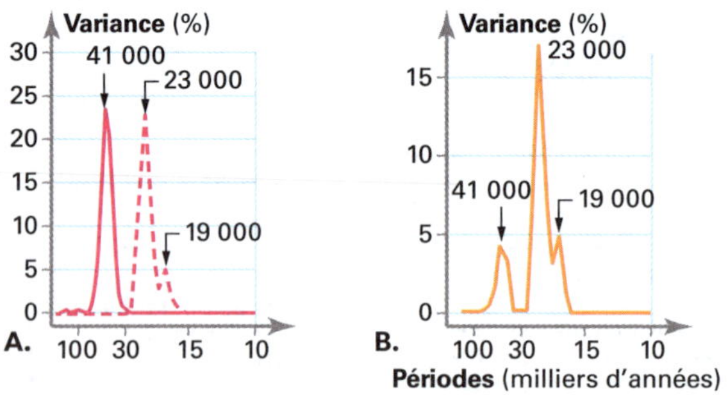

Doc 2 Les mesures effectuées par Hays, Imbrie et Shackleton (1976)

Deux sites (RC11-120 et E49-18) du sud de l'océan Indien ont été carottés. Dans les sédiments, les chercheurs ont mesuré :

– le $\delta^{18}O$ de foraminifères planctoniques de type *Globigerina bulloides*, qui permet d'évaluer l'étendue des glaces de l'Arctique ;

– la température de l'eau de surface (T_s) grâce à l'abondance de certains radiolaires (zooplancton) ;

– l'abondance du radiolaire *Cycladophora davisiana*, qui permet d'estimer la stratification thermique des eaux antarctiques.

Les profondeurs permettent d'estimer l'âge des sédiments, en considérant que la sédimentation a été régulière. Les dates indiquées aux limites des stades isotopiques 1, 5, 7 et 11 correspondent à des références internationales.

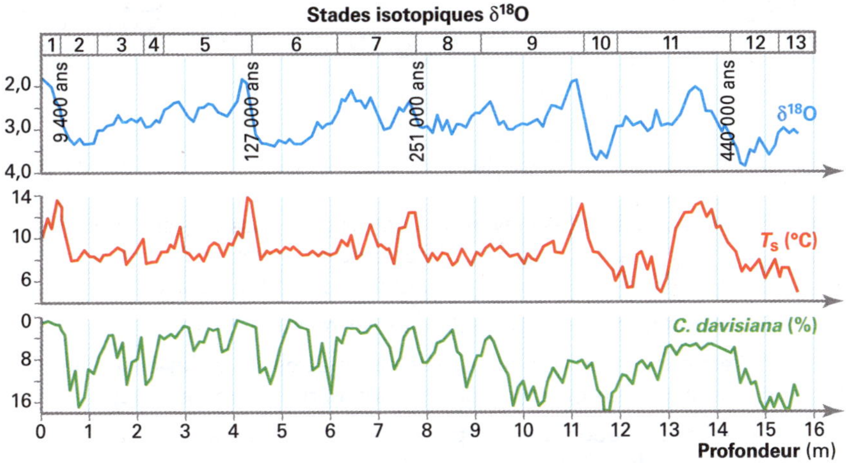

Doc 3 Analyse spectrale des données combinées sur les sites RC11-120 et E49-18

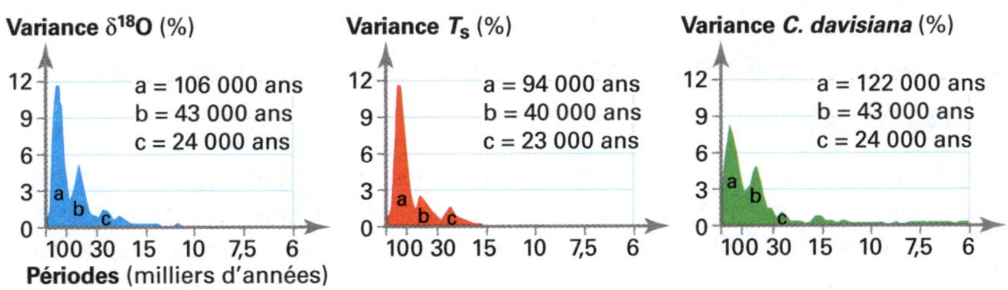

Doc 4 **Relation entre les paramètres climatiques et l'excentricité**

En traits pleins le paramètre $\delta^{18}O$, en tiretés la température de surface T_s et en pointillés les variations de l'excentricité.

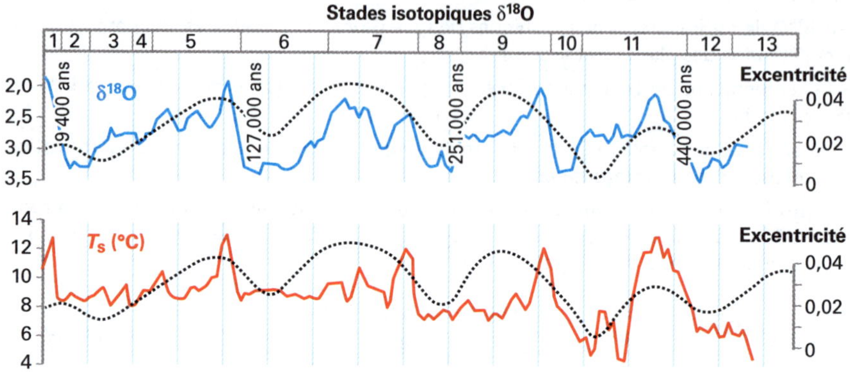

LES CLÉS POUR RÉUSSIR

Étape 1 Au brouillon, faites l'inventaire de vos connaissances sur les cycles de Milankovitch. Définissez chaque paramètre et expliquez comment il pourrait influencer le climat du globe terrestre, notamment la température.

Étape 2 Définissez les paramètres climatiques mesurés.

Étape 3 Recherchez pour chacun de ces paramètres les cycles observables et comparez-les avec ceux obtenus pour les paramètres astronomiques.

Étape 4 Rédigez la réponse en rappelant systématiquement les numéros des documents lors de leur utilisation.

LE CORRIGÉ

Les titres en couleurs ne doivent pas obligatoirement figurer sur la copie.

Introduction

Depuis le XIXe siècle, de nombreux scientifiques ont proposé que les variations climatiques trouvaient leur origine dans les variations cycliques de paramètres astronomiques de l'orbite terrestre. Ce n'est qu'en 1976 que ce lien a été confirmé. Nous allons étudier comment Hays, Imbrie et Shackleton ont déterminé l'effet de ces paramètres sur le climat.

Les cycles des paramètres de Milankovitch

▸ Agassiz, puis Milankovitch ont identifié trois paramètres astronomiques dont les variations cycliques pourraient influencer le climat :

– l'excentricité, qui mesure l'écart entre une orbite terrestre elliptique et circulaire ;

– l'obliquité, qui correspond à l'inclinaison de l'axe de rotation terrestre et qui varie entre 21,8° et 24,4° par rapport au plan de l'écliptique ;

– la précession, qui correspond au décalage progressif de l'axe de rotation terrestre, décalant les saisons par rapport à la position de la Terre sur son orbite.

Les deux premiers paramètres influencent le contraste des saisons : une excentricité ou une obliquité élevée correspond à des hivers rigoureux et des étés chauds. Si les saisons sont peu contrastées, l'été peut ne pas être suffisamment chaud pour entraîner la fonte des glaces formées pendant l'hiver. Les glaces s'accumulant d'année en année, cela favorise un refroidissement global.

▸ D'après le **document 2**, l'obliquité a un cycle principal de 41 000 ans et la précession deux cycles : un cycle principal de 23 000 ans et un cycle secondaire de 19 000 ans.

L'ensoleillement dans l'hémisphère Sud semble surtout contrôlé par les cycles de 23 000 ans, tandis que celui de l'hémisphère Nord dépend autant de ce cycle que de l'obliquité. Le cycle de 19 000 ans ne semble pas avoir d'influence notable.

INFO
Aujourd'hui, l'été boréal (dans l'hémisphère Nord) correspond au moment où la Terre est le plus loin du Soleil (l'aphélie), donc l'été boréal est plus frais que l'été austral.

▸ D'après le **document 4**, il s'écoule environ 1,25 cycle entre les repères 127 000 et 251 000 ans, ce qui permet d'estimer que le cycle principal de l'excentricité est d'environ 100 000 ans.

CONSEIL DE MÉTHODE
Pour ce genre de document, il faut repérer les cycles. Un signal cyclique se répète régulièrement et de façon similaire. Le temps nécessaire pour que le paramètre mesuré revienne à sa valeur initiale est la période.

Les cycles des paramètres climatiques mesurés

▸ Les chercheurs ont effectué un carottage dans les sédiments du sud de l'océan Indien. Ils y ont mesuré le $\delta^{18}O$, celui-ci étant lié au volume des glaces du globe, notamment de l'Arctique.

CONSEIL DE MÉTHODE
Il faut établir des liens entre documents et connaissances. Il faudrait donc rappeler le lien entre $\delta^{18}O$ et température.

Ils ont aussi estimé la température locale de surface des eaux d'une façon indépendante du $\delta^{18}O$, en étudiant les associations de radiolaires, de petits organismes planctoniques, qui varient avec la température.

Enfin, les chercheurs ont estimé la structuration thermique des eaux de l'Antarctique par l'abondance d'une espèce de radiolaire, *C. davisiana*.

▸ Sur le **document 1**, ces trois paramètres varient de façon concomitante. Ainsi, le pic (négatif : l'échelle est inversée) de $\delta^{18}O$ il y a 127 000 ans coïncide avec la courbe de T_s : une fonte importante des glaces de l'Arctique correspond bien à des eaux chaudes dans l'océan Indien. De même, on retrouve le large pic de T_s peu après –440 000 ans dans la courbe d'abondance de *C. davisiana*.

▸ Sur le **document 3**, les trois paramètres climatiques varient selon un cycle de 94 000 à 122 000 ans (noté a), voisin du cycle de 100 000 ans de l'excentricité (doc. 4), un cycle de 40 000 à 43 000 ans (noté b), voisin du cycle de 41 000 ans de l'obliquité, et un cycle de 23 000 à 24 000 ans (noté c) correspondant au cycle de 23 000 ans de la précession. Ainsi, les variations climatiques s'expliquent entre autres par les variations des paramètres orbitaux de Milankovitch.

▸ Dans le **document 3**, c'est le cycle de l'excentricité qui explique la part la plus importante de la variation, ce que l'on retrouve dans le **document 4** : les cycles de l'excentricité se superposent assez bien aux variations de T_s et du $\delta^{18}O$.

Conclusion

L'alternance de phases glaciaires et interglaciaires au cours du Quaternaire s'expliquerait par les variations de l'excentricité de l'orbite terrestre qui suivent un cycle d'environ 100 000 ans. Des variations cycliques de température pourraient aussi résulter des variations de l'obliquité (cycle de 41 000 ans) et de la précession (cycle de 23 000 ans notamment).

SUJET 22 OBJECTIF BAC

80 min Le climat de l'Ordovicien

→ FICHES 22 et 23

Ce sujet d'entraînement au raisonnement scientifique s'intéresse au climat de l'Ordovicien, il y a plus de 400 Ma. Il permet de s'assurer de la compréhension de documents classiques ($\delta^{18}O$, traces sédimentaires, équations chimiques).

LE SUJET

Pour mieux comprendre l'évolution du climat mondial, les géologues étudient les climats passés. Ils s'intéressent par exemple à une période particulière de l'histoire de la Terre, l'Ordovicien, durant laquelle le taux de CO_2 dans l'atmosphère était près de 15 fois plus élevé qu'aujourd'hui. Un vaste programme de recherche a ainsi permis de reconstituer le climat de la Terre entre –460 et –440 Ma.

Grâce à l'exploitation des documents et de vos connaissances, déterminer le climat global à la fin de l'Ordovicien et identifier certains phénomènes ayant participé à son installation.

Doc 1 Dynamique des continents à la fin de l'Ordovicien

À l'Ordovicien, on a retrouvé des traces d'une forte activité de dorsale océanique, mais presque pas de collision (hormis celle ayant engendré la chaîne taconienne, dans l'est des États-Unis, dont les Appalaches sont un vestige). L'étoile bleue localise le Sahara, l'étoile verte situe l'Écosse et l'étoile rouge New York.

Il y a 460 Ma (milieu Ordovicien)

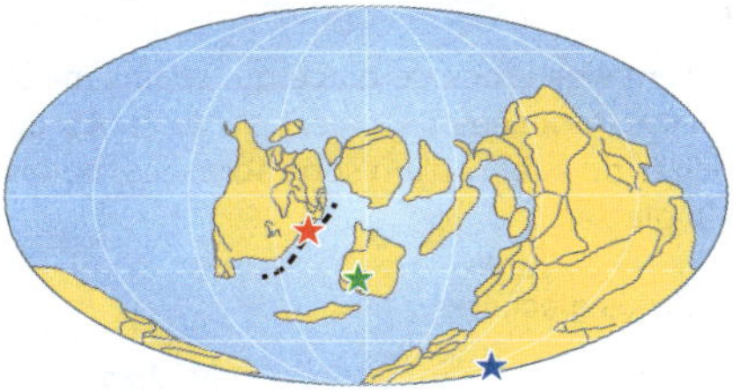

Il y a 440 Ma (fin Ordovicien)

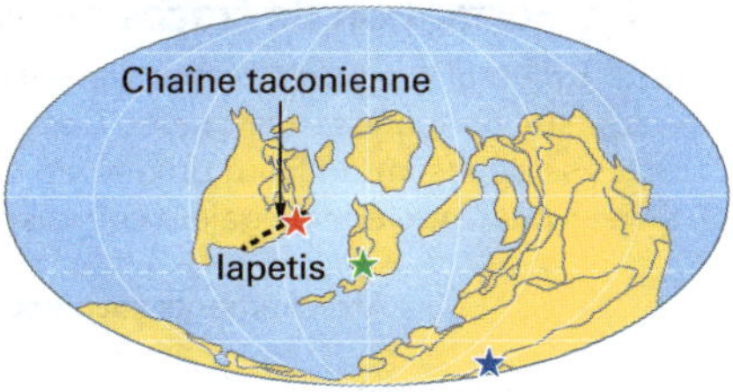

Doc 2 $\delta^{18}O$ et température de l'eau de mer

À gauche : lien entre $\delta^{18}O$ des foraminifères et température de l'eau de mer. À droite : évolution du $\delta^{18}O$ au cours du temps, mesurée dans les coquilles des foraminifères marins.

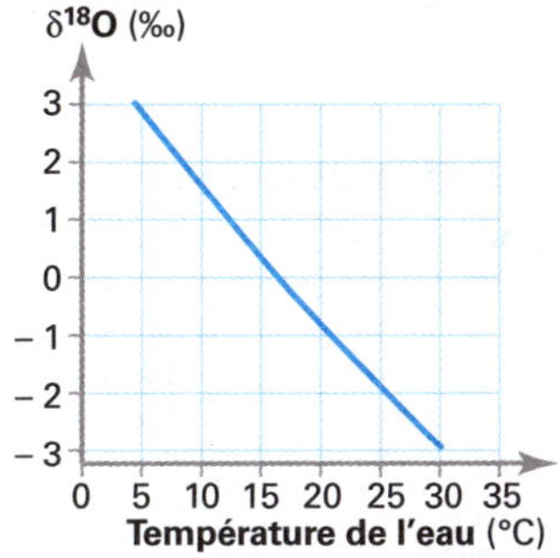

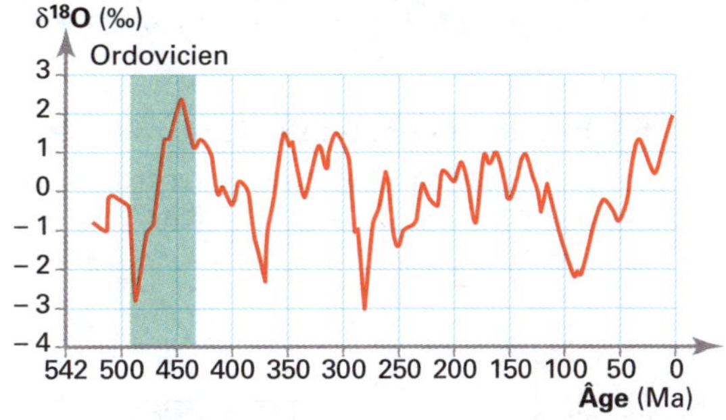

Doc 3 Indices glaciaires de la fin de l'Ordovicien trouvés au Sahara

1. Galets facettés et striés du site de Hodh.
2. Roches moutonnées et moraines.
3. Trace d'un puissant torrent.
4. Roches striées.

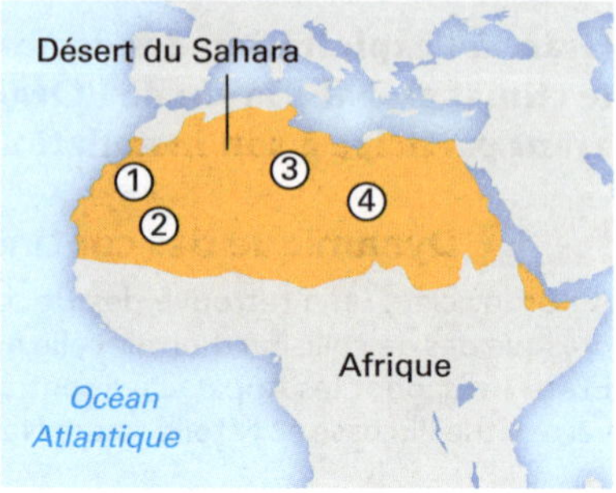

Doc 4 Formation de traces glaciaires

À l'avant d'un glacier, de violents torrents charrient des blocs de glace qui entaillent le paysage sur de longues distances. Des moraines composées de galets striés, polis ou facettés se déposent au front du glacier. Les roches du substratum sont abrasées, polies ou striées par le raclage de galets coincés sous le glacier.

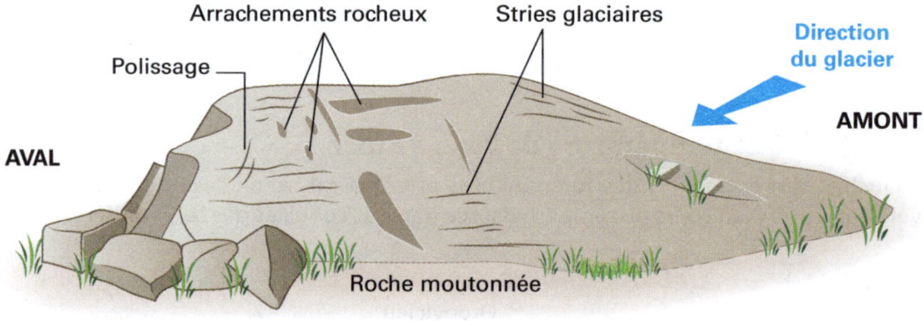

Doc 5 Extension probable de la calotte polaire à l'Ordovicien

Une équipe de chercheurs a étudié la répartition d'un groupe de microfossiles marins aujourd'hui disparu, les chitinozoaires, afin d'estimer l'extension de la calotte polaire.

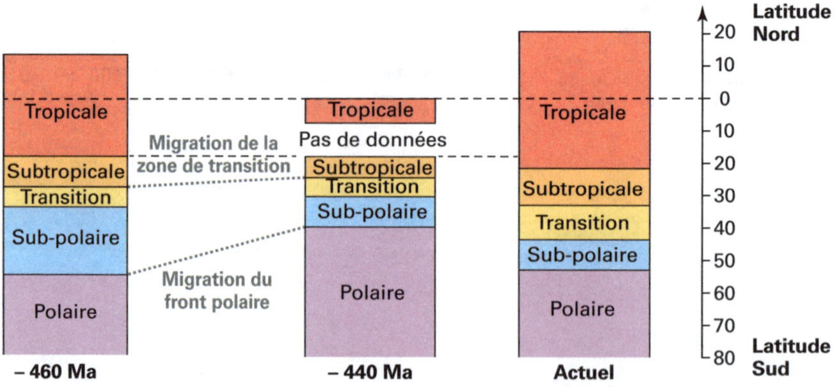

Doc 6 Albédo de quelques surfaces naturelles

Des végétaux commencent à coloniser les continents au cours de l'Ordovicien et du Dévonien. Les premières flores diversifiées de l'Ordovicien et du Dévonien ont été décrites en Amérique du Nord (New York) et en Écosse. Ces premières forêts, vraisemblablement peu étendues, seront balayées par l'extinction massive de la fin de l'Ordovicien. Le tableau suivant rappelle l'albédo de quelques surfaces de notre planète.

Surfaces planétaires	Albédo (%)
Océan	5 à 15
Sable sec/Sol nu	25 à 45
Forêt	10 à 20
Neige fraîche	75 à 95
Glace	40 à 70

LES CLÉS POUR RÉUSSIR

Étape 1 Indiquez au brouillon les connaissances en lien avec le sujet qu'il faudrait utiliser : l'albédo et son influence sur le climat, ce que mesure le $\delta^{18}O$ et le lien avec la température.

Étape 2 Au brouillon, relevez les informations des documents, mettez-les en relation entre elles et avec vos connaissances.

Étape 3 Rédigez la réponse en rappelant systématiquement les numéros des documents lors de leur utilisation. Faites un paragraphe pour chaque idée principale et séparez le tout en deux parties.

LE CORRIGÉ

Il n'est pas exigé de faire figurer sur la copie les titres en couleurs.

Introduction

Le climat de l'Ordovicien pourrait aider à comprendre le climat actuel. En effet, à cette époque comme aujourd'hui, l'atmosphère était riche en CO_2. Nous verrons quel climat régnait alors et comment il s'est mis en place.

Le climat à la fin de l'Ordovicien

- D'après le **document 2**, le $\delta^{18}O$ des sédiments marins de l'Ordovicien passe de –3 ‰ à +2 ‰, indiquant que les températures de l'eau de mer ont baissé de près de 20 °C : la fin de l'Ordovicien est donc une période particulièrement froide.

CONSEIL DE MÉTHODE

L'étude de documents doit établir des liens avec les connaissances. On rappelle ici le lien entre le $\delta^{18}O$ des sédiments et la température.

- Au Sahara, on trouve de nombreux indices de la présence d'une calotte glaciaire (doc. 3 et 4) : galets facettés et striés semblables à ceux des moraines des glaciers actuels, stries glaciaires et roches moutonnées, entailles profondes dans le paysage ressemblant à celles laissées par les torrents glaciaires.

- Le Sahara était alors près du pôle Sud (doc. 1), donc la présence de glaces à cet endroit n'est pas surprenante et cela indique que le climat était au moins aussi froid qu'aujourd'hui.

À NOTER

Il n'y a pas toujours eu de calotte glaciaire aux pôles.
Au Mésozoïque, les continents situés près des pôles avaient un climat quasi tempéré.

- D'après le **document 5**, le front polaire lors de l'Ordovicien est situé entre 35 et 30° de latitude sud contre 45°aujourd'hui. Il faisait donc beaucoup plus froid qu'aujourd'hui ; la calotte glaciaire de l'Ordovicien devait s'étendre jusqu'aux tropiques.

- L'Ordovicien était une période plus froide que l'actuelle, bien que l'atmosphère était alors 15 fois plus riche en CO_2. Comment un climat aussi froid a-t-il pu se mettre en place malgré un effet de serre plus élevé ?

L'installation du climat froid de l'Ordovicien

- Sur le **document 1**, on voit que la plupart des continents sont regroupés à proximité du pôle Sud. Ceci aurait pu, comme pour l'Antarctique actuel, les isoler climatiquement et entraîner leur englacement.

Cette époque est caractérisée par une importante activité de dorsale, qui libère beaucoup de CO_2 dans l'atmosphère. À l'inverse, le stockage de CO_2 lié à l'érosion (peu de reliefs à éroder) ou à la photosynthèse (doc. 6) était peu actif. Ceci expliquerait la teneur élevée en CO_2 de l'atmosphère.

- L'albédo des surfaces englacées ou enneigées est beaucoup plus élevé que les surfaces continentales nues ou recouvertes de forêts (doc. 6). Ainsi, l'englacement amorcé par la position polaire des continents a pu rapidement s'accélérer en raison d'une rétroaction positive, la température mondiale diminuer, favorisant en retour l'englacement, etc.

CONSEIL DE MÉTHODE

Rappeler ici ce que représente l'albédo et son lien avec la température.

Conclusion

Une teneur élevée en CO_2 atmosphérique n'entraîne donc pas toujours un climat chaud. La position des continents peut contrebalancer l'effet de serre et favoriser un refroidissement, comme cela semble avoir été le cas à la fin de l'Ordovicien.

SUJET 23 | OBJECTIF MENTION

60 min Le Petit Âge glaciaire

→ FICHES 21, 22 et 23

Ce sujet d'entraînement au raisonnement scientifique réinvestit les connaissances actuelles sur les climats pour mieux comprendre un épisode froid récent : le Petit Âge glaciaire.

LE SUJET

Les archives climatiques montrent généralement un refroidissement du climat mondial entre les XIII-XIVe siècles et les années 1860, qualifié de Petit Âge glaciaire. Dès 1300, les étés sont nettement plus froids – ce qui aurait pu entraîner la grande famine de 1315-1317 – et le phénomène se reproduit dans les années 1460-1550 et 1645-1715.

Grâce aux documents et à vos connaissances, montrer l'existence du Petit Âge glaciaire et identifier certains paramètres ayant favorisé son installation et son maintien jusqu'en 1860.

Doc 1 Variations du $\delta^{18}O$ dans les glaces de l'Antarctique, entre 500 et 1950

La moyenne du $\delta^{18}O$ est tracée en rouge.

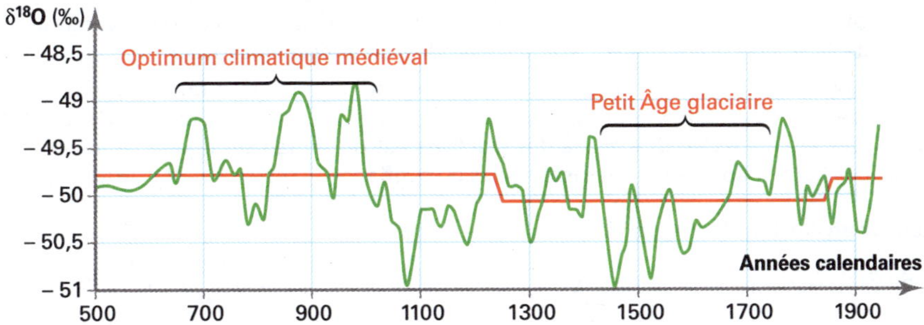

Doc 2 Manifestations du Petit Âge glaciaire

Le Petit Âge glaciaire a surtout été décrit et commenté en Europe et en Amérique du Nord, bien que d'autres régions du monde aient été concernées. Au milieu du XVIIe siècle, les glaciers alpins avancent rapidement. En Angleterre, la Tamise gèle plusieurs fois entre 1607 et 1814. De la même façon, les canaux et rivières des Pays-Bas gèlent lors de plusieurs hivers. En 1780, la zone fluviale de New York devient solide : on marche entre Manhattan et Staten Island. Sous Louis XIV, la Seine gèle à plusieurs reprises en hiver et on est obligé, à Paris, de débiter le vin des tonneaux à la hache. L'hiver 1709 est particulièrement glacial en France.

Doc 3 Teneur en sulfates d'origine volcanique dans les glaces du Groenland depuis 2 000 ans

Les volcans émettent, entre autres, des gaz soufrés (H_2S et SO_2). Dans l'atmosphère, ces gaz réagissent et forment des sulfates en aérosols. On en retrouve la trace dans les carottes glaciaires. Les aérosols contribuent à réfléchir les rayons du Soleil, entraînant un refroidissement.

Quand elles sont connues, les éruptions responsables des dépôts sont indiquées.

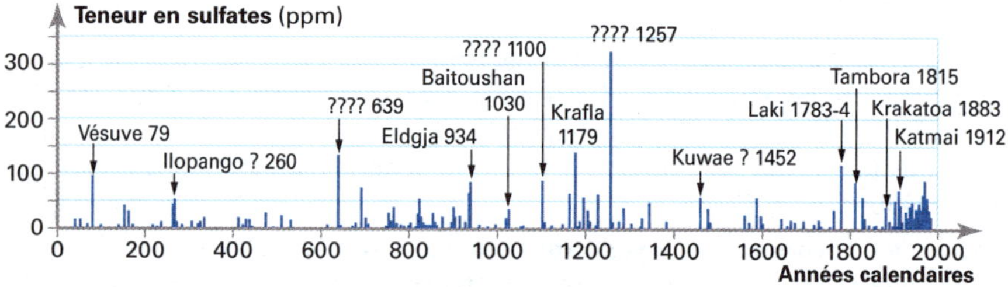

Doc 4 À la recherche de l'éruption de 1257

Des études de 2013 ont montré qu'une des plus grandes éruptions des 10 000 dernières années a eu lieu en Indonésie, au niveau du volcan Samalas. Des millions de tonnes de cendres ont été projetées dans l'atmosphère et des troncs d'arbres carbonisés ont été retrouvés parmi les cendres volcaniques. Ces troncs ont été datés au carbone 14 : les dates obtenues montrent que cette forêt aurait été carbonisée au plus tard au milieu du XIIIe siècle, le bois le plus récent ayant été produit dans les années 1250.

La composition chimique des cendres volcaniques trouvées autour du volcan Samalas, ainsi que celle des cendres retrouvées dans les carottes glaciaires du Groenland et datant de 1257 a été analysée. Une partie des résultats est présentée sur le graphique ci-dessous. Les barres représentent les intervalles de confiance.

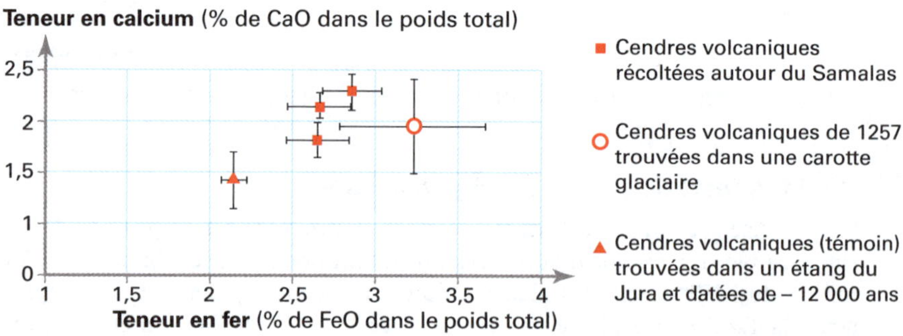

Doc 5 L'activité solaire depuis l'an 900

L'activité solaire peut être estimée par la variation de la quantité de carbone 14 mesurée dans le bois. Le carbone 14 est produit dans la haute atmosphère par transformation de l'azote 14 sous l'effet du rayonnement cosmique. Si l'activité solaire augmente, les rayonnements cosmiques sont perturbés et engendrent moins de carbone 14, donc on en retrouve moins dans le bois.

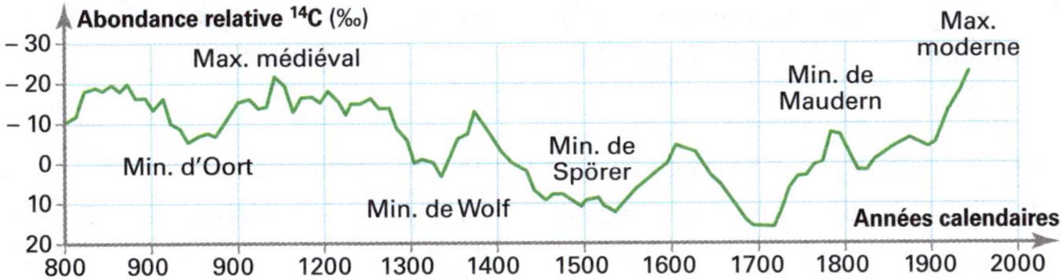

Doc 6 L'influence des paramètres de Milankovitch

Selon les paramètres de Milankovitch, le forçage dû aux cycles de l'orbite terrestre autour du Soleil a, pendant les 2 000 dernières années, provoqué une tendance au refroidissement dans l'hémisphère Nord, qui s'est poursuivie pendant la période médiévale et le Petit Âge glaciaire.

Ce refroidissement a été estimé à environ 0,02 °C par siècle. La tendance aurait pu se poursuivre à l'avenir, mais les relevés de température du XXe siècle montrent une inversion soudaine de cette tendance, avec une hausse des températures mondiales attribuée aux gaz à effet de serre d'origine humaine.

LES CLÉS POUR RÉUSSIR

Étape 1 Au brouillon, saisissez les informations tirées des documents et mettez-les en relation avec chacune des deux questions.

Étape 2 Identifiez les connaissances indispensables à rappeler et associez-les aux documents et aux deux questions.

Étape 3 Rédigez la réponse en rappelant systématiquement les numéros des documents lors de leur utilisation. Faites un paragraphe pour chaque idée principale et séparer le tout en deux parties.

LE CORRIGÉ

Il n'est pas exigé de faire figurer sur la copie les titres en couleurs.

Introduction

La période du XIIIe au XIXe siècle aurait connu de nombreux épisodes particulièrement froids. Nous montrerons l'existence de ce qui a été appelé « Petit Âge glaciaire » et identifierons ce qui a pu favoriser son installation.

Le Petit Âge glaciaire

Le Petit Âge glaciaire est particulièrement visible sur les **documents 1 et 2**.

- Sur le **document 1**, on observe que le $\delta^{18}O$ des glaces de l'Antarctique baisse de 0,3 ‰ pendant la période 1250-1860 par rapport à la période précédente (l'Optimum climatique médiéval), donc le climat était plus froid.

CONSEIL DE MÉTHODE

N'oubliez pas de faire le lien entre les documents et vos connaissances. Il serait par exemple utile ici de rappeler le lien entre $\delta^{18}O$ des glaces et température.

- Les nombreuses anecdotes historiques du **document 2** confirment que le climat pendant la période 1250-1860 était particulièrement froid, notamment en Europe et en Amérique du Nord. Comme les glaciers alpins avancent durant cette période, on peut parler de Petit Âge glaciaire.

Les paramètres ayant favorisé l'installation du Petit Âge glaciaire

- D'après le **document 3**, l'année 1257 (au début du Petit Âge glaciaire) a connu l'éruption volcanique ayant largué la plus grande quantité de sulfates dans l'atmosphère (320 ppm) de ces 2 000 dernières années. Ces aérosols sulfatés, issus des gaz volcaniques soufrés, augmentent l'albédo de l'atmosphère, contribuant ainsi à son refroidissement.

- Cette éruption volcanique de 1257 pourrait être due au Samalas (doc. 4). Les cendres retrouvées à proximité de ce volcan indonésien ont une composition chimique similaire à celle des cendres datées de 1257 et retrouvées dans les carottes de glaces du Groenland. Les analyses au carbone 14 montrent d'ailleurs que les forêts de la région du Samalas ont été anéanties par une éruption au milieu du XIIIe siècle.

- Si l'on se réfère au **document 5**, l'activité solaire pourrait également avoir contribué au refroidissement. Elle est en effet passée par plusieurs minimas entre 1250 et 1860 : ceux de Wolf (début du XIVe siècle), Spörer (XV-XVIe) et Maundern (XVII-XVIIIe).

CONSEIL DE MÉTHODE

Attention à la lecture de ce document. Comme l'activité solaire est corrélée négativement au $\Delta^{14}C$, l'échelle a été inversée. Ainsi, pendant tout le Petit Âge glaciaire, le $\Delta^{14}C$ est plus élevé d'environ 10 %, ce qui trahit un vent solaire plus faible.

- Enfin, d'après le **document 6**, les variations des paramètres de Milankovitch (excentricité, obliquité, précession), qui expliquent l'alternance des phases glaciaires et interglaciaires, prévoyaient une baisse de la température dans l'Arctique de 0,02 °C par siècle pendant la période médiévale et le Petit Âge glaciaire.

Conclusion

L'installation du climat froid du Petit Âge glaciaire peut être liée à divers facteurs, qui ont pu s'entretenir ou se renforcer :

– une éruption volcanique majeure du Samalas en 1257 aurait émis de grandes quantités d'aérosols, à l'origine d'un refroidissement global du climat ;

– plusieurs phases de diminution de l'activité solaire ;

– une réduction de l'ensoleillement liée aux paramètres astronomiques de Milankovitch.

CONSEIL DE MÉTHODE

Le document 6 permet de trouver une ouverture originale. Le refroidissement lié aux paramètres de Milankovitch aurait dû se poursuivre à l'époque moderne. Or les gaz à effet de serre libérés par les activités industrielles ont complètement renversé cette tendance.

SUJET 24 | OBJECTIF MENTION

60 min Une Terre « boule de neige » au Marinoen ?

→ FICHES 21, 22 et 23

Ce sujet d'entraînement au raisonnement scientifique aborde une des phases climatiques les plus extrêmes de l'histoire de notre planète, le fameux épisode « Terre boule de neige ».

LE SUJET

Dans des roches du Précambrien (ou Protérozoïque), des indices révèlent l'existence de plusieurs phases glaciaires très intenses. L'une de celle-ci, la phase du

Marinoen, aurait duré de -660 à -635 Ma environ. D'autres phases glaciaires d'intensité similaire auraient ponctué le Cryogénien (-720 à -635 Ma) et l'Ediacarien (-635 à -541 Ma), juste avant « l'explosion cambrienne » qui a vu l'apparition et la diversification rapide de la plupart des grands embranchements d'animaux pluricellulaires.

Montrer que la glaciation du Marinoen était particulièrement intense et proposer une hypothèse sur le mécanisme de sortie de cette phase glaciaire.

Doc 1 Paléogéographie mondiale à la fin du Marinoen

Chaque étoile rouge localise des traces de la présence de glaces pendant la période du Marinoen. Beaucoup de ces indices font encore débat parmi les scientifiques. L'étoile verte montre l'emplacement des formations d'Elatina (doc. 6).

Doc 2 L'albédo de quelques surfaces

Lorsque l'englacement atteint les tropiques, les surfaces enneigées sont telles que la calotte peut progresser très rapidement vers l'équateur. Au Protérozoïque, les roches continentales étaient à nu, aucune végétation ne s'y étant encore installé.

Surfaces planétaires	Albédo (%)
Océan	5 à 15
Roche à nu, sable	25 à 45
Neige fraîche	75 à 95
Glace	40 à 70

Doc 3 Le « thermostat » naturel : sources et puits de CO_2

On considère généralement qu'une sortie de glaciation nécessite l'accumulation d'une quantité conséquente de CO_2 (ou d'autres gaz à effet de serre) dans l'atmosphère. Le méthane (CH_4), qui fait partie de ces autres gaz à effet de serre, peut être piégé dans le pergélisol (sol glacé en permanence) des zones glaciaires sous la forme d'hydrates de méthane. Ceux-ci fondent lors du dégel, libérant le méthane dans l'atmosphère.

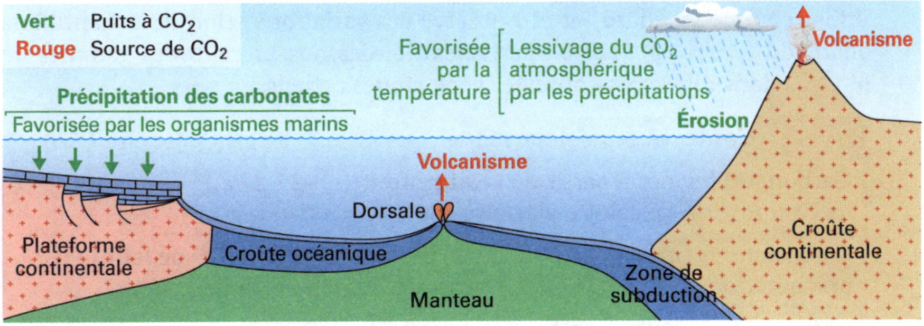

Doc 4 Érosion, sédimentation et température

La température favorise l'évaporation et les réactions chimiques accompagnant notamment l'érosion. En présence d'eau (climat humide), le CO_2 atmosphérique se transforme en acide carbonique et précipite avec la pluie. Ces précipitations, acides ou non, favorisent l'érosion. En période glaciaire (donc relativement sèche), l'érosion est d'autant plus limitée qu'une plus ou moins grande partie des roches continentales est recouverte par la glace.

Les roches magmatiques qui constituent les chaînes de montagnes contiennent des minéraux calciques, comme certains feldspaths et pyroxènes. Ces minéraux peuvent être altérés suivant les réactions suivantes :

Altération d'un feldspath calcique :

$$CaAl_2Si_2O_8 + 3\ H_2O + 2\ CO_2 \rightarrow 2\ HCO_3^- + Ca^{2+} + Al_2Si_2O_5(OH)_4$$

Altération d'un pyroxène calcique :

$$CaSiO_3 + H_2O + 2\ CO_2 \rightarrow SiO_2 + Ca^{2+} + 2\ HCO_3^-$$

S'il existe des roches calcaires, leur calcite peut s'altérer de la façon suivante :

$$CaCO_3 + CO_2 + H_2O \rightarrow 2\ HCO_3^- + Ca^{2+}$$

Après l'altération, les ions solubles sont transportés jusqu'aux océans où ils précipitent et reforment des roches calcaires, selon l'équation :

$$2\ HCO_3^- + Ca^{2+} \rightarrow CaCO_3 + CO_2 + H_2O$$

L'équilibre de la réaction peut être déplacé dans le sens de la précipitation (vers la droite) en cas d'apports importants d'ions ou de déficit en CO_2, ou être déplacé dans le sens de la dissolution (vers la gauche) en cas d'excès de CO_2. Ainsi, la précipitation de la calcite est favorisée par la présence d'organismes marins photosynthétiques, car ceux-ci consomment du CO_2.

Doc 5 Étude des formations d'Elatina

Les formations d'Elatina, en Australie du Sud, constituent le stratotype mondial du Marinoen. On y trouve des dépôts carbonatés considérés comme contemporains de la déglaciation rapide qui a suivi. En 2008, des géologues y ont mesuré le $\delta^{18}O_{PDB}$ (PDB signifiant que la référence utilisée n'est pas la composition de l'océan actuel, mais celle d'un fossile du Crétacé souvent utilisé comme standard) et ont observé des variations selon les échantillons allant de –25 ‰ à +12 ‰. Le tableau ci-dessous présente les gammes de $\delta^{18}O_{PDB}$ dans différents contextes géologiques actuels.

Contexte géologique actuel	$\delta^{18}O_{PDB}$ mesuré (‰)
Carbonates formés à partir de l'eau de fonte de banquise ou de calotte glaciaire	–25 à –20
Carbonates formés à partir de l'eau des précipitations	–25 (à 70° de latitude) à +5 (à l'équateur)
Carbonates d'infiltration formés à partir de l'eau de fonte du pergélisol contenant des d'hydrates de méthane	0 à +15

LES CLÉS POUR RÉUSSIR

Étape 1 Au brouillon, relevez les informations des documents et mettez-les en relation avec chacune des deux consignes.

Étape 2 Associez les connaissances à rappeler aux documents et aux consignes.

Étape 3 Rédigez la réponse en rappelant systématiquement les numéros des documents lors de leur utilisation. Faites un paragraphe pour chaque idée principale et séparez le tout en deux parties correspondant aux deux consignes.

LE CORRIGÉ

Il n'est pas exigé de faire figurer sur la copie les titres en couleurs.

Introduction

Au Marinoen (–660 à –635 Ma), la Terre aurait été entièrement recouverte de glace. Nous allons étudier les indices montrant que cette glaciation était particulièrement intense et proposer un mécanisme expliquant la sortie d'une telle phase glaciaire.

CONSEIL DE MÉTHODE
Commencez par une courte introduction et organisez l'exposé en parties bien identifiées.

Une glaciation particulièrement violente

- Le **document 1** permet de montrer que le Marinoen était une phase glaciaire majeure. Tous les continents d'alors, même ceux au plus près de l'équateur, présentent des indices pouvant être interprétés comme des traces de glaciers. La calotte glaciaire recouvrait ainsi l'ensemble des continents et des océans au Marinoen (une Terre « boule de neige »).
- Le **document 5** présente l'analyse d'une formation rocheuse témoignant de l'épisode de déglaciation rapide suivant le Marinoen. Le $\delta^{18}O_{PDB}$ mesuré dans les sédiments marins y varie de –25 et +12 ‰, ce que l'on explique :

– pour les valeurs les plus faibles, par la formation de carbonates à partir de l'eau de fonte des glaces. Comme les formations d'Elatina se trouvaient à l'équateur, la présence d'eau de fonte glaciaire à cet endroit confirme la présence de glaces à l'équateur ;

– pour les valeurs les plus élevées, par la formation de carbonates à partir d'une eau enrichie par la fonte du pergélisol contenant des hydrates de méthane. La présence de pergélisol, un sol glacé en permanence, près de l'équateur souligne l'intensité de la glaciation marinoenne.

La sortie de la glaciation marinoenne

CONSEIL DE MÉTHODE
Il serait judicieux de rappeler ici que la sortie d'une telle glaciation nécessite une forte augmentation de la température, donc sans doute une forte augmentation de la teneur en gaz à effet de serre dans l'atmosphère.

- Selon le **document 3**, la principale source de CO_2 dans l'atmosphère est le volcanisme. Une accumulation de CO_2 pendant toute la période glaciaire aurait pu amorcer un réchauffement, à condition de ne pas être stocké en parallèle par des puits de CO_2.
- D'après le **document 4**, l'érosion des roches magmatiques suivie de la précipitation des carbonates est bien un puits de CO_2. Le bilan (altération + sédimentation) des roches magmatiques riches en pyroxènes ou feldspaths calciques consomme une mole de CO_2 par mole de minéral altéré. En revanche, l'érosion des roches sédimentaires carbonatées n'a pas d'impact sur la teneur en CO_2.

Les réactions d'érosion sont moins intenses sous un climat froid et sec (doc. 4), et ce d'autant plus que la plupart des roches à éroder sont couvertes de glace.

Sous un climat froid, le puits représenté par la précipitation des carbonates fonctionne moins bien : la présence de banquise empêche la lumière de pénétrer, ce qui limite la photosynthèse.

▸ D'après les **documents 5 et 3**, la fonte du pergélisol libère du méthane dans l'atmosphère. Or le méthane est un puissant gaz à effet de serre : ainsi, le début de fonte du pergélisol équatorial libère une grande quantité de méthane, ce qui entraîne une élévation de la température, qui favorise la poursuite de la fonte du pergélisol. Ceci constitue une de rétroaction positive.

▸ Le **document 2** présente une autre boucle de rétroaction positive : si les glaces commencent à fondre, l'albédo mondial diminue, ce qui entraîne une élévation de la température (une part plus importante de la lumière solaire est absorbée par la Terre), favorisant ainsi la déglaciation.

À NOTER
On estime que le méthane a un pouvoir de réchauffement 25 fois supérieur à celui du CO_2 !

Conclusion

Au Marinoen, la Terre était entièrement (ou presque) recouverte de glaces. Dans ce contexte, il n'y avait ni érosion ni précipitation des carbonates, le CO_2 produit par les volcans s'accumulait dans l'atmosphère. À partir d'une certaine concentration de CO_2, l'effet de serre a pu amorcer un début de déglaciation. Celle-ci s'est auto-amplifiée par la baisse de l'albédo et la libération accrue de méthane. Ainsi, l'ensemble des glaces a pu rapidement fondre, signant la fin de la glaciation marinoenne.

Enjeux contemporains de la planète

8 Agir sur le réchauffement climatique actuel

Shariatpur, sur les rives du fleuve Padma, au Bangladesh, en 2018. Ce pays de 165 millions d'habitants pourrait perdre 20 % de son territoire du fait de la montée des eaux liée au réchauffement climatique.

TESTEZ-VOUS

→ CORRIGÉS P. 346

Faites le point sur vos connaissances puis établissez votre **parcours de révision** en fonction de votre score.

1 Les gaz à effet de serre

→ FICHE 24

Parmi les gaz à effet de serre contenus dans l'atmosphère, on trouve :

☐ **a.** le dioxyde de carbone (CO_2)

☐ **b.** la vapeur d'eau (H_2O)

☐ **c.** le dioxygène (O_2)

☐ **d.** le méthane (CH_4)

.../1

2 Un consensus scientifique

→ FICHE 24

Le consensus autour du réchauffement climatique signifie que :

☐ **a.** le modèle général est démontré dans les moindres détails

☐ **b.** le modèle général est démontré, mais des détails sont encore étudiés

☐ **c.** le modèle général est esquissé mais pas démontré

☐ **d.** les scientifiques ne sont pas d'accord sur les bases du modèle

.../1

3 Le Giec

→ FICHE 24

Créé en 1988 par l'ONU, le Giec a pour objectif(s) :

☐ **a.** d'élaborer un modèle robuste du changement climatique

☐ **b.** d'identifier précisément les causes et les conséquences du réchauffement climatique

☐ **c.** de définir des actions pour faire face au réchauffement climatique

☐ **d.** d'imposer des politiques pour atténuer le réchauffement climatique

.../1

4 Causes et conséquences du réchauffement

→ FICHE 24

On peut établir les enchaînements logiques suivants :

☐ **a.** réchauffement ⇒ activités humaines ⇒ fonte des glaces

☐ **b.** réchauffement ⇒ fonte des glaces ⇒ hausse du niveau marin

☐ **c.** activités humaines ⇒ fonte des glaces ⇒ réchauffement

☐ **d.** activités humaines ⇒ hausse du CO_2 ⇒ réchauffement

.../1

5 Conséquences abiotiques

→ FICHE 24

Parmi les possibles conséquences abiotiques du réchauffement climatique, on peut proposer :

- ☐ a. la hausse du niveau des mers
- ☐ b. la raréfaction des épisodes extrêmes (canicules, cyclones…)
- ☐ c. la disparition des glaciers alpins
- ☐ d. la baisse de l'érosion du littoral

…/1

6 Conséquences biologiques

→ FICHE 24

En France, le réchauffement climatique entraînera sans doute :

- ☐ a. une migration des espèces du nord vers le sud
- ☐ b. une migration des espèces du sud vers le nord
- ☐ c. une augmentation de la fréquence des parasites tropicaux
- ☐ d. une augmentation de la fréquence des parasites polaires

…/1

7 Agir sur le réchauffement climatique

→ FICHE 25

À l'échelle individuelle, on peut atténuer le réchauffement climatique :

- ☐ a. en limitant le gaspillage de l'énergie
- ☐ b. en adoptant un régime alimentaire pauvre en végétaux
- ☐ c. en favorisant la consommation de produits locaux
- ☐ d. en préférant les produits les moins chers, fabriqués dans les pays d'Afrique ou d'Asie

…/1

8 Stratégies d'atténuation et d'adaptation

→ FICHE 25

Pour lutter contre le réchauffement climatique, les stratégies d'adaptation visent à :

- ☐ a. limiter l'ampleur du réchauffement climatique
- ☐ b. limiter l'impact du réchauffement climatique
- ☐ c. agir sur les causes du réchauffement climatique
- ☐ d. agir sur les conséquences du réchauffement climatique

…/1

Score total …/8

Parcours PAS À PAS ou EXPRESS ? → MODE D'EMPLOI P. 3

24 Le consensus sur le réchauffement climatique

En bref *L'origine anthropique du réchauffement climatique est scientifiquement avérée, mais sa modélisation reste complexe.*

I L'établissement d'un consensus scientifique

- Les données climatiques relevées depuis le XIXe siècle montrent une élévation de la température mondiale d'environ 1 °C en 150 ans. Ce réchauffement est lié à une hausse importante de la teneur atmosphérique en CO_2 libéré par les activités humaines : la combustion des gisements carbonés, à la base de nombreuses activités modernes, est aujourd'hui la source principale de CO_2 atmosphérique.

- L'ONU a créé en 1988 le Giec et, depuis, un effort de recherche majeur est mené pour élaborer un modèle robuste du changement climatique, de ses causes et conséquences, et pour définir les actions à conduire pour y faire face.

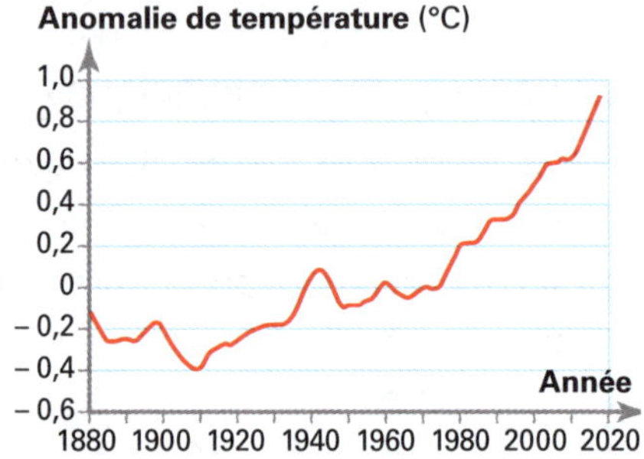

Doc **Évolution de la température mondiale**

MOT CLÉ
Giec : Groupe d'experts intergouvernemental sur l'évolution du climat.

II Conséquences biologiques possibles du réchauffement

- En dehors des effets physiques (fonte des glaces, etc.), le réchauffement climatique a des impacts importants sur la biodiversité et la santé humaine.

- Il peut modifier les effectifs des différentes populations sauvages, leur état sanitaire ou leur répartition géographique. Ainsi, si certaines espèces peuvent se déplacer pour chercher ailleurs de meilleures conditions, d'autres voient leurs populations décroître et pourraient être amenées à disparaître.

- Ces modifications perturbent tous les écosystèmes, mettant en danger des espèces qui ne sont pas directement impactées par le réchauffement climatique.

- Ces effets sont souvent difficiles à quantifier. Ainsi, l'augmentation de la concentration en CO_2 atmosphérique favorise la photosynthèse, donc la production de biomasse et les rendements agricoles. Mais le réchauffement climatique rend aussi les terres agricoles moins disponibles, du fait de la montée du niveau marin, de la diffusion de pathogènes et de la pénurie d'eau.

Méthode

Analyser un suivi de la répartition des espèces

Vecteur de nombreuses maladies (dengue, chikungunya, zika…), le développement du moustique tigre est un problème de santé publique.

Montrer comment la répartition du moustique tigre en France évolue parallèlement au réchauffement climatique.

Doc Évolution de l'aire de répartition du moustique tigre *Aedes albopictus*

Venant d'Asie, le moustique tigre résiste à des températures plus froides que les autres espèces tropicales. Ses œufs, qui peuvent survivre pendant des mois en milieu sec, donnent un adulte en 10 jours à 20 °C, contre 6 jours seulement à 28 °C.

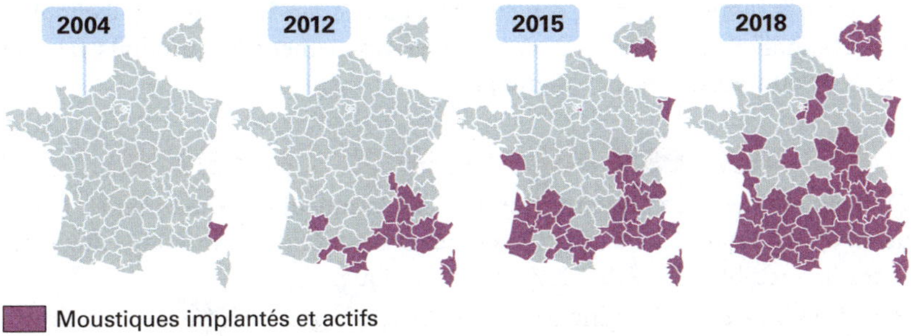

CONSEILS

Étape 1 Retracer l'évolution de l'expansion du moustique tigre.
Étape 2 Relever les effets possibles de la température sur les populations.
Étape 3 Conclure en distinguant bien corrélation et causalité.

SOLUTION

Étape 1 En 2004, le moustique tigre est cantonné aux Alpes-Maritimes. Il migre ensuite vers l'ouest et le nord : il semble suivre les vallées du Rhône et de la Garonne, puis atteint la région parisienne en 2018. Il est présent aujourd'hui sur plus de la moitié du territoire.

Étape 2 Le réchauffement climatique pourrait avoir deux conséquences principales sur les populations de moustique tigre :
– il rend accessibles des régions autrefois trop froides pour ce moustique ;
– il accélère le cycle de vie du moustique, lui permettant ainsi de se reproduire et de coloniser plus rapidement le territoire.

Étape 2 Le réchauffement climatique semble favoriser l'installation d'espèces tropicales en France, comme le moustique tigre.
Il s'agit ici d'une corrélation. Seule une étude expérimentale approfondie pourrait démontrer une causalité.

25 Agir sur le réchauffement climatique

En bref *Les causes et les conséquences possibles du réchauffement climatique sont aujourd'hui identifiées. Il faut maintenant agir pour en atténuer les effets ou s'y adapter.*

I Des actions à des échelles différentes

- À l'échelle collective, le Giec a pour objectif d'évaluer de façon mondiale les connaissances acquises et les stratégies à mettre en œuvre. De nombreux pays ont développé des plans d'action bâtis sur un consensus scientifique, dont l'objectif est de renforcer les connaissances et l'évaluation des politiques mises en place.
- On peut également agir à l'échelle individuelle, en limitant par exemple les transports individuels ou en achetant préférentiellement des produits fabriqués localement ou nécessitant peu d'énergie.

II Les stratégies d'atténuation ou d'adaptation

- On peut envisager de limiter (atténuation) l'ampleur du réchauffement climatique et/ou d'adapter les installations et les comportements humains aux conséquences inéluctables du réchauffement climatique.
- Parmi les stratégies d'atténuation possibles, on peut réduire les émissions de gaz à effet de serre. Diverses méthodes de stockage du carbone (agriculture et sylviculture, puits miniers, etc.) sont également à l'étude.
- Les plans d'action nationaux proposent aussi des stratégies d'adaptation. En France, le PNACC (plan national d'action sur le changement climatique) recherche les méthodes et les bénéfices de diverses politiques d'action : construction de digues et naturalisation des côtes pour lutter contre l'érosion du littoral, végétalisation des villes, prévention et suivi des maladies infectieuses, etc.

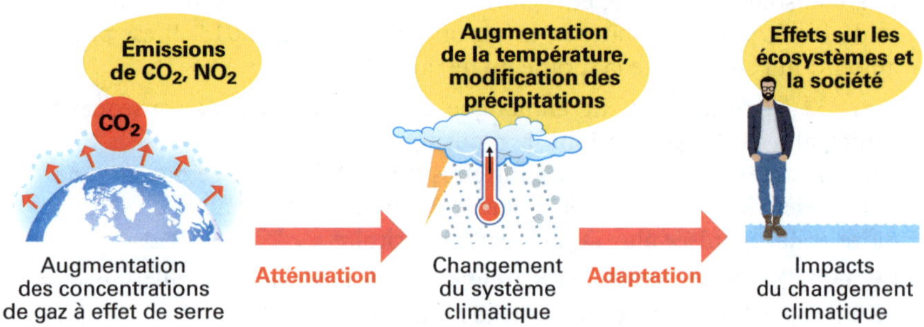

Doc Notions d'atténuation ou d'adaptation selon le PNACC

Méthode

Proposer ou identifier une stratégie d'action

Les centres-villes connaissent souvent des températures plus élevées que les zones rurales, et cet écart peut s'aggraver avec le réchauffement climatique.

D'après le document, proposer une stratégie d'atténuation permettant de limiter l'ampleur des îlots de chaleur urbains.

Doc Profil de température selon l'occupation des sols

Le phénomène « îlot de chaleur urbain » dépend de l'organisation du bâti et de l'utilisation de matériaux réfléchissants : plus une surface a un albédo faible, plus elle se réchauffe. Par ailleurs, ce phénomène est modéré par la présence d'eau : ainsi, la remise à l'air libre en 2005 de la rivière Cheongguecheon à Séoul, enfouie sous l'autoroute depuis 1950, a réduit la température de 3,6 °C aux alentours.

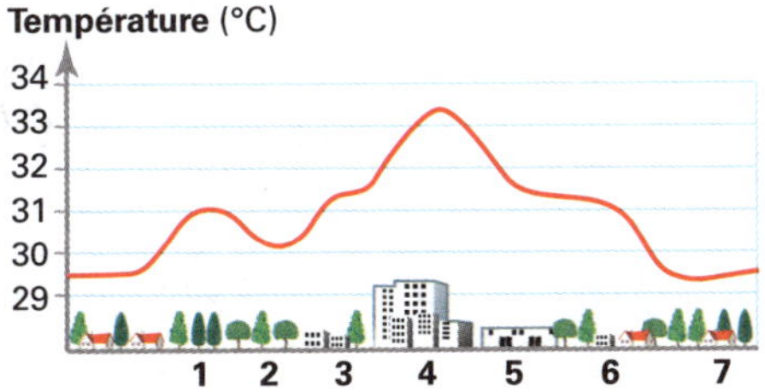

1 : Résidentiel de banlieue
2 : Parc
3 : Résidentiel urbain
4 : Centre-ville
5 : Commercial
6 : Résidentiel suburbain
7 : Rural

CONSEILS

Étape 1 Identifier le paramètre sur lequel on veut agir.
Étape 2 Établir les corrélations entre température et type d'occupation des sols.
Étape 3 À partir de ces corrélations, imaginer comment réduire la température des centres-villes.

SOLUTION

Étape 1 On veut atténuer la température dans les centres-villes.

Étape 2 On observe que, par rapport aux zones rurales, la température est plus élevée de 1,5 °C dans les zones résidentielles et commerciales, et même de 3,5 °C dans les centres-villes. Dans les parcs, la température n'est que de 0,5 °C plus élevée.

Étape 3 Pour atténuer les îlots de chaleur urbains, on peut envisager :

- d'utiliser davantage de matériaux réfléchissants, afin de baisser l'albédo et donc de limiter le réchauffement du centre-ville ;
- de végétaliser les centres villes (parcs, toitures végétalisées, etc.), puisque la présence de végétation limite la température ;
- de libérer les cours d'eau qui auraient pu être enfouis.

MÉMO VISUEL

Agir sur l'inéluctable réchauffement climatique

ACTIVITÉS HUMAINES

Stockage du carbone
- dans la biosphère

- dans les puits de mine

Limitation des activités libérant le plus de gaz à effet de serre
- actions individuelles
- actions collectives

Augmentation de la teneur en CO_2 atmosphérique

De 280 ppmv* en 1750 (ère préindustrielle)... à 400 ppmv de nos jours

Concentration en dioxyde de carbone atmosphérique (ppmv*)

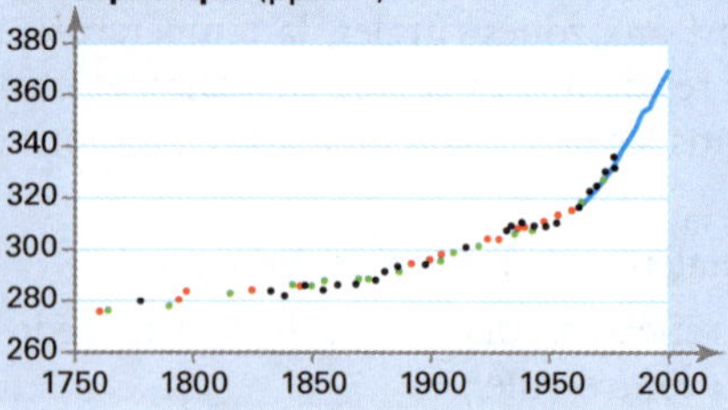

* partie par million en volume

Augmentation de la température

De 1 °C au cours des 150 dernières années... jusqu'à 5 °C en 2100 selon les modèles pessimistes...

Anomalie de température (°C)

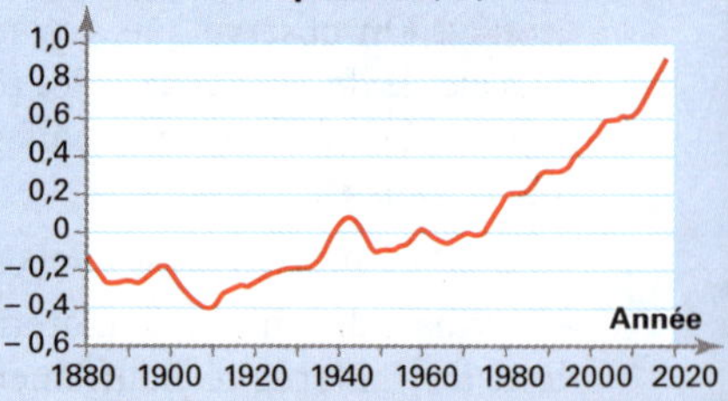

Modélisation scientifique (Giec)

Impact sur la santé et l'alimentation humaines

Perturbations des écosystèmes naturels et agricoles

Modifications des populations naturelles
(effectifs, répartition...)

Plans nationaux d'action sur le changement climatique

Montée du niveau des mers
Érosion du littoral

Stratégie d'action

Consensus scientifique

Le thème de ce chapitre n'est pas au programme de l'épreuve écrite du bac mais est utile à la poursuite de vos études.

SUJET 25 | OBJECTIF SUP

80 min

Un réchauffement climatique malgré un refroidissement attendu

→ FICHES 21, 22 et 24

Ce sujet de restitution organisée de connaissances permet de tester votre maîtrise de la climatologie en confrontant les preuves du réchauffement climatique et les paramètres de Milankovitch.

LE SUJET

L'évolution des paramètres de Milankovitch a entraîné ces derniers 2 000 ans un refroidissement dans l'hémisphère Nord, qui s'est manifesté pendant le Petit Âge glaciaire. L'évolution du $\delta^{18}O$ dans les glaces pendant cette période indique un refroidissement de l'Arctique d'environ 0,02 °C par siècle. Celui-ci aurait dû se poursuivre pendant plusieurs siècles, mais les relevés de température à partir du XXe siècle montrent une inversion soudaine de la tendance.

Grâce à vos connaissances et au document de référence, expliquer l'origine du refroidissement observé pendant les derniers 2 000 ans et comment il a pu être estimé, puis exposer l'origine de l'inversion de la tendance.

Document de référence

Anomalie de température calculée par rapport à la température mondiale moyenne en 1961-1990 (courbe lissée sur 5 ans).

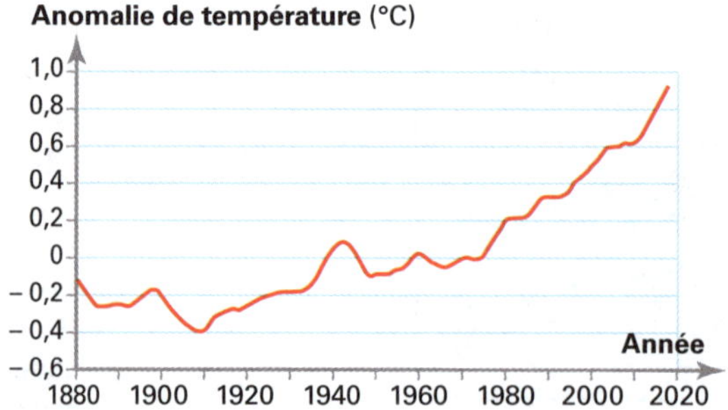

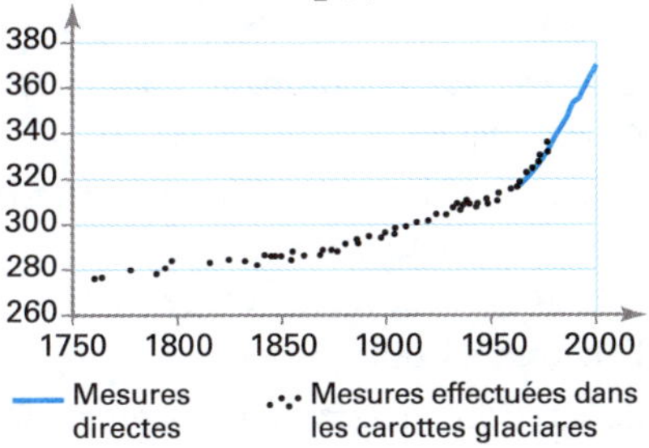

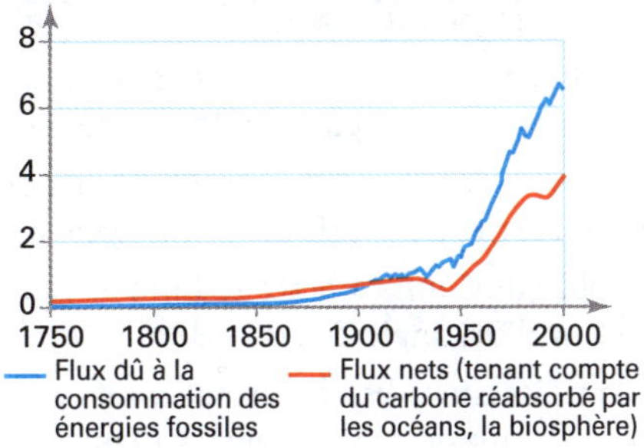

LES CLÉS POUR RÉUSSIR

Étape 1 Travaillez la consigne au brouillon pour bien cerner le sujet : identifiez le plan proposé dans la question.

Étape 2 Faites le lien entre ce plan et le texte introductif, qui indique ce qu'il faut expliquer : les paramètres de Milankovitch, le $\delta^{18}O$ dans les glaces et le réchauffement climatique actuel.

Étape 3 Utiliser le document de référence pour démontrer l'inversion de la tendance à partir des années 1850-1900.

Étape 4 Rédigez la réponse. L'introduction doit énoncer la problématique et le plan de résolution. Le développement prend la forme d'un argumentaire mêlant idées et exemples tirés des connaissances ou du document de référence – les schémas sont possibles mais pas obligatoires. La conclusion répond à la problématique et se termine par une ouverture.

LE CORRIGÉ

Les titres en couleurs ne doivent pas obligatoirement figurer sur la copie.

Introduction

Les paramètres de Milankovitch permettent de prévoir un refroidissement planétaire, soit le contraire de ce que l'on observe depuis le début du XXe siècle. Nous étudierons ce qu'indiquent ces paramètres, le refroidissement qu'ils annonçaient et ce qui a pu inverser la prévision.

Un refroidissement déduit des paramètres de Milankovitch

- Le climat du Quaternaire est caractérisé par l'alternance de phases glaciaires, marquées par un englacement de l'hémisphère Nord où se trouvent la plupart des continents et de phases interglaciaires plus chaudes. La dernière phase glaciaire, le Würm, s'est achevée il y a environ 12 000 ans et nous vivons aujourd'hui dans une phase plutôt chaude.

- L'alternance de ces phases est bien corrélée avec les variations des paramètres orbitaux de notre planète. Parmi ceux-ci, on distingue :

– l'excentricité, qui caractérise l'écart entre la forme décrite par l'orbite terrestre et un cercle. Elle varie selon un cycle d'environ 100 000 ans ;

– l'obliquité, qui caractérise l'inclinaison de l'axe de rotation de la Terre. Elle varie autour d'un angle de 23° selon un cycle d'environ 41 000 ans ;

– la précession, liée à la rotation de l'axe de rotation terrestre sur lui-même. Elle entraîne un décalage progressif entre les saisons et la position de la Terre sur son orbite. Ce phénomène présente deux cycles de 19 000 et 23 000 ans.

- Ces paramètres contrôlent notamment l'ensoleillement de l'hémisphère Nord et donc le climat global. Une excentricité ou une obliquité élevée augmente le contraste entre les saisons : les hivers plus rigoureux favorisent alors l'englacement et donc le refroidissement. Il en est de même pour la précession : aujourd'hui, dans l'hémisphère Nord, l'hiver correspond au moment où la Terre est au plus près du Soleil : l'hiver est plus doux, ce qui limite l'extension des glaces.

- La modélisation numérique de ces paramètres montre que la tendance lors de ces derniers 2 000 ans était au refroidissement.

Un refroidissement estimé grâce au $\delta^{18}O$

- Pour les derniers 2 000 ans, il n'existe pas de relevés de température permettant d'estimer le refroidissement. On peut utiliser cependant le « thermomètre isotopique ». En effet, l'eau présente plusieurs isotopes de l'oxygène : l'oxygène 16, très majoritaire, et l'oxygène 18, plus rare et plus lourd. Lors de l'évaporation et des précipitations, il s'effectue un fractionnement isotopique : les molécules d'eau formée d'^{18}O s'évaporent plus difficilement et précipitent plus facilement que celles constituées d'^{16}O.

- L'évaporation étant favorisée par la température, on peut montrer que la proportion d'^{18}O par rapport à ^{16}O dans les glaces augmente avec la température. L'écart entre ce rapport dans les glaces et une référence (noté $\delta^{18}O$) permet donc d'estimer l'écart de température entre le moment de formation de ces glaces et le moment de référence.

- L'étude de ce rapport pendant les derniers 2 000 ans montre que la température dans l'Arctique a diminué d'environ 0,02 °C par siècle, baisse qui aurait dû se poursuivre à l'époque actuelle.

Un refroidissement contrecarré par le réchauffement actuel

- Depuis le XXe siècle, les relevés de température montrent une tendance au réchauffement global. Ainsi, le document de référence indique une augmentation d'environ 0,7 °C entre 1900 et 2000.

- Dans le même temps, on observe une augmentation d'environ 80 ppmv de la concentration en CO_2 dans l'atmosphère. Le dioxyde de carbone est un gaz à effet de serre : il absorbe les rayonnements infrarouges émis par la surface terrestre, ce qui favorise le réchauffement de l'atmosphère.

- Entre 1900 et 2000, on observe également que le flux net de carbone vers l'atmosphère a été multiplié par 8, du fait d'une très forte augmentation de la consommation d'énergies fossiles (charbon, pétrole, gaz naturel). Cette hausse est particulièrement prononcée à partir de 1950.
- Ces constatations permettent d'établir un scénario qui fait l'objet aujourd'hui d'un consensus scientifique : à partir du XIXe siècle, l'augmentation de la consommation des énergies fossiles a entraîné une augmentation importante de la concentration en CO_2 dans l'atmosphère. La plupart des scientifiques s'accordent aujourd'hui sur le fait que cette hausse est responsable du réchauffement climatique observé notamment depuis les années 1950.
- Les activités humaines ont été suffisamment importantes pour renverser la tendance au refroidissement liée à l'évolution des paramètres orbitaux.

Conclusion

L'évolution des paramètres de Milankovitch, qui explique l'alternance des climats depuis plusieurs millions d'années, devait nous entraîner vers un refroidissement climatique global, mais celui-ci a été contrecarré par l'augmentation des activités humaines libérant du CO_2 dans l'atmosphère (combustion des énergies fossiles, déforestation...). La responsabilité humaine dans le réchauffement étant établie, il est urgent maintenant d'agir pour l'atténuer ou en limiter l'impact sur les espèces vivantes.

SUJET 26 | OBJECTIF SUP

30 min

Vers une modification de la viticulture en France

→ FICHES 24 et 25

En prenant l'exemple de la production viticole dans le Languedoc-Roussillon, ce sujet d'entraînement au raisonnement scientifique permet d'étudier comment l'homme peut adapter son agriculture à l'évolution inéluctable du climat.

LE SUJET

Le réchauffement climatique a des impacts mesurables sur l'agriculture : modification des dates des récoltes, installation de nouveaux parasites... Ceci peut nécessiter des adaptations des pratiques culturales.

Montrer que la production viticole est impactée par le réchauffement climatique et proposer des stratégies d'adaptation permettant de poursuivre la production dans le Languedoc-Roussillon.

Doc 1 Évolution de la date du début des vendanges dans le sud de la vallée du Rhône entre 1951 et 2007

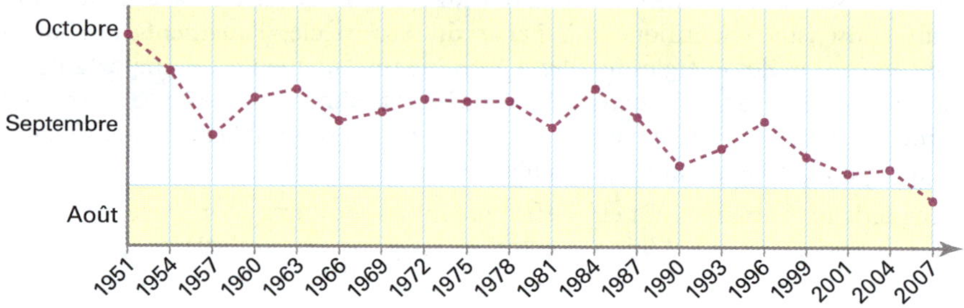

Doc 2 L'effet du réchauffement climatique sur la viticulture

Le réchauffement climatique a de nombreux impacts sur la viticulture : la floraison est plus précoce (les vendanges se déroulent en général une centaine de jours après la floraison de la vigne, ce qui correspond en France à fin août-début octobre), exposant les fleurs fragiles aux gelées d'avril-mai ; les vendangeurs doivent récolter pendant les fortes chaleurs d'août ; les grains sont plus riches en sucre, donc les vins sont plus alcoolisés.

Le réchauffement climatique peut également perturber l'accès à l'eau (pour l'irrigation par exemple), faciliter le développement de nouvelles maladies ou l'installation de nouveaux ravageurs.

Pour s'adapter à ces transformations, il faudra sans doute recourir à des cépages plus résistants à la chaleur et à la sécheresse, voire déplacer la production dans d'autres régions. Il pourrait par exemple s'avérer nécessaire d'abandonner les vignobles du sud fortement ensoleillés.

L'exploitation de cépages de type Marsanne ou Syrah dans le Beaujolais a donné des résultats encourageants. Ceci nécessitera une modification de la législation sur les appellations d'origine protégée (AOP), qui reposent sur des cépages plus traditionnels.

L'un des exemples les plus frappants des effets du réchauffement climatique sur la viticulture est le développement du Liz's fizz. Ce vin pétillant promu par la Reine Elizabeth II a nécessité la plantation de 16 700 pieds de chardonnay, pinot noir et meunier dans le domaine de Windsor, une région jusqu'à présent peu adaptée à la viticulture !

Doc 3 Carte des cépages et des régions viticoles du sud-est de la France et d'Italie

Avec le réchauffement climatique, le climat du sud de la France se rapprochera du climat actuel du Latium ou de la Campanie (Italie), plus sec et plus chaud.

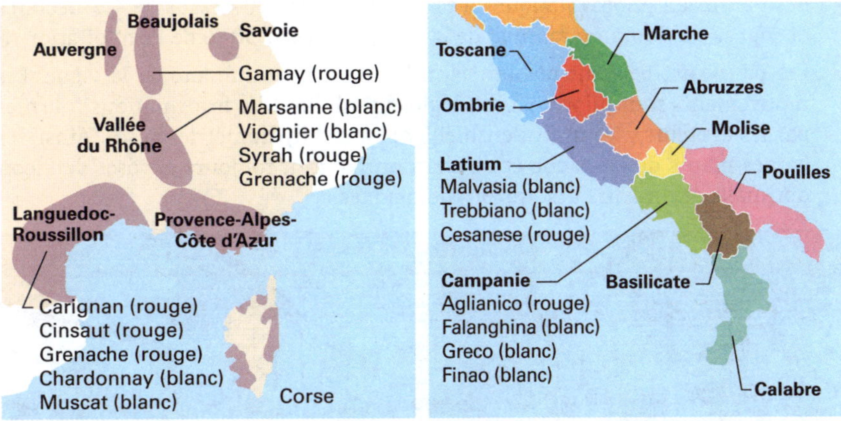

Doc 4 Résultats d'expériences de floraison et de maturation menées sur diverses plantes

Le projet ICCARE, mené par le CNRS, vise à étudier l'« impact des changements climatiques sur [...] l'évolution des aires de répartition d'espèces végétales [...] ». Des populations végétales dans toute l'Europe ont été soumises à une augmentation contrôlée de température et suivies pendant plusieurs années. Le graphique indique l'évolution des dates de floraison et de maturation de quelques plantes, soumises à une température contrôle (0) ou à une augmentation de 1,5 ou de 3 °C. La vigne, non étudiée dans le projet, est vraisemblablement affectée de la même façon.

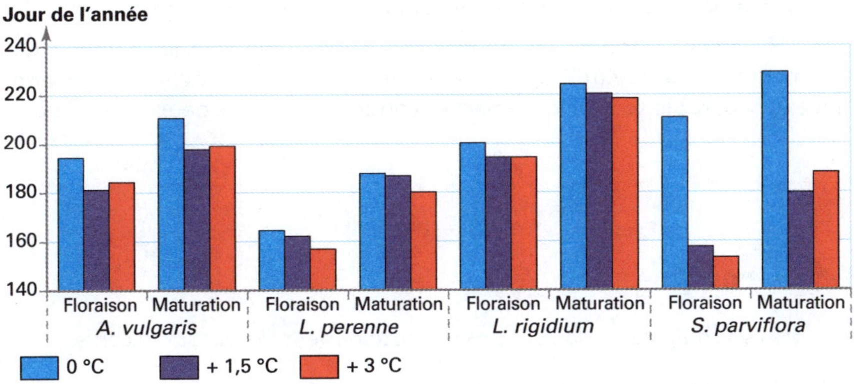

Doc 5 Le vitivoltaïque

La première centrale vitivoltaïque expérimentale française, qui combine vignes et panneaux solaires, a été inaugurée en novembre 2018 à Tresserre (Pyrénées-Orientales). Ce projet est géré par la société Sur'R, qui a installé des panneaux photovoltaïques à plus de 4 mètres au-dessus de 4,5 hectares de vignes du domaine familial de la Nidolères (soit 30 % de l'exploitation).

Les panneaux peuvent pivoter selon les besoins en lumière de la vigne. Les mouvements sont pilotés par un logiciel exploitant les informations fournies par les capteurs mesurant l'ensoleillement et l'hydrométrie du sol. Ainsi, les jeunes plants de grenache et de chardonnay sont toujours exposés de façon optimale, selon leurs besoins physiologiques.

LES CLÉS POUR RÉUSSIR

Étape 1 Au brouillon, saisissez les informations et mettez-les en relation. Au cours de la lecture des documents, on peut par exemple utiliser deux couleurs (en lien avec les deux consignes) pour surligner les éléments importants.

Étape 2 Rédigez la réponse en rappelant systématiquement les numéros des documents lors de leur utilisation. Faites un paragraphe pour chaque idée principale et séparez le tout en deux parties correspondant aux deux consignes.

LE CORRIGÉ

Les titres en couleurs ne doivent pas obligatoirement figurer sur la copie.

Introduction

Le réchauffement climatique actuel fait l'objet d'un consensus scientifique : il reste cependant à identifier précisément ses conséquences et à essayer d'en limiter l'impact grâce à des stratégies d'adaptation. Nous montrerons ici que la viticulture est impactée par le réchauffement climatique, mais que l'on peut envisager de poursuivre l'exploitation de la vigne, même dans les régions les plus chaudes, telles que le Languedoc-Roussillon.

CONSEIL DE MÉTHODE

Identifiez bien les deux consignes : montrer l'impact du réchauffement climatique sur la viticulture, puis proposer des stratégies d'adaptation.

L'impact du réchauffement climatique sur la viticulture

- Les vendanges ont lieu de plus en plus tôt dans le sud de la vallée du Rhône (doc. 1) : entre 1950 et 1987, elles arrivaient en moyenne dans la deuxième moitié du mois de septembre. Depuis 1990, elles se tiennent toujours dans la première moitié du même mois.
- Cette évolution peut s'expliquer par une précocité de la floraison. Les vendanges ont généralement lieu environ 100 jours après la floraison (doc. 2), le temps que les grains grossissent et se gorgent de sucre ; une avancée de la floraison entraîne donc des vendanges plus précoces.
- L'avancée de la floraison peut être liée au réchauffement climatique. Dans le **document 4**, des chercheurs montrent que la floraison et la maturation des plantes sont d'autant plus précoces qu'il fait chaud. Les dates sont avancées d'environ 15 jours pour *A. vulgaris* et de plus de 50 jours pour *S. parviflora* en cas de réchauffement ; les résultats pour les autres plantes étudiées sont moins flagrants, mais tous indiquent une floraison et une maturation d'autant plus précoce que la température est élevée.
- Ces informations permettent d'établir le scénario suivant : le réchauffement climatique rend la floraison de la vigne plus précoce, donc une maturation des fruits et des vendanges également plus précoces. Ceci n'est pas sans risque pour la vigne (doc. 2) : elle peut être exposée aux gelées encore possibles en mai.
- Le réchauffement climatique a de nombreuses autres conséquences sur la viticulture (doc. 2) : raréfaction de l'eau, développement de nouveaux parasites, déplacement des aires de production, etc.

Des stratégies d'adaptation

- Le **document 2** propose comme évolution possible l'abandon des vignobles du sud très ensoleillés. Ceci n'est pas inéluctable, et nous allons voir comment il est possible de poursuivre la production dans le Languedoc-Roussillon, par exemple.
- Le **document 2** indique des résultats prometteurs pour des essais de culture de marsanne et de syrah dans le Beaujolais. D'après le **document 3**, ces deux cépages sont cultivés dans la basse vallée du Rhône, mais pas dans le Beaujolais. Si ces cépages résistent au climat actuel du Beaujolais, une stratégie d'adaptation serait d'utiliser des cépages adaptés aux climats plus secs. Ainsi, si le climat du Languedoc-Roussillon est amené à ressembler au climat italien, on pourrait y proposer la culture de cépages italiens comme l'aglianico rouge et le greco blanc de Campanie ou le cesanese rouge et le malvasia blanc du Latium en lieu et place du grenache

rouge et du chardonnay blanc. Un tel changement nécessitera également une évolution de la législation sur les appellations d'origine protégée (doc. 2).

- Une autre stratégie est proposée dans le **document 5**. En 2018 a été inaugurée la première vigne équipée de panneaux solaires dans le Languedoc-Roussillon : sans changer les cépages cultivés (et donc sans changer la législation), ces panneaux photovoltaïques permettent d'adapter l'ensoleillement en fonction des besoins de la plante. Cela permet également d'en profiter pour produire de l'énergie renouvelable. C'est en quelque sorte une stratégie gagnant-gagnant.

Conclusion

Comme l'agriculture en général, la viticulture est impactée par le réchauffement climatique, du fait de l'avancée de la date des vendanges et de la modification de la qualité des vins produits. Pour préserver la viticulture dans les régions les plus ensoleillées, il faudrait changer les cépages cultivés (contre des cépages mieux adaptés au nouveau climat ou des cépages génétiquement améliorés). Il est aussi possible d'adapter les pratiques culturales, en installant par exemple des panneaux solaires limitant l'ensoleillement excessif de la vigne tout en produisant de l'énergie.

SUJET 27 | OBJECTIF SUP

60 min Argumenter contre le climato-scepticisme

→ FICHES 24 et 25

Ce sujet d'entraînement au raisonnement scientifique permet de mieux s'approprier les arguments en faveur du réchauffement climatique et de montrer que le réchauffement global ne se traduit pas forcément par un réchauffement local.

LE SUJET

En mai 2013, la France aura connu son deuxième mois de mai le plus froid jamais mesuré. Ce refroidissement s'étendait à toute l'Europe, puisqu'il s'agissait également du mois de mai le plus froid en Espagne depuis 1985, et au Royaume-Uni depuis 1996. La même année, selon un sondage réalisé par le Commissariat général au développement durable (CGDD), plus d'un tiers des Français étaient climato-sceptiques : 13 % estimaient que le réchauffement climatique n'était pas démontré scientifiquement et 22 % considéraient qu'il n'était pas prouvé que ce réchauffement soit lié aux activités humaines.

Constatant que le mois de mai 2013 était particulièrement froid, une assemblée de climato-sceptiques vous demande d'exposer des arguments démontrant l'existence d'un réchauffement climatique d'origine anthropique.

Doc 1 Anomalies de température atmosphérique enregistrées en mai 2013

Seuls apparaissent les écarts de température supérieurs à 1 °C par rapport à la température normale attendue (calculée d'après la moyenne sur la période 1981-2010).

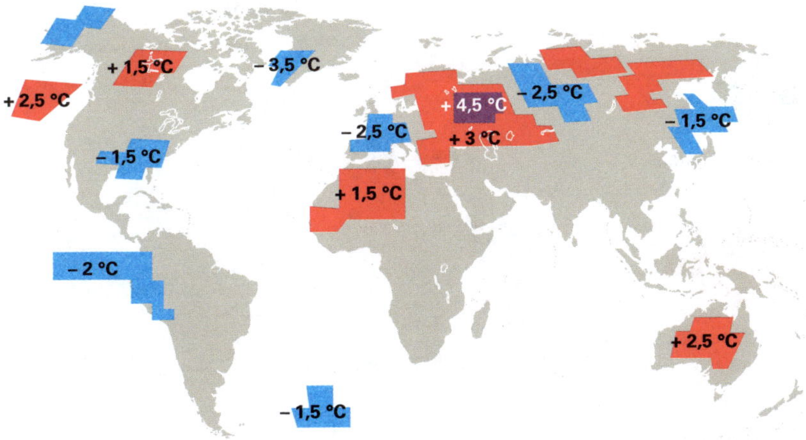

Doc 2 Mois d'éclosion des premiers bourgeons de marronnier à Genève (Suisse) entre 1808 et 2019

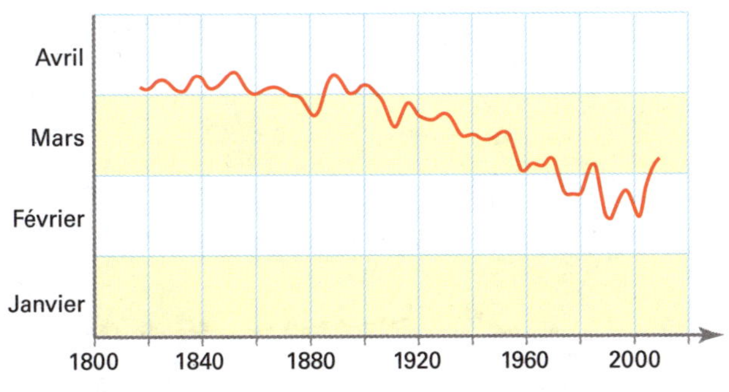

Doc 3 Résultats d'expériences menées sur la floraison de diverses plantes

Conditions expérimentales	Nombre de jours nécessaires à la floraison
Témoin	210 jours
+1,5 °C par rapport au témoin	157 jours
+3 °C par rapport au témoin	150 jours

Doc 4 Répartition de deux espèces de poissons tropicaux dans l'océan Atlantique entre 1960 et 1995

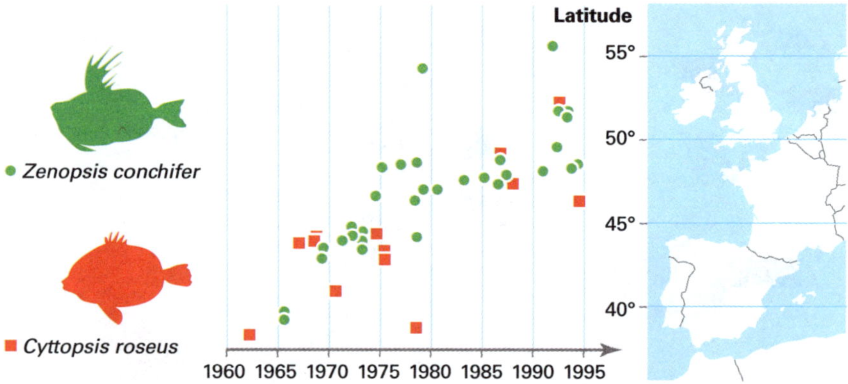

Doc 5 Évolution de la concentration atmosphérique de deux gaz à effet de serre

ppmv : partie par million en volume, ppbv : partie par milliard en volume.

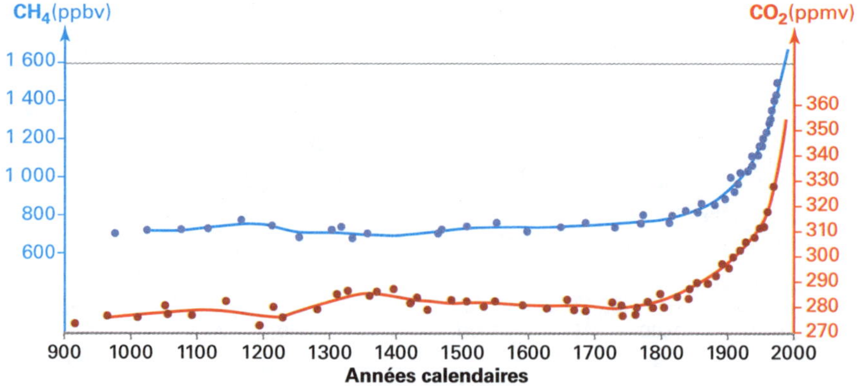

Doc 6 Évolution de l'écart de température à la surface du globe depuis 1 000 ans par rapport à une moyenne relative sur 1961-1990

Données obtenues avec des thermomètres (à partir de 1900) ou par mesure dans les cernes de bois, les coraux ou les glaces polaires (de 1000 à 1950).

Le trait vert en 0 correspond à la moyenne relative des températures sur 1961-1990.

Les courbes rouge et orange correspondent à l'évolution des températures annuelles (la courbe rouge étant un lissage de la courbe orange). Les plages en bleu correspondent aux incertitudes.

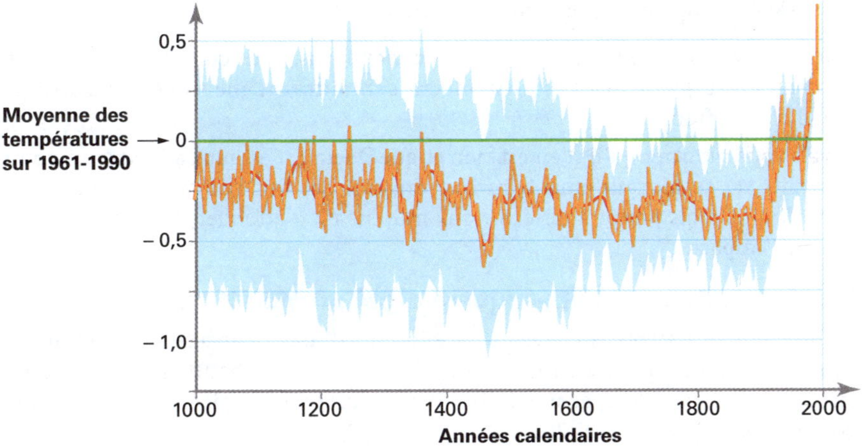

LES CLÉS POUR RÉUSSIR

Étape 1 Listez au brouillon les arguments exposés dans les documents.

Étape 2 Trouvez un plan adéquat, celui-ci n'étant pas explicite dans la consigne qui parle d'« un réchauffement climatique d'origine anthropique ». On peut répartir les arguments suivant qu'ils montrent la réalité du réchauffement climatique ou son origine humaine (c'est le plan du corrigé).

Étape 3 Répartissez les arguments trouvés dans les documents suivant le plan choisi.

Étape 4 Rédigez la réponse en rappelant systématiquement les numéros des documents lors de leur utilisation.

LE CORRIGÉ

Il n'est pas exigé de faire figurer sur la copie les titres en couleurs.

Introduction

CONSEIL DE MÉTHODE

Vous adressant à une assemblée, vous pouvez rédiger votre réponse comme un discours. Ce n'est pas une obligation, mais cela peut éventuellement mettre en valeur vos talents littéraires et vous entraîner au grand oral !

Chers auditeurs, comme un tiers de nos concitoyens, vous croyez que le réchauffement climatique n'est pas suffisamment démontré ou que son origine anthropique reste à établir.

Je vais vous montrer qu'il n'en est rien et que l'heure n'est plus à mettre en doute la réalité de ce réchauffement ou son origine, qui fait l'objet d'un consensus scientifique, mais plutôt à réfléchir aux moyens d'en atténuer l'ampleur ou d'en limiter l'impact.

Un réchauffement climatique malgré un mois de mai 2013 froid

- Votre climato-scepticisme vient sans doute d'une mauvaise perception des échelles de temps utilisée dans l'étude du climat : un réchauffement climatique sur le long terme n'empêche en effet pas la survenue d'épisodes locaux froids, comme c'est arrivé en mai 2013.
- Par ailleurs, même si ce mois était froid en Europe occidentale (–2,5 °C par rapport aux normales de saison), il a été nettement plus chaud dans d'autres régions du monde, englobant l'Afrique du Nord, l'Europe orientale, la Scandinavie et la Sibérie, où les températures étaient entre 1,5 et 4,5 °C supérieures aux normales de saison. Il semblerait d'ailleurs que ce mois de mai était globalement légèrement plus chaud que les mois de mai précédents. Donc il serait faux de conclure à l'absence de réchauffement par l'étude de l'Europe occidentale seule.
- Le réchauffement apparaît nettement dans le **document 6** : on note une remontée des températures globales à partir des années 1900. Avant cette date, le climat semblait plutôt légèrement se refroidir ; après 1900, la température augmente et le réchauffement semble même s'accélérer depuis les années 1950.
- Ce réchauffement a déjà des impacts mesurables sur les populations végétales : ainsi, les marronniers de Genève bourgeonnent presqu'un mois plus tôt entre 1960 et aujourd'hui qu'entre le début du XIXe siècle et 1920 (doc. 2). Les scientifiques ont pu montrer que cette précocité était directement liée à l'augmentation de la température.
- En imposant des températures de 1,5 °C ou de 3 °C supérieures aux températures actuelles, ils ont observé que la floraison débutait respectivement 53 et 60 jours plus tôt que normalement (doc. 3).

Par ailleurs, on observe que les espèces tropicales, dont les parasites et autres vecteurs de maladies, remontent vers les régions tempérées, ce qui signifie que le climat est plus chaud ! Les poissons tropicaux *Zenopsis conchifer* et *Cyttopsis roseus*, par exemple, sont aujourd'hui observés au nord du 45° de latitude nord, alors que ces espèces étaient autrefois limitées au 40°... Ceci révèle un réchauffement des eaux océaniques, qui ne peut s'expliquer que par un réchauffement planétaire.

Un réchauffement d'origine anthropique

Intéressons-nous maintenant à une deuxième idée largement répandue : le réchauffement climatique est réel, mais il ne serait pas d'origine humaine...

Regardez les courbes d'abondance du méthane et du dioxyde de carbone dans l'atmosphère. Pour les années les plus récentes, on connaît la concentration de ces gaz à effet de serre par des mesures directes dans l'atmosphère ; pour les périodes plus anciennes, on estime leur concentration par des mesures sur les bulles d'air emprisonnées dans les glaces, qui représentent autant de bulles « fossiles » de l'atmosphère d'autrefois. Ces deux gaz restent à des concentrations stables (autour de 800 ppbv pour le CH_4 et 280 ppmv pour le CO_2) jusqu'au milieu du XIXe siècle, puis leur concentration s'envole : entre 1800 et 2000, la concentration en CH_4 a doublé et celle de CO_2 a augmenté de près de 50 %.

Ces courbes peuvent être comparées à celles de l'évolution de la température (doc. 6), ce qui montre une corrélation entre la concentration en CO_2 et CH_4 dans l'atmosphère et la température moyenne globale. De nombreuses expériences ont permis de montrer que ces deux gaz étaient à l'origine d'un effet de serre en absorbant les rayonnements infrarouges émis par la surface terrestre.

Reste à élucider l'origine de ces deux gaz. Le milieu du XIXe siècle correspond au début de la Révolution Industrielle... marqué entre autres par une consommation accrue de charbon tout d'abord, puis de pétrole et de gaz, des énergies fossiles dont la combustion libère dans l'atmosphère des quantités importantes de CO_2. Ces courbes d'évolution des gaz à effet de serre sont superposables aux courbes de consommation des combustibles fossiles. Aucun autre flux de gaz à effet de serre n'a été à ce point modifié à cette époque. Ceci permet de démontrer que le réchauffement climatique est bien d'origine humaine.

Conclusion

Chers auditeurs, j'espère vous avoir enfin convaincus que le réchauffement climatique est à l'œuvre, que ses effets sont d'ores et déjà perceptibles et que son origine humaine est indubitable. Il est urgent maintenant d'agir pour atténuer l'ampleur de ce réchauffement, en limitant par exemple nos rejets de gaz à effet de serre, ou pour nous adapter à ce réchauffement, en mettant en place des politiques adéquates.

9 Des réflexes aux mouvements volontaires

La pratique de l'escrime met en jeu à la fois des contractions involontaires (posture, réflexes) et des contractions volontaires, qui nécessitent un contrôle intense et précis par le cerveau.

TESTEZ-VOUS

→ CORRIGÉS P. 346

Faites le point sur vos connaissances
puis établissez votre **parcours de révision**
en fonction de votre score.

1 Les mouvements involontaires

→ FICHE 26

Lors d'un réflexe :

☐ **a.** l'étirement du muscle répond à une contraction du même muscle
☐ **b.** le cerveau contrôle la réponse de deux muscles antagonistes
☐ **c.** l'information transite via un neurone sensoriel relié au fuseau neuromusculaire

.../1

2 Transfert des informations lors d'un réflexe

→ FICHES 26 et 27

La mise en place d'un réflexe nécessite :

☐ **a.** la circulation d'une information sensorielle dans la racine postérieure de la moelle épinière
☐ **b.** l'intervention d'un neurotransmetteur provenant d'une cellule musculaire et stimulant un neurone
☐ **c.** la circulation de messages nerveux sensoriels et moteurs dans les neurones

.../1

3 La jonction neuromusculaire

→ FICHES 27 et 30

Au niveau d'une jonction neuromusculaire :

☐ **a.** le potentiel d'action est le messager libéré par le neurone présynaptique
☐ **b.** le messager chimique est le potentiel d'action
☐ **c.** des potentiels d'action circulent dans le neurone présynaptique
☐ **d.** la fréquence des potentiels d'action est toujours la même

.../1

4 Le mouvement volontaire

→ FICHE 28

Dans le cadre d'un mouvement volontaire :

☐ **a.** les motoneurones du cortex occipital contrôlent la contraction des muscles
☐ **b.** le cerveau intègre les informations sensorielles en permanence
☐ **c.** les neurones centraux transmettent des informations aux motoneurones situés dans la moelle épinière
☐ **d.** l'hémisphère gauche contrôle la motricité des muscles situés à gauche du corps

.../1

5 Cortex cérébral et fonction motrice

→ FICHES 28 et 29

Le cerveau :

- ☐ **a.** a une activité qui peut être mesurée grâce à une IRM structurelle
- ☐ **b.** a un cortex moteur qui contrôle la contraction involontaire des muscles
- ☐ **c.** a un cortex moteur spécialisé car chaque zone du cortex contrôle la contraction de muscles particuliers
- ☐ **d.** a une activité stable dans le temps

.../1

6 Le cerveau et la plasticité cérébrale

→ FICHE 29

La plasticité cérébrale :

- ☐ **a.** modifie le nombre de neurones uniquement lors de l'apprentissage
- ☐ **b.** modifie le nombre de connexions entre neurones après un entraînement
- ☐ **c.** permet de récupérer après un AVC
- ☐ **d.** peut correspondre à une mobilisation de nouvelles zones cérébrales après la perte de fonctionnalité de la zone normalement activée

.../1

7 Caractéristiques du message nerveux

→ FICHE 30

Le message nerveux qui circule dans les neurones :

- ☐ **a.** est lié à une modification de la répartition des ions dans le neurone
- ☐ **b.** est un ensemble de potentiels d'action
- ☐ **c.** n'est pas perturbé par des substances psychoactives comme la nicotine
- ☐ **d.** est lié à une hyperpolarisation des neurones

.../1

8 Sommation

→ FICHE 28

Lors d'un mouvement volontaire, la stimulation des motoneurones dépend de la sommation :

- ☐ **a.** de messages sensoriels directement reçus par les motoneurones
- ☐ **b.** de messages sensoriels directement reçus par les neurones centraux
- ☐ **c.** de messages moteurs directement reçus par les neurones centraux

.../1

Score total .../8

Parcours PAS À PAS ou *EXPRESS* ? → MODE D'EMPLOI P. 3

26 Le réflexe myotatique, un mouvement involontaire

En bref *Le réflexe myotatique est un mouvement involontaire d'un muscle contrôlé par la moelle épinière. Il provoque la contraction d'un muscle en réponse à son étirement.*

I Le déclenchement du réflexe

- Le médecin peut faire un test du **réflexe** rotulien en tapant sur le genou fléchi du patient. Ce choc, ou stimulus, provoque un **étirement du muscle**, puis une extension de la jambe.
- Dans les muscles, certaines fibres musculaires sont entourées par un neurone sensoriel ; cette zone est le fuseau neuromusculaire et est sensible à l'étirement.

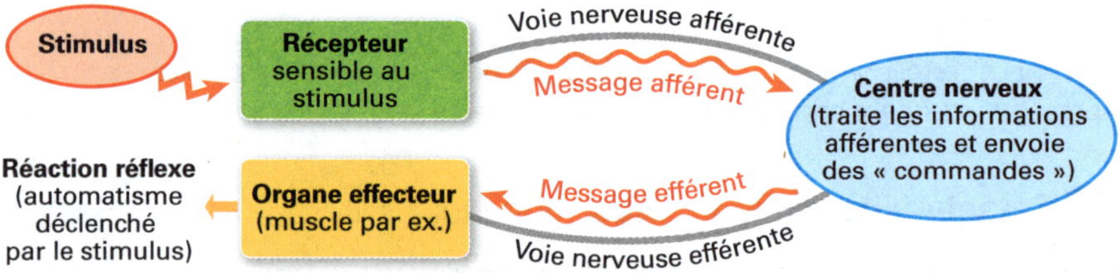

Doc **Le circuit général d'un réflexe**

II L'intégration des informations par la moelle épinière

- Lorsque le fuseau neuromusculaire est excité ou étiré, un message nerveux est engendré par le neurone sensoriel et est amené jusqu'à la **moelle épinière** : c'est un **message afférent**. Dans la moelle épinière, le message nerveux sensoriel est transmis à un motoneurone (neurone moteur) par le biais d'une structure spécifique : la synapse. Le motoneurone activé envoie alors un message nerveux jusqu'au muscle étiré, qui se contracte : c'est un **message efférent**.
- Lors d'un réflexe, un muscle se contracte et un autre muscle, antagoniste, se relâche. Par exemple, le réflexe rotulien est un étirement de la jambe produit par la contraction du quadriceps et le relâchement des ischio-jambiers.
- Le réflexe est un **mouvement involontaire** constituant un mécanisme de préservation des muscles, qui se contractent quand ils sont trop étirés. Ce réflexe est aussi primordial dans le maintien de la posture.
- En raison de la succession des événements, on dit que le réflexe est une boucle de régulation. On parle aussi d'arc réflexe.

Méthode

Comprendre le transfert des messages nerveux lors du réflexe

En 1820, le médecin et physiologiste français François Magendie entre à l'école vétérinaire d'Alfort. Il commence alors une série d'expériences sur des animaux afin d'étudier le fonctionnement de la moelle épinière.

Déterminer le sens de circulation des messages nerveux moteurs et sensoriels en vous appuyant sur les expériences historiques de François Magendie.

Doc Résultats expérimentaux obtenus par François Magendie

Les tiretés indiquent les sections réalisées sur les nerfs. Les flèches noires désignent les points où les stimulations n'engendrent pas de contraction. Les flèches rouges désignent les points où les stimulations engendrent une contraction.

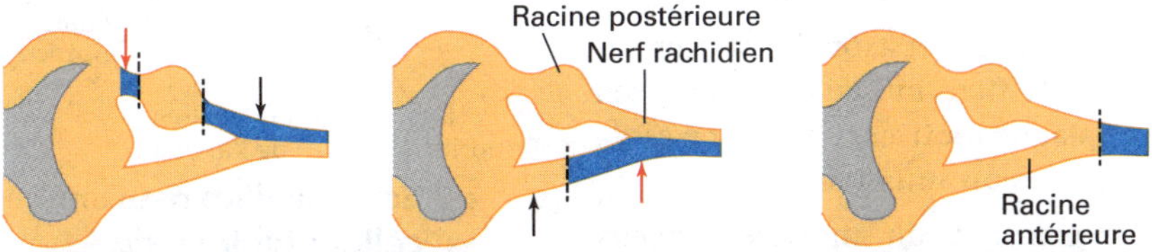

a. Perte de sensibilité globale **b. Perte de motricité globale** **c. Perte de la motricité et de la sensibilité**

CONSEILS

Étape 1 Identifier les types de message qui circulent dans le nerf rachidien.
Étape 2 Identifier la nature des messages nerveux qui circulent dans la racine postérieure et la racine antérieure de la moelle épinière.
Étape 3 Déterminer le sens de circulation de ces messages.

SOLUTION

Étape 1 La section du nerf rachidien (**c**) entraîne la perte de la motricité et de la sensibilité. Ce nerf transmet donc des messages nerveux moteurs et sensoriels.

Étape 2 La section de la racine postérieure (**a**) ne fait perdre que la sensibilité. La racine postérieure conduit donc uniquement des messages sensoriels. La section de la racine antérieure (**b**) ne fait perdre que la motricité. La racine postérieure conduit donc uniquement des messages moteurs.

Étape 3 L'expérience **b** montre que seule la stimulation du côté de la racine antérieure reliée au muscle entraîne une contraction : le message moteur sort donc de la moelle épinière par la racine antérieure. L'expérience **a** montre que les messages sensoriels entrent par la racine postérieure de la moelle épinière.

27 Rôle des jonctions neuromusculaires

En bref *La jonction neuromusculaire transfère l'information du neurone à la fibre musculaire via un neurotransmetteur, l'acétylcholine. Il en résulte une contraction musculaire.*

I La jonction neuromusculaire

■ Le message du neurone moteur est produit dans le corps cellulaire et transite via l'axone jusqu'à la terminaison axonale sous la forme d'un message électrique nommé potentiel d'action. On parle de codage électrique du message.

■ La terminaison axonale est à proximité de la fibre musculaire au niveau de la plaque motrice. Cette zone est la jonction neuromusculaire.

■ Le transfert du message nerveux électrique à la fibre musculaire met en jeu un messager chimique, l'acétylcholine, qui transite par une synapse. C'est un codage chimique du message.

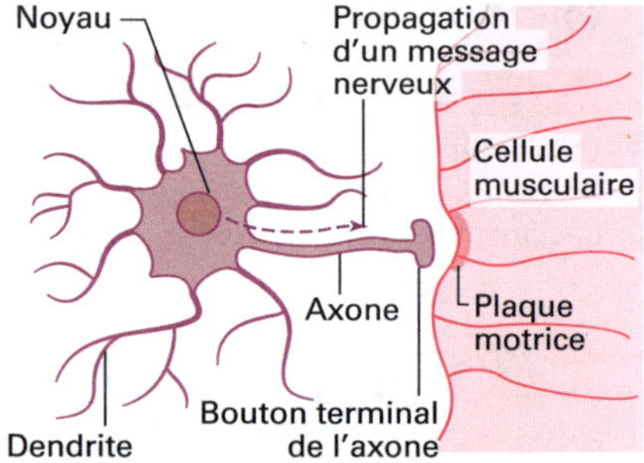

Doc 1 Schéma d'un neurone, cellule typique du système nerveux

II Le potentiel d'action musculaire à l'origine de la contraction

■ Le message nerveux électrique (potentiel d'action) est transmis, par l'intermédiaire de l'acétylcholine, à la fibre musculaire qui, à son tour, crée un nouveau message électrique nommé potentiel d'action musculaire.

■ Le potentiel d'action musculaire déclenche, par une cascade de réactions, une sortie d'ions calciques (Ca^{2+}) stockés dans le réticulum sarcoplasmique, un organite de la fibre musculaire.

■ À une stimulation nerveuse du motoneurone correspond une contraction musculaire. On dit qu'il y a une réponse motrice au stimulus nerveux.

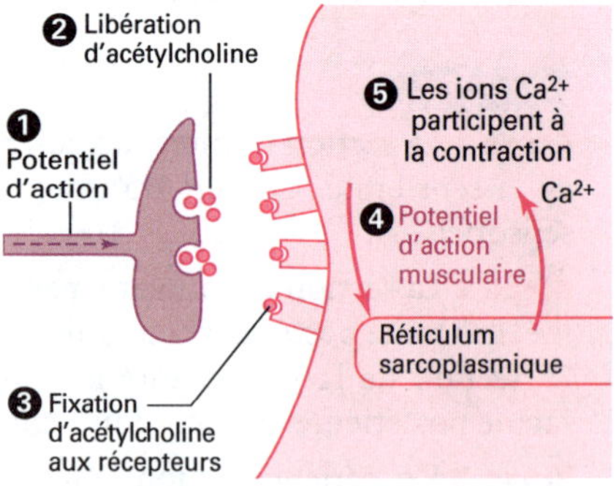

Doc 2 Contraction d'une fibre musculaire activée par un motoneurone

Méthode

Comprendre le rôle de l'acétylcholine dans la synapse chimique

L'étude du document révèle l'aspect sombre et épais de la région postsynaptique de la jonction neuromusculaire.

À partir de l'analyse du document et de vos connaissances, montrer que le message électrique du neurone présynaptique est transmis à la fibre musculaire par l'intermédiaire d'un messager chimique.

Doc Observation en microscopie électronique de la jonction neuromusculaire

À gauche, on observe l'épaississement de la membrane postsynaptique de la fibre musculaire. Au centre et à droite, zoom sur l'espace synaptique avant (centre) et après (droite) une stimulation électrique du motoneurone.

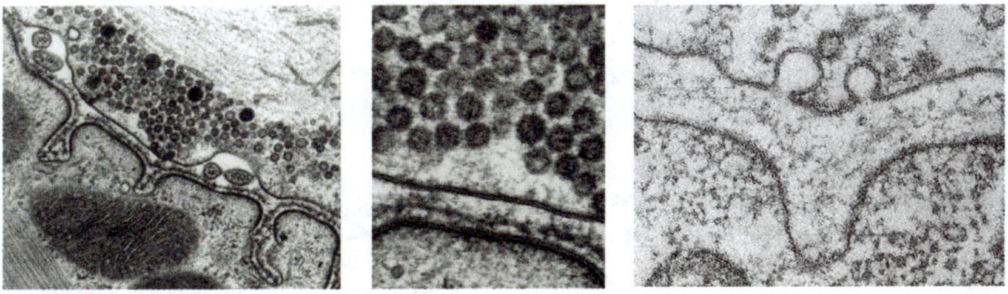

CONSEILS

Étape 1 Décrire la structure du neurone présynaptique avant et après sa stimulation.
Étape 2 Expliquer l'origine de l'expulsion des vésicules.
Étape 3 Expliquer comment le message électrique est restauré dans la région postsynaptique de la fibre musculaire.
Étape 4 Expliquer l'importance de modifier la nature du message.

SOLUTION

Étape 1 Avant la stimulation, le neurone contient de nombreuses vésicules. Après la stimulation, elles déversent leur contenu dans la synapse.

Étape 2 L'arrivée du potentiel d'action dans la terminaison neuronale active la fusion des vésicules avec la membrane du neurone par exocytose.

Étape 3 L'acétylcholine libérée dans l'espace synaptique se fixe sur les récepteurs de la membrane postsynaptique de la fibre musculaire. Ceci engendre un message électrique : le potentiel d'action musculaire.

Étape 4 Un message électrique ne peut être transmis qu'au sein d'une même cellule. Pour transmettre l'information entre deux cellules, il faut franchir un espace synaptique, ce qui est possible au moyen d'un messager de nature chimique.

28 Le contrôle du mouvement volontaire

En bref *Le cerveau centralise les messages sensoriels qui sont transmis aux motoneurones. Il contrôle ainsi les mouvements volontaires.*

I Le cerveau, récepteur des informations sensorielles

- Le cerveau, la moelle épinière et le cervelet forment le système nerveux central. On estime que le cerveau est composé d'environ 100 milliards de neurones, associés à près de 200 milliards de cellules gliales.
- Le cerveau reçoit des messages sensoriels provenant de tout l'organisme. Les neurones centraux du cortex cérébral intègrent ces informations et produisent en retour un message nerveux.
- La somme des informations apportées aux neurones centraux produit ou non un message nerveux. On parle de sommation.

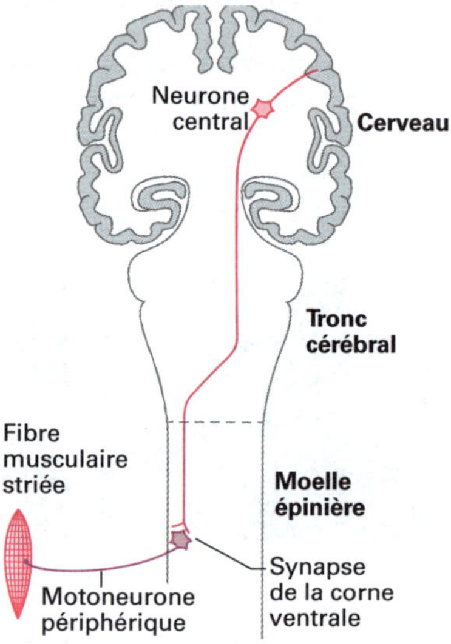

Doc Schéma de la voie motrice volontaire

II La voie motrice volontaire

- Les axones des neurones centraux localisés dans l'hémisphère gauche se croisent avec ceux provenant de l'hémisphère droit au niveau du tronc cérébral. Les neurones de l'hémisphère droit contrôlent les neurones moteurs des muscles localisés du côté gauche de l'organisme et vice versa.
- Les corps cellulaires des motoneurones sont dans la moelle épinière. Ils reçoivent les informations transmises par les faisceaux de neurones provenant du cerveau. Chaque neurone moteur est relié à une seule fibre musculaire.

MOT CLÉ
Motoneurone : neurone relié à un muscle et qui contrôle sa contraction.

III Cortex moteur ou aire motrice

- Dans le cerveau, les neurones centraux qui agissent sur les neurones moteurs sont localisés dans une zone spécifique nommée cortex moteur ou aire motrice, située dans la partie postérieure du lobe frontal.
- Chaque zone de l'aire motrice contrôle des muscles différents, l'aire motrice est donc spécialisée.

Méthode

Mettre en évidence la spécialisation des aires cérébrales

Des médecins demandent à un patient d'effectuer un mouvement de la main et mesurent en parallèle l'activité de son cerveau grâce à la technique de l'IRM fonctionnelle.

En vous appuyant sur le document, expliquer pourquoi les médecins affirment que les voies motrices volontaires se croisent et que le cortex moteur est spécialisé.

Doc Résultats d'un IRMf du lobe frontal (vue de dos) lors d'un mouvement de la main gauche

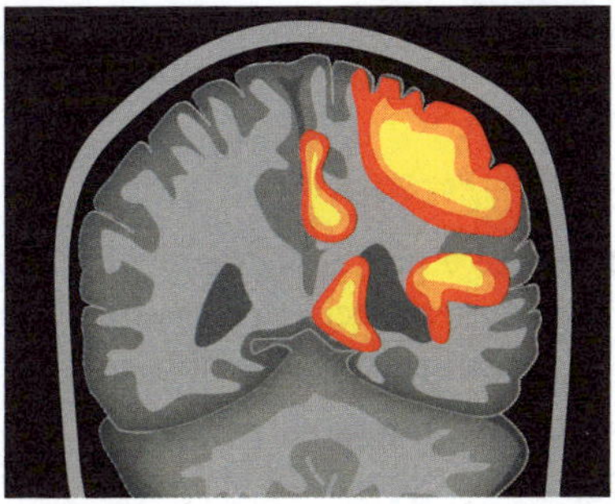

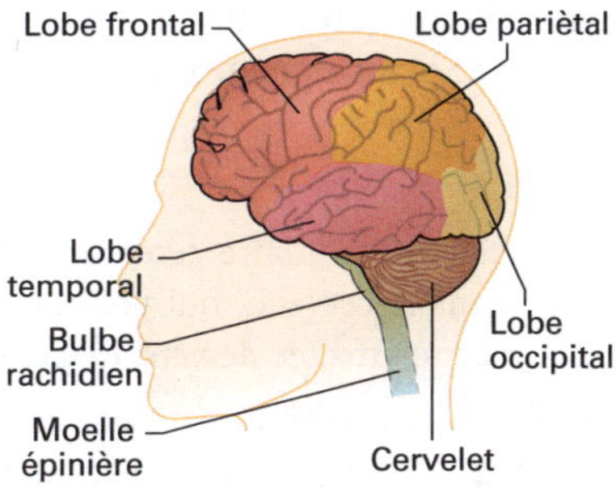

CONSEILS

Étape 1 Quelles sont les zones activées dans le cerveau lors du mouvement ?
Étape 2 Déterminer quels hémisphères contrôlent le mouvement de chaque main.
Étape 3 Pourquoi peut-on dire que l'aire motrice est spécialisée ?

SOLUTION

Étape 1 Le cortex moteur se situe à l'arrière du lobe frontal. C'est surtout le tiers supérieur du cortex moteur droit qui est activé lors du mouvement de la main gauche.

Étape 2 L'hémisphère droit est à l'origine du mouvement volontaire de la main gauche. Inversement, on suppose que l'hémisphère gauche contrôle la main droite.

Étape 3 Le mouvement de la main gauche ne mobilise pas tout le cortex moteur de l'hémisphère droit et le cortex moteur de l'hémisphère gauche n'est pas mobilisé. Il y a donc une spécialisation des aires motrices des deux hémisphères, car chaque zone du cortex contrôle un ensemble de muscles bien précis et chaque hémisphère contrôle les muscles localisés du côté opposé.

29 Perturbations de la motricité et apprentissage

En bref *La plasticité cérébrale, phénomène remaniant la structure et le fonctionnement du cerveau, est au cœur de son adaptation.*

I Plasticité cérébrale et fonctionnement du cerveau

- La **plasticité cérébrale** permet la modification de la structure du cerveau et de son fonctionnement en réponse à des stimulations volontaires (apprentissage) ou des modifications accidentelles (accident vasculaire cérébral).
- La plasticité cérébrale se traduit par une augmentation du **nombre de connexions** synaptiques entre certains neurones, par une augmentation du **nombre de neurones** ou par l'**allongement** de leurs axones, ce qui favorise le contact avec d'autres neurones.

II Les accidents vasculaires cérébraux

- Un accident vasculaire cérébral (AVC) résulte d'un problème de **circulation du sang** dans le cerveau, qui peut affecter des zones précises ou un hémisphère entier. La zone affectée devient inactive, ce qui peut pertuber la motricité.
- La plasticité cérébrale permet de **restaurer les fonctions perdues** à la suite d'un AVC par la mobilisation de nouvelles zones cérébrales. Le processus est facilité par des programmes de rééducation adaptés.

III La capacité d'apprentissage

MOT CLÉ
IRM fonctionnelle : imagerie permettant de visualiser les zones cérébrales en activité.

- L'**apprentissage** est la capacité pour un individu de modifier son comportement lorsqu'il est face à un problème ou lorsqu'il répète des actions.
- En imagerie (IRM fonctionnelle), les **zones activées** du cerveau sont celles du cortex cérébral les plus irriguées par le sang lors de l'action.
- L'étude par IRM fonctionnelle permet d'illustrer la plasticité cérébrale associée à l'apprentissage. En effet, lorsqu'il joue, un pianiste professionnel mobilise un plus grand nombre de zones du cortex cérébral qu'un amateur.

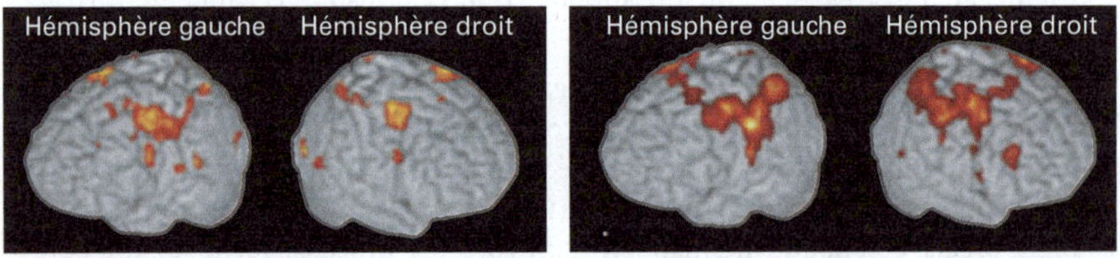

Doc **IRMf des deux hémisphères d'un pianiste amateur (à gauche) et d'un pianiste professionnel (à droite)**

Méthode

Observer une récupération après un AVC

Des patients victimes d'un AVC affectant le cortex moteur gauche présentent des troubles de la motricité de la main droite. On a mesuré par IRMf l'activité cérébrale de certains patients pendant un mouvement de fermeture du poing.

Expliquer comment la plasticité cérébrale permet la récupération de la fonction motrice de la main droite après un AVC.

Doc IRMf de patients atteints d'un AVC du cortex moteur gauche

Les images visualisent l'activité des deux hémisphères lors de la fermeture du poing droit 2 et 10 jours après l'accident, en comparaison d'un individu témoin.

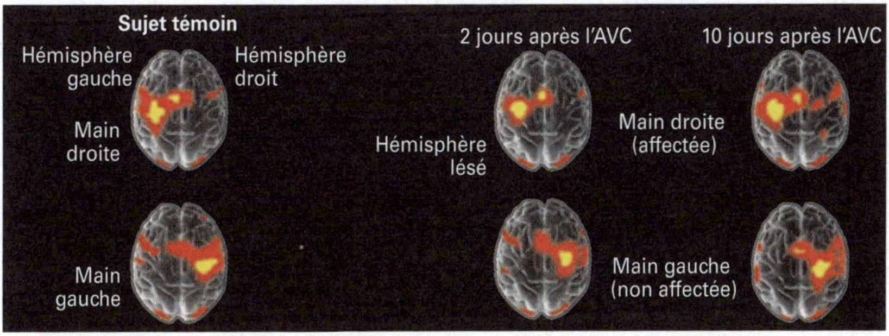

CONSEILS

Étape 1 Comparer les IRMf des patients deux jours après leur AVC et celui des sujets témoins.
Étape 2 Comparer les IRMf des patients au bout de 10 jours avec ceux du deuxième jour.
Étape 3 Expliquer comment la plasticité cérébrale permet la récupération de la fonction motrice de la main droite.

SOLUTION

Étape 1 La surface active du cortex moteur gauche des patients touchés par un AVC est légèrement plus réduite que celle des sujets témoins.

Étape 2 Au bout de 10 jours, l'activité des cortex moteurs droit et gauche des patients augmente lorsque la main droite est serrée.

Étape 3 L'activation de zones du cortex moteur droit après l'AVC lors du mouvement de la main droite montre que le cerveau a modifié son fonctionnement afin de compenser le déficit de motricité de la main droite. Il s'agit bien d'un mécanisme de plasticité cérébrale participant à la restauration de la motricité.

30 Fondements de la communication neuronale

En bref *La communication entre les neurones repose sur des échanges de neurotransmetteurs et sur la production de potentiels d'action.*

I Le message codé en fréquence de potentiel d'action

■ Les neurones cérébraux reçoivent en permanence des informations d'autres neurones via des neurotransmetteurs comme la sérotonine, la dopamine ou le GABA. Tous ces messages sont intégrés par le neurone et s'additionnent : c'est la **sommation** spatiale ou temporelle.

■ Le neurone est une cellule polarisée qui montre une forte **différence de potentiel** avec le milieu extérieur (–70 mV en moyenne).

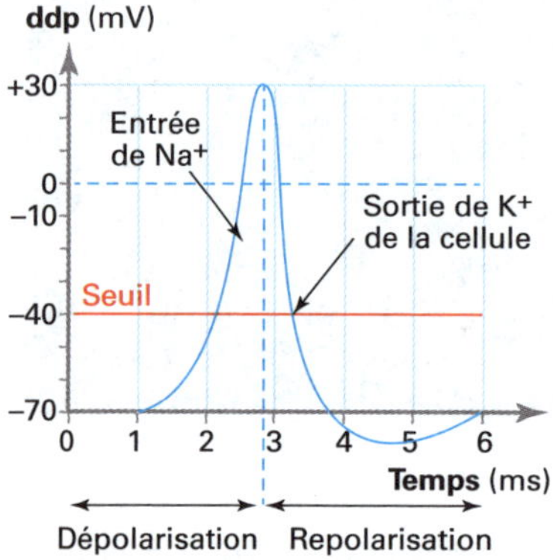

Doc Potentiel d'action d'un neurone à la suite de sa stimulation

■ Le neurone produit un message nerveux sous forme de potentiel d'action. La fréquence des potentiels d'action code l'intensité du message.

> **MOT CLÉ**
> **Potentiel d'action** : différence de potentiel résultant d'une modification de répartition des ions entre l'intérieur et l'extérieur de la membrane du neurone, et correspondant à une dépolarisation (100 mV d'amplitude).

II Perturbations de la communication neuronale

■ Les substances contenues dans les **drogues** (cannabis, cocaïne, alcool, cigarette…) agissent directement sur le cerveau en perturbant la communication entre les neurones.

■ Les drogues agissent sur le **système de récompense** en perturbant le fonctionnement des neurones de ce système. C'est ce qui provoque les phénomènes d'addiction et de manque.

■ Le plus souvent, les substances actives des drogues provoquent une forte libération de dopamine dans les neurones du système de récompense. On parle de molécules **psychoactives**. Elles peuvent soit imiter la dopamine, soit se substituer à d'autres neurotransmetteurs, soit empêcher la dégradation de la dopamine. Il en résulte toujours une augmentation du taux de dopamine dans le cerveau, créant une sensation de plaisir ou une sensation de manque lors des périodes de sevrage.

Méthode

Étudier l'action de la nicotine sur le cerveau

La cigarette contient de nombreuses substances cancérigènes, ses effets néfastes sur la santé ne sont plus à démontrer. On se propose de comprendre le rôle de l'une de ces substances, la nicotine.

À l'aide des documents et de vos connaissances, expliquer l'action de la nicotine et son rôle sur la dépendance à la cigarette.

Doc 1 Action de l'acétylcholine sur un neurone dopaminergique

Ces neurones sont très présents dans la zone de récompense du cerveau.

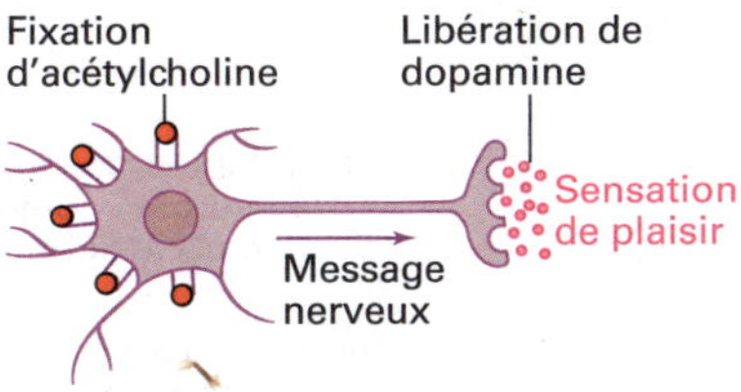

Doc 2 Comparaison des molécules d'acétylcholine et de nicotine

Le cercle indique la zone de fixation sur le récepteur à l'acétylcholine.

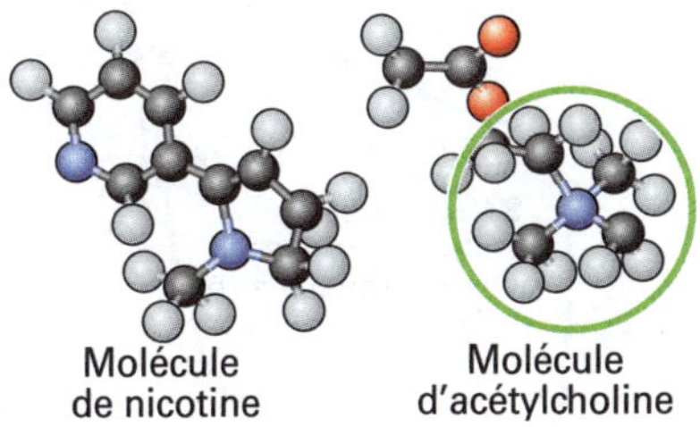

CONSEILS

Étape 1 Expliquer le fonctionnement des neurones dopaminergiques.
Étape 2 Rappeler le rôle de ces neurones dans le cerveau.
Étape 3 Comparer les molécules d'acétylcholine et de nicotine.
Étape 4 Expliquer comment la nicotine rend dépendant à la cigarette.

SOLUTION

Étape 1 La fixation de l'acétylcholine sur les récepteurs des neurones dopaminergiques provoque l'exocytose de vésicules contenant la dopamine. Cette libération entraîne la sensation de plaisir.

Étape 2 Les neurones dopaminergiques font partie du système de récompense.

Étape 3 La nicotine et l'acétylcholine présentent une région quasi identique.

Étape 4 La nicotine a un site moléculaire qui est identique au site de fixation de l'acétylcholine sur son récepteur. La nicotine peut donc se fixer sur les récepteurs à l'acétylcholine. Quand un individu fume, la nicotine se fixe sur les neurones dopaminergiques qui libèrent de la dopamine, provoquant une sensation de plaisir. La nicotine est donc la cause de la dépendance.

Commande des mouvements volontaires et involontaires

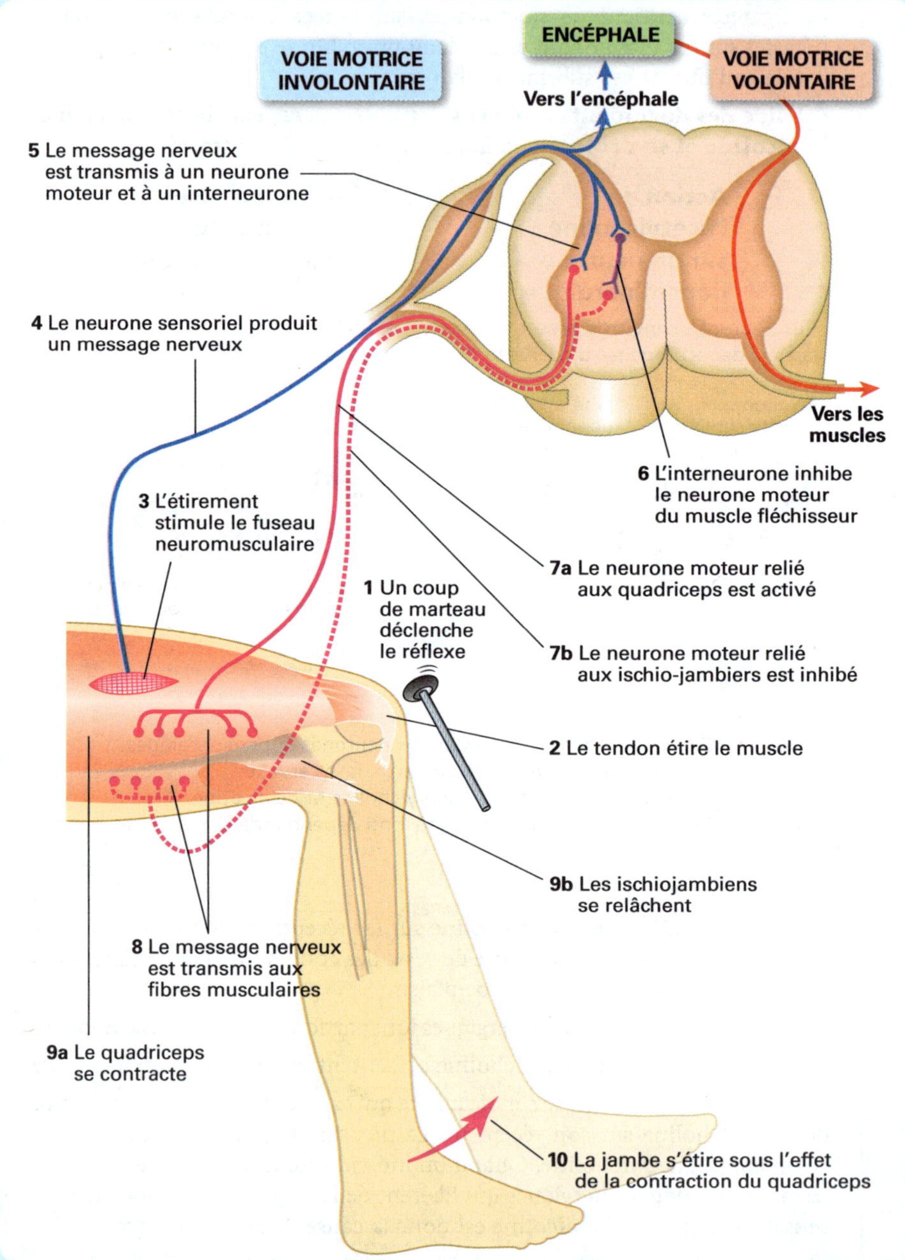

La sommation de messages sensoriels dans le cerveau au niveau du cortex moteur

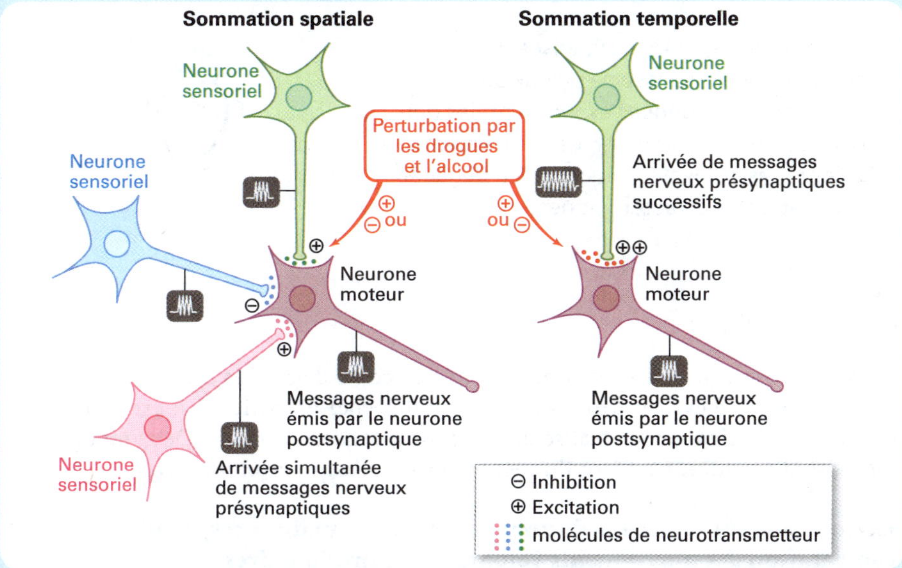

La plasticité cérébrale

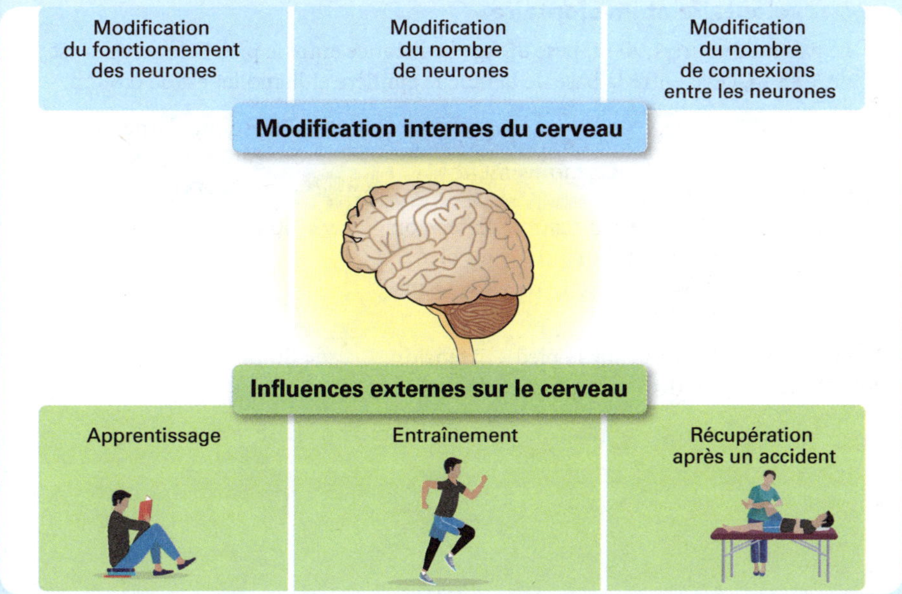

SUJET 28 | OBJECTIF BAC

80 min La motricité chez les êtres humains

→ FICHES 26, 27 et 28

Ce sujet de restitution organisée de connaissances est associé à deux documents compilant des données expérimentales qui permettent de comparer les mouvements volontaires et involontaires et d'en dégager les principales caractéristiques.

LE SUJET

En permanence, nos muscles sont sollicités au cours d'activités très variées. Un médecin décide d'exercer deux types de stimulus chez un patient : il exerce une pression sur le pied, puis il réalise un choc sur le tendon d'Achille. Deux mouvements sont produits, pourtant l'un est volontaire, l'autre involontaire...

En vous appuyant sur les documents et vos connaissances, réaliser une comparaison des mouvements volontaires et involontaires.

Doc 1 Quelques données expérimentales sur les mouvements volontaire et involontaire

Le patient mesure 1,90 m, pèse 85 kg ; la distance entre le pied et le cerveau est de 1,88 m, celle entre la base de la moelle épinière et le mollet est de 0,68 m.

	Temps de mise en place du mouvement		Vitesse moyenne de propagation du message nerveux
Mouvement involontaire	Coup de marteau sur le tendon d'Achille $t = 0$ s	Extension du pied $t = 17$ ms	$v = 80$ m/s
Mouvement volontaire	Pression sur le pied $t = 0$ s	Extension du pied $t = 47$ ms	$v = 80$ m/s

LES CLÉS POUR RÉUSSIR

Étape 1 Travaillez la consigne au brouillon pour bien cerner le sujet. Celui-ci demande une comparaison, donc le raisonnement devra être centré sur les grandes différences entre les deux types de mouvement.

Étape 2 Construisez un plan en essayant d'éviter deux parties (mouvement volontaire et mouvement involontaire), en dégageant les points communs et les différences entre les deux types de mouvement (nature des messages, organe central impliqué…).

Étape 3 Intégrez le document au raisonnement et placez le judicieusement dans votre plan.

Étape 4 Résumez les grandes différences en conclusion.

LE CORRIGÉ

Les titres en couleurs ne doivent pas obligatoirement figurer sur la copie.

Introduction

Même lorsque nous dormons, nous sommes en mouvement. Que cela soit dans le cadre d'une activité sportive ou pour les activités quotidiennes et professionnelles, nous sollicitons en permanence nos muscles en effectuant des mouvements volontaires. Certains mouvements, comme les réflexes, sont hors de contrôle de notre volonté.

Au-delà du caractère volontaire ou involontaire des mouvements, comment les différencier ? Comment ces mouvements sont-ils contrôlés et comment les informations associées à leur déroulement sont-elles transportées ?

Pour répondre à ces questions, nous verrons que les mouvements volontaires et involontaires nécessitent l'intégration d'informations sensorielles dans deux organes différents du système nerveux central. Puis nous verrons que les voies de transmission de l'information nerveuse empruntées par ces deux types de mouvement sont variables. Enfin, nous verrons que les réponses motrices pour chaque type de mouvement, volontaire ou involontaire, sont très différentes.

Une intégration d'informations sensorielles par le système nerveux central

- D'après le **document 1**, la réalisation d'un mouvement volontaire est 2,6 fois plus lente que celle d'un mouvement involontaire.

CONSEIL DE MÉTHODE
Quand cela est possible, exploiter les données chiffrées des documents pour calculer des valeurs qui pourront appuyer le raisonnement.

▸ On sait aussi que le message nerveux est conduit à une vitesse moyenne de 80 m/s. Ainsi, grâce à la formule de la vitesse, on peut calculer la distance parcourue par le message nerveux avant d'obtenir une réponse motrice.

▸ Dans le cas du réflexe achilléen, la distance parcourue par le message nerveux est : $d = v{\cdot}t = 80 \times 0{,}017 = 1{,}36$ m.

À NOTER

Le réflexe achilléen correspond au mouvement d'extension involontaire du pied lié à la contraction du mollet en réponse à l'étirement de ce muscle.

En considérant que le message remonte du mollet vers le système nerveux central à la suite du coup de marteau et qu'il redescend vers le mollet, la distance calculée correspond à celle d'un aller-retour. Le message nerveux a donc rejoint un organe du système nerveux central situé à $\frac{1{,}36}{2} = 0{,}68$ m du mollet, ce qui ne peut être que la moelle épinière.

▸ Dans le cas de la pression sur le pied, la distance obtenue est $d = v{\cdot}t = 80 \times 0{,}047 = 3{,}76$ m. En considérant que le message sensoriel se dirige du pied vers le système nerveux central à la suite de la pression exercée et qu'il redescend vers le muscle du mollet entraînant sa contraction, la distance calculée correspond à celle d'un aller-retour. Le message nerveux a donc rejoint un organe du système nerveux situé à environ $\frac{3{,}76}{2} = 1{,}88$ m du pied, ce qui ne peut être que le cerveau, car la moelle épinière n'est qu'à environ 0,68 m.

▸ Le centre intégrateur du mouvement involontaire est donc la moelle épinière et celui du mouvement volontaire est le cerveau.

Des informations sensorielles dont la nature varie selon le type de mouvement

CONSEIL DE MÉTHODE

Il est possible que certaines parties de votre plan ne reposent que sur vos connaissances.

▸ Dans le cas d'un mouvement involontaire, un seul type d'information sensorielle intervient : elle correspond à un étirement du muscle. La détection de l'étirement du muscle est effectuée par des structures présentes dans les muscles nommées fuseaux neuromusculaires, formées d'une fibre musculaire associée à un neurone sensoriel. Lorsque les muscles sont étirés, le neurone sensoriel est activé et envoie un message nerveux sensoriel afférent vers la moelle épinière.

▸ Dans le cas d'un mouvement volontaire, un très grand nombre de neurones sensoriels envoient des informations au cerveau. Ils apportent des informations visuelles, auditives, gustatives, tactiles… provenant de l'environnement et de l'ensemble du corps. Ces informations sensorielles sont ensuite « sommées » dans le cortex moteur.

- La diversité des informations sensorielles qui parviennent au cerveau, autant dans leur nature que dans leur provenance, est très grande. À l'inverse, les informations sensorielles à l'origine d'une réponse réflexe ne sont associées qu'à un simple étirement musculaire.

Diversité des voies motrices et de la réponse motrice

- On sait que lors d'une réponse motrice involontaire seuls deux motoneurones sont impliqués. En effet, le motoneurone qui innerve le muscle étiré est activé par le neurone sensoriel et entraîne la contraction du muscle concerné. Dans le même temps, le neurone sensoriel stimule l'activation d'un interneurone, qui inhibe le motoneurone innervant le muscle antagoniste du muscle étiré.

Dans le cas d'un réflexe, la réponse motrice est dite stéréotypée.

- Lors de la mise en place de la réponse motrice volontaire, ce sont les neurones centraux qui reçoivent et intègrent l'ensemble des informations sensorielles. Ces neurones vont ensuite transmettre l'information nerveuse aux motoneurones présents dans la moelle épinière, qui à leur tour vont stimuler la contraction des muscles impliqués dans le mouvement souhaité.

RAPPEL
Un réflexe est dit stéréotypé lorsqu'il se déroule toujours de la même manière pour un stimulus identique.

Dans ce cas, la réponse motrice n'est pas stéréotypée. En effet, si le stimulus est identique, les mouvements pourront différer selon le moment ou ils sont réalisés et selon la personne qui les réalisent. Le mouvement volontaire n'est pas stéréotypé.

- Dans les deux cas, les neurones sensoriels et les neurones moteurs sont mis en jeu. Cependant, dans le cas des mouvements volontaires, on voit intervenir des neurones centraux et, dans le cas du réflexe, on voit intervenir des interneurones.

Conclusion

CONSEIL DE MÉTHODE
Le sujet demande explicitement une comparaison : il peut être pertinent de construire un tableau comparatif en guise de conclusion.

Les mouvements volontaires reposent sur de grands invariants. Ils sont toujours déclenchés par la réception d'informations sensorielles dont l'intégration a lieu dans le cerveau et qui génèrent toujours un message nerveux moteur adapté. Contrairement aux mouvements volontaires, les réflexes interviennent toujours dans des situations où un muscle est étiré. Le message nerveux est intégré dans la moelle épinière et aboutit systématiquement à la contraction du muscle étiré. La contraction entraîne toujours un mouvement involontaire d'extension ou de flexion du membre associé au muscle étiré.

Tableau récapitulant les caractéristiques des mouvements volontaires et involontaires

	Mouvement volontaire	Mouvement involontaire
Centre intégrateur	Cerveau	Moelle épinière
Voie nerveuse sensorielle	Grande diversité de neurones sensoriels	Neurones sensoriels sensibles à l'étirement
Voie nerveuse motrice	Motoneurone de la moelle épinière	
Intermédiaire entre la voie sensorielle et motrice	Oui, les neurones centraux	Non pour le neurone moteur qui innerve le muscle étiré Oui, l'interneurone qui inhibe le neurone moteur du muscle antagoniste
Réponse motrice	Diversifiée et adaptée au contexte	Stéréotypée
Rôle	Adaptations et comportements en réponse au contexte	Maintien de la posture et de l'intégrité du muscle

SUJET 29 | OBJECTIF BAC

30 min Les caractéristiques du réflexe

→ FICHE 26

Ce sujet de mobilisation des connaissances porte sur les caractéristiques du réflexe. Il met l'accent plus particulièrement sur la variabilité de la réponse motrice en fonction du degré d'étirement d'un muscle.

LE SUJET

Le réflexe est un mouvement involontaire faisant intervenir le système nerveux et le système musculaire.

En vous appuyant sur les documents et vos connaissances, expliquer en quoi le réflexe est un mécanisme prévisible, stéréotypé, adapté et inné.

Doc 1 **Activité électrique du triceps sural (à gauche) et du neurone sensoriel (à droite) en fonction de la force du coup du marteau sur le tendon d'Achille**

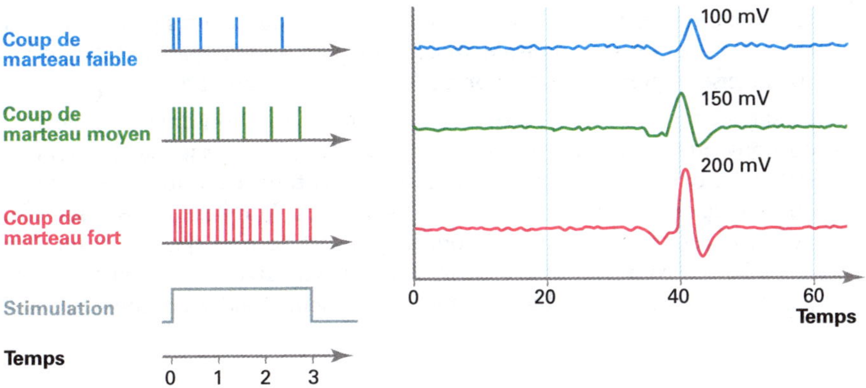

Doc 2 **Électromyogramme effectué sur les muscles triceps sural et tibial antérieur au cours de la marche**

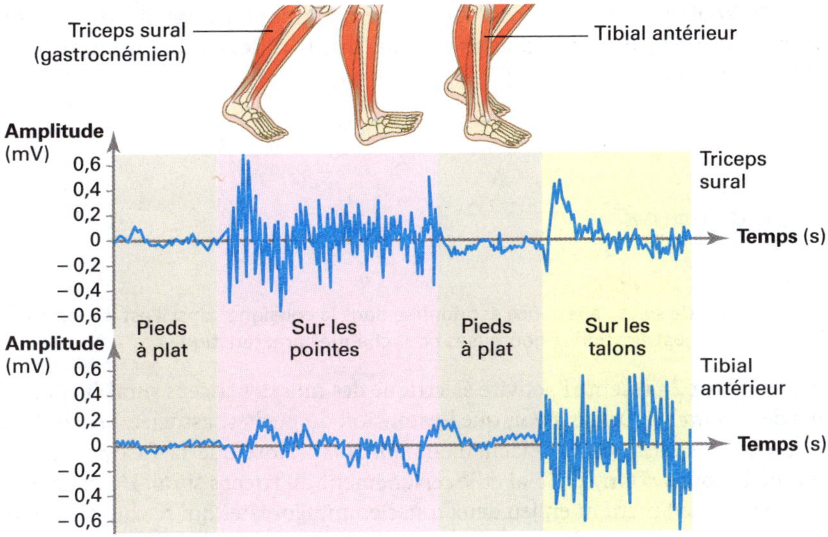

Doc 3 Examens réalisés chez un nouveau-né dans les trois jours après la naissance

Pour vérifier rapidement le tonus et les réflexes du nouveau-né, la sage-femme effectue la manœuvre dite du tiré-assis. Pour cela, elle assied le bébé face à elle et l'attire doucement en le maintenant par les bras pour vérifier la tonicité de ses muscles. Puis, le nourrisson, bien soutenu par la sage-femme, ébauche ses « premiers pas » : on parle de marche automatique.

La sage-femme teste un autre réflexe en présentant son doigt à la bouche du nouveau-né, ce qui provoque la succion. De plus, lorsque la sage-femme effleure avec sa main la joue du bébé, ce dernier tourne spontanément la tête du côté de la caresse pour chercher le sein, c'est le réflexe de fouissement. Enfin, le réflexe d'agrippement ou *grasping* est vérifié : quand on met un doigt dans sa paume, le bébé le saisit et le serre vigoureusement. Tous ces tests permettent de vérifier le bon développement neurologique du nouveau-né.

LES CLÉS POUR RÉUSSIR

Étape 1 Consultez l'ensemble des documents disponibles et notez rapidement pour chacun d'entre eux la ou les caractéristiques du réflexe qu'il permet de mettre en évidence.

Étape 2 Rédigez votre réponse sans nécessairement traiter les documents dans l'ordre, mais en présentant les preuves que le réflexe est stéréotypé, prévisible, adapté et inné.

LE CORRIGÉ

CONSEIL DE MÉTHODE

Dans ce genre de sujet, la réponse est donnée dans la consigne, ainsi il est important d'apporter des justifications rigoureuses pour chaque caractéristique.

▸ Le **document 2** présente l'activité électrique des muscles triceps sural et tibial au cours de la marche. On peut voir que l'extension du pied est associée à la contraction du triceps sural et au relâchement du tibial, alors que la flexion du pied combine la contraction du tibial et le relâchement du triceps sural. L'extension et la flexion du pied mettent en jeu deux muscles antagonistes qui se contractent ou se relâchent en fonction du mouvement réalisé.

CONSEIL DE MÉTHODE

Plus qu'une explication, c'est la capacité à argumenter qui est mise en œuvre ici. Il s'agit d'identifier dans chaque document des arguments en lien avec les propriétés du réflexe.

- Dans le **document 1**, on voit qu'un coup de marteau faible entraîne la formation d'un train de cinq potentiels d'action au cours des 3 secondes de stimulation, ce qui engendre une activité électrique de 100 mV dans le muscle. Lorsque le coup de marteau à une intensité moyenne, il se forme un train de neuf potentiels d'action au cours des 3 secondes de la stimulation, ce qui engendre une activité électrique de 150 mV dans le muscle. Enfin, si le coup de marteau est fort, il se forme seize potentiels d'action et l'activité électrique du muscle atteint 200 mV.

À NOTER
Cette activité électrique est aussi nommée potentiel de plaque motrice ou PPM.

- On sait qu'une activité électrique dans le muscle est suivie d'une contraction. Ainsi, il apparaît qu'à chaque stimulation réalisée sur le tendon d'Achille une réponse motrice est observée, à savoir l'extension du pied associée à la contraction du mollet. Ce constat nous permet donc de dire que le réflexe est un mécanisme prévisible : à une stimulation correspond une contraction.

- On note aussi que l'intensité de la stimulation sur le tendon d'Achille, et donc sur l'étirement du muscle, a une influence sur l'intensité de contraction du muscle. Plus la stimulation du tendon d'Achille est forte, plus la contraction du mollet est forte. Par conséquent, le réflexe est un mécanisme adapté.

- Pour que l'extension réflexe du pied ait lieu, la contraction du triceps sural est nécessaire. Cependant, il apparaît que le relâchement du tibial est aussi nécessaire. Donc, le fonctionnement du réflexe est stéréotypé. En effet, le réflexe comme nous avons pu le voir est un mouvement provoqué par la contraction d'un muscle et le relâchement d'un muscle antagoniste.

À NOTER
Une activité stéréotypée est un mécanisme qui suit toujours les mêmes étapes et dont la réponse sera toujours la même, car cette dernière est provoquée par une cause invariable.

- Le **document 3** présente les tests effectués sur un nourrisson juste après l'accouchement. Ces tests permettent d'évaluer l'activité motrice involontaire ou réflexe du nouveau-né. Parmi ces tests, on retrouve celui de la marche automatique, de succion (qui est fondamental pour l'allaitement et la prise de nourriture future) ou encore du *grasping*, qui est un réflexe d'agrippement des mains. Tous ces tests permettent d'évaluer l'intégrité du système nerveux du nouveau-né et sont de nature à prouver le caractère inné des mouvements involontaires ou réflexes.

Finalement, l'activité motrice involontaire est fonctionnelle dès la naissance (inné) et se caractérise par une activité de contraction proportionnée à la stimulation (adapté) et se déroulera toujours selon la même séquence d'événements (stéréotypé). Par ces caractéristiques, le réflexe est donc prévisible.

SUJET 30 | OBJECTIF MENTION

30 min La maladie de Charcot

→ FICHES 28, 29 et 30

Ce sujet d'entraînement au raisonnement scientifique propose d'explorer les causes d'une maladie connue depuis 1869, la maladie de Charcot, et pour laquelle il n'existe toujours pas de traitement permettant la guérison.

LE SUJET

La maladie de Charcot a été décrite pour la première fois en 1869 par J.-M. Charcot. Aussi appelée sclérose latérale amyotrophique (SLA), cette maladie se caractérise par des symptômes graves tels que des faiblesses musculaires, des problèmes de déglutition, des difficultés pour marcher, des pertes d'équilibre ou encore des crampes musculaires.

À l'aide des documents et de vos connaissances, expliquer les causes à l'origine de la maladie de Charcot.

Doc 1 Tissus du cortex moteur d'un cerveau sain (à gauche) et atteint (à droite) par la maladie de Charcot

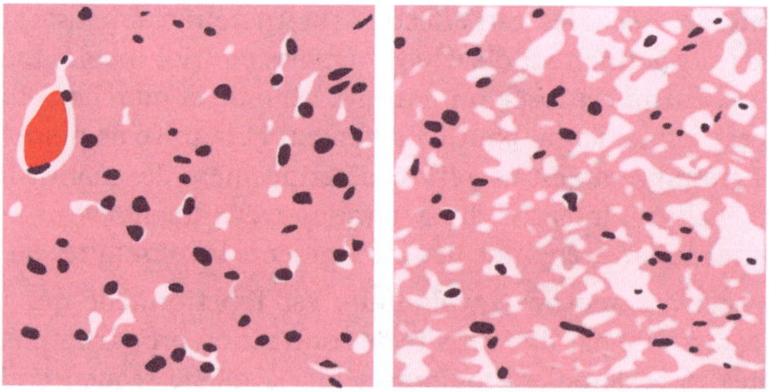

Doc 2 IRM structurelle réalisé chez deux patients, l'un étant sain et l'autre étant touché par la maladie de Charcot

Les régions sombres chez le patient malade sont moins denses que les régions claires, denses et saines.

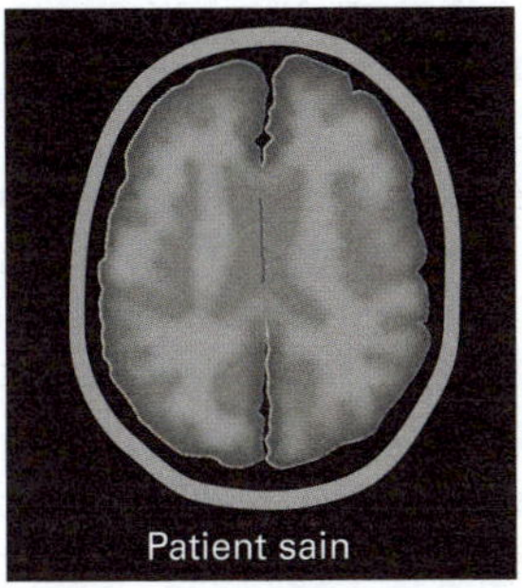

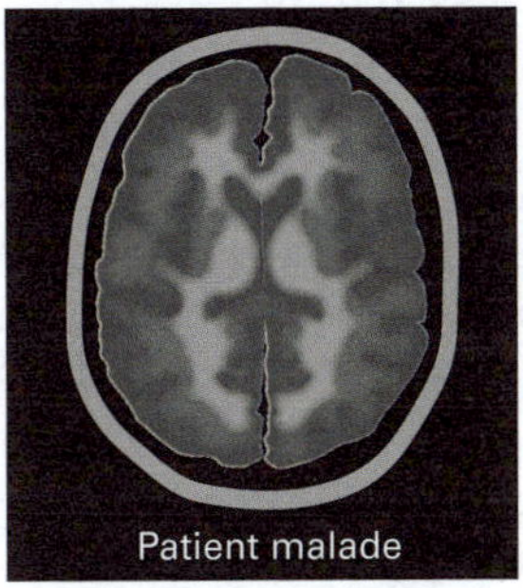

Doc 3 Activité électrique musculaire à la suite de l'activation des motoneurones de deux rats

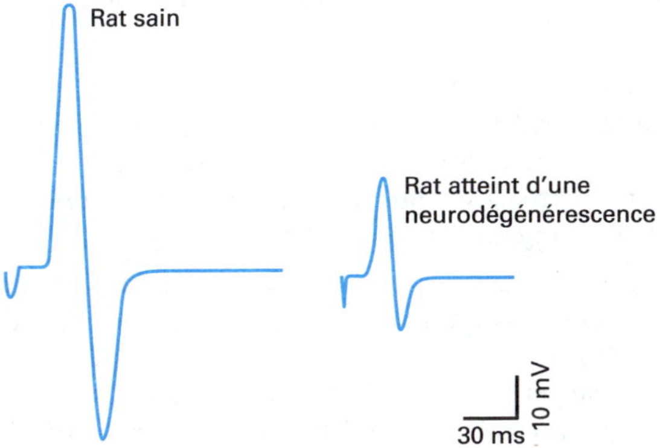

LES CLÉS POUR RÉUSSIR

Étape 1 Déterminez à partir des symptômes si la maladie de Charcot affecte la motricité volontaire ou involontaire.

Étape 2 Déterminez pour chaque document les informations essentielles qu'ils apportent et les mettre en relation.

Étape 3 Rédigez la réponse en veillant à l'orthographe, à la tournure de vos phrases (syntaxe) et à l'ordre logique des arguments.

LE CORRIGÉ

D'après l'introduction, la maladie de Charcot se caractérise par des troubles de la marche, des pertes d'équilibre et des faiblesses musculaires généralisées. Il semble que cette maladie impacte fortement la motricité, volontaire ou involontaire, des patients. Nous tenterons de déterminer les causes de cette maladie afin de comprendre ces pertes progressive de motricité.

Le document 3 présente l'activité électrique d'un muscle de rat sain et celle d'un muscle atteint d'une maladie neurodégénérative de type maladie de Charcot. On remarque que la forme globale des deux signaux est semblable, mais que l'amplitude de l'activité électrique du muscle du rat malade est de seulement 40 mV contre 120 mV pour le muscle de rat sain.

On peut en conclure que les faiblesses musculaires résultent d'activités électriques beaucoup plus faibles dans les muscles des patients touchés par la maladie, ce qui génère des contractions moins importantes.

CONSEIL DE MÉTHODE

Une transition sous forme d'une question peut être proposée à ce stade du raisonnement. « La chute de l'activité électrique du muscle a-t-elle une origine musculaire ou nerveuse ? »

Le **document 2** montre les résultats d'une IRM structurelle du cerveau d'un sujet sain et du cerveau d'un sujet touché par la maladie de Charcot. On remarque que les zones claires (qui caractérisent des tissus denses, sains) de l'individu malade sont réduites. Cet aspect suggère que le patient malade est touché par une dégénérescence cérébrale ou neurodégénérescence.

Le **document 1** montre les résultats d'une biopsie dans des tissus cérébraux d'un sujet sain et dans ceux d'un patient touché par la maladie de Charcot. On remarque que le tissu du cortex moteur chez le malade présente de nombreuses lacunes là où du tissu cérébral devrait être présent. De plus, les cellules ont des noyaux plus petits. Ceci suggère que le tissu cérébral est en partie détruit. La dégénérescence cellulaire touche les neurones du cortex moteur impliqués dans le contrôle de l'activité motrice volontaire. Ceux-ci étant moins nombreux chez les malades, ils transmettent moins d'informations, ce qui se traduit par des signaux électriques plus faibles. Si la dégénérescence n'est pas stoppée, elle peut s'étendre à d'autres parties du système nerveux central et perturber des réflexes vitaux (respiration…).

La destruction des motoneurones est associée à une atrophie progressive des muscles, ce qui entraîne une immobilisation progressive du malade.

À NOTER

On estime entre 2 et 5 ans l'espérance de vie après l'apparition des premiers symptômes. Seuls 10 % des patients vivent au-delà de 10 ans après l'apparition des premiers symptômes.

10 La cellule musculaire, une cellule spécialisée

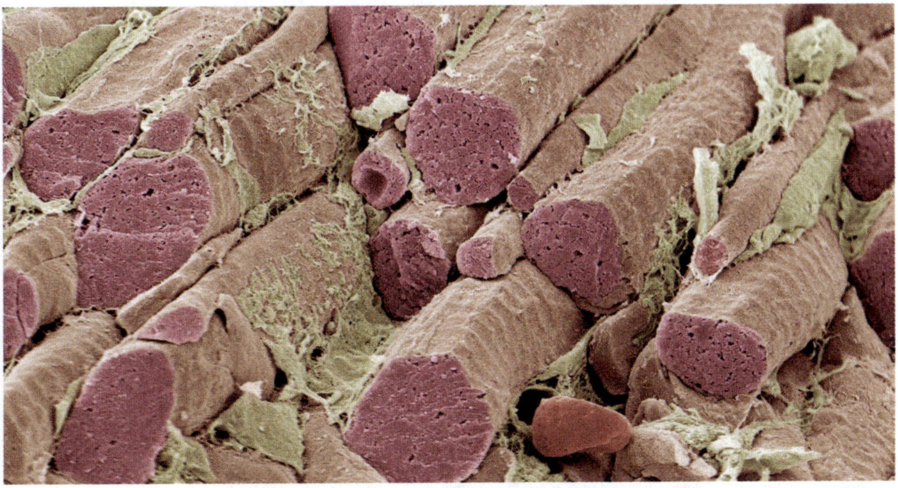

Les mouvements nécessitent la contraction de muscles squelettiques. Pour cela, les fibres musculaires consomment de l'ATP qui doit être renouvelé en permanence au moyen de diverses voies métaboliques.

TESTEZ-VOUS

→ CORRIGÉS P. 346

Faites le point sur vos connaissances puis établissez votre **parcours de révision** en fonction de votre score.

1 Les muscles dans le mouvement

→ FICHE 31

Pour aboutir au mouvement de flexion de l'avant-bras :

- ☐ **a.** le biceps et le triceps sont contractés
- ☐ **b.** le biceps est relâché et le triceps est contracté
- ☐ **c.** le biceps est contracté et le triceps est relâché
- ☐ **d.** le biceps et le triceps se contractent alternativement

.../1

2 Le fonctionnement de la cellule musculaire

→ FICHE 31

Un sarcomère :

- ☐ **a.** peut mesurer plusieurs centimètres de long
- ☐ **b.** est constitué d'une alternance de myofibrilles
- ☐ **c.** est constitué d'un ensemble de myofilaments
- ☐ **d.** est une unité structurale qui peut se raccourcir

.../1

3 La contraction d'une fibre musculaire

→ FICHE 32

Le raccourcissement de la fibre musculaire est permis par :

- ☐ **a.** le glissement des myofilaments d'actine grâce à la myosine
- ☐ **b.** le glissement des myofilaments de myosine grâce à l'actine
- ☐ **c.** le raccourcissement des myofilaments d'actine
- ☐ **d.** le raccourcissement des myofibrilles

.../1

4 La production d'ATP par glycolyse

→ FICHE 33

La glycolyse :

- ☐ **a.** se déroule dans la matrice des mitochondries
- ☐ **b.** se déroule dans la membrane interne des mitochondries
- ☐ **c.** est commune à la respiration et à la fermentation lactique
- ☐ **d.** consiste en une oxydation complète du glucose

.../1

5 La production d'ATP par métabolisme aérobie

→ FICHE 33

Le dioxygène :

- ☐ a. est nécessaire à la glycolyse
- ☐ b. est le premier accepteur d'électrons de la chaîne respiratoire
- ☐ c. est utilisé dans les crêtes mitochondriales

.../1

6 La phosphorylation oxydative

→ FICHE 33

Dans une mitochondrie, les ATP synthases :

- ☐ a. sont situées dans la membrane externe
- ☐ b. sont situées dans la matrice
- ☐ c. sont activées par un flux de protons

.../1

7 Les substrats du métabolisme musculaire

→ FICHE 34

La production d'ATP dans la cellule musculaire est possible :

- ☐ a. par dégradation d'acide lactique
- ☐ b. par dégradation de glucose ou de glycogène
- ☐ c. par synthèse de phosphocréatine
- ☐ d. par dégradation de phosphocréatine

.../1

8 La production d'ATP par métabolisme anaérobie

→ FICHE 34

Le métabolisme anaérobie lactique :

- ☐ a. est la première voie de régénération d'ATP utilisée par la cellule musculaire
- ☐ b. produit moins d'ATP que le métabolisme aérobie
- ☐ c. permet une oxydation complète de molécules de glucose

.../1

9 Amélioration des performances par le dopage

→ FICHE 35

Les stéroïdes anabolisants :

- ☐ a. sont des hormones produites naturellement par l'organisme
- ☐ b. sont des substances endogènes
- ☐ c. augmentent le nombre de fibres musculaires d'un muscle
- ☐ d. se fixent aux récepteurs de la testostérone des cellules musculaires

.../1

Score total .../9

Parcours PAS À PAS ou EXPRESS ? → MODE D'EMPLOI P. 3

31 Le muscle strié squelettique

En bref *Les mouvements des membres sont réalisés grâce aux muscles striés squelettiques qui actionnent les os et grâce aux articulations.*

I Les muscles dans les mouvements

■ Par leur contraction, les muscles striés squelettiques assurent la motricité du corps en faisant bouger les os auxquels ils sont rattachés par des tendons.

■ La plupart des mouvements font intervenir un couple de **muscles antagonistes** : l'un est relâché lorsque l'autre est contracté et inversement. Par exemple, le biceps est un muscle fléchisseur, alors que le triceps est un muscle extenseur.

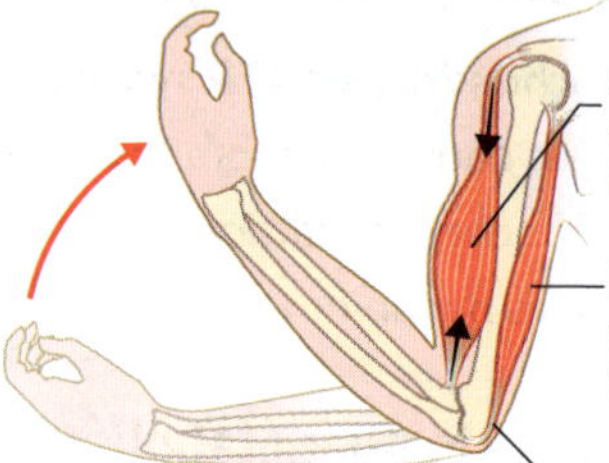

Doc 1 Réalisation d'un mouvement de flexion

■ Un muscle strié squelettique est composé de plusieurs **faisceaux musculaires** constitués d'un ensemble de cellules appelées **fibres musculaires.**

II La fibre musculaire, une cellule spécialisée

■ Le cytoplasme ou **sarcoplasme** d'une cellule musculaire contient un grand nombre de mitochondries et montre quelques spécificités : il possède plusieurs noyaux, un réseau très développé de réticulum sarcoplasmique, du glycogène (réserves de glucose) et surtout de nombreuses myofibrilles qui occupent la plus grande partie du sarcoplasme.

■ Chaque myofibrille est constituée de **myofilaments** de nature protéique. Une myofibrille est organisée en une succession de sarcomères, qui sont les unités contractiles élémentaires du muscle.

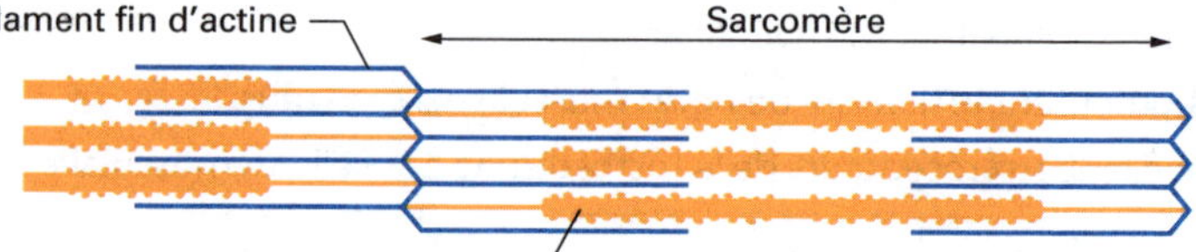

Doc 2 Organisation d'un sarcomère (3 µm de longueur au repos)

Méthode

Démontrer l'activité des muscles antagonistes

La marche nécessite la coordination des muscles du membre inférieur.

À partir du document, montrer comment l'activité antagoniste des muscles permet les mouvements de flexion et d'extension du pied.

Doc Activité électrique des muscles de la jambe

Un muscle qui se contracte est le siège d'une activité électrique d'autant plus grande que la contraction musculaire est intense.

a. Muscles de la jambe. **b.** Électromyogrammes : enregistrements de l'activité électrique des muscles de la jambe lors d'exercices alternés « pointe-talon » (extension-flexion du pied). A : pied à plat. B : pied sur pointe. C : pied sur talon.

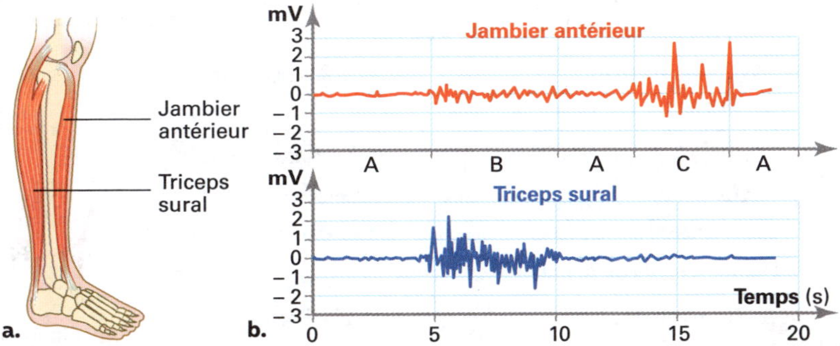

CONSEILS

Étape 1 Pour chaque position du pied, indiquer l'activité électrique d'un des deux muscles afin d'en déduire son état de contraction.

Étape 2 Faire de même avec le deuxième muscle.

Étape 3 Comparer l'état de contraction des deux muscles lors d'une flexion/extension.

SOLUTION

Étape 1 Le triceps sural présente une forte activité électrique (jusqu'à 2 mV) durant la période B, lorsque le pied est sur pointe. En revanche, lors des périodes A et C, son activité électrique est quasi nulle. Il est donc contracté lorsque le pied est en extension et relâché lorsque le pied est en flexion.

Étape 2 Le jambier antérieur présente une forte activité électrique durant la période C, lorsque le pied est sur talon. En revanche, lors des périodes A et B, son activité électrique est quasi nulle. Il est donc contracté lorsque le pied est en flexion et relâché lorsque le pied est en extension.

Étape 3 Lorsque le triceps sural est contracté, le jambier antérieur est globalement relâché et inversement : c'est l'activité antagoniste de ces muscles qui permet les mouvements de flexion et d'extension du pied.

32 Le fonctionnement de la cellule musculaire

En bref *La structure et l'organisation de la cellule musculaire permettent son raccourcissement lors de la contraction, en présence d'ions calcium et d'ATP.*

I La contraction musculaire

- Lors de la contraction musculaire, chaque sarcomère se raccourcit, de sorte que les myofibrilles, ainsi que l'ensemble de la fibre raccourcissent, par glissement des myofilaments d'actine entre les molécules de myosine.
- La molécule d'**ATP** est indispensable, car elle intervient à plusieurs moments du cycle de contraction.

MOT CLÉ
ATP : adénosine triphosphate, molécule fondamentale dans les réactions de transferts d'énergie se déroulant dans les cellules.

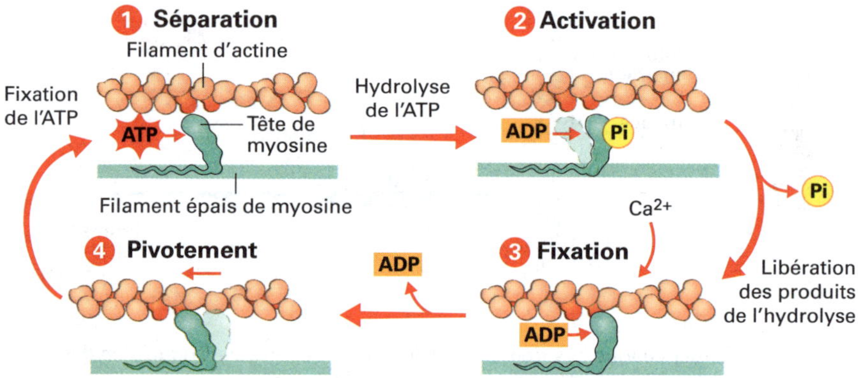

Doc Mécanismes moléculaires de la contraction

1. Séparation des complexes actine-têtes de myosine. **2.** Basculement des têtes de myosine. **3.** Liaison des têtes de myosine plus loin sur l'actine. **4.** Retour des têtes de myosine à leur position initiale (entraînant le glissement de l'actine).

II Le dysfonctionnement des cellules musculaires

- Les dystrophies musculaires sont des maladies musculaires (ou **myopathies**) caractérisées par une dégénérescence des fibres musculaires, entraînant progressivement l'atrophie des muscles : ils perdent leur volume et donc leur force de contraction. Cette dégénérescence est due à l'absence de certaines protéines (telle que la dystrophine) assurant les interactions entre les protéines intracellulaires et la matrice extracellulaire.
- Ces myopathies ont une **origine génétique**, liée à la mutation de gènes codant ces protéines.

Méthode

Déterminer les conditions de la contraction musculaire

Il est possible d'extraire des myofibrilles isolées à partir de cellules musculaires et de mesurer leur tension, proportionnelle à leur force de contraction dans différentes conditions expérimentales.

Par une exploitation rigoureuse du document, expliquer quelles sont les conditions indispensables à la contraction des myofibrilles.

Doc Mesure de la tension d'une myofibrille après l'ajout d'ATP, de calcium ou d'un chélateur dans le milieu

Le chélateur fixe les ions Ca^{2+}, bloquant ainsi leur action.

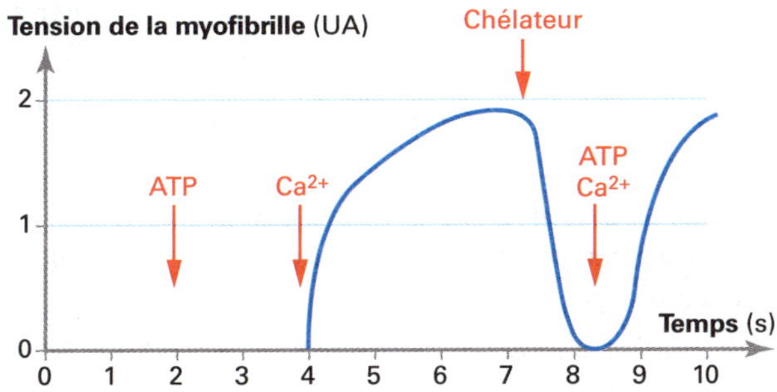

CONSEILS

Étape 1 Décrire les variations du paramètre mesuré en fonction des conditions expérimentales.
Étape 2 Indiquer les effets du chélateur sur la tension.
Étape 3 Mettre en avant l'importance du Ca^{2+} et de l'ATP dans la contraction des myofibrilles.

SOLUTION

Étape 1 La tension mesurée dans la myofibrille montre une contraction d'autant plus forte que la tension est grande.
Sans ATP ou après ajout d'ATP seul, il n'y a pas de modification de la tension de la myofibrille, donc pas de contraction. En revanche, si l'on ajoute du Ca^{2+} à l'ATP, on observe une augmentation de la tension, donc une contraction.

Étape 2 L'apport d'un chélateur bloquant l'action des Ca^{2+} entraîne une diminution de la tension, donc un arrêt de la contraction.

Étape 3 On en déduit que la présence simultanée d'ion Ca^{2+} et d'ATP est indispensable à la contraction des myofibrilles, donc du muscle.

33 La production d'ATP par métabolisme aérobie

En bref *Dans le cas d'un exercice physique modéré et long, la respiration cellulaire est la voie principale de production d'ATP dans les cellules musculaires en présence de dioxygène.*

I Les étapes de la respiration cellulaire

MOTS CLÉS

- **NAD^+ et FAD** : formes oxydées de transporteurs d'hydrogène et d'électrons, qui deviennent $NADH,H^+$ et $FADH_2$ quand elles sont réduites.
- **Phosphorylation de l'ADP** : fixation d'un phosphate inorganique (Pi) sur une molécule d'ADP conduisant à une molécule d'ATP.

■ La glycolyse se déroule dans le hyaloplasme. Elle aboutit à une dégradation du glucose en deux molécules d'acide pyruvique ou pyruvate ($C_3H_4O_3$).

$$C_6H_{12}O_6 + 2\ NAD^+ \longrightarrow 2\ C_3H_4O_3 + 2\ NADH,H^+$$
$$2\ Pi + 2\ ADP \rightarrow 2\ ATP$$

■ Le cycle de Krebs se déroule dans la matrice des mitochondries. Cette série de réactions complexes permet la dégradation de chaque molécule (décarboxylation) de pyruvate en dioxyde de carbone.

$$2\ C_3H_4O_3 + 8\ NAD^+ + 2\ FAD \longrightarrow 6\ CO_2 + 8\ NADH,H^+ + 2\ FADH_2$$
$$2\ ADP + 2\ Pi \rightarrow 2\ ATP$$

■ La phosphorylation oxydative se déroule dans les crêtes mitochondriales en présence de dioxygène. La régénération des transporteurs oxydés par la chaîne respiratoire entraîne la réduction du dioxygène (O_2) en eau (H_2O).
Cette série de réactions génère un gradient de protons qui active des ATPsynthases catalysant la synthèse d'une grande quantité d'ATP.

$$NADH,H^+ + ½\ O_2 + 2\ H^+ \longrightarrow NAD^+ + H_2O$$
$$3\ ADP + 3\ Pi \rightarrow 3\ ATP$$

II Bilan de la voie métabolique aérobie

■ La dégradation complète d'une molécule de glucose en CO_2 et H_2O permet la synthèse de 36 molécules d'ATP.

$$C_6H_{12}O_6 + 6\ O_2 \longrightarrow 6\ CO_2 + 6\ H_2O$$
$$36\ ADP + 36\ Pi \rightarrow 36\ ATP$$

■ Les cellules musculaires dégradent prioritairement le glycogène en réserve dans le hyaloplasme par glycogénolyse, ce qui produit une molécule d'ATP supplémentaire :

Glycogène → Glucose-1-phosphate → Glucose-6-phosphate → Glucose + 1 ATP

Méthode

Révéler une étape préalable à la phase mitochondriale

On étudie la respiration cellulaire en mesurant la concentration en dioxygène de deux milieux riches en dioxygène, ADP et Pi.

À partir des résultats obtenus, montrer qu'une partie des réactions de la respiration cellulaire se déroule dans le hyaloplasme.

Doc Variations de concentration de dioxygène dans le milieu

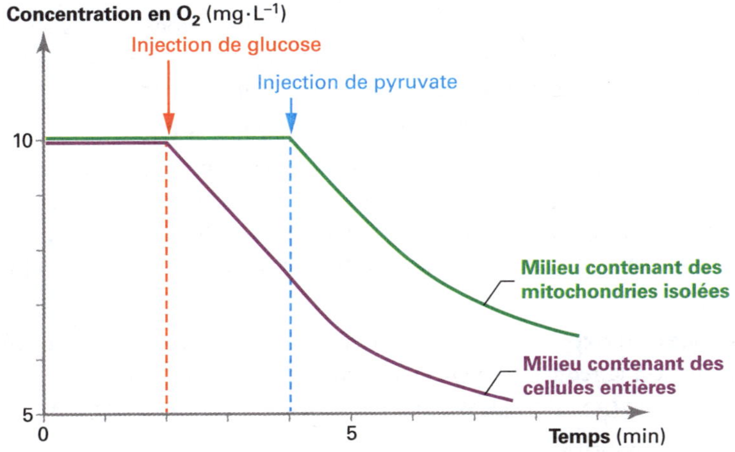

CONSEILS

Étape 1 Comparer la concentration en dioxygène dans les deux milieux après injection de glucose, puis après injection de pyruvate.
Étape 2 En déduire quelle molécule est utilisée par les mitochondries.
Étape 3 Conclure en indiquant la réaction se déroulant dans le hyaloplasme.

SOLUTION

Étape 1 Après l'injection de glucose, seule la concentration en dioxygène du milieu contenant les cellules entières diminue ; la concentration en dioxygène du milieu contenant les mitochondries reste stable. Après l'injection de pyruvate, la concentration en dioxygène diminue dans les deux milieux.

Étape 2 Les mitochondries ne sont pas capables de métaboliser le glucose, mais elles peuvent utiliser le pyruvate.

Étape 3 Une réaction préalable est donc nécessaire : il s'agit de la dégradation du glucose en pyruvate (glycolyse), qui se déroule dans le hyaloplasme.

34 La production d'ATP par métabolisme anaérobie

En bref *Dans le cas d'exercices physiques brefs et intenses, les cellules musculaires produisent de l'ATP en l'absence de dioxygène, par fermentation lactique ou par métabolisme anaérobie alactique.*

I Les voies anaérobies

- La **voie métabolique anaérobie alactique,** ou **voie créatine phosphate**, est mise en jeu dès les premiers instants d'un effort.

L'ATP est produit par hydrolyse de la phosphocréatine (stockée dans les cellules musculaires) en créatine grâce à une enzyme : la créatine kinase. Le stock de phosphocréatine est reconstitué après l'effort par consommation d'ATP.

ADP + phosphocréatine ↔ ATP + créatine

- La **voie métabolique anaérobie lactique**, ou **fermentation lactique** est mise en jeu dans les premières minutes d'un exercice physique. Le glycogène en réserve dans les cellules musculaires est hydrolysé en glucose (glycogénolyse), puis la **glycolyse** dans le hyaloplasme entraîne la formation de deux molécules de pyruvate et de 2 ATP.

En **l'absence de dioxygène**, afin que la glycolyse puisse recommencer, le NAD^+ est régénéré grâce à la réduction de l'acide pyruvique en acide lactique.

$$\underset{\text{pyruvate}}{2\,C_3H_4O_3} + 2\,NADH,H^+ \longrightarrow \underset{\text{acide lactique}}{2\,C_3H_6O_3} + 2\,NAD^+$$

II Comparaison des voies métaboliques

Les voies métaboliques anaérobie et aérobie n'ont pas le même rendement et se mettent en place successivement lors d'un effort d'une durée croissante.

Voies métaboliques	Anaérobie alactique	Anaérobie lactique	Aérobie
Substrats utilisés	Créatine phosphate	Glycogène et glucose	Glucides, lipides...
Débit d'énergie ($kJ \cdot min^{-1}$)	60 à 120	200 à 500	400 à 800
Molécules d'ATP produites par molécule de substrat	1	2	36 (glucose) 129 (ac. gras)
Délai d'utilisation	Aucun	15 s	90 à 180 s
Type d'effort à fournir	Explosif, très courte durée	Moyenne durée	Longue durée

Méthode

Calculer et comparer des rendements énergétiques

Le calcul du rendement énergétique permet de déterminer l'efficacité d'une réaction chimique.

Calculer le rendement énergétique de la respiration cellulaire et de la fermentation lactique dans une cellule musculaire. Conclure sur l'efficacité de ces voies métaboliques.

Doc Le rendement énergétique

Le rendement correspond au rapport entre le nombre de molécules produites au cours d'une réaction chimique et le nombre de molécules théoriquement produites. Il est souvent exprimé en pourcentages.

On sait que l'énergie libérée par l'oxydation complète d'une molécule de glucose est égale à 2 870 kJ et que la synthèse d'une molécule d'ATP dans une cellule musculaire demande une énergie de 30,5 kJ.

CONSEILS

Étape 1 Calculer le nombre de molécules d'ATP théoriquement produites à partir d'une molécule de glucose.
Étape 2 Pour chaque voie métabolique, rappeler le nombre de molécules d'ATP produites.
Étape 3 Appliquer la formule du rendement (en pourcentages) donnée dans le document.
Étape 4 Comparer les résultats obtenus et conclure.

SOLUTION

Étape 1 Le nombre de molécules d'ATP théoriquement produites est obtenu en divisant l'énergie potentielle d'une molécule de glucose par l'énergie nécessaire pour produire une molécule d'ATP ; soit $\frac{2\,870}{30,5} = 94$ molécules d'ATP théoriques.

Étape 2 On sait que pour chaque molécule de glucose dégradée la voie aérobie produit 36 molécules d'ATP et la voie métabolique anaérobie lactique en produit 2.

Étape 3 Le rendement énergétique de la respiration est de : $\frac{36}{94} \times 100 = 38\ \%$.
Celui de la fermentation lactique est de : $\frac{2}{94} \times 100 = 2\ \%$.

Étape 4 Dans la cellule musculaire, le rendement énergétique de la voie aérobie est environ seize fois supérieur à celui de la voie anaérobie lactique : elle est donc plus efficace pour produire de l'ATP.

35 Performances sportives et dopage

En bref *Les performances sportives sont étroitement liées aux propriétés des muscles et à l'efficacité du métabolisme des cellules musculaires. Le dopage est un moyen de les améliorer.*

I Caractéristiques du muscle et performances

- La force et la vitesse de **contraction des muscles** dépendent du nombre, du volume et de la proportion des types de fibres musculaires (fibres I, IIa ou IIx).
- L'augmentation de l'**activité métabolique** des cellules musculaires lors d'un effort dépend d'un apport supplémentaire en substrats produits par l'organisme ou apportés par l'alimentation. Il dépend aussi de l'apport en dioxygène, fourni à court terme par l'augmentation des débits respiratoire et cardiaque et à long terme par une production accrue de globules rouges.
- Un temps de récupération physique est nécessaire à la régénération des molécules impliquées dans le métabolisme et à l'élimination des déchets.

II Amélioration des performances par le dopage

- La prise de **substances exogènes**, détournées de leur utilisation thérapeutique, permet d'améliorer les performances sportives au-delà des capacités physiologiques. Ces substances ont des structures moléculaires proches des molécules endogènes ; en se fixant sur leurs récepteurs, elles modulent le métabolisme cellulaire.

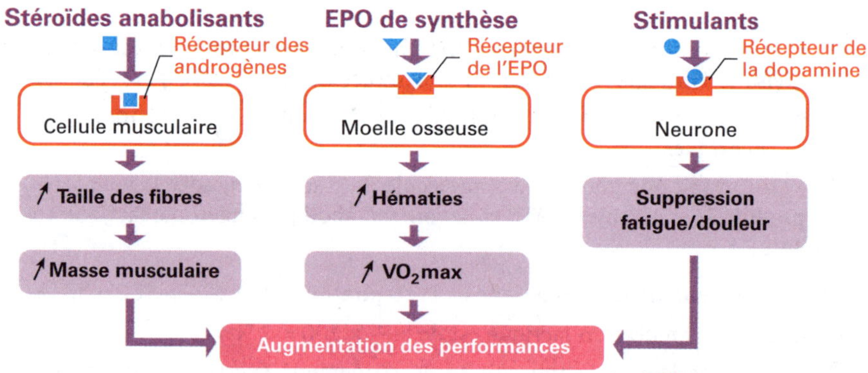

Doc **Mode d'action et effets dopants de substances exogènes**

- À long terme, le **dopage**, induit des **effets néfastes** sur la santé humaine.

MOT CLÉ
Dopage : procédé permettant d'améliorer artificiellement les performances physiques ou mentales.

Méthode

Détecter l'EPO de synthèse

Les molécules d'EPO exogènes utilisées comme produit dopant par les sportifs ne possèdent pas les mêmes charges électriques ni les mêmes masses molaires que l'EPO endogène. Il est donc possible de détecter l'EPO de synthèse dans l'urine de sportifs en réalisant une immunoélectrophorèse.

Par l'étude du document, déterminer si les sportifs A, B et C contrôlés se sont dopés à l'EPO.

Doc Résultats d'immunoélectrophorèses

L'immunoélectrophorèse permet la séparation des protéines d'une solution par électrophorèse, puis leur identification par immunofluorescence (reconnaissance spécifique des protéines par des anticorps marqués).

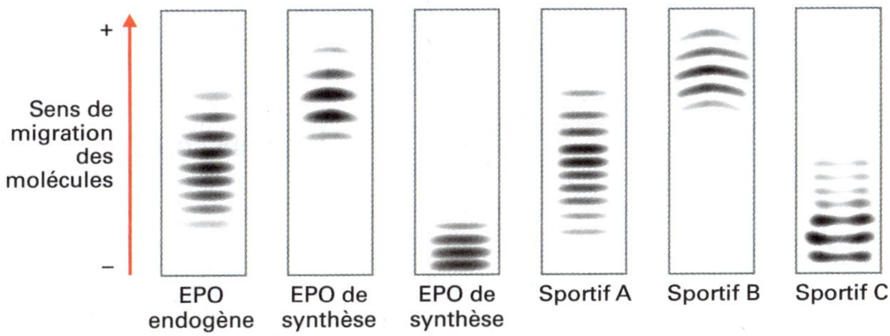

CONSEILS

Étape 1 Repérer la localisation de l'EPO endogène (naturelle) et des EPO de synthèse sur les trois profils témoins.

Étape 2 Comparer le profil de chaque sportif aux profils témoins et en déduire la nature de l'EPO détectée dans leur urine.

Étape 3 Conclure sur le dopage des sportifs contrôlés.

SOLUTION

Étape 1 Les molécules d'EPO de synthèse migrent soit moins loin, soit plus loin que l'EPO endogène. Il est donc possible de les distinguer.

Étape 2 En comparant le profil électrophorétique des sportifs aux profils témoins, on en déduit que le sportif A possède uniquement de l'EPO endogène, alors que les profils des sportifs B et C révèlent tous deux la présence d'EPO de synthèse.

Étape 3 Seul le sportif A ne se dope pas ; les sportifs B et C ont absorbé de l'EPO exogène afin d'améliorer leurs performances.

MÉMO VISUEL

Les voies du métabolisme énergétique d'une cellule musculaire

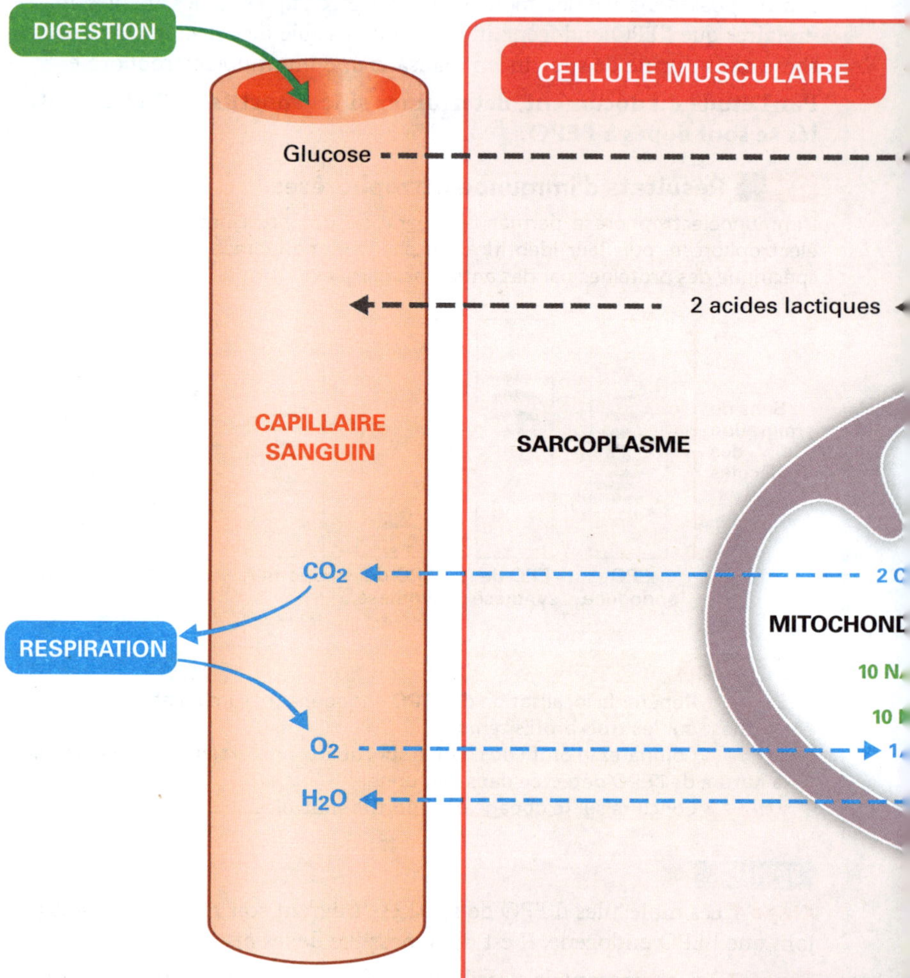

1 Voie anaérobie alactique
2 Glycogénolyse
3 Glycolyse
4 Voie anaérobie lactique
5 Voie aérobie

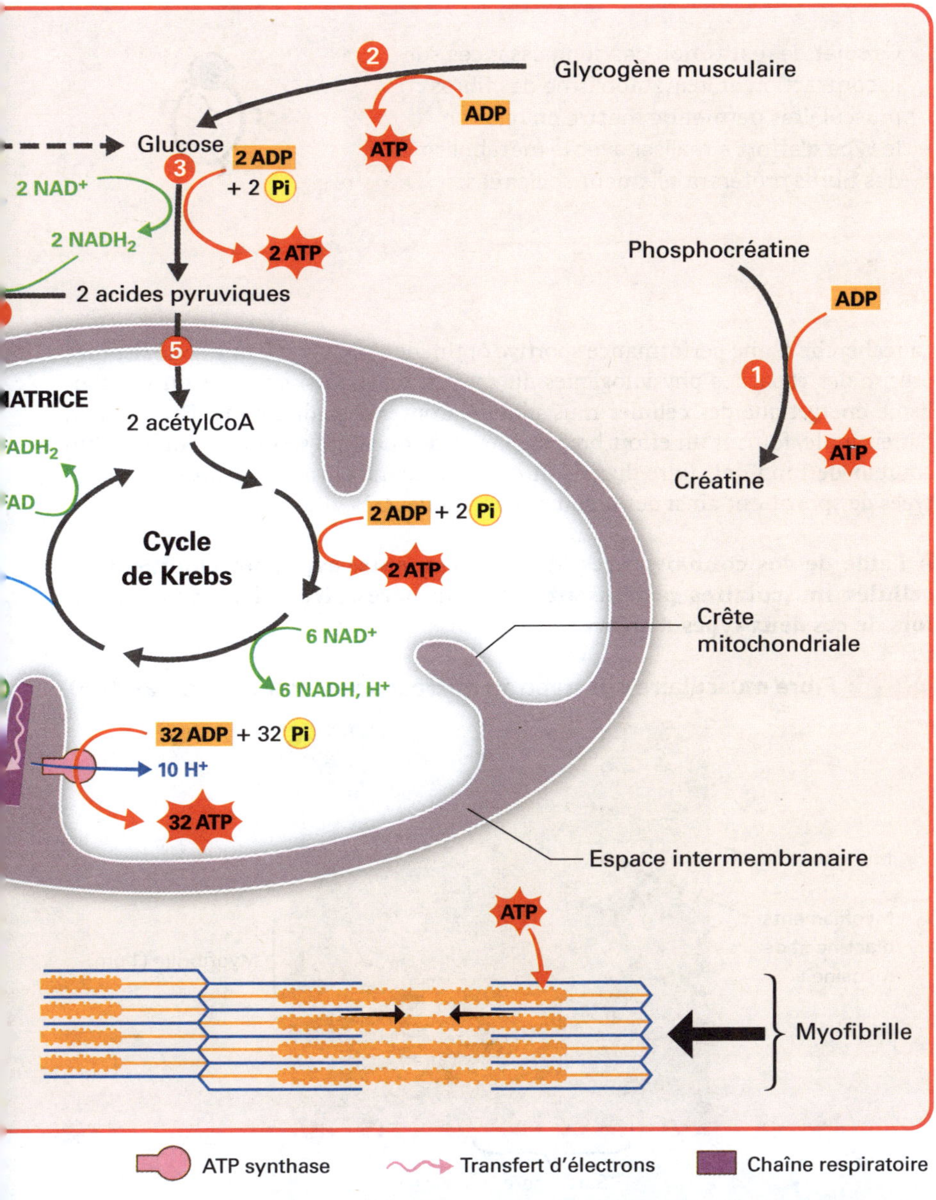
Glycogène musculaire
ADP
ATP
Glucose
2 ADP
+ 2 Pi
2 NAD+
2 NADH2
2 ATP
2 acides pyruviques
Phosphocréatine
ADP
ATP
Créatine
ATRICE
2 acétylCoA
ADH2
AD
Cycle
de Krebs
2 ADP + 2 Pi
2 ATP
Crête
mitochondriale
6 NAD+
6 NADH, H+
32 ADP + 32 Pi
10 H+
32 ATP
Espace intermembranaire
ATP
Myofibrille
ATP synthase
Transfert d'électrons
Chaîne respiratoire

SUJET 31 | OBJECTIF BAC

90 min

La contraction et le métabolisme des fibres musculaires

→ FICHES 32, 33 et 34

Ce sujet de restitution des connaissances sur la contraction et le métabolisme des fibres musculaires permet de mettre en relation le type d'effort à réaliser avec le métabolisme des fibres préférentiellement sollicitées.

LE SUJET

La recherche d'une performance sportive optimale s'appuie sur une connaissance précise des capacités physiologiques du sportif, mais aussi sur celle du métabolisme énergétique des cellules musculaires propres à sa discipline. Un sprinter, par exemple, fournit un effort bref et intense de quelques secondes, tandis qu'un coureur de fond doit faire durer son effort pendant plusieurs heures. Ces deux types de sportif ont ainsi des besoins énergétiques très différents.

À l'aide de vos connaissances et des documents, expliquer comment les cellules musculaires produisent l'énergie nécessaire à leur contraction lors de ces deux types d'effort.

Doc 1 Fibre musculaire observée au microscope électronique × 20 000

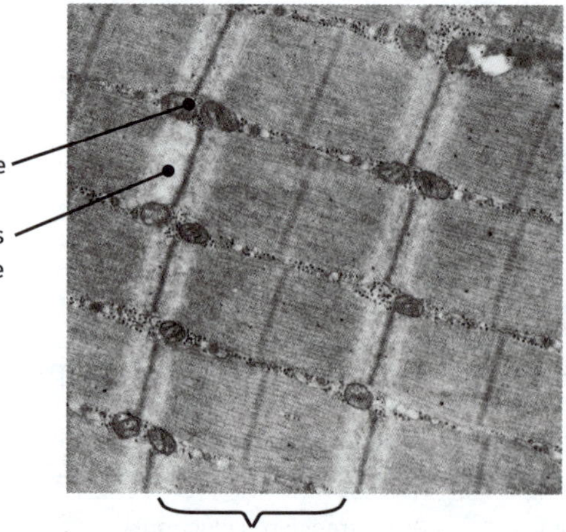

Doc 2 **Voie métabolique sollicitée comme source énergétique de la fibre musculaire en fonction de la durée de l'exercice**

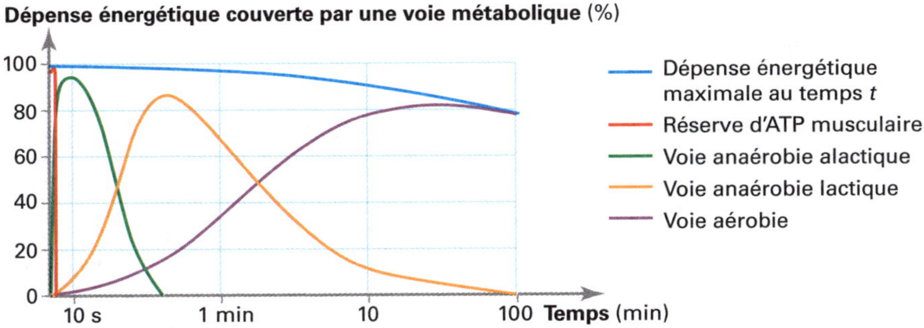

LES CLÉS POUR RÉUSSIR

Étape 1 Lisez bien la consigne, ainsi que le texte introductif. Repérez les termes importants et l'objectif à atteindre. Ils serviront à la rédaction de l'introduction.

Étape 2 Au brouillon, listez les informations apportées par chacun des documents en lien avec le sujet et ajoutez-y vos connaissances. Le document 1 permet de rappeler l'organisation d'une fibre musculaire et des structures impliquées dans la contraction musculaire ; le document 2 permet d'expliquer les voies métaboliques impliquées dans la production de cet ATP lors d'un effort de courte ou de longue durée.

Étape 3 Au brouillon, libellez la problématique, puis organisez les informations de manière à établir un plan du devoir.

Étape 4 Rédigez le devoir en commençant par l'introduction qui doit amener et énoncer la problématique, puis annoncez le plan de résolution. Le développement prend la forme d'un texte argumenté par des notions les plus précises possible et illustré de schémas pertinents.

LE CORRIGÉ

Les titres en couleurs ne doivent pas obligatoirement figurer sur la copie.

Introduction

Les cellules ou fibres musculaires sont constituées de myofibrilles, composées d'éléments contractiles élémentaires : les sarcomères. Ces derniers ont besoin d'énergie fournie par la cellule sous forme d'ATP pour se contracter. Or les stocks d'ATP sont très faibles et donc rapidement consommés : une régénération d'ATP est donc nécessaire et se fera différemment selon la durée de l'effort.

CONSEIL DE MÉTHODE
Pensez à utiliser des connecteurs logiques et à rédiger des transitions ou des intertitres afin de rendre compte de la logique de l'argumentaire.

Quelles voies métaboliques sont utilisées lors d'un effort bref ou d'endurance pour produire l'ATP ? Comment celui-ci est-il utilisé afin de permettre la contraction ?

Nous montrerons dans une première partie l'importance de l'ATP pour la contraction musculaire, puis nous expliquerons dans une seconde partie les voies métaboliques mises en jeu lors d'un effort bref, avant de terminer par celles impliquées dans les efforts de longue durée.

L'ATP est nécessaire à la contraction musculaire

▸ Un effort déclenche la production d'énergie, fournie par l'hydrolyse de molécules d'ATP (adénosine triphosphate) présentes dans la fibre musculaire et seules responsables de la contraction musculaire.
L'ATP est synthétisé lors de réactions de phosphorylation à partir d'ADP (adénosine diphosphate) et de phosphate inorganique (Pi).

Doc 1 Le cycle de l'ATP

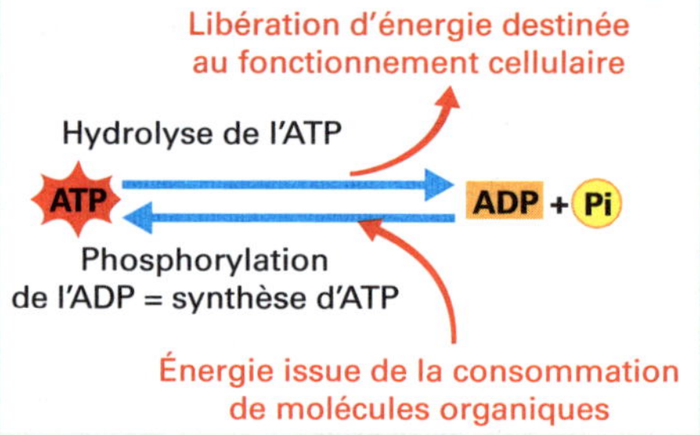

CONSEIL DE MÉTHODE
Des schémas sont recommandés pour illustrer les propos ou expliquer certaines notions ; les schémas proposés dans le corrigé sont utiles mais pas tous attendus.

Comment l'ATP permet-elle la contraction musculaire ?

▸ Les fibres musculaires sont constituées de myofibrilles, organisées en une succession de sarcomères donnant cet aspect strié aux muscles squelettiques. Les sarcomères, composés de myofilaments d'actine et de myosine, représentent les unités contractiles élémentaires du muscle.

▸ Lors de la contraction d'un sarcomère, sa longueur diminue sans que celles des myofilaments ne varient : les myofilaments d'actine glissent entre les myofilaments épais de myosine. Ainsi, chaque sarcomère se raccourcit, de sorte que les myofibrilles et l'ensemble de la fibre raccourcissent, conduisant à la contraction du muscle.

Doc 2 **Organisation d'une myofibrille**

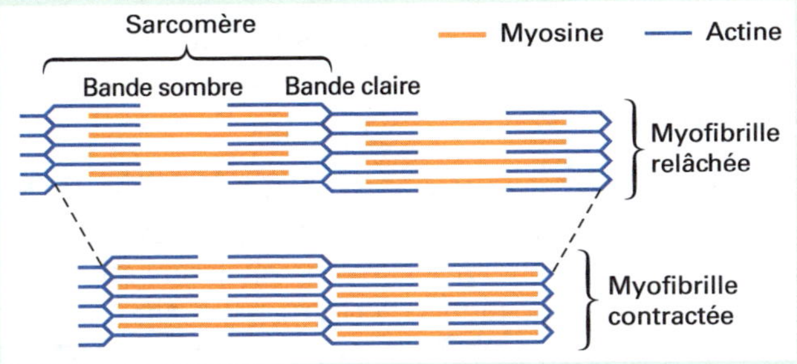

Ce glissement des myofilaments est énergivore et nécessite de l'ATP.

Doc 3 **Cycle d'une contraction**

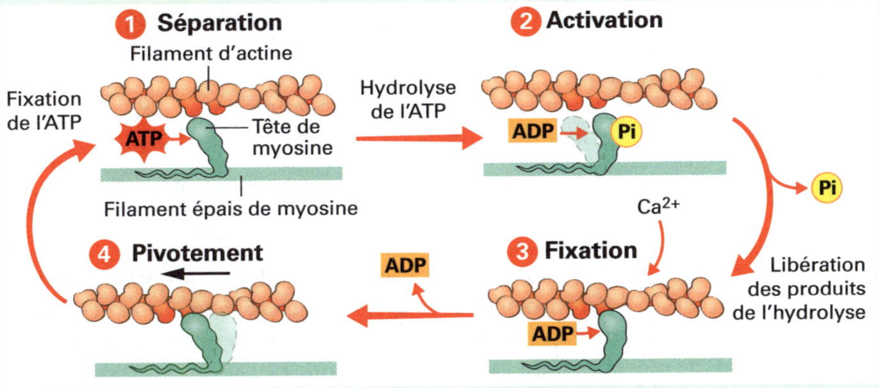

La régénération d'ATP lors d'un effort bref

- La réserve d'ATP musculaire est utilisée au bout de 1 ou 2 secondes seulement, donc d'autres mécanismes doivent se mettre en place rapidement pour produire l'ATP.
- L'ATP est produit par hydrolyse de la phosphocréatine (stockée dans les cellules musculaires) en créatine grâce à une enzyme : la créatine kinase.
Le stock de phosphocréatine est reconstitué après l'effort par consommation d'ATP. Cette voie fournit de l'énergie pendant 10 secondes d'effort ; au-delà, une deuxième voie métabolique prend le relais : la voie anaérobie lactique.
- La voie anaérobie lactique, encore appelée fermentation lactique, consiste à dégrader le glycogène en réserve dans les cellules musculaires et le glucose sanguin. Cette réaction est appelée la glycolyse. Elle a lieu dans le sarcoplasme et conduit à la production de pyruvate et de deux molécules d'ATP :

$$\text{Glucose} + 2\ NAD^+ \xrightarrow[2\ Pi + 2\ ADP\ \rightarrow\ 2\ ATP]{} 2\ \text{pyruvates} + 2\ NADH,H^+$$

La régénération des transporteurs d'électrons (NAD^+ et $NADH,H^+$) entraîne la formation de lactate.

L'ensemble de ces réactions se déroulent en l'absence de dioxygène : elles sont anaérobies.

▸ On sait cependant qu'au-delà de 40 secondes d'effort la part de la fermentation lactique diminue au profit d'une autre voie métabolique générant davantage d'ATP : la voie métabolique aérobie.

La régénération d'ATP lors d'un effort de longue durée

▸ Dans le cas d'un exercice physique modéré et long, la respiration cellulaire est la voie principale de production d'ATP dans les cellules musculaires. Elle se met en place au bout de quelques minutes d'effort, nécessaires à l'adaptation des systèmes cardio-vasculaire et respiratoire. Elle se déroule en partie dans le sarcoplasme de la cellule et en partie dans les mitochondries.

▸ La respiration cellulaire débute par une glycolyse ou une glycogénolyse, mais, contrairement à la fermentation lactique, elle a lieu en présence de dioxygène dans le milieu. Le pyruvate formé entre dans les mitochondries, où il est transformé en acétyl-CoA : il participe ainsi au cycle de Krebs qui se déroule dans la matrice des mitochondries.
Cette série de réactions complexes permet la production de 2 ATP, produit du CO_2, mais surtout des composés réduits $NADH_2$ et FADH.

$$\text{2 pyruvates} + 6\ NAD^+ + 2\ FAD \longrightarrow 6\ CO_2 + 6\ NADH_2 + 2\ FADH_2$$
$$\text{2 ADP + 2 Pi} \rightarrow \text{2 ATP}$$

▸ La réoxydation de ces composés s'effectue grâce à la chaîne respiratoire mitochondriale, constituée d'un ensemble de molécules enchâssées dans la membrane interne des mitochondries, en permettant le transfert d'électrons jusqu'à un accepteur final : le dioxygène. Celui-ci est alors réduit en eau.

Cette série de réactions génère un gradient de protons qui va activer des ATP synthases, enzymes catalysant la synthèse d'une grande quantité d'ATP (36 molécules d'ATP par molécule de glucose).

Doc 3 Régénération de NAD⁺ et production d'ATP par phosphorylation oxydative dans les crêtes mitochondriales

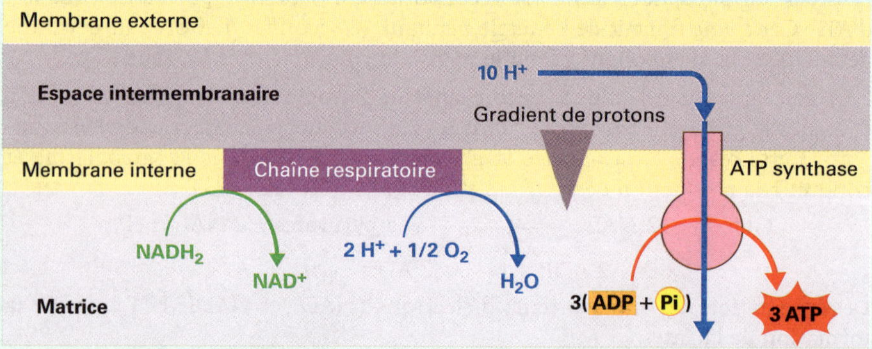

Conclusion

La production d'ATP est nécessaire à la contraction musculaire. Sans elle, les myofilaments de myosine et d'actine resteraient liés, donc aucun glissement et par conséquent aucune contraction ne serait possible.

La concentration d'ATP dans les cellules musculaires étant faible, cette molécule doit sans cesse être renouvelée. Lors d'un effort bref et intense, les voies métaboliques anaérobies sont les principales voies de régénération de l'ATP, alors que lors d'un effort long mais peu intense, c'est essentiellement la respiration cellulaire. Néanmoins, la fermentation lactique continue de produire de l'énergie pendant plusieurs minutes (expliquant par ailleurs l'accumulation d'acide lactique dans les muscles).

INFO
L'acide lactique est immédiatement transformé en lactate et envoyé vers d'autres organes qui vont le recycler et l'utiliser comme source d'énergie. L'entraînement ne diminue pas la quantité d'acide lactique formé, mais rend son traitement plus efficace.

SUJET 32 | OBJECTIF BAC

La maladie de Mc Ardle

60 min

→ FICHES 33 et 34

Ce sujet d'entraînement au raisonnement scientifique aborde le métabolisme des fibres musculaires à travers l'exemple d'une myopathie, la maladie de Mc Ardle, qui provoque des douleurs et des crampes musculaires graves.

LE SUJET

La maladie de Mc Ardle se manifeste après moins d'une minute d'exercice intense par une faiblesse des muscles squelettiques et des douleurs musculaires rendant difficile la poursuite de l'activité physique. Néanmoins, on a remarqué que les personnes atteintes ont la capacité de reprendre un effort long mais de faible intensité après une courte pause (effet de second souffle). On parle donc d'intolérance à l'effort court et intense.

À partir des documents et de vos connaissances, expliquer l'origine de la maladie de Mc Ardle ainsi que les capacités physiques des individus atteints.

Document de référence — Principales étapes du métabolisme énergétique dans une cellule musculaire

L'ATP est une molécule de transfert de l'énergie au sein des cellules ; elle est nécessaire à la contraction des muscles. Dès les dix premières secondes d'un effort, la cellule musculaire consomme les réserves d'ATP dont elle dispose. Elle doit donc régénérer de l'ATP grâce à différentes voies énergétiques.

La réalisation des réactions chimiques nécessite l'action de protéines enzymatiques spécifiques.

À NOTER

Un document de référence ne doit pas être exploité. Néanmoins, les connaissances qu'il contient doivent servir à l'interprétation des autres documents.

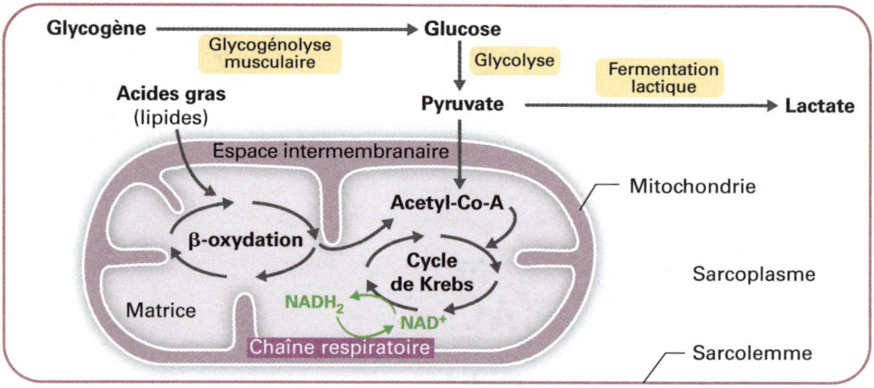

Doc 1 Origine et rôle de la myophosphorylase

La myophosphorylase est une enzyme spécifique des cellules musculaires qui intervient dans la glycogénolyse :

Glycogène —(Myophosphorylase)→ Glucose-1-phosphate ——→ Glucose

Le tableau suivant indique les fragments du brin transcrit du gène PYGM codant la myophosphorylase et les séquences peptidiques correspondantes.

Les chiffres correspondent au numéro de nucléotide ou d'acide aminé de la séquence étudiée. Les pointillés signifient que les nucléotides ou les acides aminés sont identiques.

	Séquences nucléotidiques	Séquences peptidiques
Individu sain	148 2526 ...CCA **C**GA... ...GG**A**	50 842 ... Pro Arg... ...Ile
Patient Mc Ardle	148 2526 ...CCA **T**GA... ...GG**A**	49 ... Pro

Doc 2 Mise en évidence du glycogène et de la myophosphorylase dans un muscle de la cuisse

Dans les coupes transversales de muscle observées au microscope, le glycogène est coloré en violet.

	Sujet atteint de la maladie de Mc Ardle	Sujet sain
Glycogène musculaire	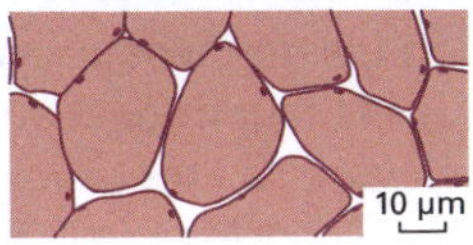	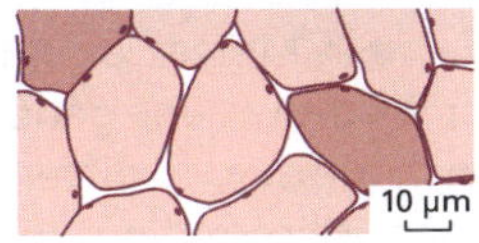
Myophosphorylase (UA/g de tissu musculaire)	1	34 ± 18

Doc 3 La production d'acide lactique

On demande à un sujet atteint de la maladie de Mc Ardle et à un sujet sain de serrer régulièrement la main autour d'un cylindre relié à un système de mesure, afin d'évaluer la force musculaire lors d'efforts physiques courts et intenses. On mesure en même temps, grâce à des prélèvements sanguins réguliers, la quantité de lactate dans le sang, issu du métabolisme musculaire.

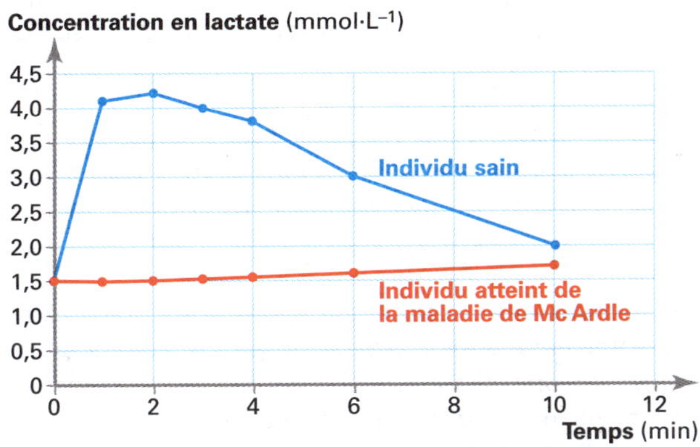

Doc 4 Comparaison de la quantité d'ATP produite lors de la dégradation d'une molécule de substrat

Nature du substrat	Molécules d'ATP formées	Molécules d'O_2 consommées
Glucose	36	12
Acide palmitique (acide gras)	129	50

LES CLÉS POUR RÉUSSIR

Étape 1 Extrayez les informations pertinentes de chaque document qui, mises en relation avec le document de référence, permettent de déterminer l'origine génétique de la maladie (doc. 1), ses conséquences sur la réalisation du métabolisme cellulaire assurant une production d'énergie rapide (doc. 2 et doc. 3) ou plus longue (doc. 4).

Étape 2 Mettez en relation les données précédentes avec vos connaissances sur les mutations génétiques et leur impact sur les protéines traduites (doc. 1), ainsi que sur les différentes voies du métabolisme énergétique préférentiellement utilisées dans des efforts courts et peu intenses (doc. 2 et doc. 3) ou longs mais peu intenses (doc. 4).

Étape 3 Rédigez la réponse en commençant par poser clairement la problématique. Utilisez des connecteurs logiques et citez des valeurs ou des proportions afin de donner de la rigueur à la démarche.

LE CORRIGÉ

Les titres en couleurs ne doivent pas obligatoirement figurer sur la copie.

Introduction

Un individu atteint de la maladie de Mc Ardle présente une intolérance à l'effort court et intense, mais peut fournir un effort long et peu intense. Comment expliquer les capacités physiques d'un individu malade et leur origine ?

Origine moléculaire de la maladie de Mc Ardle

▸ D'après le **document 1** mis en relation avec le document de référence, la myophosphorylase est une enzyme de la glycogénolyse qui permet la dégradation du glycogène en glucose-1-phosphate. Celui-ci permet ensuite la production d'ATP grâce à la glycolyse anaérobie ou la respiration cellulaire.

Chez un individu malade, la séquence du gène codant cette enzyme est mutée en position 148, une cytosine est remplacée par une thymine. La séquence peptidique est donc modifiée, car le triplet TGA correspond à un codon stop : la synthèse de la protéine est interrompue et la protéine résultante est seulement constituée de 49 acides aminés au lieu de 842. La protéine produite n'est donc probablement pas une myophosphorylase fonctionnelle.

> **RAPPEL**
> Les séquences de nucléotides sont traduites en séquences peptidiques ; à un triplet de nucléotides correspond un acide aminé.

▸ Le **document 2** confirme ces observations. Les cellules musculaires d'un individu malade contiennent très peu de myophosphorylase (1 UA/g de tissu musculaire) comparé à un individu sain (34 UA/g de tissu musculaire). En même temps, la coloration très foncée des cellules révèle une forte concentration en glycogène chez les individus malades.

On en déduit que, sans myophosphorylase fonctionnelle, les cellules musculaires ne peuvent pas dégrader le glycogène, ce qui explique que sa concentration cellulaire augmente.

Conséquences sur le métabolisme cellulaire

- D'après le **document 3**, une personne saine voit sa concentration en lactate multipliée par trois au cours d'un effort court et intense, alors qu'elle reste stable chez un individu malade. Or on sait que le lactate est une molécule produite lors de la fermentation lactique (voie anaérobie lactique) qui est la voie productrice d'ATP privilégiée lors de ce type d'effort.

On en déduit que le patient est capable de réaliser la glycolyse anaérobie, mais uniquement en dégradant le glucose sanguin. Celui-ci n'étant pas disponible rapidement en grande quantité, la glycolyse n'a qu'un très faible rendement.

- Or d'autres voies métaboliques, comme la β-oxydation, permettent la production d'ATP sans glucides. Le document de référence montre que cette voie consiste en une dégradation des lipides (acides gras) en acétyl-CoA, qui entre ensuite dans le cycle de Krebs, ce qui conduit à la phosphorylation oxydative. Or, d'après le **document 4**, cette voie aérobie (car il y a consommation de dioxygène) produit trois fois plus d'ATP que celle démarrant par la glycolyse. Cependant, les voies métaboliques aérobies mettent quelques minutes à produire de l'ATP du fait des besoins en dioxygène et du nombre de réactions impliquées.

Conséquences sur les capacités physiques

- Un individu sera atteint de la maladie de McArdle s'il possède les allèles mutés du gène codant pour la myophosphorylase : c'est donc une myopathie d'origine génétique.

- En l'absence de myophosphorylase, les cellules musculaires du malade ne produisent que très peu d'énergie via les voies métaboliques « rapides » comme la glycolyse anaérobie, car il leur est impossible de dégrader le glycogène en glucose (seul le glucose sanguin est alors utilisable) : un effort bref et intense est donc difficile.

> **INFO**
> La maladie de McArdle est une maladie génétique récessive : il faut être porteur des deux allèles défectueux pour en être atteint.

En revanche, elles sont capables de produire de l'énergie par une voie oxydative à partir d'acides gras. Mais cette voie aérobie est plus lente à produire de l'ATP, ce qui peut expliquer qu'un effort soit possible, mais seulement s'il est peu intense et long comme dans l'effet de second souffle.

> **À NOTER**
> En l'absence de glycogène, le tissu musculaire lui-même est dégradé et utilisé comme source d'énergie, entraînant la dégradation des fibres musculaires.

SUJET 33 | OBJECTIF MENTION

90 min L'adaptation du muscle à l'entraînement

→ FICHES 31, 33, 34 et 35

Ce sujet d'entraînement au raisonnement scientifique vous propose d'étudier les propriétés contractiles et les propriétés du métabolisme des fibres musculaires selon le type d'activité auquel les muscles sont soumis.

LE SUJET

Les scientifiques ont découvert depuis quelques années certains des mécanismes moléculaires responsables de l'amélioration des performances physiques. Une modification des fibres musculaires peut être obtenue dans le cas d'entraînements d'endurance (longs et peu intenses) ou de résistance (brefs et intenses) effectués sur des périodes longues.

À partir des documents et de vos connaissances, montrer comment modifier les caractéristiques des fibres musculaires par l'entraînement et ainsi améliorer les performances.

Doc 1 Entraînement et composition d'un muscle

On observe au microscope les différentes fibres présentes dans un muscle de la cuisse chez l'Homme, avant entraînement (T), après des entraînements d'endurance (A) et après des entraînements de résistance (B). Les fibres de type I et II sont repérées par des anticorps dirigés contre les myosines de type I qui apparaissent en noir.

Le schéma B correspond à une partie du schéma T (cadre rouge).

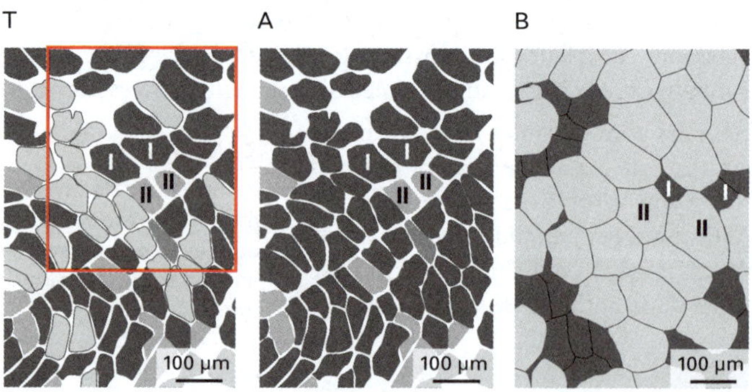

Doc 2 Séparation des différents types de myosine par électrophorèse

a. Schéma d'une molécule de myosine constituée d'un assemblage de chaînes légères et de chaînes lourdes (dont font partie les « têtes » de myosine).

b. On isole des fibres musculaires d'un individu non entraîné, puis on en extrait les différentes chaînes lourdes de myosine (MHC) par électrophorèse. Les chaînes MHC II_X sont associées à une vitesse de contraction très rapide, les chaînes MHC II_A à une vitesse de contraction rapide, alors que les chaînes MHC I sont associées à une vitesse de contraction lente. Chacune des pistes a, b et c correspond au contenu d'une fibre musculaire isolée (fibres II pour a et b ; fibre I pour c) ; la piste d révèle les molécules MHC d'un mélange de fibres musculaires issues du même muscle.

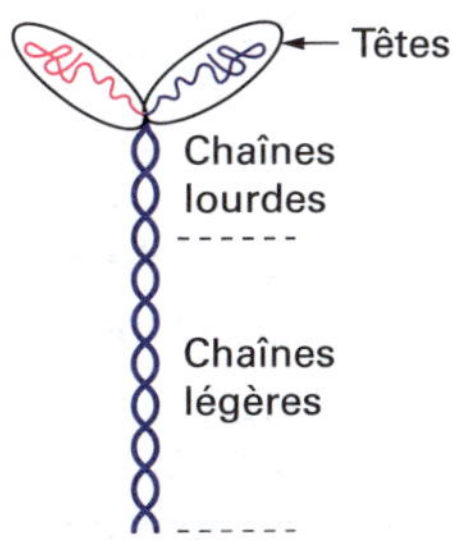

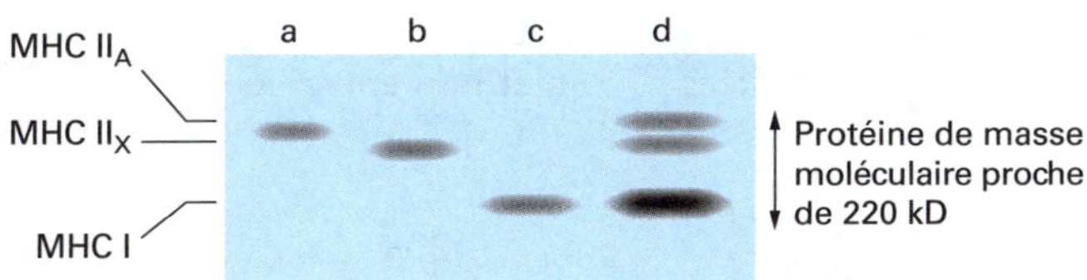

Doc 3 Expression des différents types de myosine après entraînement

Le nombre de + est proportionnel à la quantité de protéines présentes ; un – signifie leur absence.

	Types de fibres					
	Fibres I			Fibres II		
Types de myosine exprimée	MHC I	MHC II_A	MHC II_X	MHC I	MHC II_A	MHC II_X
Sujet non entraîné	+++	+	–	–	+	+++
Sujet entraîné en endurance	+++	+	–	+	+++	+
Sujet entraîné en résistance	++	+++	+	–	+	+++

Doc 4 Nombre de mitochondries dans les fibres musculaires avant et après une période d'entraînement d'endurance

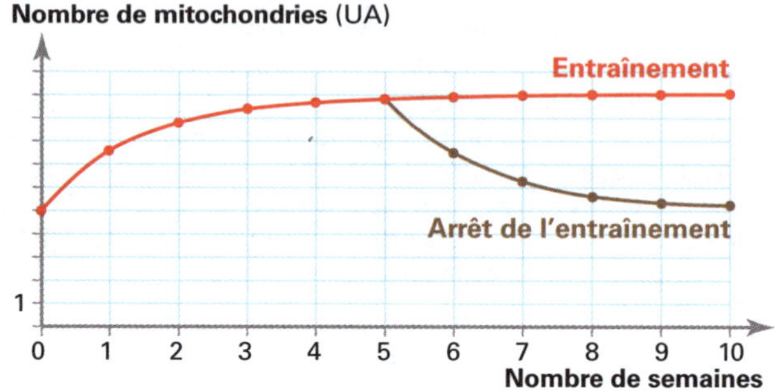

Doc 5 Comparaison des voies de production d'ATP chez un sujet entraîné et un sujet non entraîné

Des mesures de la production d'ATP par différentes voies métaboliques sont réalisées à partir d'extraits de muscles prélevés chez différents sportifs avant et après 6 mois d'entraînement en endurance.

Voies métaboliques étudiées	Sujet non entraîné	Sujet après 6 mois d'entraînement
Quantité d'ATP formée par glycolyse anaérobie (en µmol d'ATP/min par gramme de muscle)	208	144
Quantité d'ATP formée par voie aérobie (en µmol d'ATP/min par gramme de muscle)	26	52

L'activité des enzymes mitochondriales est plus importante chez un individu entraîné que chez un individu non entraîné.

Doc 6 Entraînement en résistance et effet sur les fibres musculaires

Les cellules satellites sont des cellules non différenciées, juxtaposées aux fibres musculaires, assurant leur régénération après lésion.

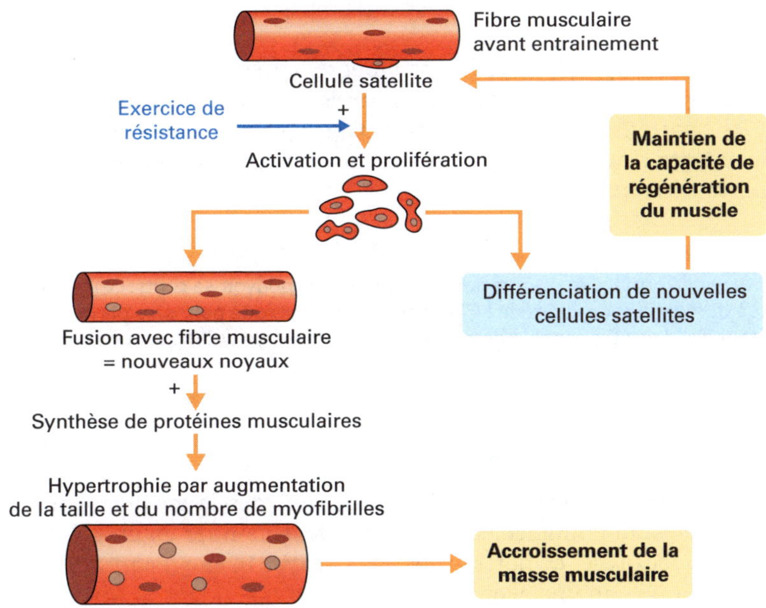

LES CLÉS POUR RÉUSSIR

Étape 1 Extrayez de chaque document les informations relatives aux modifications des fibres musculaires suite à une période d'entraînement en endurance d'une part (doc. 1, 3, 4 et 5) et en résistance d'autre part (doc. 1, 3 et 6).

Étape 2 Mettez en relation les données précédentes avec des connaissances sur les myofilaments de myosine impliqués dans la contraction musculaire, (doc. 2 et 3) et sur le métabolisme des fibres (doc. 4 et 5).

Étape 3 Rédigez la réponse en commençant par poser la problématique, à laquelle il faut répondre clairement en conclusion. Utilisez des connecteurs logiques et citez des valeurs ou des proportions afin de donner cohérence et rigueur à la démarche.

LE CORRIGÉ

Les titres en couleurs ne doivent pas obligatoirement figurer sur la copie.

Introduction

En fonction du type d'entraînement proposé, en endurance ou en résistance, un sportif verra ses performances musculaires s'améliorer spécifiquement. Comment les caractéristiques des fibres musculaires peuvent-elles être modifiées par ces deux types d'entraînement et permettre ainsi une amélioration des performances musculaires ?

RAPPEL

Pour être performant en endurance, un muscle doit pouvoir se contracter sur une longue durée, donc produire de l'ATP longtemps, alors que pour être performant en résistance, il doit être capable de produire rapidement de l'ATP pour une contraction de courte durée.

Des modifications du type de fibres en fonction de l'entraînement

- Le **document 1** présente la composition d'un muscle en fibres musculaires avant ou après un entraînement. Il permet de démontrer qu'un même muscle contient les deux types de fibres, de type I et de type II, en proportion quasi équivalente avant un entraînement (T).

- Après des exercices d'endurance (A), les fibres de type I (gris foncé) sont deux fois plus abondantes que les fibres de type II, mais elles ont gardé la même taille : des fibres de type I ont remplacé des fibres de type II. En revanche, après des exercices de résistance (B), le diamètre et la proportion des fibres de type II ont augmenté (par rapport à T). Des fibres de type II ont été remplacées par des fibres de type I. On peut supposer que des fibres de type II se sont transformées en fibres de type I suite à des entraînements en endurance et inversement suite à des entraînements en résistance.

Des modifications structurales des fibres

- Le **document 2** permet de proposer une explication à ce phénomène. On sait que les myofibrilles constituant les fibres sont composées de protéines musculaires contractiles : les myofilaments de myosine et d'actine. En fonction de la chaîne lourde dont elle est constituée, la myosine peut exister sous différentes versions : MHC I dans les fibres de type I, MHC II_A et MHC II_X dans les fibres de type II (doc. 2).

Or, après entraînement (doc. 3), les fibres de type I expriment des MHC II normalement caractéristiques de fibres de type II et les fibres de type II expriment des MHC I caractéristiques des fibres de type I. Dans tous les cas, ce sont les chaînes lourdes MHC II_A qui sont davantage exprimées.

▸ On en déduit que sous l'effet d'un entraînement d'endurance les fibres de type II ont produit des protéines contractiles caractéristiques des fibres de type I et II_A permettant une contraction plus lente et que sous l'effet d'un entraînement de résistance les fibres de type I ont produit des protéines contractiles caractéristiques essentiellement des fibres de type II_A et II_X qui permettent une contraction plus rapide.

Il y a donc bien eu modification des caractéristiques structurales des fibres sous l'effet de l'entraînement. Les fibres de type I et de type II_X se sont transformées essentiellement en fibres de type II_A.

▸ Ceci est confirmé en partie par le **document 6**. Lors d'un exercice en résistance, les cellules satellites fusionnent avec les fibres musculaires, augmentant le nombre de leurs noyaux et par là même leur pouvoir de transcription. Ceci entraîne une augmentation de la synthèse des protéines musculaires (dont la myosine), ce qui explique l'augmentation de la taille et du nombre de myofibrilles, car elles sont constituées de ces protéines. Ainsi la taille des fibres augmente.

Des modifications du métabolisme des fibres

▸ Les **documents 4 et 5** montrent un dernier effet de l'entraînement : une modification du métabolisme cellulaire des fibres. Sous l'effet d'un entraînement en endurance, le nombre de mitochondries contenues par les fibres musculaires double en cinq semaines (doc. 4) et l'activité des enzymes mitochondriales augmente (doc. 5). Or les enzymes mitochondriales interviennent dans le métabolisme aérobie essentiellement utilisé lors d'efforts longs et peu intenses. Cependant, le volume de mitochondries retrouve sa valeur de base en quatre semaines si l'individu cesse de s'entraîner, donc ces modifications métaboliques sont bien imputables à l'entraînement.

INFO
Les fibres de types I sont oxydatives, les fibres de type II_X sont glycolytiques et les fibres de type II_A sont mixtes.

▸ Enfin, on observe aussi au bout de 6 mois que, chez un sujet entraîné en endurance, la quantité d'ATP formée par glycolyse anaérobie, c'est-à-dire la fermentation lactique, a diminué d'un tiers, alors que celle formée par la voie aérobie, c'est-à-dire la respiration cellulaire, a doublé (doc. 5). L'ensemble de ces données montre qu'il y a dans le muscle diminution de l'activité de la voie métabolique anaérobie au profit d'une augmentation de l'activité de la voie aérobie, donc davantage de fibres utilisant préférentiellement la respiration cellulaire.

Conclusion

▸ Ainsi, sous l'effet de l'entraînement en endurance, des fibres musculaires de type II composées de myosines MHC II_X et MHC II_A vont exprimer des myosines MHC I et MHC II_A ; leur nombre de mitochondries, ainsi que l'activité de leurs enzymes vont augmenter, conduisant à leur transformation en fibres de type I oxydatives ou MHC II_A mixtes, c'est-à-dire oxydatives et glycolytiques. Par ces modifications structurales et métaboliques, elles deviennent capables de fournir l'énergie nécessaire à un effort long et peu intense : le muscle devient donc plus performant dans ce type d'effort.

- De même, sous l'effet de l'entraînement en résistance, des fibres musculaires de type I composées de myosines MHC I vont exprimer des myosines MHC II, conduisant à leur transformation en fibres de type II_A mixtes ou de type II_X glycolytiques. De plus, toutes les fibres de type II vont augmenter de volume. Par ces modifications structurales, elles deviennent capables de fournir l'énergie et la force nécessaires à un effort court et intense : le muscle devient donc plus performant dans ce type d'effort.

11 Le contrôle des flux de glucose, source essentielle d'énergie

Les diabètes résultent de défaillances dans le système de régulation de la glycémie. Le traitement du diabète de type 2 est accompagné d'un régime alimentaire adapté et de la pratique d'exercices physiques.

TESTEZ-VOUS

→ CORRIGÉS P. 346

Faites le point sur vos connaissances puis établissez votre **parcours de révision** en fonction de votre score.

1 Glycogène et glucose

→ FICHE 36

Le foie stocke le glucose par :

☐ a. glycogenèse
☐ b. glycogénolyse
☐ c. glycogénogenèse
☐ d. glycolyse

.../1

2 Le glucose dans le sang

→ FICHE 36

La glycémie est :

☐ a. la masse totale de glucose dans l'organisme
☐ b. la concentration moyenne de glucose dans le sang
☐ c. la concentration des glucides dans le plasma sanguin
☐ d. la concentration maximum de glucose dans le sang

.../1

3 Stockage du glucose

→ FICHE 36

Les organes suivants stockent du glucose :

☐ a. pancréas
☐ b. foie
☐ c. muscle squelettique
☐ d. tissu adipeux

.../1

4 Boucle de régulation

→ FICHE 37

Un système de régulation comprend nécessairement :

☐ a. un capteur
☐ b. un effecteur
☐ c. un système de commande
☐ d. un accélérateur

.../1

5 Les îlots de Langerhans

→ FICHE 37

Les îlots de Langerhans sécrètent :

- ☐ a. du glucose
- ☐ b. du glycogène
- ☐ c. du glucagon
- ☐ d. de l'insuline

.../1

6 Le glucagon

→ FICHE 37

Le glucagon stimule :

- ☐ a. la glycogénolyse
- ☐ b. la glycogénogenèse
- ☐ c. la libération de glucose par le muscle
- ☐ d. la libération de glucose par le foie

.../1

7 L'insuline

→ FICHE 37

L'insuline stimule :

- ☐ a. la glycogénolyse
- ☐ b. la glycogénogenèse
- ☐ c. le stockage du glucose par le muscle
- ☐ d. le stockage du glucose par le foie

.../1

8 Le diabète de type 1

→ FICHE 38

Le diabète de type 1 est :

- ☐ a. une maladie auto-immune
- ☐ b. dû à une destruction des cellules α des îlots de Langerhans
- ☐ c. lié à une insulinorésistance
- ☐ d. lié à une insulinodépendance

.../1

9 Le diabète de type 2

→ FICHE 38

Le diabète de type 2 est :

- ☐ a. dû à la destruction des cellules α des îlots de Langerhans
- ☐ b. dû à la destruction des cellules β des îlots de Langerhans
- ☐ c. lié à une insulinorésistance
- ☐ d. lié à une insulinodépendance

.../1

Score total .../9

Parcours PAS À PAS ou EXPRESS ? → MODE D'EMPLOI P. 3

36 Les réserves et les flux de glucose

En bref *Le glucose est la source principale d'énergie des cellules musculaires. Il est stocké et libéré en permanence.*

I Les besoins des cellules musculaires

■ Les cellules musculaires en activité consomment davantage de glucose et de dioxygène qu'au repos, augmentant ainsi leur rejet de dioxyde de carbone.

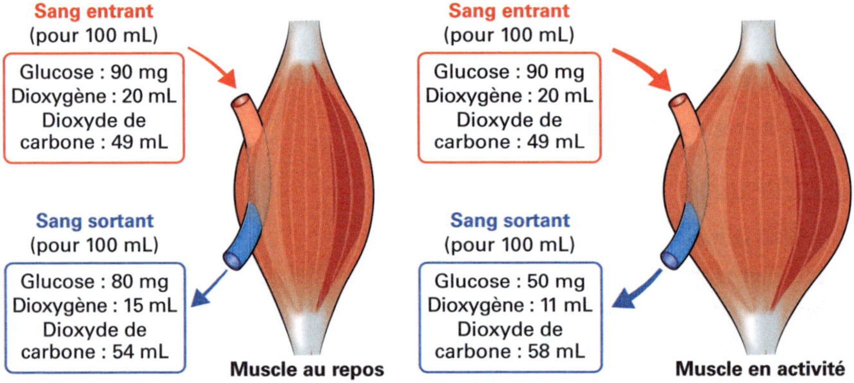

Doc 1 Composition du sang entrant et sortant du muscle

■ Le glucose et le dioxygène consommés permettent la production d'ATP, une molécule énergétique nécessaire au fonctionnement du muscle.

II Le glucose, consommé ou mis en réserve

■ Les réserves de glucose sont stockées sous forme de glycogène dans les cellules musculaires et les cellules hépatiques. Elles permettent à l'organisme d'entretenir les flux de glucose entre les organes sources (intestin et foie) et les organes consommateurs (dont les muscles) :
- lors de l'activité, pour répondre aux besoins des cellules musculaires ;
- au repos et à la suite d'un repas, pour être reconstituées dans les muscles et le foie.

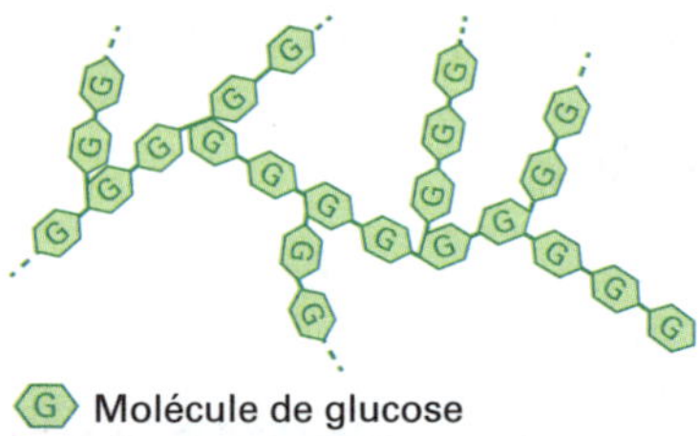

Doc 2 Structure du glycogène

Méthode

Comprendre l'expérience du foie lavé

Le célèbre physiologiste français, Claude Bernard, a proposé en 1855 l'expérience du foie lavé montrant le rôle du foie dans le stockage du glucose.

Doc Protocole et résultats de l'expérience du foie lavé

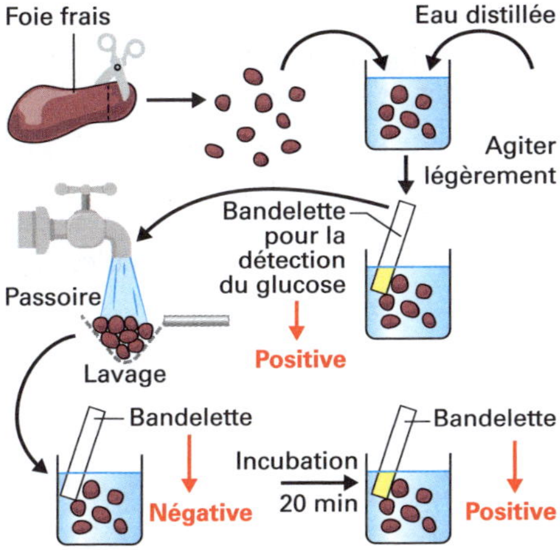

Le même protocole est appliqué à un muscle. Les bandelettes montrent un résultat négatif après lavage et après 20 minutes d'incubation.

Exploiter les résultats des expériences pour montrer quel organe peut être qualifié d'organe « source » de glucose au sein de l'organisme.

CONSEILS

Étape 1 Pour les deux organes, comparer les résultats des tests après lavage et après 20 minutes d'incubation.

Étape 2 Indiquer comment s'explique le test positif, 20 minutes après incubation, pour le foie.

Étape 3 Identifier l'organe « source » de glucose au sein de l'organisme.

SOLUTION

Étape 1 Après lavage, les bandelettes pour la détection du glucose montrent des résultats négatifs, donc l'absence de glucose, pour les deux organes. Après 20 minutes d'incubation, les bandelettes montrent un résultat négatif pour le muscle et positif pour le foie, donc la présence de glucose.

Étape 2 Pour l'expérience avec le foie, un test positif après 20 minutes d'incubation s'explique par une libération de glucose par cet organe.

Étape 3 On peut donc qualifier le foie d'organe « source » de glucose. Le muscle n'en est pas un, car il ne libère pas de glucose.

37 La régulation hormonale de la glycémie

En bref *La glycémie d'une personne en bonne santé est stable. Cette stabilité est assurée par des hormones pancréatiques.*

I La glycémie, une variable physiologique réglée

- Le maintien de la glycémie autour d'une valeur de consigne (entre 0,75 et 1,1 g · L^{-1}) est indispensable au bon fonctionnement de l'organisme.

MOT CLÉ
Valeur de consigne : valeur d'une grandeur maintenue constante.

- Chaque variation de la glycémie (liée à un repas, au sport...) s'accompagne d'un retour rapide à sa valeur de consigne, ce qui atteste de la mise en jeu de mécanismes de régulation reposant sur des échanges de glucose entre le sang et les organes.

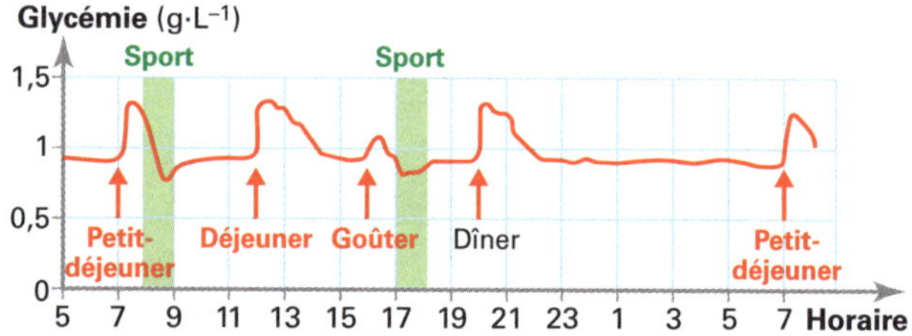

Doc **Évolution de la glycémie au cours d'une journée**

II Le contrôle hormonal de la glycémie

- Le pancréas sécrète des hormones grâce à des amas cellulaires nommés îlots de Langerhans. Ils sont composés de cellules α et β produisant respectivement l'insuline et le glucagon.

- L'insuline est sécrétée pour répondre à une hyperglycémie (hausse de la glycémie) et est donc une hormone hypoglycémiante. Elle exerce son action sur le foie en stimulant la glycogénogenèse et en inhibant la glycogénolyse. Elle agit également sur les muscles en stimulant la dégradation du glucose et la synthèse de glycogène et sur les tissus adipeux en inhibant l'hydrolyse des lipides qui seraient convertis en glucose.

MOTS CLÉS
- **Glycogénogenèse** : synthèse de glycogène à partir de glucose.
- **Glycogénolyse** : dégradation du glycogène libérant du glucose.

- Le glucagon est sécrété pour répondre à une hypoglycémie (baisse de la glycémie) et est donc une hormone hyperglycémiante. Il exerce son action uniquement sur le foie de façon inverse à l'insuline.

Méthode

Montrer l'action de l'insuline sur le foie

On étudie la production de glucose par le foie d'animaux ayant subi une intervention chirurgicale, puis recevant une perfusion d'insuline.

Doc Modification chirurgicale de la circulation hépatique et glycémie mesurée dans deux vaisseaux

Une intervention chirurgicale a permis de relier la veine porte hépatique directement à la veine cave inférieure. La composition du sang dans les veines sus-hépatiques n'est ainsi plus influencée par le sang qui provenait de l'intestin.

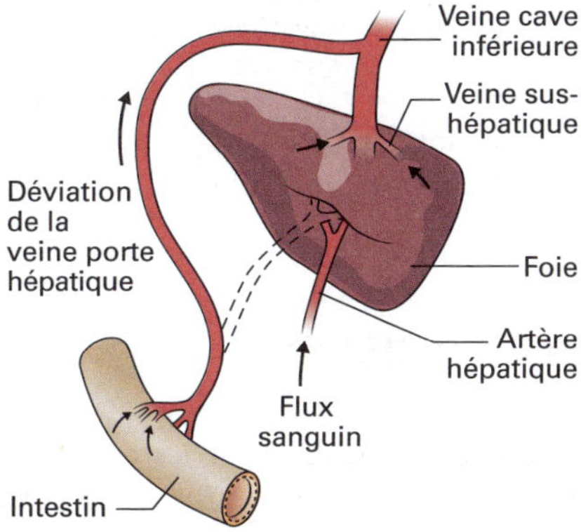

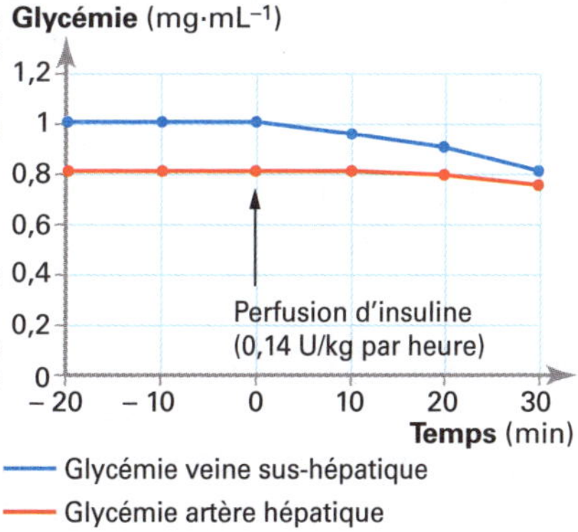

Montrer l'action de l'insuline sur le foie en comparant la production de glucose par le foie avant et après une perfusion d'insuline.

CONSEILS

Étape 1 Déterminer la différence de glycémie entre l'artère hépatique et la veine sus-hépatique (en mg/mL) avant et après la perfusion d'insuline. Calculer la production de glucose par le foie avant et après perfusion en utilisant la valeur du flux sanguin hépatique estimée à 250 mL/min.

Étape 2 Déterminer le facteur multiplicateur entre les deux résultats.

Étape 3 Indiquer l'action de l'insuline sur le foie.

SOLUTION

Étape 1 Avant perfusion, la différence de glycémie entre l'artère hépatique et la veine sus-hépatique est de 0,2 mg/ml. Après perfusion, elle est de 0,05 mg/ml. Le flux sanguin hépatique est estimé à 250 mL/min. La production de glucose par le foie est donc, avant perfusion, de 0,2 × 250 = 50 mg/min. Après perfusion, elle est de 0,05 × 250 = 12,5 mg/min.

Étape 2 La production de glucose est divisée par quatre après la perfusion.

Étape 3 La perfusion d'insuline fait chuter la production de glucose par le foie.

38 Les dysfonctionnements de la régulation de la glycémie

En bref *Un dysfonctionnement de la régulation de la glycémie entraîne des complications qui peuvent être à l'origine de diabètes.*

I Le diabète de type 1 insulinodépendant

- Le diabète de type 1 est dû à une destruction des **cellules β** des îlots de Langerhans ; il en résulte une absence totale de sécrétion d'insuline. Il s'agit d'une maladie auto-immune, car ce sont des lymphocytes qui détruisent les cellules β reconnues à tort comme étrangères.
- Ce diabète peut être corrigé par des injections d'insuline une à plusieurs fois par jour : il est qualifié d'insulinodépendant.

MOT CLÉ

Maladie auto-immune : dysfonctionnement du système immunitaire, par lequel les cellules de l'immunité s'attaquent aux propres cellules de l'organisme.

II Le diabète de type 2 insulinorésistant

- Le diabète de type 2 est dû à deux anomalies majeures :
– une altération au fil du temps de la sécrétion d'insuline par les cellules β de Langerhans, qui finissent par ne plus reconnaître le glucose comme signal déclenchant la sécrétion ;
– une résistance accrue des cellules cibles (des muscles, du foie et du tissu adipeux) à l'action de l'insuline, ce qui diminue le stockage et l'utilisation du glucose par ces cellules.
- Ce diabète est qualifié d'insulinorésistant, car dans les deux cas les cellules cibles deviennent moins sensibles à l'insuline.

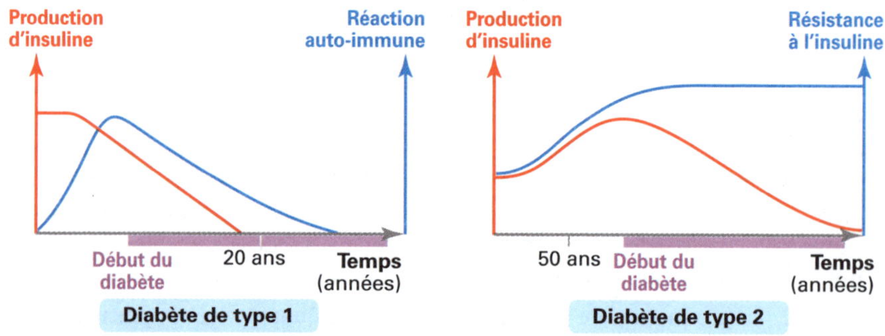

Doc **Origines des deux types de diabète**

Méthode

Étudier le diabète de type 2 chez des souris obèses modèles

Certaines souris mutantes présentent une obésité et une hyperglycémie chronique. Elles constituent un modèle pour l'étude du diabète de type 2.

À l'aide des documents et de vos connaissances, montrer ce qu'apportent ces souris modèles à la compréhension des origines du diabète de type 2.

Doc 1 L'insuline et son récepteur

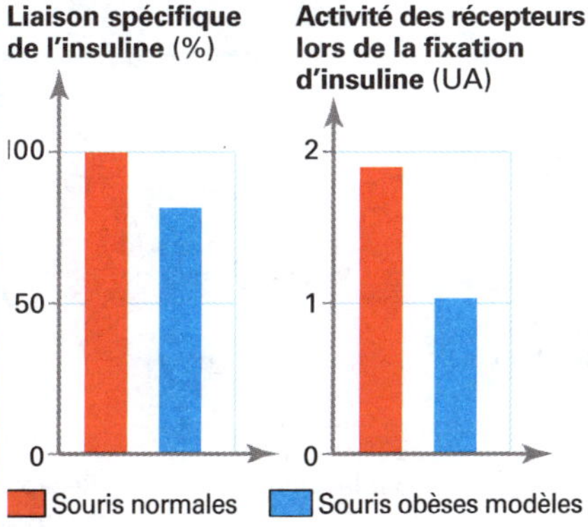

Doc 2 Le glucose dans le muscle

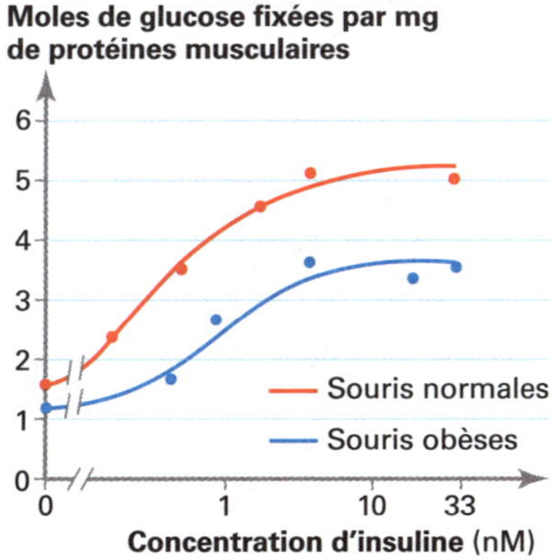

CONSEILS

Étape 1 Repérer sur le doc. 1 le paramètre modifié chez les souris modèles.
Étape 2 Rappeler les effets de l'insuline sur les cellules musculaires.
Étape 3 Repérer sur le doc. 2 le paramètre modifié chez les souris modèles.
Déduire de vos observations l'une des origines du diabète de type 2.

SOLUTION

Étape 1 Les souris modèles ont des récepteurs fixant moins bien l'insuline : leur activité est donc plus faible après cette fixation et l'insuline aura une moindre efficacité sur les cellules.

Étape 2 La fixation d'insuline sur les cellules musculaires entraîne l'entrée de glucose et son utilisation par ces cellules.

Étape 3 La quantité de glucose entrant dans les cellules musculaires des souris modèles est plus faible que pour les souris normales, ce qui peut s'expliquer par la moindre efficacité de l'insuline.

Une insulinorésistance réduit donc l'entrée du glucose dans les cellules et provoque une hyperglycémie à l'origine du diabète de type 2.

MÉMO VISUEL

La glycémie, un paramètre régulé

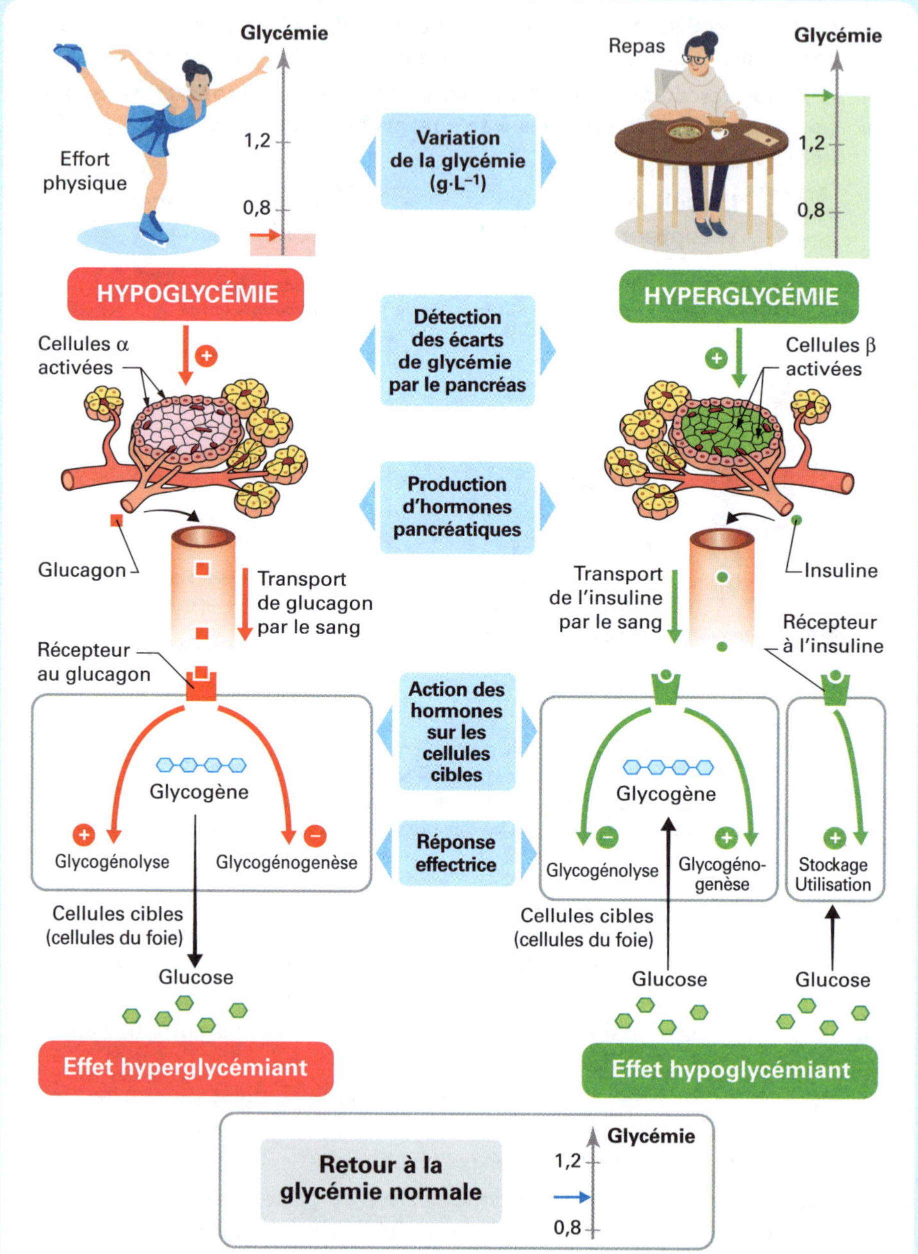

Fonctionnement de la boucle de régulation de la glycémie

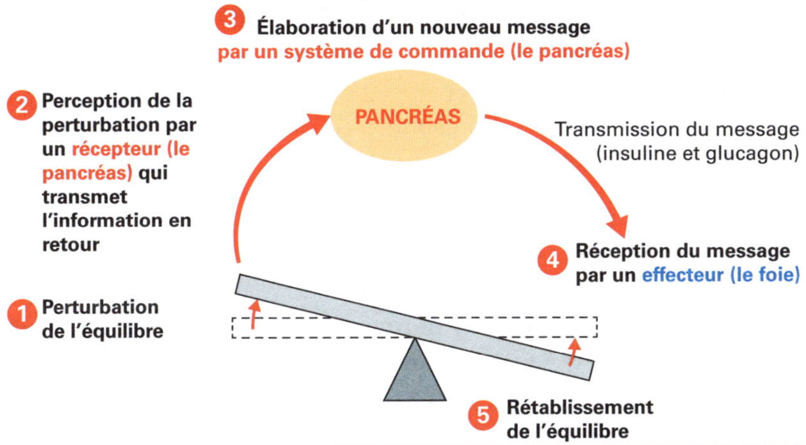

Des dysfonctionnements de la régulation de la glycémie

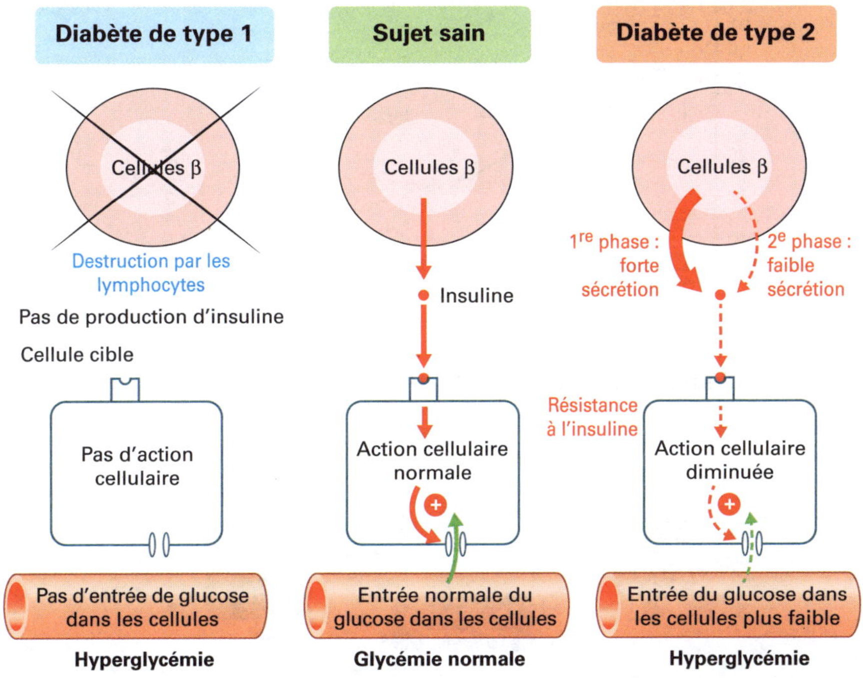

SUJET 34 | OBJECTIF BAC

⏱ 80 min

La notion de boucle de régulation

→ FICHE 37

Ce sujet de restitution organisée de connaissances aborde la notion de boucle de régulation, omniprésente dans l'organisme, au travers de l'exemple de la glycémie.

LE SUJET

À l'aide de vos connaissances et des documents, montrer que le maintien de la glycémie correspond à une boucle de régulation.

Votre exposé devra se terminer par un schéma.

Doc 1 Variation de la glycémie, de l'insulinémie et de la glucagonémie après un repas riche en glucose

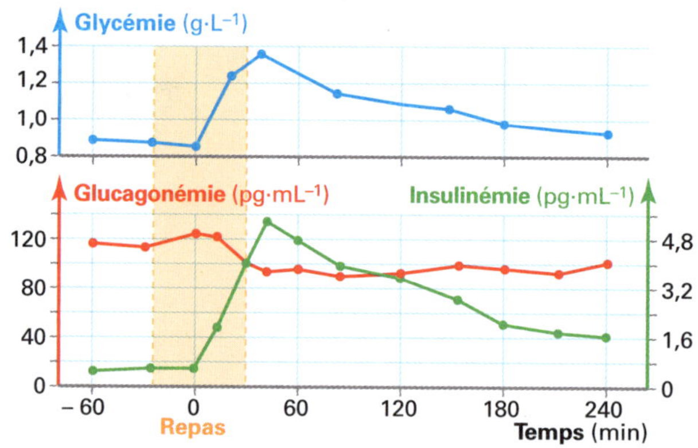

Doc 2 Les éléments constitutifs d'une boucle de régulation

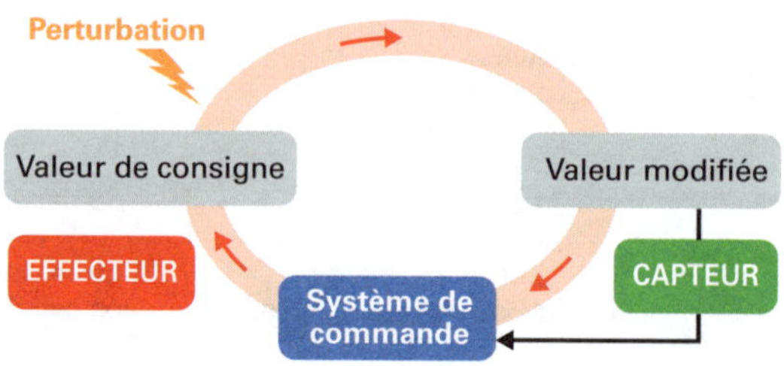

LES CLÉS POUR RÉUSSIR

Étape 1 Définissez les termes du sujet, dégagez une problématique et prévoyez un plan pour rédiger une introduction. Cherchez à relier le maintien de la glycémie aux éléments constitutifs d'une boucle de régulation.

Étape 2 Rédigez de façon organisée les différentes parties du développement en veillant à l'exactitude des notions, à soigner votre expression et l'utilisation du vocabulaire scientifique. Présentez les rôles des différents organes de la boucle de régulation.

Étape 3 Rédigez une conclusion apportant une réponse précise à la problématique, ouvrez le sujet sur d'autres paramètres de l'organisme maintenus stables grâce à une boucle de régulation et proposez un schéma bilan.

LE CORRIGÉ

Les titres en couleurs ne doivent pas obligatoirement figurer sur la copie.

Introduction

La glycémie est le taux de glucose dans le sang en g/L. Chez un individu normal, ses faibles variations tout au long de la journée (doc. 1) montrent qu'un système permet de la maintenir à une valeur constante : on parle de valeur de consigne (doc. 2).

Une boucle de régulation est un système permettant de maintenir stable cette valeur de consigne. Elle comprend, en biologie, différents organes (capteur, centre de commande, effecteurs) et des messagers (hormones...).

En quoi le maintien de la glycémie fait-il intervenir tous les éléments constitutifs d'une boucle de régulation ?

Nous verrons dans un premier temps que, suite à la modification de la valeur de consigne, le pancréas fonctionne comme un organe « capteur ». Il s'agira ensuite de voir qu'il constitue un « centre de commande » en élaborant un message en réponse à cette modification. Pour terminer, nous montrerons comment le foie constitue « l'organe effecteur » de la boucle permettant de rétablir l'équilibre.

Les perturbations de la glycémie

- Le maintien de la glycémie autour d'une valeur de consigne (entre 0,75 et 1,1 $g{\cdot}L^{-1}$) est indispensable au bon fonctionnement de l'organisme. **Le document 1** montre que des variations de la glycémie (liée à un repas, au sport...) surviennent tout au long de la journée.

CONSEIL DE MÉTHODE

On peut illustrer le propos en reproduisant le schéma de l'évolution de la glycémie sur 24 heures.

▸ Il peut s'agir d'une hyperglycémie (hausse de la glycémie) ; le **document 1** montre que la glycémie augmente de 0,4 $g{\cdot}L^{-1}$ après un repas. Il peut aussi s'agir d'une d'hypoglycémie (baisse de la glycémie) à la suite d'un effort physique.

CONSEIL DE MÉTHODE

Présenter les différents organes de la régulation de la glycémie comme les éléments constitutifs d'une boucle de régulation.

▸ Le **document 2** montre que des perturbations de la valeur de consigne peuvent avoir lieu : elles correspondent dans ce cas à un excès ou à une baisse du taux de glucose dans le sang. Le pancréas est l'organe capable de percevoir cette modification, car il possède des récepteurs qui vont transmettre l'information en réponse à la fixation ou non de glucose. Il constitue l'organe « capteur » de la boucle de régulation présentée dans le **document 2.**

Le rôle du pancréas et de ses hormones

▸ Le pancréas sécrète des hormones grâce à des amas cellulaires nommés îlots de Langerhans. Ils sont composés de cellules **α** et **β** produisant respectivement l'insuline et le glucagon.

▸ Le **document 1** montre que l'insuline est sécrétée en réponse à une hyperglycémie (ici un repas) et est donc une hormone hypoglycémiante. Le glucagon est sécrété en réponse à une hypoglycémie et est donc une hormone hyperglycémiante. Le **document 1** montre que sa concentration dans le sang baisse légèrement après un repas. En adaptant la sécrétion de l'une ou l'autre des hormones selon la nature de la perturbation, le pancréas constitue ainsi le « système de commande » de la boucle de régulation présentée dans le **document 2.**

Les organes effecteurs de la régulation de la glycémie

▸ L'insuline exerce son action au niveau :

– du foie, en stimulant la glycogénogenèse et en inhibant la glycogénolyse ; il constitue l'un des effecteurs principaux de la boucle de régulation ;

– des muscles, en stimulant la dégradation du glucose et la synthèse de glycogène ;

– du tissu adipeux, en inhibant l'hydrolyse des lipides qui seraient convertis en glucose.

Ainsi, l'insuline favorise l'utilisation et le stockage du glucose, réduit sa libération dans le sang, ce qui induit une réduction de la glycémie.

▸ Le glucagon exerce son action uniquement au niveau du foie de façon inverse à l'insuline, en inhibant la glycogénogenèse et en stimulant la glycogénolyse. Ainsi, le glucagon empêche le stockage du glucose, augmente sa libération dans le sang, ce qui induit une hausse de la glycémie.

CONSEIL DE MÉTHODE

Réassociez chaque acteur de la glycémie aux éléments constitutifs d'une boucle de régulation. Citez d'autres paramètres de l'organisme pouvant être maintenus stables grâce à une boucle de régulation.

Conclusion

▸ En se référant au **document 2**, nous pouvons donc dire que le pancréas est l'organe « capteur » détectant une perturbation de la valeur de consigne. Il est aussi le « système de commande » sécrétant l'hormone devant corriger la perturbation. Des organes « effecteurs » comme le foie répondent à ces hormones et assurent une correction de la perturbation. On peut dire que le contrôle de la glycémie fait intervenir tous les éléments constitutifs d'une boucle de régulation.

▸ Dans l'organisme, d'autres paramètres tels que la température, le rythme cardiaque ou la pression artérielle sont maintenus à une valeur de consigne grâce une boucle de régulation.

Doc **Les différents acteurs du contrôle de la glycémie au sein d'une boucle de régulation**

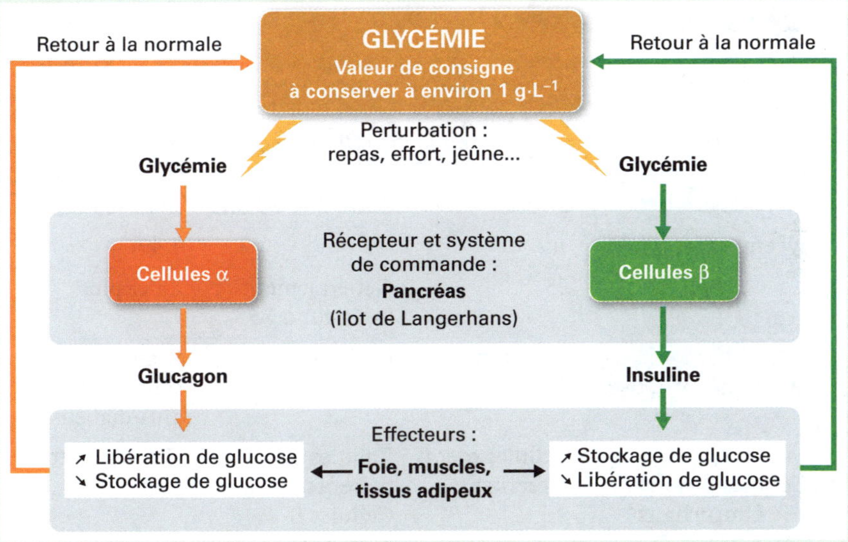

SUJET 35 | OBJECTIF BAC

70 min

Le diabète MODY 2

→ FICHE 37

Ce sujet d'entraînement au raisonnement scientifique permet de montrer que les diabètes correspondent à des maladies dont l'origine peut être très variable.

LE SUJET

Une jeune femme, Mme X, a développé un diabète rare et atypique à l'âge de 27 ans, nommé MODY 2.

À l'aide de l'exploitation des documents et de vos connaissances, proposer une explication à l'origine du diabète de Mme X.

Doc 1 Cas clinique de Mme X

Indications au moment de la découverte de la maladie	Mme X	Diabète de type 1	Diabète de type 2
Âge	27 ans	Entre 2 et 25 ans	Après 45 ans
Glycémie (en $g{\cdot}L^{-1}$)	1,9	≈ 2	1,4
IMC*	23	Généralement inférieur à 25	25 et plus
Traitement proposé	Injections d'insuline	Injections d'insuline	Régime et traitement anti-diabète
Cellules des îlots de Langerhans	Cellules α et β présentes	Cellules α présentes Cellules β détruites	Cellules α et β présentes

*L'IMC ou indice de masse corporelle est considéré comme normal pour des valeurs comprises entre 18 et 25. Au-dessus de 25, on parle de surpoids.

Doc 2 **Taux d'insuline en réponse à l'ingestion (à t_0) d'une forte dose de glucose chez une personne témoin et chez Mme X**

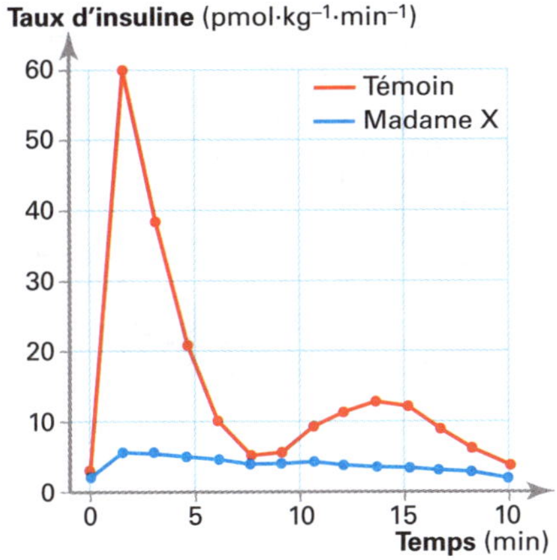

Doc 3 **Allèles normal et muté du gène de la glucokinase**

	Allèle normal	Allèle muté
279e triplet du gène de la glucokinase	GAG	TAG
279e codon de l'ARNm du gène de la glucokinase	GAG	UAG = codon stop
279e acide aminé de la glucokinase	Glu	/

Doc 4 **Activité de la glucokinase dans les cellules β des îlots de Langerhans en fonction du taux de glucose**

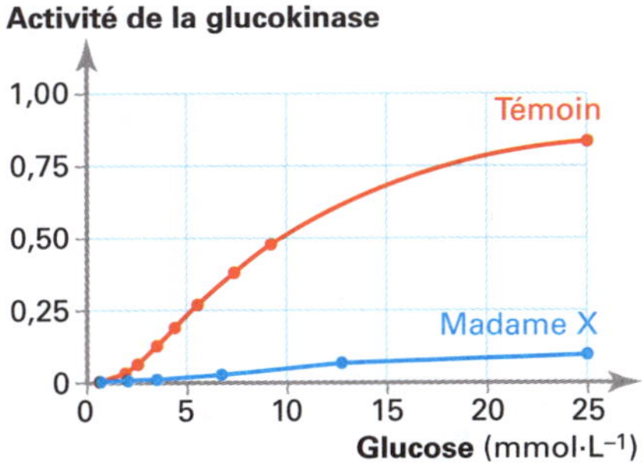

Doc 5 Synthèse et sécrétion d'insuline par les cellules β des îlots de Langerhans

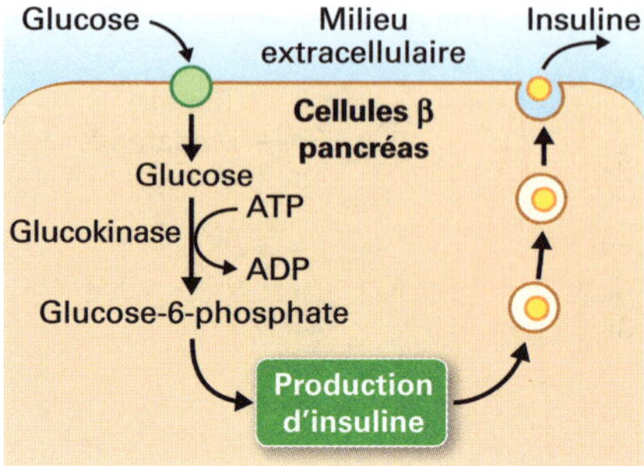

LES CLÉS POUR RÉUSSIR

Étape 1 Identifiez et appréhendez le problème posé pour rédiger une petite introduction présentant le cas de Mme X.

Étape 2 Analysez, confrontez chaque document et associez-les à vos connaissances. Pour chaque document, comparez les données issues d'analyses réalisées chez Mme X à celles d'une individu témoin.

Étape 3 Répondez clairement au problème posé en faisant les liens de façon progressive entre tous les documents.

LE CORRIGÉ

Il n'est pas exigé de faire figurer sur la copie les titres en couleurs.

Introduction

Une jeune femme, Mme X, a développé un diabète rare et atypique à 27 ans. On cherche à expliquer l'origine du diabète de Mme X.

CONSEIL DE MÉTHODE

Comparer les caractéristiques cliniques des différents sujets étudiés et relever les différences.

Les caractéristiques cliniques de Mme X

▸ D'après le **document 1**, les caractéristiques du diabète de Mme X sont dans les normes du diabète de type 1 : glycémie ≈ 2 g/L et IMC < 25. En revanche, l'âge d'apparition du diabète de type 1 est habituellement entre 2 et 25 ans, or Mme X ne l'a développé qu'à 27 ans. De plus, les îlots de Langerhans de son pancréas sont bien présents. Les caractéristiques sont en tout cas très éloignées de celles du diabète de type 2, tant au niveau de l'âge que de la glycémie ou de l'IMC. Par ailleurs, on lui a prescrit le même traitement que pour un diabète de type 1, à savoir des injections d'insuline. On peut donc exclure dès maintenant que le diabète de Mme X soit de type 1 ou 2.

Une faible production d'insuline chez Mme X

- D'après le **document 2**, chez une personne non diabétique, l'ingestion de glucose entraîne immédiatement un pic de sécrétion d'insuline qui atteint 60 $pmol \cdot kg^{-1} \cdot min^{-1}$. Chez Mme X, le taux d'insuline reste très faible, à environ 5 $pmol \cdot kg^{-1} \cdot min^{-1}$. Or on sait que l'insuline est une hormone pancréatique hypoglycémiante qui permet la régulation de la glycémie en stockant le glucose après une ingestion. Mme X produit donc trop peu d'insuline pour réguler son taux de glucose sanguin.

On peut conclure que le diabète de Mme X est lié à une diminution de son insulinémie (comme dans le cas d'un diabète de type 1). Mais quelle en est son origine ?

CONSEIL DE MÉTHODE

Établir le lien entre les documents afin de montrer l'origine d'une faible production d'insuline chez Mme X.

- Le **document 5** montre que la production de l'insuline correspond à une suite de réactions dont l'une fait intervenir la glucokinase.

On peut donc penser qu'une glucokinase non fonctionnelle peut induire une baisse de la production d'insuline, comme celle observée chez Mme X.

L'origine génétique du diabète de Mme X

- Selon le **document 3**, il existe un gène mutant de la glucokinase, dans lequel le premier nucléotide (G) du 279e triplet est remplacé par un T. Le codon est dans ce cas interprété comme un codon STOP, la glucokinase n'est pas produite en intégralité et n'est donc probablement pas fonctionnelle.

CONSEIL DE MÉTHODE

Utiliser l'ensemble des données sur la glucokinase afin de proposer une hypothèse quant à l'origine du diabète de Mme X.

- D'après le **document 4**, on observe que l'activité de la glucokinase est nettement plus faible chez Mme X que chez le témoin non diabétique. On peut donc penser que sa glucokinase n'est pas fonctionnelle. Si la glucokinase de Mme X n'est pas fonctionnelle, c'est qu'elle porte peut-être l'allèle muté du gène de la glucokinase.

Bilan

$\mathrm{M^{me}}$ X a un diabète qui ressemble à un diabète de type 1 (doc. 1) ; on observe en effet une baisse de l'insulinémie (doc. 2). Dans ce type de diabète, les cellules β des îlots de Langerhans sont détruites par le système immunitaire : c'est une maladie auto-immune. Mais ce n'est pas le cas pour $\mathrm{M^{me}}$ X, les cellules de ses îlots de Langerhans sont bien présentes (doc. 1). Cependant, la faible activité de la glucokinase dans les cellules β de $\mathrm{M^{me}}$ X (doc. 4) permet de dire qu'elle ne peut pas produire suffisamment d'insuline (doc. 5). Cette faible activité pourrait s'expliquer par une mutation du gène de la glucokinase rendant cette molécule non fonctionnelle (doc. 3) et induisant une baisse de la sécrétion d'insuline. Le diabète de $\mathrm{M^{me}}$ X a donc une origine génétique.

SUJET 36 | OBJECTIF BAC

70 min — L'hyperglycémie de stress

→ FICHE 38

Ce sujet d'entraînement au raisonnement scientifique permet de montrer que la glycémie peut être aussi modulée par l'adrénaline et non pas seulement par le glucagon et l'insuline.

LE SUJET

La glycémie normale chez les chiens, mesurée par des scientifiques entre la fin du $\mathrm{XIX^e}$ et le début du $\mathrm{XX^e}$ siècle, variait de 0,5 g/L à plus de 2 g/L. Ces variations ont conduit certains d'entre eux à remettre en cause l'utilisation du chien comme modèle d'étude de la régulation de la glycémie.

À l'aide de vos connaissances et de l'exploitation des documents, montrer en quoi il est discutable d'utiliser le chien comme modèle d'étude de la glycémie.

Doc 1 Mesure de la glycémie chez le chien

La glycémie est mesurée chez des chiens en bonne santé. Seule la méthode de prélèvement des échantillons de sang change d'un animal à l'autre. Les méthodes utilisant une seringue sont non stressantes (les chiens y sont habitués), alors que celles recourant à une anesthésie le sont davantage.

Méthode de prélèvement du sang	Hausse de la glycémie (en g/L)
Seringue dans la veine jugulaire	0,4
Seringue dans l'artère fémorale	0,5
Anesthésie à l'éther et prélèvement dans la veine jugulaire	0,8
Anesthésie à l'éther et prélèvement dans la carotide	0,9

Doc 2 Stress et sécrétions hormonales

L'état de stress correspond à un ensemble de changements physiologiques permettant à l'organisme de produire rapidement un effort intense en situation de danger (fuite, combat...). Un stress modéré peut être déclenché en injectant du carbachol chez l'animal (ici injecté à $t = 0$ min). On mesure alors les sécrétions de diverses hormones par l'organisme. La courbe correspond à la moyenne des mesures réalisées.

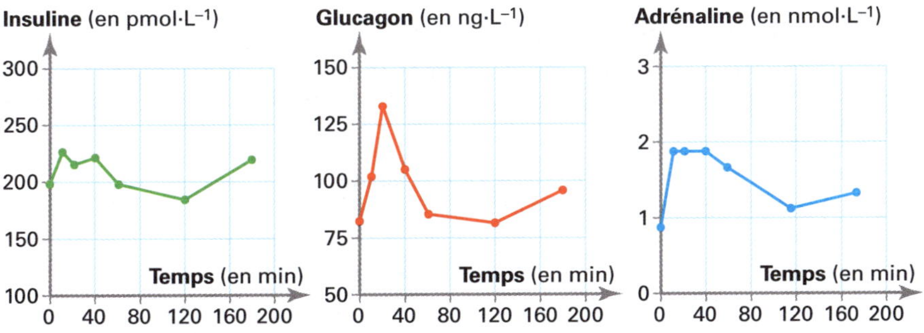

Doc 3 Conséquences de la fixation de l'adrénaline et des β-bloquants sur les récepteurs β-adrénergiques

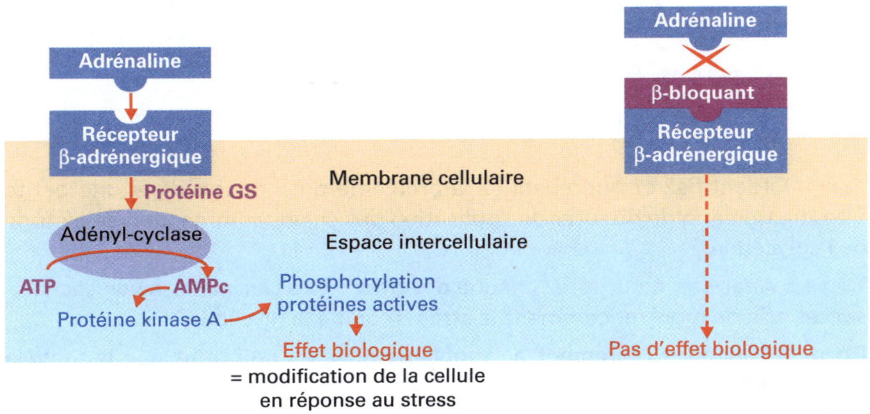

Doc 4 Évolution de la glycémie après le déclenchement d'un stress modéré chez le chien

Les chiens sont perfusés soit avec un liquide physiologique seul, soit avec un liquide physiologique contenant un bêta-bloquant.

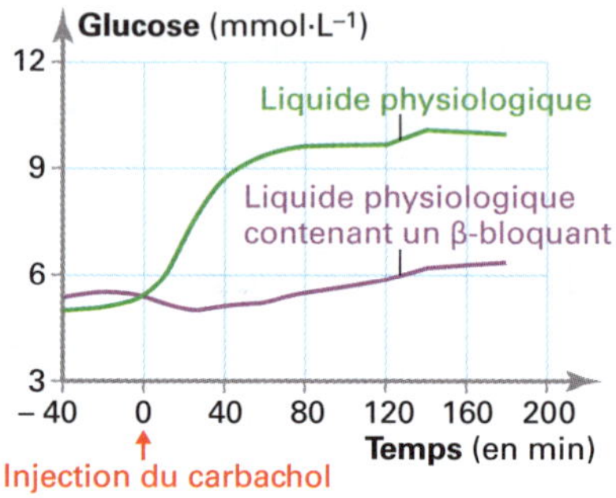

Doc 5 Effet de l'adrénaline sur le foie

Des cellules de foie isolées sont mises en présence de différentes concentrations d'adrénaline. On mesure la production de glucose à partir des réserves de glycogène présentes dans les cellules de foie.

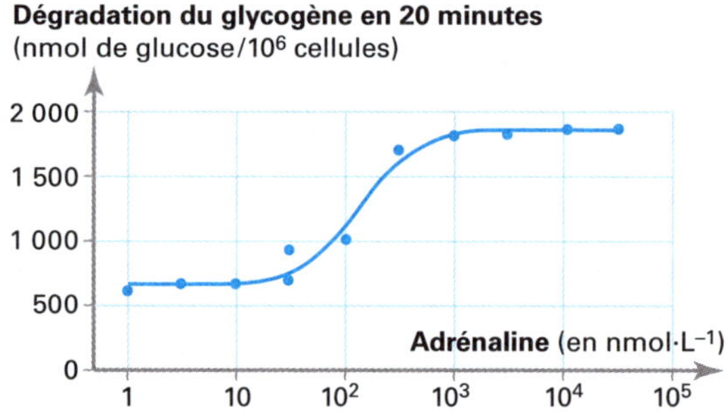

LES CLÉS POUR RÉUSSIR

Étape 1 Identifiez et appréhendez le problème posé pour rédiger une petite introduction afin de discuter de l'utilisation des chiens comme modèle d'étude de la glycémie.

Étape 2 Analysez, confrontez chaque document et associez-les à vos connaissances afin de montrer comment le stress modifie la glycémie.

Étape 3 Répondez clairement au problème posé en montrant que le modèle d'étude est discutable.

LE CORRIGÉ

Il n'est pas exigé de faire figurer sur la copie les titres en couleurs.

Introduction

Historiquement, le chien a été utilisé comme modèle pour l'étude de la régulation de la glycémie. Cependant, des variations importantes dans la mesure de leur glycémie a rendu ce modèle discutable. Nous allons chercher à en expliquer l'origine.

Des méthodes de prélèvement stressantes

▸ L'étude du **document 1** montre que le stress des chiens dépend de la méthode de prélèvement choisie. Lorsque le prélèvement se fait à la seringue, les chiens y sont habitués, leur glycémie augmente peu. Si la méthode de prélèvement passe par une anesthésie, le chien est davantage stressé, cette méthode provoque une augmentation de la glycémie plus importante. Le stress provoquant une augmentation de la glycémie des chiens, ce modèle d'étude est discutable.

CONSEIL DE MÉTHODE

Formulez des hypothèses montrant comment l'adrénaline agirait sur la régulation de la glycémie.

L'action de l'adrénaline sur la régulation de la glycémie

▸ Sur le **document 2**, on observe l'effet de l'induction d'un stress sur la sécrétion d'hormones. Durant la première heure après l'induction du stress, il y a une augmentation de l'insulinémie jusqu'à 220 pmol/L en moyenne, du taux de glucagon jusqu'à 130 ng/L en moyenne et du taux d'adrénaline jusqu'à 1,8 nmol/L. L'insuline (hormone hypoglycémiante) et le glucagon (hormone hyperglycémiante) sont impliqués dans la régulation de la glycémie lors de situations physiologiques normales. On en déduit que le stress agit sur les acteurs « classiques » de cette régulation. L'effet du glucagon semble prépondérant puisqu'il y a augmentation de la glycémie (doc. 1). De plus, le stress a un autre effet : il augmente la concentration d'adrénaline. On peut se demander si l'adrénaline joue un rôle dans la régulation de la glycémie lors d'un stress. On peut alors proposer deux hypothèses :

– l'adrénaline serait sans effet sur la glycémie, autrement dit le glucagon (et l'insuline) seraient seuls pleinement responsables des variations de la glycémie lors d'un stress (hypothèse 1) ;

– lors d'un stress, l'adrénaline agirait sur les acteurs de la régulation de la glycémie (foie ? pancréas ?) (hypothèse 2).

▸ D'après le **document 3**, des inhibiteurs, comme les bêta-bloquants, peuvent entrer en compétition avec une hormone, ici l'adrénaline, en se fixant sur ses récepteurs.

▸ Ces deux molécules ont des structures moléculaires voisines, mais ne sont pas identiques. Les inhibiteurs occupent la place de l'adrénaline sans avoir l'action de l'hormone : ils ne font qu'inhiber cette dernière.

CONSEIL DE MÉTHODE

Testez les hypothèses proposées lors de l'étude des documents précédents.

▸ Sur le **document 4**, on cherche à mettre en évidence l'effet ou non de l'adrénaline sur la régulation de la glycémie en situation de stress et ainsi tester les hypothèses proposées à l'aide du **document 2**. Sans bêta-bloquants, la glycémie augmente. On retrouve ici l'effet hyperglycémiant du stress (sans béta-bloquants). En présence de bêta-bloquants, la glycémie diminue puis augmente légèrement. Les bêta-bloquants ont un effet sur la régulation de la glycémie et ils la maintiennent basse en cas de stress. Ces molécules étant des inhibiteurs de l'adrénaline, on peut dire que l'adrénaline peut être responsable d'une augmentation de la glycémie. L'hypothèse 1 doit donc être rejetée et l'hypothèse 2 peut être validée : l'adrénaline agit sur la régulation de la glycémie lors d'un stress. On peut alors se demander comment agit l'adrénaline (action directe ou indirecte sur le foie).

▸ Dans l'expérience proposée par le **document 5**, les scientifiques travaillent sur des cellules de foie isolées. Ainsi, ils contrôlent parfaitement les hormones présentes et peuvent exclure toute intervention du glucagon ou de l'insuline sur les cellules de foie. L'action directe de l'adrénaline sur les hépatocytes (qui, on le sait, stockent et déstockent du glucose sous forme de glycogène) est alors étudiée. On observe que la glycogénolyse augmente lorsque la dose d'adrénaline croît. L'adrénaline agit donc directement sur la régulation de la glycémie (ce qui n'exclut pas qu'*in vivo* elle agisse aussi en contrôlant glucagon et insuline).

Conclusion

Le stress induit une augmentation de la glycémie de différentes façons. Lors du stress, l'action de l'insuline est contrée par une forte action du glucagon, la glycémie augmente alors sous son effet. De plus, l'adrénaline agit directement (à confirmer par des expériences complémentaires) sur le foie et induit une hausse de la glycémie. Selon les méthodes de prélèvement utilisées sur les chiens pour mesurer leur glycémie, ceux-ci sont plus ou moins stressés. Il est donc discutable de les utiliser comme modèle d'étude de la glycémie.

SUJET 37 | OBJECTIF MENTION

Le glucose dans l'organisme

80 min

→ FICHES 36, 37 et 38

Ce sujet de restitution de connaissances vous permet de montrer que l'organisme assure en permanence les besoins de ses cellules en glucose.

LE SUJET

Le glucose est un sucre simple, sa formule chimique est $C_6H_{12}O_6$. Il est la principale source d'énergie des cellules et sa régulation est essentielle pour le fonctionnement de l'organisme.

À l'aide de vos connaissances et des documents, montrer que l'organisme assure en permanence les besoins de ses cellules en glucose.

Doc 1 Origine et devenir du glucose

Le glucose est un nutriment issu de notre alimentation. Il est absorbé au niveau de l'intestin grêle, passe dans le sang, puis est transporté vers les différents organes, dont les muscles, où il est oxydé. Cette oxydation s'accompagne d'une production d'énergie (ATP) et de déchets (dioxyde de carbone et eau).

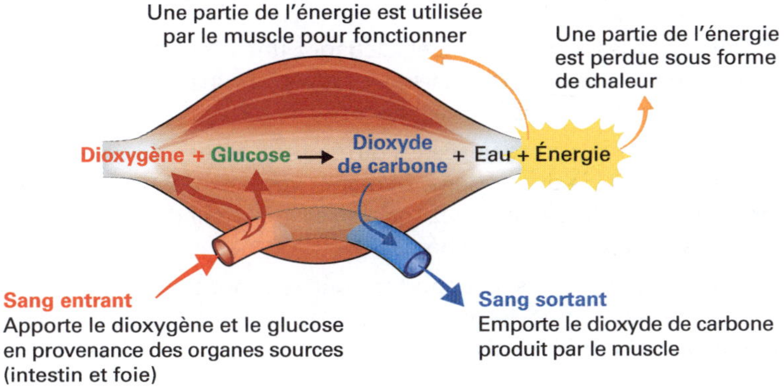

Doc 2 **Maintien de la glycémie grâce aux flux de glucose régulés par des hormones**

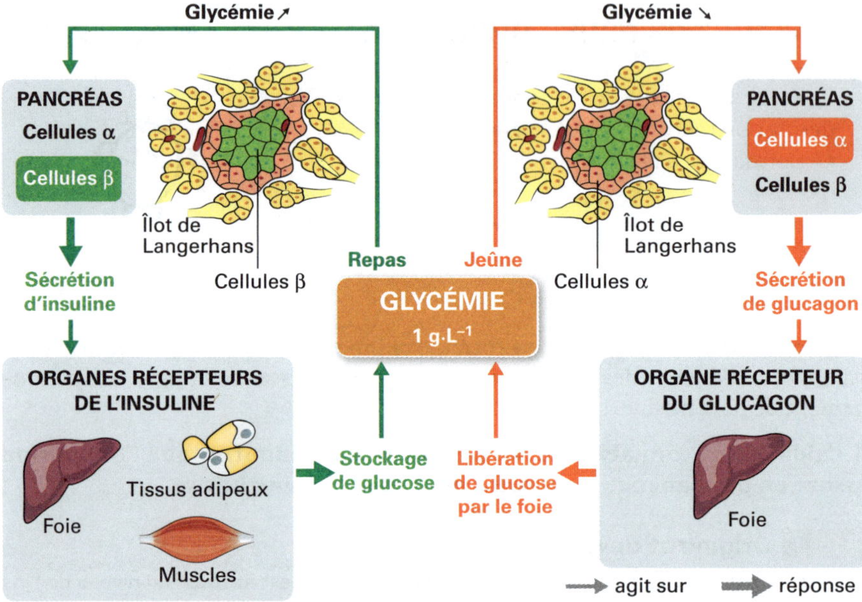

LES CLÉS POUR RÉUSSIR

Étape 1 Définissez les termes du sujet, dégagez une problématique montrant l'importance du glucose dans l'organisme et prévoyez un plan permettant d'indiquer les différentes notions liées au glucose.

Étape 2 Rédigez de façon organisée les différentes parties du développement en veillant à l'exactitude des notions, à soigner votre expression et l'utilisation du vocabulaire scientifique. Indiquez l'origine et le devenir du glucose dans l'organisme. Pensez à apporter des schémas.

Étape 3 Rédigez une conclusion apportant une réponse précise à la problématique. Ouvrez le sujet en envisageant l'importance d'autres molécules (lipides par exemple) au sein de l'organisme.

LE CORRIGÉ

Il n'est pas exigé de faire figurer sur la copie les titres en couleurs.

Introduction

Le glucose est une molécule glucidique, c'est la source essentielle d'énergie des cellules.

Comment l'organisme assure-t-il en permanence les besoins de ses cellules en glucose ?

Après avoir montré l'origine et le devenir du glucose dans l'organisme, nous verrons qu'il existe un contrôle de la glycémie grâce à des flux de glucose régulés par des hormones pancréatiques.

Origine et devenir du glucose dans l'organisme

- D'après le **document 1**, l'intestin et le foie sont considérés comme des organes « sources » de glucose au sein de l'organisme. L'intestin absorbe le glucose issu de la digestion des aliments et le fait passer dans le sang. Le foie stocke le glucose et est capable de le libérer dans le sang.
- Le **document 1** permet aussi d'observer que le glucose présent dans le sang est apporté aux cellules qui le consomment pour assurer leur production d'ATP, molécule énergétique nécessaire au fonctionnement des cellules. Cette production nécessite aussi la présence d'oxygène et s'accompagne d'un rejet de dioxyde de carbone.
- Le glucose peut également être mis en réserve sous forme de glycogène dans les cellules musculaires et dans les cellules hépatiques.

Contrôle de la glycémie, flux de glucose et hormones pancréatiques

- La glycémie est le taux de glucose dans le sang. Le **document 2** permet d'observer qu'une personne en bonne santé a une glycémie stable, maintenue autour d'une valeur de consigne ($1\ g{\cdot}L^{-1}$). Cependant, la glycémie varie selon l'activité de l'organisme. Pour la maintenir constante, l'organisme puise dans ses réserves afin d'assurer des flux de glucose entre les « organes sources » (intestin et foie) et les « organes consommateurs » (dont les muscles).
- Le **document 2** montre que chaque variation de la glycémie (liée à un repas, à jeun…) s'accompagne d'un retour rapide à la valeur de consigne. Ces oscillations attestent de la mise en jeu de flux de glucose entre le sang et les organes. Il montre aussi que c'est le pancréas qui régule ces flux de glucose. Il détecte les variations de la glycémie et sécrète en réponse des hormones. Des amas cellulaires du pancréas nommés îlots de Langerhans et composés de cellules α et β produisent respectivement l'insuline et le glucagon.
- On observe sur le **document 2** que l'insuline est sécrétée en réponse à la hausse de la glycémie liée à un repas. C'est donc une hormone hypoglycémiante. Elle

exerce son action dans le foie (en stimulant la glycogénogenèse et en inhibant la glycogénolyse), dans les muscles (en stimulant la dégradation du glucose et la synthèse de glycogène) et dans le tissu adipeux (en inhibant l'hydrolyse des lipides qui seraient convertis en glucose). L'insuline favorise l'utilisation et le stockage du glucose, réduit sa libération dans le sang, provoquant ainsi une réduction de la glycémie.

- On observe aussi sur le **document 2** que le glucagon est sécrété en réponse à une baisse de la glycémie liée à un jeûne. C'est donc une hormone hyperglycémiante qui exerce son action uniquement dans le foie de façon inverse à l'insuline. Le glucagon empêche le stockage du glucose, augmente sa libération dans le sang, provoquant ainsi une hausse de la glycémie.

Conclusion

- Le glucose est la source essentielle d'énergie des cellules. Il est fourni par des « organes sources » (foie et intestin) qui peuvent le libérer dans le sang, augmentant ainsi la glycémie. Cette dernière doit toujours être maintenue à sa valeur de consigne aux environs de 1 $g{\cdot}L^{-1}$. Le pancréas sécrète des hormones qui régulent cette glycémie en agissant sur les organes émetteurs et consommateurs de glucose.
- Les cellules produisent de l'énergie à partir de la dégradation du glucose, mais elles peuvent aussi utiliser d'autres molécules organiques comme les lipides. Leur dégradation est d'ailleurs encore plus énergétique.

12 Comportements et stress de l'organisme

Même en ayant travaillé toute l'année pour le bac, il est parfois difficile de s'empêcher de ressentir du stress le jour J. Des techniques de relaxation permettraient de stimuler sa concentration et sa confiance en soi.

TESTEZ-VOUS

→ CORRIGÉS P. 346

Faites le point sur vos connaissances
puis établissez votre **parcours de révision**
en fonction de votre score.

1 Les cibles des agents stressants

→ FICHE 39

Les agents stressants agissent dans un premier temps sur :

☐ a. le système nerveux central
☐ b. les glandes surrénales
☐ c. le système limbique
☐ d. l'hypothalamus

.../1

2 La production de CRH

→ FICHE 39

La *corticotropin-releasing hormone* est produite par :

☐ a. la glande médullosurrénale
☐ b. l'hypothalamus
☐ c. la glande corticosurrénale
☐ d. le système limbique

.../1

3 Les glandes surrénales

→ FICHE 39

Les glandes surrénales :

☐ a. possèdent une partie centrale, nommée corticosurrénale
☐ b. possèdent une partie périphérique, nommée médullosurrénale
☐ c. produisent du cortisol dans leur région périphérique
☐ d. produisent de l'adrénaline dans leur région centrale

.../1

4 Le cortisol

→ FICHES 39 et 40

Le cortisol :

☐ a. est produit par l'hypothalamus en réponse à une stimulation par la CRH
☐ b. exerce un rétrocontrôle positif sur la libération de CRH
☐ c. exerce un rétrocontrôle négatif sur la libération de CRH
☐ d. favorise l'utilisation du glucose par l'organisme

.../1

5 L'adrénaline

→ FICHES 39 et 40

L'adrénaline est synthétisée :

- ☐ a. par la glande médullosurrénale
- ☐ b. à la suite d'une stimulation de l'amygdale du cerveau
- ☐ c. en réponse à une perturbation de l'environnement
- ☐ d. pour permettre à l'organisme d'endurer le stress

.../1

6 Le stress chronique

→ FICHE 41

Le stress chronique :

- ☐ a. survient avant le stress aigu
- ☐ b. survient après le stress aigu
- ☐ c. est lié à un taux élevé d'adrénaline dans le sang
- ☐ d. est lié à un taux élevé de cortisol dans le sang

.../1

7 La plasticité mal-adaptative

→ FICHE 41

Lors du stress chronique, le cerveau :

- ☐ a. peut subir des modifications uniquement de l'hypothalamus
- ☐ b. modifie les connexions de ses neurones de façon inadaptée
- ☐ c. présente une diminution du volume de son hippocampe
- ☐ d. développe ses capacités de mémorisation et d'apprentissage

.../1

8 Le traitement du stress chronique

→ FICHE 41

Traiter le stress chronique :

- ☐ a. vise à réduire la résilience du système nerveux
- ☐ b. vise à favoriser la résilience du système nerveux
- ☐ c. repose uniquement sur des pratiques médicamenteuses
- ☐ d. peut correspondre à une prescription de benzodiazépine

.../1

Score total .../8

Parcours PAS À PAS ou *EXPRESS* ? → MODE D'EMPLOI P. 3

39 Adaptation de l'organisme et stress aigu

En bref *Notre organisme est capable de s'adapter aux perturbations de son environnement. Il s'agit d'une réponse normale de l'organisme nommée stress aigu.*

I Action des agents stressants sur le système nerveux

■ Les réponses adaptatives de notre organisme face aux perturbations de son environnement impliquent dans un premier temps le système nerveux.

■ Les agents stressants agissent sur le système nerveux en stimulant :
- dans un premier temps, le **système limbique**, en particulier les zones impliquées dans les émotions telles que l'amygdale ;
- dans un deuxième temps, l'**hypothalamus**, qui sécrète alors de la CRH (*corticotropin-releasing hormone*).

MOT CLÉ
- **Système limbique :** ensemble de structures cérébrales jouant un rôle important dans le comportement.
- **Hypothalamus :** région située à la base du cerveau contrôlant les grandes fonctions de l'organisme (faim, soif, éveil, température...).

II Rôle des glandes surrénales

■ Les glandes surrénales « coiffent » chaque rein. Elles se composent de deux parties, périphérique et centrale, nommées respectivement corticosurrénale et médullosurrénale :
- la médullosurrénale libère de l'adrénaline lorsqu'elle est stimulée par le système limbique ;
- la corticosurrénale libère du cortisol quand elle est stimulée par la CRH produite par l'hypothalamus.

■ Le cortisol exerce un rétrocontrôle négatif sur la libération de CRH par l'hypothalamus. Il favorise ainsi le rétablissement de conditions de fonctionnement stables.

■ La résilience désigne la capacité d'un organisme à surmonter les perturbations de son environnement.

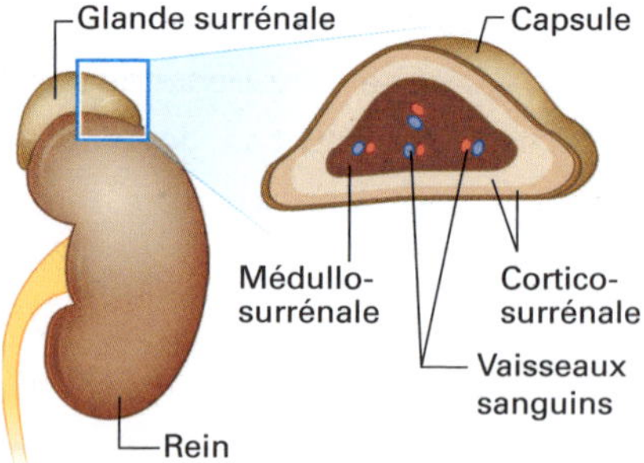

Doc **Anatomie de la glande surrénale**

Méthode

Préciser l'axe corticotrope

L'axe corticotrope, encore appelé axe hypothalamo-hypophyso-corticosurrénalien, est au cœur des réponses biologiques de stress et de résilience.

À l'aide de vos connaissances et du document, réaliser un schéma montrant les substances et structures impliquées dans l'axe corticotrope.

Doc L'hypophyse et ses organes cibles

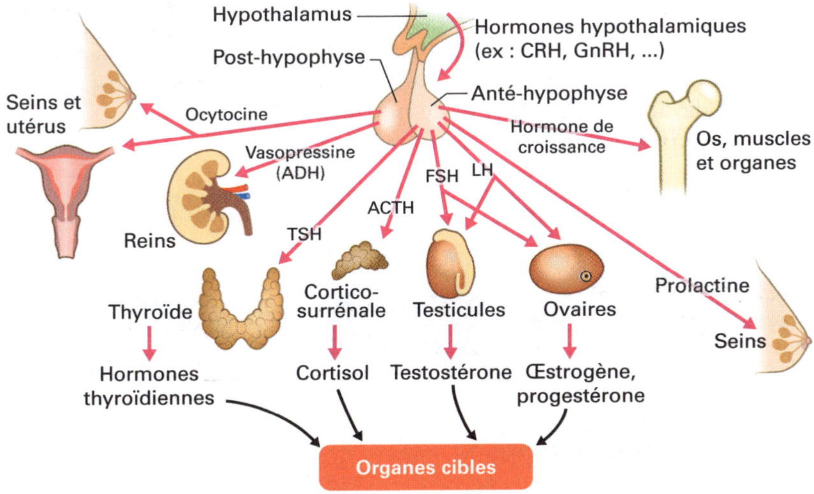

CONSEILS

Étape 1 Retrouver les structures intervenant dans la réponse au stress.
Étape 2 Identifier les substances délivrées par les éléments de l'axe corticotrope.
Étape 3 Relier en un schéma les substances et structures de l'axe corticotrope.

SOLUTION

Étape 1 Les structures qui interviennent en réponse au stress sont l'hypothalamus, l'antéhypophyse et la glande corticosurrénale.

Étape 2 L'hypothalamus produit du CRH qui stimule l'antéhypophyse. Celui-ci produit alors de l'ACTH, qui agit la glande corticosurrénale. Cette dernière délivre du cortisol dans le sang.

Étape 3

Hypothalamus → (CRH) → **Antéhypophyse** → (ACTH) → **Corticosurrénale** → (Cortisol) → **Organes cibles**

40 Les effets du stress aigu

En bref *Le système nerveux, à l'origine du stress aigu, interagit avec les autres systèmes biologiques de l'organisme.*

I Les effets de l'adrénaline

- **L'adrénaline**, sécrétée en premier en réponse à un agent stressant, mobilise tout l'organisme afin d'affronter le danger.
- La libération d'adrénaline dans le sang déclenche des réactions dans tout le corps, en apportant notamment davantage d'oxygène et de nutriments au cerveau et aux muscles, afin d'accroître leur activité.

MOT CLÉ
Adrénaline : hormone naturellement sécrétée par la médullosurrénale en réponse au danger ou au stress.

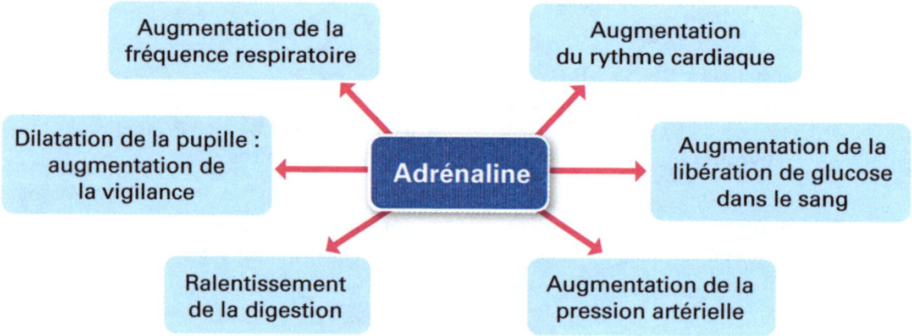

Doc **Les différents effets de l'adrénaline**

II Les effets du cortisol

- Le cortisol déclenche aussi, dans un deuxième temps, de nombreuses réactions dans le corps.

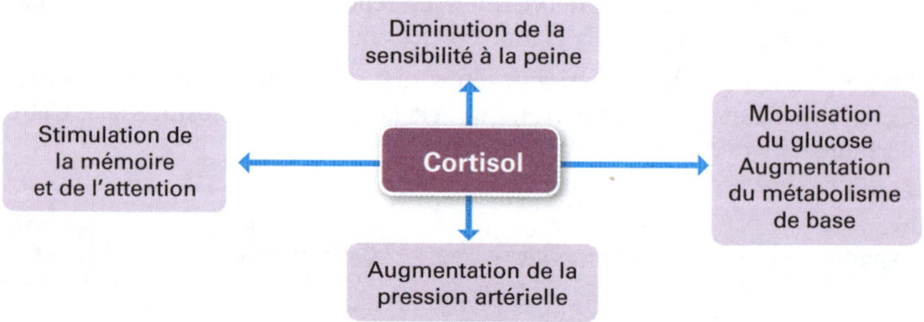

Doc **Les différents effets du cortisol à long terme**

Méthode

Associer stress et élévation de la glycémie

Une étude sur les effets du stress dû à un confinement a été produite sur une espèce de poisson, le tilapia du Mozambique.

À l'aide du document et de vos connaissances, montrer comment le stress influence la glycémie.

Doc Concentrations de cortisol, de glucose, de glycogène chez le tilapia soumis à différentes conditions de stress

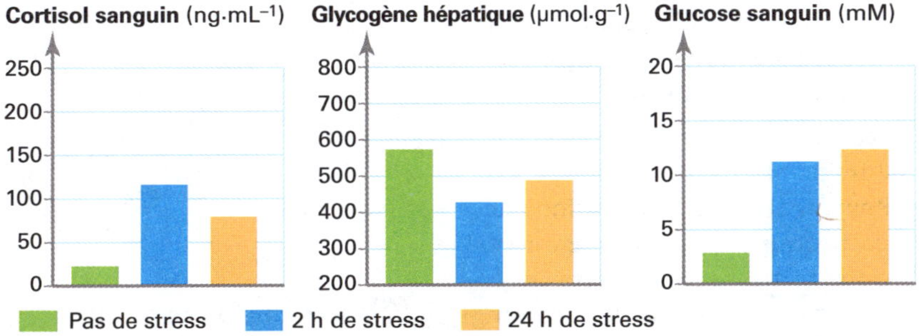

CONSEILS

Étape 1 Associer le confinement correspondant au stress à une modification plasmatique du cortisol.
Étape 2 Observer l'évolution des taux de glycogène hépatique et de glucose plasmatique lors du stress.
Étape 3 Relier la modification du taux plasmatique du cortisol à celle de glucose.

SOLUTION

Étape 1 Le confinement déclenche un stress amenant à une élévation plasmatique du taux de cortisol qui passe, en 2 heures, de 25 à 110 $ng \cdot mL^{-1}$. Ce taux descend à 75 $ng \cdot mL^{-1}$ si le stress persiste pendant 24 heures, mais reste toujours plus élevé que chez les témoins non stressés.

Étape 2 On observe que les sujets stressés présentent un taux de glycogène hépatique plus faible que les témoins non stressés (leur glycogène a donc été dégradé) et que leur taux de glucose plasmatique est plus élevé que celui des témoins non stressés (du glucose a donc été libéré dans leur sang).

Étape 3 L'élévation du taux de cortisol plasmatique lors du stress stimule la glycogénolyse hépatique. Elle conduit à une baisse du glycogène hépatique et à une augmentation du glucose plasmatique. Ainsi, on peut dire que le stress provoque une augmentation de la glycémie.

41 Dérèglement de l'organisme et stress chronique

En bref *À plus ou moins long terme, la structure et le fonctionnement du cerveau peuvent être perturbés par la répétition d'événements de stress, amenant à un stress chronique.*

I Stress chronique et plasticité cérébrale

- Si les agents stressants sont trop intenses ou si leur action dure, les mécanismes physiologiques sont débordés et l'organisme se dérègle. On parle alors de **stress chronique**.
- En cas de stress chronique, le cortisol ne freine plus la sécrétion de CRH par l'hypothalamus. L'activation de l'axe corticotrope tend à se pérenniser. Le taux de cortisol sanguin reste élevé, ce qui peut entraîner une dégradation de la mémoire et des capacités d'apprentissage.
- Le stress chronique peut altérer certaines structures du cerveau, notamment celles du système limbique (**amygdale** et **hippocampe**) et du **cortex préfrontal**.
- La plasticité du cerveau permet la modification de structures cérébrales. Mais dans le cas du stress chronique, elle est dite **mal adaptative**.

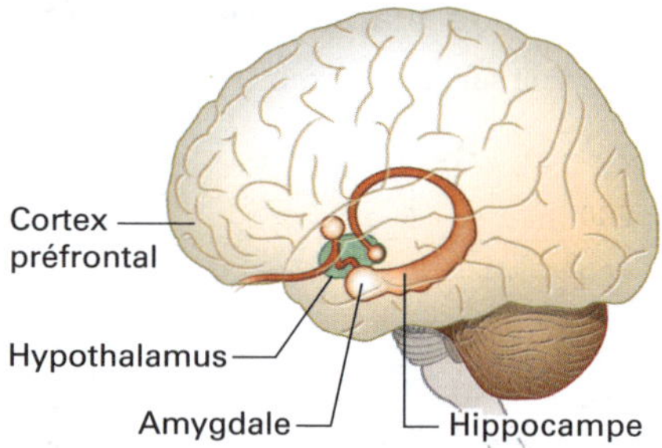

Doc **Régions du cerveau impliquées dans la réponse à des agents stressants**

MOTS CLÉS
- **Amygdale :** structure cérébrale impliquée dans le décodage des émotions, en particulier des stimuli menaçants pour l'organisme.
- **Hippocampe :** structure cérébrale jouant un rôle central dans la mémoire et le mouvement du corps dans l'espace.
- **Cortex préfrontal :** région du cerveau jouant un rôle dans l'adaptation comportementale.

II Le traitement du stress chronique

- Les dérèglements liés au stress chronique engendrent diverses pathologies.
- Certains médicaments, comme les benzodiazépines dans le cas de l'anxiété, visent à favoriser la résilience du système cérébral, mais leur indication doit suivre un protocole rigoureux.

Méthode

Diagnostiquer par imagerie cérébrale

Les études d'imagerie permettent d'observer le cerveau de sujets stressés.

À l'aide de vos connaissances et des documents, montrer l'un des effets du stress chronique sur le cerveau.

Doc Zones cérébrales (a) et imagerie médicale d'un sujet subissant un stress chronique (b) et d'un sujet sain (c)

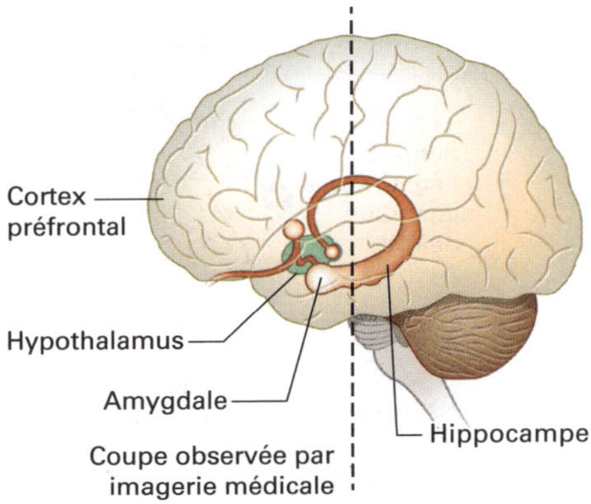

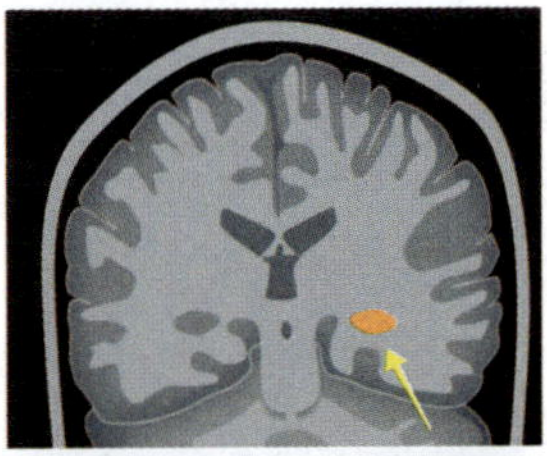

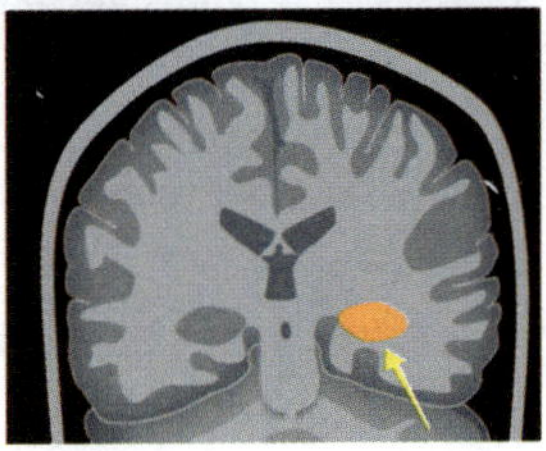

CONSEILS

Étape 1 Identifier la zone cérébrale pointée par les flèches sur les coupes obtenues par imagerie médicale.

Étape 2 Comparer ces deux régions dans les deux coupes.

Étape 3 Relier cette observation à vos connaissances afin de conclure sur les effets d'un stress chronique sur le cerveau.

SOLUTION

Étape 1 La zone cérébrale pointée par les flèches est l'hippocampe.

Étape 2 L'hippocampe semble être plus petit chez un sujet stressé (**b**) que chez un sujet sain (**c**).

Étape 3 L'hippocampe appartient au système limbique. Il est fortement sollicité en cas de stress. Le stress chronique peut donc modifier le volume de certaines structures cérébrales.

MÉMO VISUEL

Une boucle de régulation en réponse au stress aigu

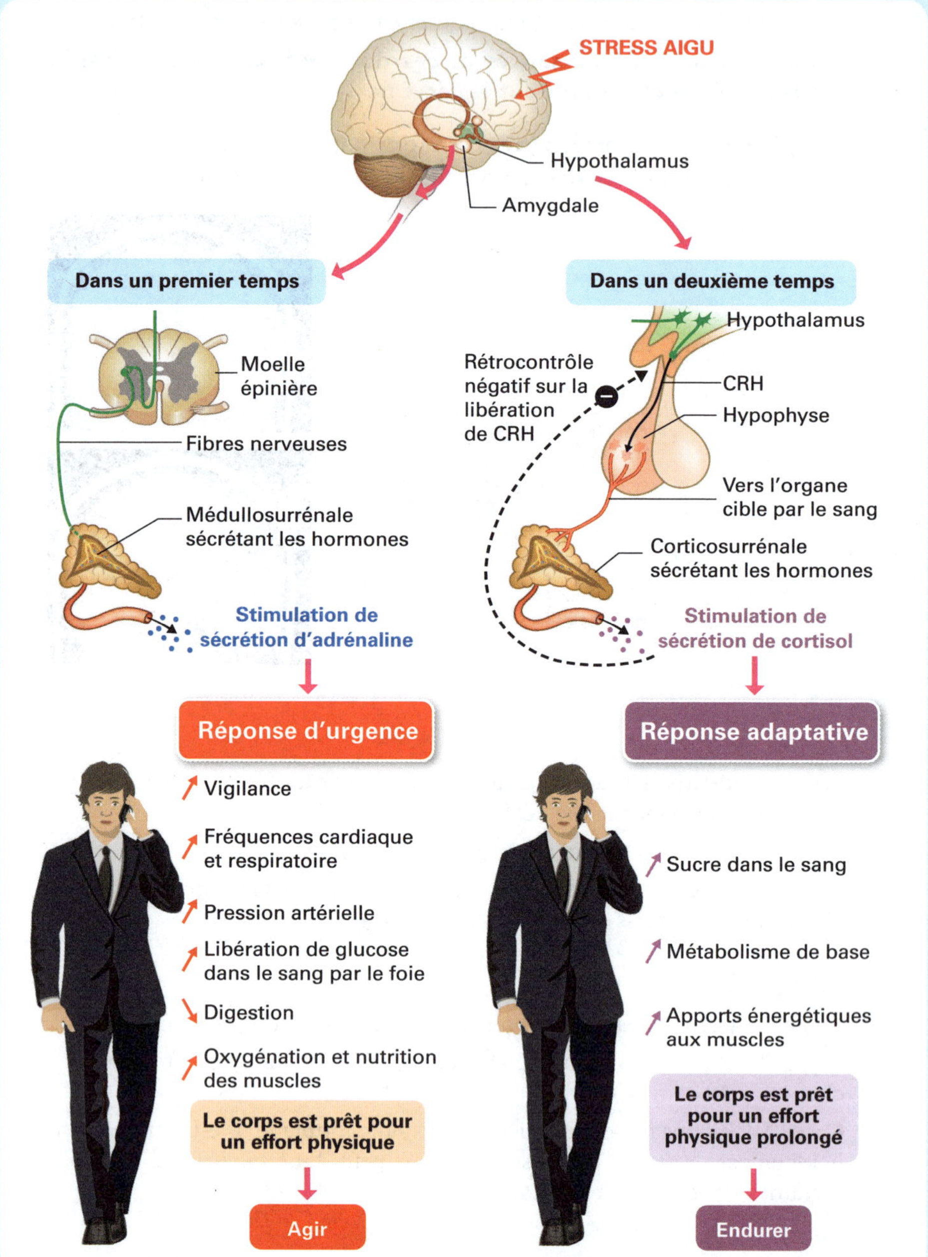

Dérèglement du système d'adaptation : le stress chronique

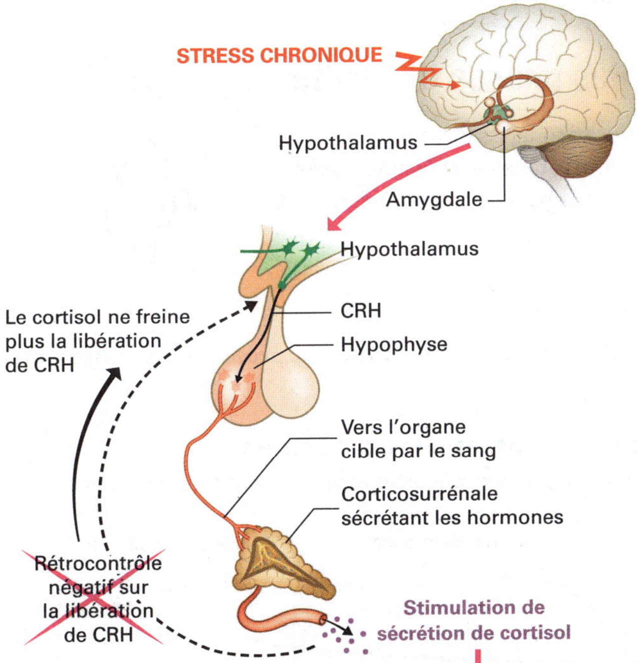

Réponse perturbée et mal adaptée

- Troubles de la concentration, perte de mémoire, anxiété, insomnie
- Palpitations, risques cardio-vasculaires
- Augmentation de la glycémie
- Troubles digestifs (brûlures d'estomac, constipation...)
- Affaiblissement du système immunitaire
- Tension musculaire, fatigue permanente généralisée

Le corps s'épuise

Le thème de ce chapitre n'est pas au programme de l'épreuve écrite du bac mais est utile à la poursuite de vos études.

SUJET 38 | OBJECTIF SUP

Les différentes phases du stress

80 min

→ FICHES 39, 40 et 41

Ce sujet de restitution de connaissances permet d'identifier les différentes étapes et événements qui parfois mènent du stress aigu au stress chronique.

LE SUJET

À l'aide de vos connaissances et des documents, présenter les différentes phases du stress.

Doc 1 Les hormones durant les phases du stress

Dopamine et sérotonine sont également appelées neurotransmetteurs du bonheur.

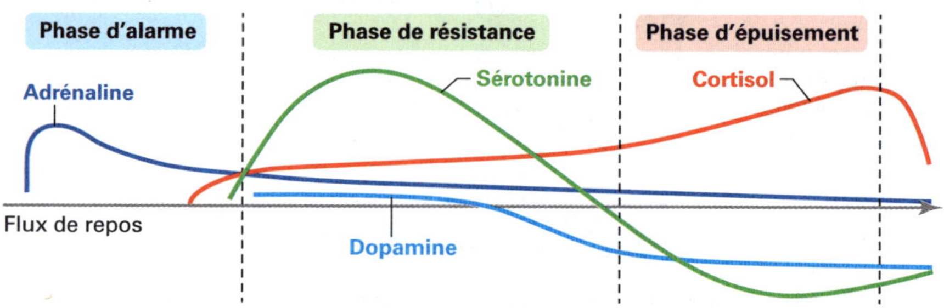

Doc 2 Les réactions de l'organisme durant les phases du stress

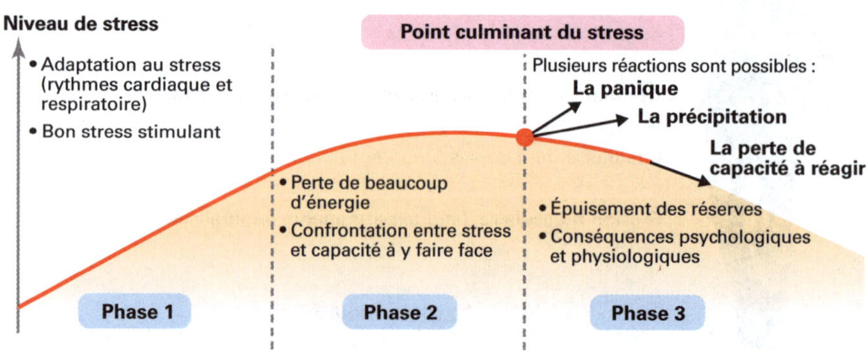

LES CLÉS POUR RÉUSSIR

Étape 1 Travaillez la consigne au brouillon pour bien cerner le sujet : identifiez le plan proposé dans les deux documents montrant les trois phases.

Étape 2 Pour chaque phase, étudiez les taux des hormones et retrouvez leurs origines.

Étape 3 Pour chaque phase, faites le lien entre les taux d'hormones du document 1 et leurs conséquences sur l'organisme, indiquées dans le document 2.

Étape 4 Rédigez la réponse. L'introduction doit énoncer la problématique et le plan de résolution. Le développement reprend chacune des phases du stress et s'appuie successivement sur les étapes 2 et 3. Des schémas intégrés peuvent étayer la synthèse pour chacune des phases du stress. La conclusion répond à la problématique et se termine par une ouverture.

LE CORRIGÉ

Les titres en couleurs ne doivent pas obligatoirement figurer sur la copie.

Introduction

Pour faire face aux agents stressants de son environnement, l'organisme peut s'adapter. Cette phase de réponse de l'organisme correspond au stress aigu. C'est la première phase du stress. À plus long terme, si les agents stressants persistent, ils peuvent conduire à un stress chronique marqué par deux phases.

Quels sont les différents paramètres biologiques et physiologiques qui caractérisent les différentes phases du stress ? Nous étudierons chronologiquement chacune des phases du stress présentées dans les documents.

CONSEIL DE MÉTHODE

Associer vos connaissances aux informations issues des documents afin de présenter les événements de façon chronologique.

La phase d'alarme

- Dès l'apparition d'un agent stressant, le système limbique est stimulé, notamment l'amygdale, une partie du cerveau impliquée dans les émotions. Cette stimulation induit celle de la glande médullosurrénale, qui libère en réponse de l'adrénaline. On observe en effet sur le **document 1** une forte augmentation de la concentration en adrénaline lors de la première phase de stress.
- L'adrénaline permet de mobiliser l'organisme tout entier pour affronter le danger. D'après le **document 2**, on constate qu'elle exerce un effet stimulant permettant au corps de s'adapter à cette situation d'urgence : augmentation du rythme cardiaque, de la fréquence respiratoire... Elle déclenche instantanément

des réactions dans tout le corps, en apportant notamment davantage d'oxygène et de nutriments au cerveau et aux muscles, afin d'accroître leur activité.

La phase de résistance

- Si les agents stressants persistent, l'hypothalamus est stimulé et sécrète alors de la CRH (*corticotropin-releasing hormone*). Celle-ci entraîne la libération de cortisol par la glande corticosurrénale. On observe en effet sur le **document 1** une augmentation régulière de la concentration en cortisol si le stress persiste (deuxième phase).
- La libération de cortisol dans le sang favorise la mobilisation du glucose et par conséquent une augmentation du métabolisme de base. Il en résulte une plus grande production d'énergie disponible pour les cellules. Le **document 2** indique cependant que cette grande quantité d'énergie produite est consommée, l'organisme est dans sa phase de résistance au stress.
- Le **document 1** montre également que les quantités de sérotonine et de dopamine, appelées « hormones du bonheur », augmentent durant cette phase. On observe notamment au début de cette phase une forte augmentation de la sérotonine, qui pourrait être mise en relation avec le fait que l'organisme cherche à faire face à la situation (comme indiqué dans le **document 2**).

La phase d'épuisement

- Le cortisol exerce un rétrocontrôle négatif sur la libération de CRH pour favoriser le rétablissement de conditions de fonctionnement stable. Cependant, si les agents stressants persistent, le cortisol ne parvient plus à freiner l'hypothalamus. L'activation de l'axe corticotrope tend à se pérenniser, ce qui se traduit dans le **document 1** par un taux de cortisol sanguin qui continue d'augmenter.
- À terme, le taux élevé de cortisol amène à l'épuisement des réserves, comme indiqué dans le **document 2**.
- Le **document 1** montre aussi que les « hormones du bonheur » sont à des taux très inférieurs à ceux correspondant au repos.
- Toutes ces modifications hormonales ont des conséquences psychologiques (panique, précipitation, perte de la capacité à réagir, doc. 2) et physiologiques (inhibition du système immunitaire, maladies cardio-vasculaires...) pouvant être graves à long terme.

Conclusion

L'apparition d'agents stressants conduit à un stress aigu durant une première phase nommée phase d'alarme : l'adrénaline est la principale molécule libérée dans l'organisme pour faire face au stress. Si les agents stressants persistent, une phase de résistance se met en place : le cortisol prend alors le relais et permet à l'organisme de supporter cette phase. Mais si le taux de cortisol reste élevé, l'organisme entre dans une phase d'épuisement pouvant avoir de graves conséquences sur la santé.

SUJET 39 | OBJECTIF SUP

Stress et méditation

45 min

→ FICHE 41

Ce sujet d'entraînement au raisonnement scientifique vous propose d'étudier dans quelle mesure certaines pratiques non médicamenteuses, comme la méditation, peuvent corriger les effets du stress.

LE SUJET

La méditation est une pratique de plus en plus répandue pour lutter contre le stress.

À l'aide des documents et de vos connaissances, montrer en quoi la méditation permet de corriger les effets du stress.

Doc 1 L'objectif du méditant

Focaliser son attention sur sa respiration se déroule de manière cyclique, en quatre étapes. À chaque étape, des zones différentes du cerveau sont activées.

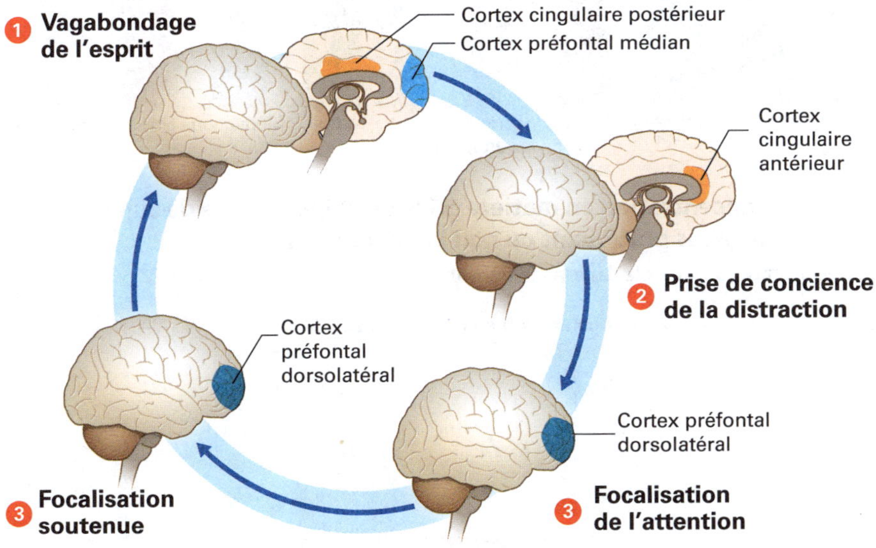

Doc 2 Tomoscintigraphie du cerveau en coupe transversale sur des sujets pratiquant ou non la méditation

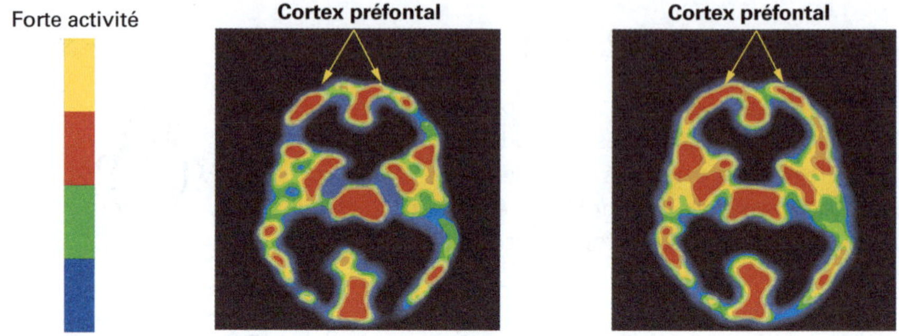

Sujet ne pratiquant pas la méditation — Sujet pratiquant la méditation

Doc 3 Longueur des dendrites et nombre de connexions établies dans le cortex préfrontal en conditions de stress et de méditation

Le cortex préfrontal joue un rôle dans les émotions positives.

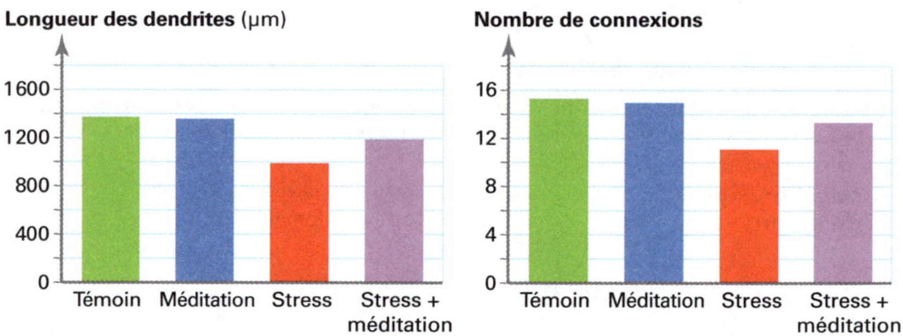

Doc 4 Concentration en matière grise de l'hippocampe de sujets stressés pratiquant ou non la méditation

L'hippocampe joue un rôle dans la mémorisation.

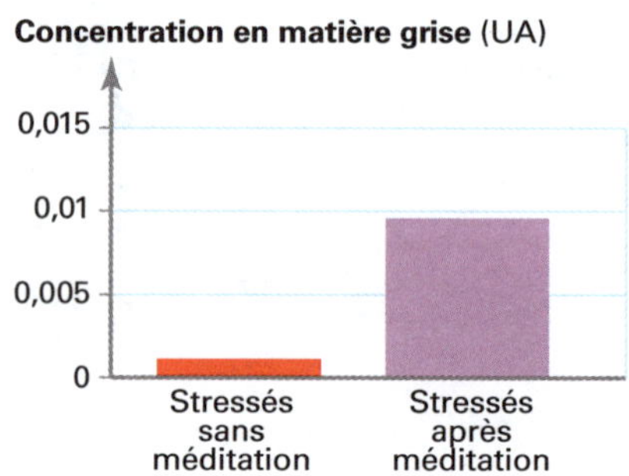

Doc 5 Imagerie cérébrale chez un groupe ayant pratiqué la méditation

À gauche : coupe sagittale montrant un amas dans le cortex cingulaire postérieur (rôle dans la mobilisation de l'attention) et le cervelet (rôle dans l'équilibre).
À droite : coupe frontale révélant un amas dans l'amygdale (rôle dans la peur et les émotions négatives).
En jaune : augmentation de la concentration de matière grise ; en rouge : diminution.

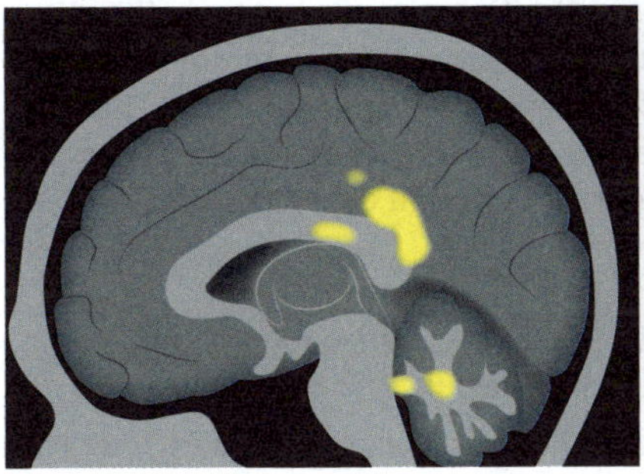

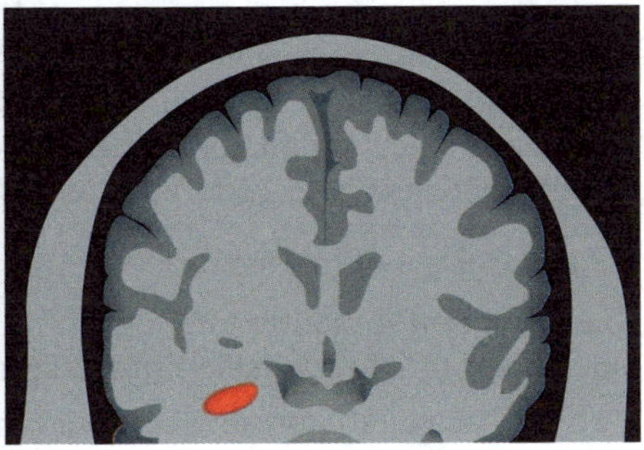

LES CLÉS POUR RÉUSSIR

Étape 1 Identifiez dans les documents les différentes zones du cerveau qui sont sollicitées par la pratique de la méditation.

Étape 2 Mobilisez vos connaissances et confrontez ces zones à celles intervenant dans la réponse au stress.

Étape 3 Rédigez la réponse en étudiant pour chaque zone du cerveau observée les effets de la méditation sur le stress.

LE CORRIGÉ

Il n'est pas exigé de faire figurer sur la copie les titres en couleurs.

Introduction

Le stress peut altérer certaines zones du cerveau. Nous allons étudier l'effet de la méditation sur ces différentes zones (cortex préfrontal, hippocampe, cortex cingulaire postérieur et amygdale) et ainsi aborder une façon de corriger les effets du stress.

Effets de la méditation sur le cortex préfrontal

- Le **document 1** montre que l'objectif de la méditation est de focaliser son attention sur la respiration. Il semblerait que cette pratique sollicite le cortex préfrontal.
- D'après le **document 2**, le cortex préfrontal de sujets pratiquant la méditation présente une activité métabolique plus importante que celui de sujets ne méditant pas.

▸ Le **document 3** montre que la morphologie des neurones du cortex préfrontal varie selon les conditions de stress du sujet. Les neurones d'un sujet stressé présentent des dendrites plus courtes et réalisant moins de connexions avec les neurones voisins que les neurones d'un sujet non stressé. La méditation semble rétablir une partie de la longueur et du taux de connexion.

▸ Le cortex préfrontal est l'une des zones du cerveau dont la structure est modifiée par le stress (doc. 3) : on parle de plasticité mal-adaptative. Par ailleurs, il joue un rôle important dans l'établissement d'émotions positives. On peut dire (doc. 1, 2 et 3) qu'un sujet stressé pratiquant la méditation peut corriger les effets du stress grâce à une amélioration des connexions entre ses neurones du cortex préfrontal. Ce rétablissement permet au sujet de ressentir à nouveau des émotions positives.

Effet de la méditation sur l'hippocampe

▸ Le **document 4** montre une concentration de matière grise dans l'hippocampe plus important chez des sujets pratiquant la méditation.

▸ L'hippocampe est aussi une des zones du cerveau dont la structure est modifiée par le stress : son volume diminue. Cette structure joue un rôle important dans la mémorisation. On peut dire qu'un sujet stressé pratiquant la méditation voit le volume de son hippocampe augmenter grâce à une grande concentration en matière grise. Ceci lui permet ainsi de retrouver ses capacités de mémorisation.

Effet de la méditation sur le cortex cingulaire postérieur

▸ D'après le **document 1**, la méditation sollicite le cortex cingulaire postérieur.

▸ Le **document 5** confirme cette activité par une augmentation de la concentration de matière grise dans le cortex cingulaire postérieur de sujets pratiquant la méditation.

▸ Le cortex cingulaire postérieur est aussi une des zones du cerveau dont la structure est modifiée par le stress. On sait que cette région joue un rôle important dans l'attention. On pourrait donc penser qu'un sujet stressé pratiquant la méditation peut corriger les effets du stress et améliorer sa capacité à mobiliser son attention.

Effet de la méditation sur l'amygdale

▸ Le **document 5** révèle une diminution de la concentration de matière grise dans l'amygdale de sujets pratiquant la méditation.

▸ Cette structure joue un rôle important dans le développement de la peur et des émotions négatives. Or, en cas de stress, son volume augmente. On pourrait donc penser qu'un sujet stressé parvient à réduire le volume de son amygdale en pratiquant la méditation et donc à ressentir moins d'émotions négatives.

Conclusion

Le stress a des effets importants sur les structures du cerveau, mais ces modifications semblent réversibles. La pratique de la méditation par exemple permet de rééquilibrer le fonctionnement de l'hippocampe, de l'amygdale, du cortex cingulaire postérieur et du cortex préfrontal... La plasticité cérébrale est à l'origine de ces modifications.

SUJET 40 | OBJECTIF SUP

45 min Corticoïdes et dopages

→ FICHE 39

Ce sujet d'entraînement au raisonnement scientifique traite de l'utilisation des corticoïdes, comme le cortisol, en tant que substance dopante. Vous serez en mesure de déterminer comment ces molécules améliorent les performances sportives.

LE SUJET

Lors d'une pratique sportive, les muscles subissent des microlésions tissulaires qui déclenchent une réaction inflammatoire douloureuse. Certains sportifs ont tenté de réduire cette douleur en utilisant des corticoïdes. Ces substances, qui améliorent les capacités mentales et physiques, sont donc considérées comme des substances dopantes. Le cortisol est l'une de ces molécules.

À l'aide de l'étude de documents et de vos connaissances, montrer en quoi l'utilisation des corticoïdes comme le cortisol augmente les performances sportives et amène à les considérer comme des produits dopants.

Doc 1 Concentrations plasmatiques de cortisol chez le cheval

La courbe rouge correspond aux concentrations mesurées lors d'une journée de repos ; la courbe bleue correspond à celles mesurées lors d'une journée comprenant deux exercices d'endurance de 56 km.

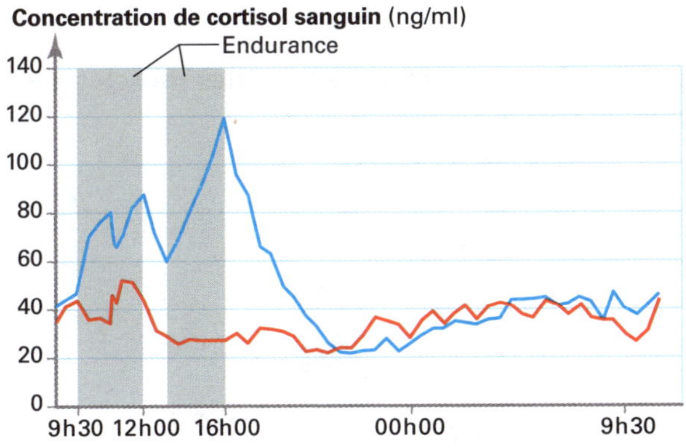

Doc 2 Sécrétion de cortisol tout au long de la journée

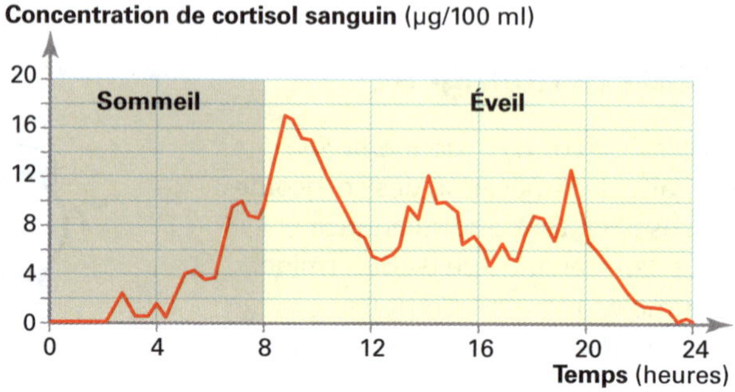

Doc 3 L'horloge biologique de l'homme

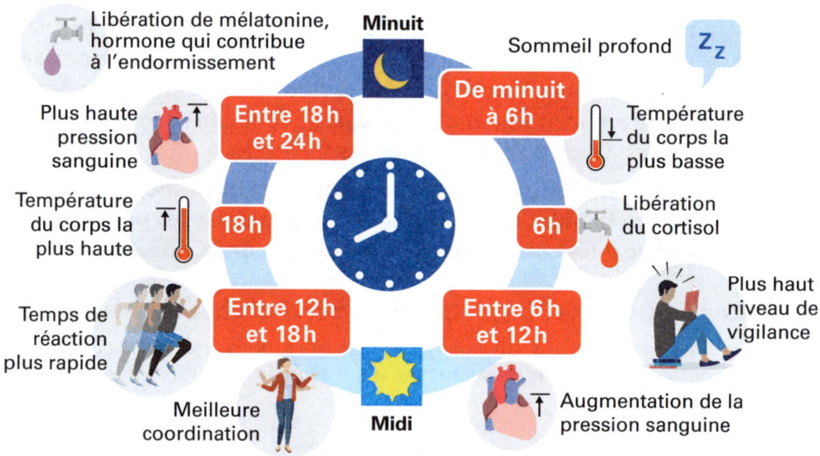

Doc 4 Concentration en glycogène dans des muscles contenant ou non du cortisol

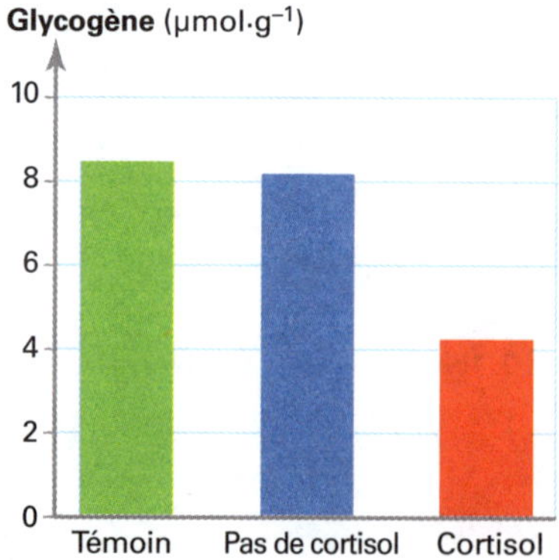

Doc 5 Mode d'action général de l'effet anti-inflammatoire du cortisol

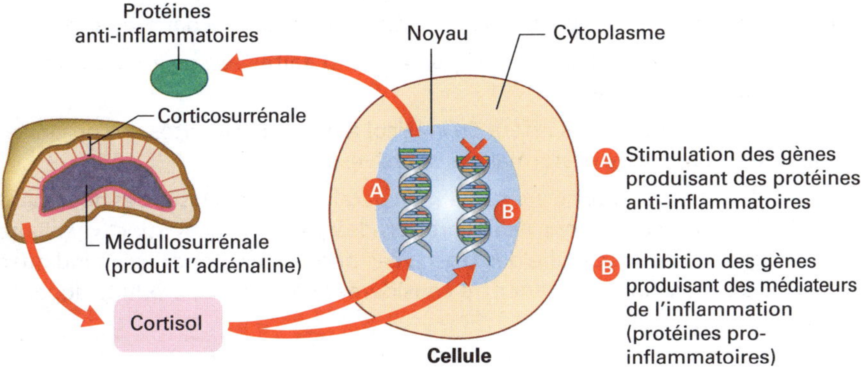

Doc 6 Impact du sport sur le système immunitaire

Th1 : lymphocytes T pro-inflammatoire sensible à l'IL-4.

Th2 : lymphocyte T anti-inflammatoire sensible à l'IL-4 et produisant de l'IL-4.

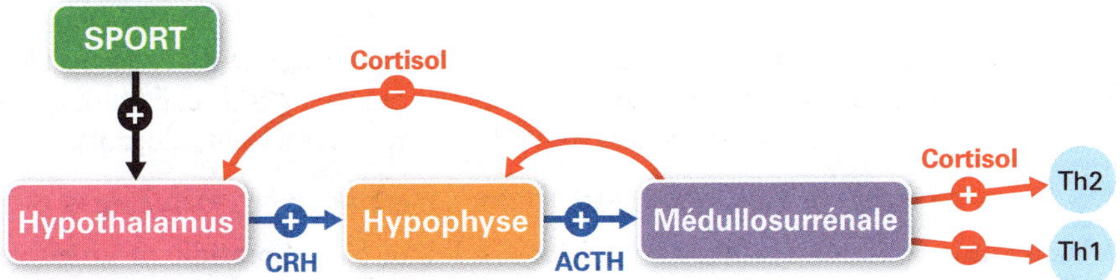

Doc 7 Sécrétion d'interleukine 4 (IL-4) après l'administration de différentes doses de cortisol

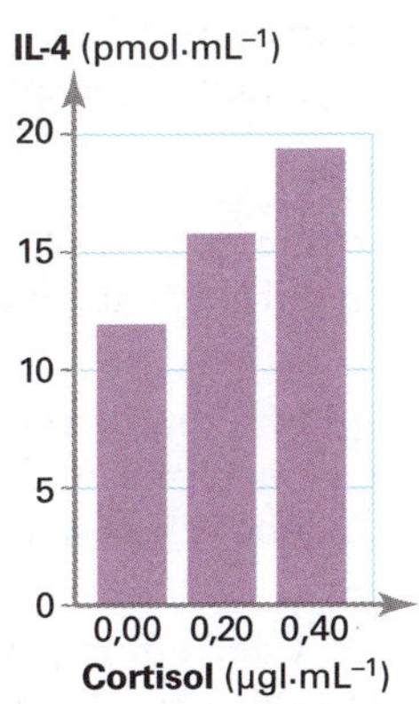

LES CLÉS POUR RÉUSSIR

Étape 1 À l'aide du document 1, montrez que le sport s'accompagne naturellement (sans dopage) d'une modification du taux de cortisol dans le sang.

Étape 2 Exploitez les documents 2, 3, 4 et 5 et faites ressortir trois effets du cortisol sur l'organisme.

Étape 3 Associez ces trois effets du cortisol à des particularités de l'organisme liées à la recherche de performances sportives.

Étape 4 Rédigez la réponse en mettant en parallèle vos analyses des documents et les effets du cortisol sur l'amélioration des performances sportives. Faites un paragraphe pour chacune des trois idées principales. Concluez en indiquant en quoi ces molécules peuvent être considérées comme des produits dopants.

LE CORRIGÉ

Il n'est pas exigé de faire figurer sur la copie les titres en couleurs.

Introduction

On retrouve depuis les années 1960 de nombreux cas de dopage avec des corticoïdes. Nous verrons en quoi l'utilisation du cortisol induit une augmentation des performances sportives et amène alors à considérer ces substances comme des produits dopants.

Le cortisol naturellement produit lors de l'activité physique

- Le **document 1** montre que le taux de cortisol d'un cheval pratiquant un effort physique est beaucoup plus élevé que celui d'un cheval au repos : il est quasiment doublé lors de l'endurance du matin et triplé lors de celle de l'après-midi.
- La production de cortisol par les glandes corticosurrénales augmente donc naturellement lors d'un effort physique. On peut penser que le cortisol joue un rôle favorisant cette pratique ; un apport complémentaire de cette substance pourrait donc probablement améliorer les performances sportives.

L'effet du cortisol : la vigilance

- D'après le **document 2**, la sécrétion de cortisol est maximale vers 8 h et minimale à minuit. Le taux diminue globalement tout au long de la journée (avec quelques pics de sécrétion).
- Le **document 3** indique que la libération de cortisol induit, entre autres, une augmentation de la vigilance de l'organisme. Sachant que le cortisol agit sur le système nerveux central, on peut donc penser que c'est la sécrétion matinale de cortisol qui permet le réveil.
- On peut aussi supposer que, lors de l'effort physique, le cortisol diminue la sensation de fatigue en stimulant la vigilance (comme il le fait le matin), potentialisant ainsi l'effort physique.

L'effet hyperglycémiant du cortisol

- D'après le **document 4**, la quantité de glycogène diminue de moitié (de 8 à 4 $\mu mol \cdot g^{-1}$) quand le muscle est en présence de cortisol.
- Cette baisse du taux de glycogène pourrait s'expliquer par une dégradation de celui-ci en glucose lors de la glycogénolyse musculaire. La présence de cortisol favorise donc la glycogénolyse et aide ainsi à fournir le glucose nécessaire au fonctionnement du muscle lors de la poursuite de l'effort.

L'effet anti-inflammatoire du cortisol

- Le **document 5** révèle que le cortisol à un effet anti-inflammatoire, en raison d'une stimulation des gènes produisant des protéines anti-inflammatoires et d'une inhibition des gènes produisant des protéines pro-inflammatoires.
- Le **document 6** confirme que le sport induit une production de cortisol (comme l'indique le **document 1**) et montre qu'il produit différents effets sur le système immunitaire. Il favorise la formation des lymphocytes Th2 anti-inflammatoires et bloque la formation des lymphocytes Th1 pro-inflammatoires. La pratique sportive favoriserait ainsi une réponse immunitaire anti-inflammatoire.
- Le **document 7** montre que la sécrétion d'interleukine 4 (IL-4) est d'autant plus importante que la concentration en cortisol est forte. Le cortisol stimule donc la sécrétion d'IL-4, molécules anti-inflammatoires.
- On peut donc penser que le cortisol agit par le biais de l'IL-4, car les lymphocytes Th1 et Th2 sont sensibles à cette molécule. Celle-ci bloquerait la formation les Th1, lymphocyte pro-inflammatoires, et favoriserait la formation de lymphocytes Th2. Ainsi, l'IL-4 produite en réponse au cortisol favorise une réponse immunitaire impliquant principalement des lymphocytes Th2 aux propriétés anti-inflammatoires.
- De plus, on peut indiquer que la production par les lymphocytes Th2 d'IL-4, en réponse à la présence d'IL-4, laisse penser à l'existence d'un **rétrocontrôle positif** amplifiant cet effet anti-inflammatoire.
- Grâce aux propriétés anti-inflammatoires du cortisol, l'administration de cette molécule lors de l'exercice physique permet de limiter l'inflammation musculaire et donc la sensation de douleur liée à cette inflammation.

À NOTER
Un **rétrocontrôle positif** est un processus par lequel des molécules circulantes stimulent les structures qui les élaborent.

Conclusion

- L'utilisation de corticoïdes comme le cortisol induit une augmentation des performances sportives, car cette molécule atténue la douleur musculaire par ses effets anti-inflammatoires.
- On peut les considérer comme des produits dopants, car ils permettent aussi de stimuler la vigilance de l'organisme et d'accroître les apports de glucose aux muscles. L'organisme possède dans ces conditions de meilleures facultés pour réaliser et supporter l'effort physique.

SUJET 41 | OBJECTIF SUP

⏱ 60 min Stress traumatique et système immunitaire

→ FICHE 40

Ce sujet d'entraînement au raisonnement scientifique aborde le stress traumatique et son influence sur les défenses immunitaires par l'étude à différentes échelles de l'action du cortisol.

LE SUJET

Un stress traumatique lié à une lésion cérébrale entraîne une production de cortisol et une inflammation de la zone lésée.

À l'aide des documents et de vos connaissances, présenter le mode d'action du cortisol à l'échelle cellulaire et moléculaire lorsqu'il interfère avec la réaction immunitaire déclenchée par une lésion cérébrale.

Doc 1 Relation entre le cortisol et les cellules immunitaires après une lésion cérébrale

Mesure du taux de cortisol plasmatique (a), du nombre total de lymphocytes (b), de lymphocytes T (c) et de lymphocytes B (d) 1 heure et 4 heures après une lésion cérébrale. Le nombre total de leucocytes (e) a été mesuré dans le sang 4 heures après l'injection de 10 mg/kg de cortisol.

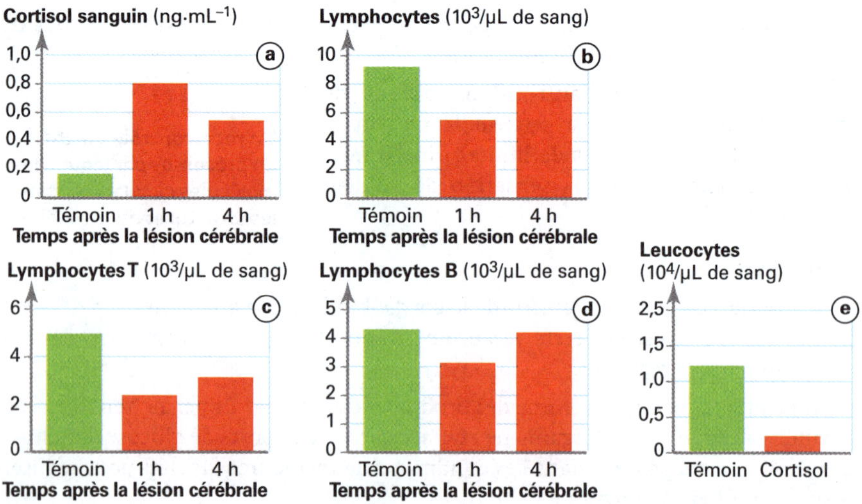

Doc 2 Action du cortisol sur les lymphocytes T

Des lymphocytes T purifiés ont été marqués avec un colorant fluorescent rouge et perfusés à des souris. Ces dernières ont aussi reçu une injection d'anticorps LYVE-1 colorés en bleu qui marquent les vaisseaux lymphatiques.

(**a**) Suivi de la sortie des lymphocytes T des ganglions lymphatiques par microscopie confocale après administration ou non (témoin) de cortisol.

(**b**) Proportion de lymphocytes T entrant dans le vaisseau lymphatique, en présence ou non de cortisol. (**c**) Proportion de lymphocytes T s'éloignant de la zone de sortie du ganglion lymphatique, en présence ou non de cortisol.

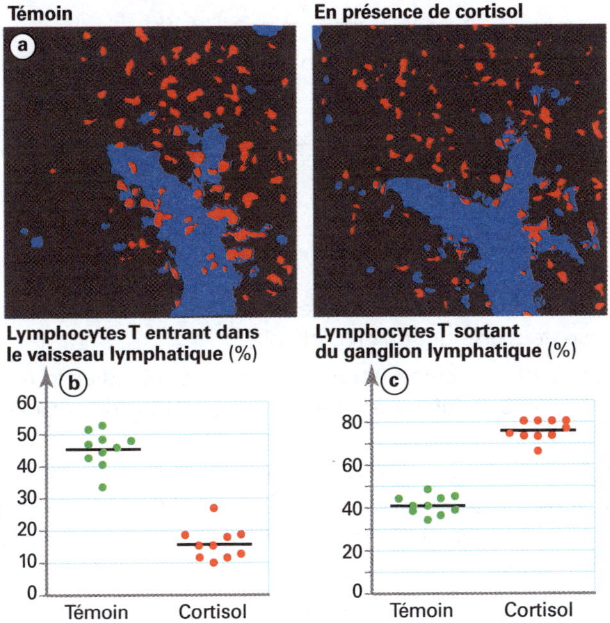

Doc 3 Effets du S1P et du Rolipram sur les lymphocytes T

S1P et Rolipram : molécules favorisant la migration des cellules et donc leur sortie des vaisseaux lymphatiques. Le Rolipram est un inhibiteur de l'enzyme de dégradation de l'AMPc.

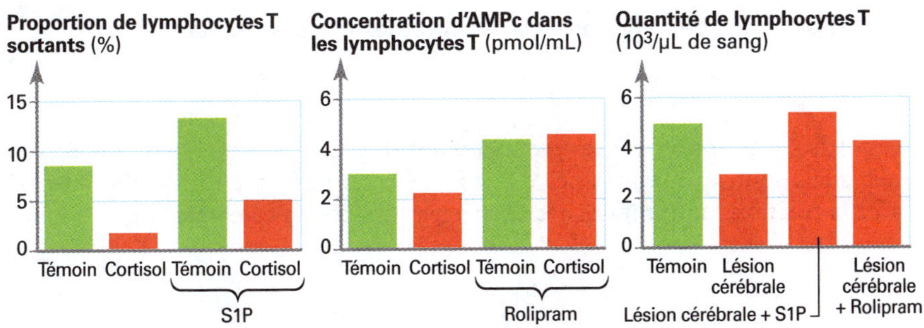

Doc 4 **Mécanisme possible du blocage de la sortie des lymphocytes T provoqué par le cortisol**

AMPc : molécule agissant après la fixation du S1P sur son récepteur.

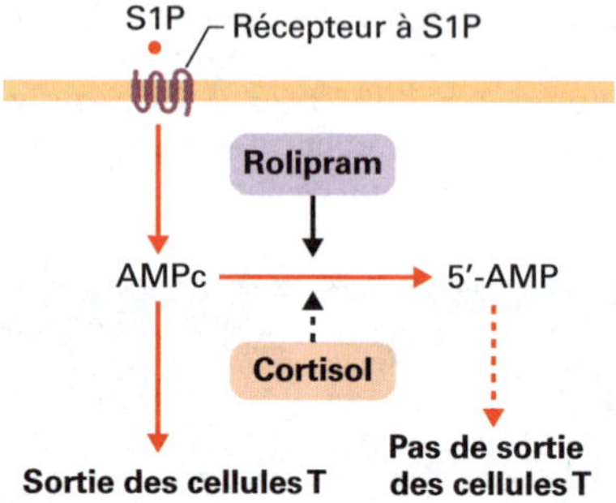

LES CLÉS POUR RÉUSSIR

Étape 1 À l'aide du document 1, faites le lien entre le stress traumatique lié à la lésion cérébrale et la production de cortisol.

Étape 2 Identifiez les documents qui permettent d'étudier le mode d'action du cortisol à l'échelle cellulaire et ceux qui permettent de l'étudier à l'échelle moléculaire.

Étape 3 Rédigez la réponse en mettant en parallèle vos analyses des documents et les effets du cortisol sur le système immunitaire. Faites un paragraphe pour le mode d'action du cortisol à l'échelle cellulaire et un autre pour celui à l'échelle moléculaire. Concluez.

LE CORRIGÉ

Il n'est pas exigé de faire figurer sur la copie les titres en couleurs.

Introduction

Le cortisol est connu pour ses propriétés anti-inflammatoires. Nous allons montrer quels sont les mécanismes d'action de cette molécule lorsqu'elle interagit avec la réaction immunitaire déclenchée par une lésion cérébrale.

Stress traumatique et production du cortisol

▸ Le **document 1a** montre que le taux de cortisol plasmatique passe de 0,2 à 0,8 ng·ml^{-1} une heure après la lésion cérébrale et est encore à 0,5 ng·ml^{-1} 4 heures après. On peut donc dire qu'un stress traumatique s'accompagne d'une augmentation de la production de cortisol dans le sang.

Action du cortisol à l'échelle cellulaire

▸ Le **document 1b** indique aussi une réduction d'environ 40 % du nombre de lymphocytes une heure après la lésion, qui remonte d'environ 20 % au bout de 4 heures. La diminution semble affecter davantage les lymphocyes T que les B (doc. 1c, d).

▸ Cette diminution globale du nombre de leucocytes (doc. 1e) permet de dire que le cortisol a plutôt tendance à empêcher le fonctionnement du système immunitaire et donc à réduire l'inflammation.

▸ Le **document 2a** montre que le nombre de lymphocytes T diminue fortement dans la zone de sortie (marquée en bleu) des vaisseaux lymphatiques en présence de cortisol et que les lymphocytes T restent donc dans les ganglions lymphatiques. En accord avec cela, le **document 2b** indique que la proportion de lymphocytes T qui entrent dans les vaisseaux lymphatiques diminue de 45 à 15 % en présence de cortisol. Au contraire, à l'aide du **document 2c**, on observe une proportion de 75 % de lymphocytes T (contre 40 % pour le témoin) qui s'éloignent de la zone de sortie et ne passent donc pas dans le vaisseau lymphatique en présence de cortisol.

▸ On peut imaginer que sous l'action du cortisol les lymphocytes T s'éloignent de la zone de sortie des vaisseaux lymphatiques (et restent dans les ganglions lymphatiques), contrariant du même coup leur entrée dans ces vaisseaux. Ceci expliquerait la diminution du nombre de lymphocytes T dans la circulation sanguine.

À NOTER
Les circulations sanguine et lymphatique sont en continuité dans certaines zones de l'organisme.

Action du cortisol à l'échelle moléculaire

▸ Le **document 3a** montre les effets du S1P, un agent favorisant la migration des cellules. Son action pourrait contrebalancer le blocage provoqué par le cortisol. On observe qu'un taux élevé de S1P augmente la migration et donc la sortie des lymphocytes T, qu'il y ait ou non du cortisol. On peut penser qu'un taux élevé de S1P pourrait réduire l'effet inhibiteur du cortisol et augmenter le nombre de lymphocytes T dans la circulation sanguine de souris ayant subi une lésion cérébrale. Cette observation est confirmée par le **document 3c** : le nombre de lymphocytes T redevient normal dans le sang une heure après l'injection d'un taux élevé de S1P chez des souris ayant subi une lésion cérébrale.

▸ Le **document 3b** révèle une réduction significative du taux d'AMPc après un traitement au cortisol de souris ayant subi une lésion. Cependant, le faible taux d'AMPc induit par le cortisol est compensé par le Rolipram. Cette observation est confirmée par le **document 3c** : le nombre de lymphocytes T est de nouveau normal dans le sang une heure après l'injection de Rolipram. Il s'agit d'un inhibiteur de l'enzyme dégradant l'AMPc.

▸ Finalement, on pourrait penser que le cortisol agit en stimulant la dégradation de l'AMPc.

▸ Le **document 4** propose une illustration schématique du mécanisme de blocage de la sortie des cellules T provoqué par le cortisol. L'AMPc est une molécule qui agit en aval du récepteur du S1P et sa production joue un rôle central dans le contrôle de la sortie des lymphocytes T des vaisseaux lymphatiques. L'une des actions du cortisol pourrait être d'activer l'enzyme de dégradation de l'AMPc, empêchant ainsi la sortie des lymphocytes T, même en présence de S1P (sauf si le taux de celui-ci est élevé).

Conclusion

Le cortisol influe sur la réaction immunitaire déclenchée par une lésion cérébrale. Il agit :

– à l'échelle cellulaire, en bloquant la sortie des lymphocytes T des ganglions, qui ne peuvent alors entrer dans les vaisseaux lymphatiques ;

– à l'échelle moléculaire, en stimulant la dégradation de l'AMPc des lymphocytes T responsables du blocage de cette sortie.

Le Grand Oral

13 Préparer le Grand Oral sur une question de SVT

FICHES DE COURS

SUJET GUIDÉ & CORRIGÉ

OBJECTIF BAC

42 Choisir une question en SVT

En bref *Selon le BO du 13 février 2020, qui définit le « Grand Oral », vous devez choisir une question pour chacun de vos deux enseignements de spécialité. Vous serez interrogé(e) sur l'une de ces deux questions le jour de l'épreuve.*

I Le « cahier des charges »

Le choix de la question doit répondre à ces **trois conditions**.

La question

1. met en lumière un des grands enjeux du programme de spécialité
2. se prête à une explicitation aisée, sans support et sans notes
3. permet de nourrir une réflexion sur votre projet d'orientation

II Des idées de sujets en SVT

1 Questions en lien avec les thèmes au programme de l'écrit

Voici quelques suggestions qui se rapportent aux chapitres du programme limitatif de l'épreuve écrite.

À NOTER
La deuxième idée de sujet est en lien avec un thème du programme de 1re (immunologie).

Chapitres	Idées de sujet
Chapitre 1 (brassages génétiques)	• Quelle est la probabilité de posséder un sosie ? • Pourquoi la plupart des greffes d'organe sont-elles rejetées par le receveur ?
Chapitres 3 et 7 (histoire de la Terre et climats du passé)	• Quel était le climat au moment de la formation de la roche se trouvant sous mon lycée ?
Chapitres 10 et 11 (système neuromusculaire)	• Quelles sont les conséquences des produits dopants sur l'organisme ?

2 Questions en lien avec les autres thèmes du programme

■ Une partie du **chapitre 2** est consacrée à l'évolution non génétique, notamment culturelle.
• Existe-t-il des cultures animales ?
• Comment les langues évoluent-elles au cours du temps ?

■ Le **chapitre 5** porte sur la domestication des plantes.
• Quels sont les avantages des OGM ?
• Pourquoi conserver les variétés anciennes ?

À NOTER
Ces thèmes, étudiés entre les épreuves écrites et le Grand Oral, se prêtent bien à des rapprochements avec d'autres disciplines. Par exemple, le premier sujet permet de faire le lien avec le cours de philo.

■ Le **chapitre 8** traite du réchauffement climatique, un problème majeur de notre société.
• Comment modéliser l'évolution de la température mondiale ?
• Quelles sont les conséquences du réchauffement climatique dans les échanges économiques intercontinentaux ?
• En quoi la combustion industrielle est-elle l'un des principaux contributeurs au réchauffement climatique ?

■ Le **chapitre 12** décrit les adaptations de l'organisme soumis au stress.
• Comment le stress nous fait-il perdre nos moyens ?
• La méditation peut-elle lutter contre le stress ?

zoOm

« Pitcher » son sujet auprès de ses proches

■ N'hésitez pas à **exposer brièvement** votre sujet à vos parents ou vos amis. Ce premier « pitch » vous aide à délimiter votre sujet et vous permet de tester l'intérêt qu'il suscite.

■ Ainsi, dans le cadre du concours « Ma thèse en 180 secondes », les doctorants doivent résumer en trois minutes un sujet de recherche qu'ils ont développé dans une thèse de plusieurs centaines de pages.

43 Concevoir sa présentation

En bref *Les recherches sur les questions choisies peuvent débuter assez rapidement dans l'année. Pour chacune, vous devez vous documenter et organiser vos idées, au fur et à mesure, en vue d'un exposé structuré.*

I Se documenter, chercher des idées

1 Se constituer une bibliographie pertinente

- Pour chaque question, établissez une liste de mots-clés : ils vont vous permettre d'interroger Internet mais aussi le catalogue de votre CDI ou de la médiathèque de votre quartier.
- Consultez les documents ainsi sélectionnés, des plus généraux (manuels, encyclopédies) aux plus spécialisés.
- Dans le cas de recherches sur Internet, pensez à vérifier les sites que vous consultez à l'aide de ces questions :

1. Qui est l'auteur du site ?
Quelle est son expertise sur le sujet ?
2. De quand datent les informations ?
3. L'exposé est-il clairement construit, solidement argumenté ?

> **CONSEIL**
> Commencez par lire les informations données par la page de présentation du site, souvent intitulée « À propos ».

2 Garder la trace de ses recherches

- « Fichez » chacun des documents consultés : le support peut être, selon votre préférence, physique (fiche Bristol) ou numérique.
- Reformulez les idées qui vous paraissent essentielles, en distinguant bien les arguments des exemples.
- Pour les documents qui vous paraissent essentiels, pensez à rechercher le document original (article scientifique, livre...)

FICHE DOCUMENT

Source :

Sujet :

Idées clés :
-
-
-

Citation :

> **CONSEIL**
> Notez précisément la source : le titre de l'ouvrage ou du site, le nom de l'auteur, la date de publication, ainsi que les pages consultées.

II Organiser ses idées

1 Plusieurs méthodes de classement

■ Au fil de vos prises de notes, vous allez être conduit(e) à regrouper vos idées autour de lignes directrices : une organisation de votre exposé se dessine progressivement. Essayez de la traduire sous forme de « carte mentale ».

■ Si vous avez du mal à faire émerger les grands axes, vous pouvez recourir à la méthode des post-it.

1. Écrivez une idée clé par post-it.
2. Ajouter, le cas échéant, des exemples sur des post-it d'une autre couleur.
3. Sur un mur, déplacez les post-it jusqu'à ce qu'ils s'enchaînent logiquement.

2 Le choix du plan

Votre plan dépend de la question et du type de réflexion proposé. Le plus souvent, cependant, vous avez le choix entre un plan thématique et un plan dialectique.

	Objectif	Question
Plan thématique	Il permet d'approfondir les différents aspects d'un sujet.	Il correspond à une question qui se subdivise en différentes sous-questions.
Plan dialectique	Il oppose deux thèses puis opère une synthèse des points de vue.	Il correspond à une question qui implique une discussion, un dilemme.

zoOm

Mettre son plan sous forme de carte mentale

❶ Prenez une feuille blanche A4, en format paysage.

❷ Notez la question au centre, dans un « noyau ».

❸ Créez autant de « branches » que de grands axes (une couleur par axe).

❹ Ramifiez les branches de manière à faire apparaître les idées clés.

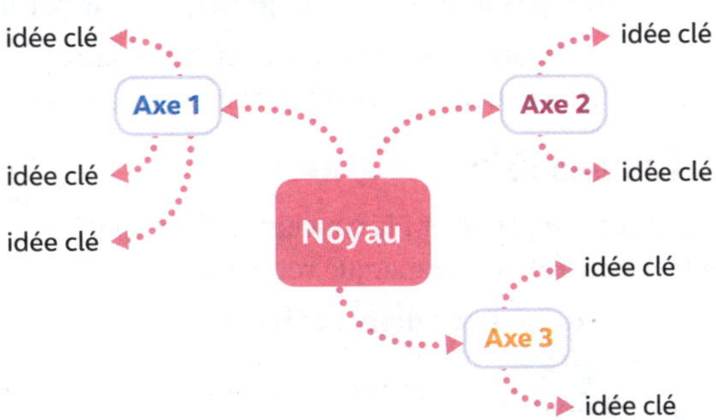

44 Préparer efficacement l'exposé

En bref *Le jour J, vous devrez faire votre présentation en cinq minutes, sans notes. Cela suppose un travail préparatoire important : de rédaction, de mémorisation et d'entraînement à la prise de parole.*

I Rédiger une trame précise

Une fois que vous êtes au clair sur la structure générale de votre exposé, vous devez mettre par écrit le déroulement de votre argumentation, sous la forme d'un **plan semi-rédigé**.

1 L'introduction

- L'introduction doit montrer :
  - que **votre sujet est intéressant** ;
  - que vous l'avez bien cerné ;
  - que votre plan découle de la question posée et y répond.
- Elle comprend **trois étapes** qui s'enchaînent logiquement.

1. L'accroche	En une ou plusieurs phrases, amenez progressivement votre sujet.
2. La question	Posez clairement la question à laquelle vous allez répondre et explicitez-la.
3. Le plan	Annoncez les deux ou trois grands axes, de manière que le jury comprenne d'emblée l'organisation de l'exposé.

2 Le corps de l'exposé

- Recopiez le plan que vous avez établi et remplissez-le de manière télégraphique, à l'aide de listes à puces.
- N'oubliez pas d'**appuyer chaque argument** par un exemple vérifié.
- Distinguez bien les informations nécessaires à la bonne compréhension du sujet de celles qui sont secondaires et que vous pourrez préciser dans l'entretien.

3 La conclusion

- Rédigez complètement la conclusion de l'exposé pour être sûr(e) qu'elle marque votre auditoire.
- Elle se compose de **deux parties** :

CONSEIL
Une fois cette trame mise au point, oralisez-la, de manière à vérifier qu'elle tient à peu près en 5 minutes.

1. Le bilan	Reprenez les étapes du développement et répondez à la question.
2. L'ouverture	Élargissez le champ de la réflexion à l'aide d'une citation, d'un fait d'actualité, d'une question proche.

II Mémoriser la présentation, puis simuler l'épreuve

Vous êtes désormais au clair sur le contenu de votre exposé. Il s'agit maintenant de préparer sa restitution orale.

1 Faire travailler sa mémoire

■ Vous devez **posséder votre exposé « sur le bout des doigts »**, de telle manière que les idées se rappelleront à vous naturellement le jour de l'épreuve et que vous pourrez consacrer toute votre attention à votre auditoire.

■ Pour ce faire, sollicitez vos différentes mémoires (visuelle, auditive, kinesthésique...) pour fixer le déroulement de l'exposé puis récitez-le **plusieurs fois**, de manière à vous en souvenir durablement.

À NOTER
Des chercheurs ont prouvé qu'il faut refaire au moins sept fois le chemin vers un souvenir pour l'ancrer durablement.

2 Simuler un Oral blanc

■ C'est à ce moment-là, quand vous avez mémorisé votre exposé, que vous devez faire appel à votre entourage – vos professeurs, vos parents ou vos amis – pour leur demander de constituer votre premier auditoire.

À NOTER
S'enregistrer puis réécouter son exposé peut être aussi très utile.

■ Demandez-leur d'évaluer votre présentation selon ces trois principaux critères :

1. Pertinence	Ai-je bien répondu à la question posée ?
2. Clarté	Qu'est-ce qui était clair ? moins clair ?
3. Efficacité	Ai-je retenu votre attention ? Comment puis-je le faire mieux ?

■ N'hésitez pas également à leur demander de vous poser des questions sur le contenu de la présentation : cela vous entraînera pour l'entretien qui suit.

zoOm

Comment fonctionne la mémoire ?

■ La mémorisation est le résultat d'un processus biochimique dans lequel les neurones jouent un rôle essentiel.

■ Elle se déroule en trois étapes.
❶ L'encodage : enregistrement d'une nouvelle information
❷ Le stockage : rangement, consolidation de l'information
❸ Le rappel : recherche du souvenir afin de le restituer

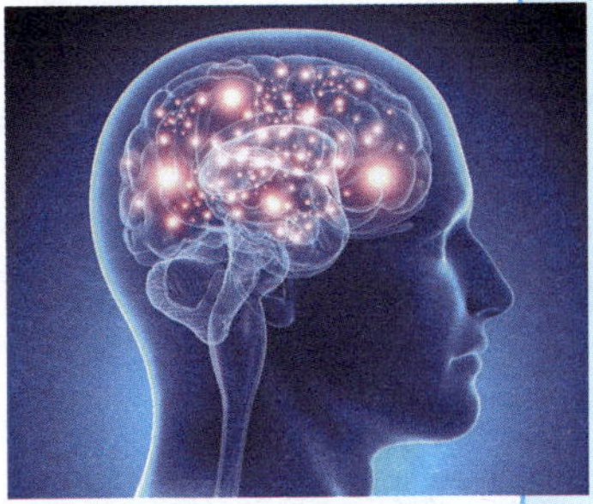

■ Plus on rappelle un souvenir, plus on l'ancre durablement dans la mémoire.

45 Présenter la question au jury

En bref *Votre présentation doit être synthétique et rendre compte efficacement du questionnement. Le jury vous évalue principalement sur la solidité de vos connaissances et votre capacité à argumenter.*

I Optimiser le temps de préparation

Le jury vient de choisir l'une des deux questions préparées. Vous avez alors 20 minutes pour mettre en ordre vos idées et préparer – si vous vous sentez suffisamment sûr(e) de vous – un support pour le jury.

1 Mettre en ordre vos idées au brouillon

20 minutes de préparation, c'est à la fois long et court. Comment les utiliser ?

Pensez à...	Évitez de...
rédiger l'introduction et la conclusion	rédiger tout l'exposé
noter le plan	noter des idées en désordre
résumer les principales idées	ajouter du contenu au dernier moment

2 Préparer un support pour le jury

- Si vous avez bien en tête votre exposé, mettez à profit les 20 minutes pour préparer un support pour le jury.
- L'objectif est de permettre à votre auditoire de mieux suivre votre présentation. Votre support peut ainsi prendre des formes variées.

CONSEIL
Bien que non évalué, le support doit être pertinent et lisible pour bien disposer le jury.

II Faire une présentation claire et fluide

1 Soigner les étapes clés de l'exposé

- Vous devez prêter une attention particulière à l'introduction et à la conclusion.

L'introduction	La conclusion
• amène la question • pose clairement la question • annonce le plan	• fait le bilan des recherches • répond à la question • ouvre de nouvelles perspectives

- Lorsque vous annoncez le plan, vous pouvez recourir à des formules telles que :
  - Tout d'abord nous nous intéresserons…
  - Puis nous étudierons…, avant de montrer que…

2 Mettre en évidence la progression de l'exposé

- Plus encore qu'à l'écrit, vous devez être attentif(ve) aux **transitions** de manière que votre auditoire comprenne bien la progression de votre présentation.

Les passages d'une partie à l'autre doivent être ainsi explicités :
  - Nous venons de voir que…
  - Nous allons maintenant essayer de comprendre comment ce processus…

CONSEIL
Tout au long de votre présentation, n'hésitez pas à rappeler le fil conducteur en reprenant les mots-clés de la question.

- Les **liens entre les idées** d'une partie doivent être clarifiés au moyen de connecteurs logiques de cause (*car, en effet…*), de conséquence (*donc, c'est pourquoi…*), d'opposition (*mais, cependant…*), de concession (*certes…*), d'addition (*de plus, en outre…*).

ZOOM
Parler debout

- Placez-vous face à votre jury, bien **au centre**.
- Ancrez **vos pieds au sol**, de manière à avoir une assise stable.
- Placez dès le départ **vos mains à hauteur de votre ventre**, sans les laisser pendre le long du corps. Vous pouvez les croiser devant vous et les dénouer lorsqu'il sera nécessaire d'appuyer le propos.

Image extraite du film *À voix haute* de Ladj Ly et Stéphane de Freitas, 2017.

46 Répondre aux questions en lien avec la présentation

En bref *Lors de la deuxième partie de l'épreuve, le jury revient sur la présentation et évalue plus largement vos connaissances dans les disciplines correspondant à vos spécialités.*

I Anticiper les questions

1 Les questions sur la présentation

■ Le jury va en premier lieu revenir sur certains points de la présentation pour vous **demander des précisions**.

- Vous avez affirmé que... : pouvez-vous donner un exemple ?
- Vous avez cité... : quelle est votre source ?
- Comment définissez-vous le mot... ?

■ Afin de ne pas être surpris(e), efforcez-vous de les anticiper lors de l'élaboration de l'exposé.

2 Les questions sur le programme

■ Cependant le jury peut aussi vous poser des questions sur d'autres thèmes de vos **programmes de spécialité**.

■ C'est pourquoi vous devez travailler tout au long de l'année les notions au programme, en imaginant cette interrogation. Voici quatre conseils clés :

ATTENTION
Ces questions peuvent porter sur des thèmes hors du programme limitatif de l'épreuve écrite.

4 conseils clés

1. Faites des fiches pour chaque chapitre
2. Apprenez par cœur les définitions clés
3. Questionnez votre enseignant en cas d'incompréhension
4. Complétez le travail fait en cours avec des recherches personnelles

CONSEIL
Cette préparation vous servira également pour l'écrit !

II Développer une posture d'échange

1 Faire des réponses appropriées

■ Un seul des deux membres du jury est un spécialiste des domaines concernés par votre question. Votre réponse doit donc être **précise mais pas trop jargonneuse**.

■ D'autres conseils utiles :

Pensez à...	Évitez de...
prendre quelques secondes pour « ingérer » la question	vous précipiter : vous risquez de ne pas répondre à la question
donner des réponses brèves pour des précisions, plus longues pour un avis personnel	répondre par oui ou par non, ne pas développer
vous appuyer sur des connaissances précises, des chiffres, des dates...	rester dans les généralités, utiliser le pronom « on »

2 Gérer les difficultés

■ Si vous n'êtes **pas sûr(e) de comprendre** la question :
- reformulez-la à voix haute pour vérifier que vous avez bien compris ;

  Vous me demandez si... Vous voulez savoir comment...
- demandez des précisions ou un exemple.

  Qu'entendez-vous par... ? Pouvez-vous me donner un exemple ?

■ Si vous **ne savez pas quoi répondre**, osez le dire : vous pouvez toutefois commencer par faire remarquer la pertinence de la question.

Ce point me semble en effet très intéressant,
mais je n'ai pas eu le temps de l'approfondir.

zoOm

Éviter les gestes parasites

Apprenez à identifier les gestes que vous effectuez pour vous rassurer en situation de stress : ils brouillent la communication et traduisent votre inconfort.

Passer la main dans ses cheveux

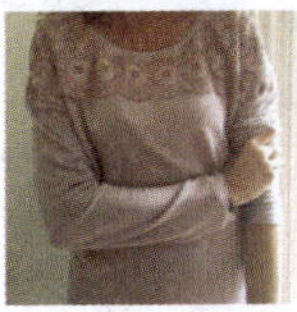
Remonter ses manches, tirer dessus

Toucher sa montre, un bijou

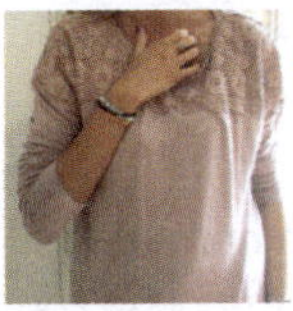
Se gratter avec insistance

47 Défendre son projet d'orientation

En bref *Au cours de cette partie de l'épreuve, vous exposez votre projet d'orientation : quel domaine vous intéresse, depuis quand, quels choix vous avez faits pour vous en rapprocher.*

I Faire le lien entre la question traitée et son projet d'orientation

■ Le jury va commencer par vous demander en quoi le travail sur la question traitée **a nourri votre réflexion sur votre projet d'orientation**. Voici quelques éléments de réponse, à adapter en fonction de votre sujet et de votre projet :

- En travaillant sur ce sujet au croisement de deux disciplines, j'ai acquis la certitude que je souhaitais continuer à les étudier l'une et l'autre : d'où le choix d'un cursus réunissant…
- La préparation de cet oral m'a permis de rencontrer des personnes travaillant dans le domaine de …, qui m'ont donné envie de suivre leur voie ; c'est pourquoi j'ai choisi des études dans la filière…

CONSEIL
Même si vous avez évidemment envisagé plusieurs choix, mettez plutôt l'accent sur celui permettant d'établir un lien avec la question traitée. Ainsi votre démarche paraîtra cohérente.

■ Vous pouvez aussi analyser les **compétences acquises** lors de la préparation de cette épreuve : mener un travail de recherche, confronter des données, faire un travail de synthèse, faire un exposé oral et montrer qu'elles vous seront **utiles pour la suite de vos études**.

II Expliquer les étapes de son projet d'orientation

1 Projet professionnel ou projet de poursuite d'études ?

■ Si vous avez une idée de métier précise, vous pouvez partir de ce **projet professionnel**, expliquer pourquoi il vous attire ; puis faire le lien avec les études qui y mènent.

■ Mais vous avez le droit, à 17-18 ans, de ne pas savoir quel métier vous aimeriez exercer. Contentez-vous alors d'expliquer quel domaine vous intéresse et **quels choix d'études** après le bac vous avez faits en conséquence.

CONSEIL
Quand vous vous êtes inscrit(e) sur Parcoursup ou si vous avez candidaté à des écoles, vous avez dû rédiger des lettres de motivation. Utilisez-les pour préparer cette partie de l'oral.

■ Si vous hésitez encore entre **deux voies**, vous pouvez exposer les différentes possibilités envisagées.

2 La genèse et la mise en œuvre du projet

■ Pour retracer la genèse du projet, expliquez :
- comment l'idée de ce projet d'orientation vous est venue ;
- comment elle a guidé vos choix de spécialités ;
- comment elle s'est renforcée à travers différentes activités et expériences.

CONSEIL
N'hésitez pas à détailler des expériences vécues ou à rapporter une anecdote pour rendre votre présentation plus personnelle.

■ Mentionnez la filière choisie, l'école ou l'université que vous souhaiteriez intégrer et les enseignements qui vous attendent. Décrivez concrètement la manière dont vous souhaitez mener ce projet : cursus envisagé, diplôme visé.

■ Faites le bilan de vos atouts et de vos limites pour le domaine envisagé. Montrez que vous disposez d'une bonne connaissance de vous-même et de vos capacités.

zoOm

Développer une argumentation personnelle

Pour mieux convaincre le jury de votre motivation, vous devez mettre en évidence que ce projet est vraiment le vôtre.

Les composantes personnelles de votre projet

1. scolaires
- vos spécialités de 1re et Tle
- vos préférences pour certaines matières
- vos compétences scolaires

2. extrascolaires
- votre stage de 3e
- vos engagements (comme délégué de classe, dans un projet…)
- vos centres d'intérêt, vos convictions

SUJET 42 | OBJECTIF BAC | PRÉSENTATION, SUIVIE D'UN ENTRETIEN

20 min — Les sociétés humaines sont-elles dépendantes du climat ? L'exemple de l'Égypte

L'étude de la dépendance des sociétés humaines aux variations climatiques, à travers l'exemple de l'Égypte, peut vous intéresser si vous êtes passionné(e) d'histoire, de géographie ou d'archéologie.

1. PRÉSENTATION D'UNE QUESTION (5 MIN)

Les titres en couleurs mettent en évidence la structure de la présentation.

Introduction

[Accroche] Actuellement, nous sommes très préoccupés par le réchauffement climatique et nous nous demandons si nos sociétés pourront s'adapter à un tel bouleversement. **[Présentation du sujet]** Pourtant, depuis l'apparition de l'homme moderne, le climat mondial a déjà été modifié de nombreuses fois : des phases glaciaires ont succédé à des phases plus chaudes, telle l'époque actuelle, et les sociétés humaines se sont toujours adaptées à ces changements.

[Formulation de la problématique] Passionné(e) d'archéologie, j'ai voulu étudier comment le climat a pu contribuer à modeler la civilisation égyptienne antique, et comment, de nos jours encore, l'Égypte, située aux portes du Sahara, reste un pays particulièrement sensible aux variations climatiques.

[Annonce du plan] J'expliquerai d'abord comment le climat a pu influencer l'installation des humains en Égypte, puis j'évoquerai les conséquences du réchauffement climatique actuel sur cette région.

LE SECRET DE FABRICATION

En cinq minutes, vous n'aurez pas le temps de présenter plus de deux grandes parties. Le plan proposé est le plus simple et a aussi l'avantage de reprendre le découpage du programme : climats anciens (chap. 7) puis réchauffement climatique (chap. 8).

I. S'installer au bord du Nil il y a 10 000 ans

- La Ire dynastie de pharaons s'installe vers 3 100 av. J.-C. à Thinis, en Moyenne Égypte, mais les traits de cette civilisation sont plus anciens et déjà visibles chez les populations d'agriculteurs installés vers 5 000 av. J.-C.

■ Cette période fait suite à une longue désertification du Sahara. En effet, vers 15 000 à 9 000 av. J.-C., le Sahara était recouvert de savanes et occupé par des populations de chasseurs-cueilleurs, alors que le Nil était un vaste marécage insalubre. La sortie progressive de la dernière phase glaciaire du Würm (vers 10 000 av. J.-C.) s'est traduite par une lente désertification du Sahara, qui a entraîné la migration des hommes (entre 9 000 et 5 000 av. J.-C.) vers les rives du Nil , plus accueillantes. Ces sociétés y ont développé l'agriculture, forgeant ce qui allait devenir l'Égypte pharaonique. Le développement de cette civilisation serait donc directement lié aux variations climatiques ayant affecté l'Afrique du Nord.

À NOTER
Développer une idée signifie ici mettre en évidence une relation de cause à effet : la désertification du Sahara a entraîné la migration vers le Nil. On ne peut faire ici qu'une corrélation temporelle entre les deux événements.

Si le réchauffement climatique de l'Holocène a facilité l'installation de populations humaines en Égypte, le réchauffement actuel est problématique pour la société égyptienne moderme.

LE SECRET DE FABRICATION
À l'oral, les parties doivent s'enchaîner de façon logique et fluide. Une transition est donc indispensable : elle fait le bilan de la première partie et introduit la seconde.

II. S'adapter au réchauffement actuel en Égypte

■ Du fait de la désertification du Sahara, la population égyptienne actuelle est concentrée dans une étroite bande sur les bords du Nil. L'extension urbaine couplée à la désertification réduit l'espace dédié aux cultures.

■ Si des projets existent pour irriguer le désert, ils risquent de réduire la ressource en eau. L'Égypte dépend exclusivement du Nil pour ses ressources en eau. Or le Nil bleu a sa source en Éthiopie et traverse plusieurs pays avant d'arriver en Égypte, et ces pays souhaitent en profiter pour installer des barrages et des systèmes d'irrigation réduisant d'autant les apports en eau en Égypte. Cette dernière contrôle aussi le barrage d'Assouan, qui a considérablement réduit les apports sédimentaires indispensables à la fertilisation des terres cultivables, et pourrait à moyen terme entraîner une régression du delta.

Conclusion

[Bilan] Selon les époques, les variations climatiques ont pesé de façon favorable ou défavorable sur la civilisation égyptienne. **[Ouverture]** Aujourd'hui, le réchauffement climatique pèse lourdement sur l'Égypte : hausse du niveau de la mer et inondation dans le delta, sécheresses récurrentes, développement de parasites, etc.

LE SECRET DE FABRICATION
D'autres ouvertures sont possibles, suivant les sensibilités de chacun : insister sur les problèmes économiques du pays ou sur la géopolitique régionale, sur le fait que chaque aménagement proposé peut avoir des avantages et des inconvénients, etc.

2. ÉCHANGE AVEC LE CANDIDAT (10 min)

Voici quelques-unes des questions que le jury pourrait poser en lien avec votre présentation, ainsi que les réponses possibles. N'oubliez pas qu'on peut vous interroger sur d'autres thèmes du programme.

À quoi est dû le réchauffement climatique actuel ?

Le CO_2 est un gaz à effet de serre, car il absorbe les infrarouges émis par la Terre. Or, depuis les années 1850 environ, les activités humaines ont conduit à une augmentation de la concentration du CO_2 dans l'atmosphère, donc à une aggravation de l'effet de serre, d'où la hausse des températures.

> **CONSEIL**
> Les questions du jury sont destinées à vérifier vos connaissances et vos capacités d'argumentation. Il faut donc y répondre par une argumentation solide, en y incluant au besoin des observations expérimentales.

En quoi le réchauffement climatique est-il responsable des inondations dans le delta du Nil ?

Le réchauffement climatique entraîne la fonte des glaciers continentaux, et une hausse du niveau de la mer. Conjugué à la dilatation thermique des océans, ce phénomène peut expliquer les inondations dans le delta. Cependant, le réchauffement climatique n'est pas seul responsable : les barrages réduisent également les apports sédimentaires indispensables au maintien de la ligne côtière dans le delta du Nil.

Comment explique-t-on le passage du Würm à l'Holocène ?

Au Quaternaire le climat a alterné entre phases glaciaires et phases interglaciaires. Les chercheurs ont montré que ces alternances coïncidaient avec des variations des paramètres astronomiques : ainsi des changements dans l'excentricité ou l'obliquité de l'orbite terrestre, ou la précession des équinoxes, expliquent la déglaciation entre le Würm et l'Holocène.

3. ÉCHANGE SUR LE PROJET D'ORIENTATION (5 min)

Comment avez-vous choisi le sujet de votre exposé ? Celui-ci est-il en lien avec votre projet d'orientation ?

• J'ai choisi ce sujet car je désire travailler à l'interface entre les sciences expérimentales et l'histoire. Petit, je voulais être archéologue, mais mon projet a depuis évolué vers les SVT, et j'ai été particulièrement intéressé par tous les chapitres couplant les deux matières : géologie, histoire du génome humain, développement de l'agriculture, etc.

> **CONSEIL**
> Ce sujet peut être mis en lien avec d'autres projets d'études : en sciences politiques, en histoire, en ingénierie, en géologie, etc.

• L'an prochain, je me destine aux classes préparatoires BCPST, avec pour objectif d'intégrer une école me permettant d'être chercheur...

CORRIGÉS DES TESTS

1 L'origine du génotype des individus → P. 10-11

1 a
2 b et c
3 c
4 b
5 b
6 a et c
7 b
8 a et b
9 b
10 b
11 a et c

2 L'évolution des génomes au sein des populations → P. 34-35

1 b et c
2 b et c
3 b
4 a
5 c
6 a et b
7 b et c
8 a
9 c
10 a et c

3 Retracer l'histoire de la Terre → P. 60-61

1 a et d
2 c
3 a et c
4 b et d
5 b
6 b, c et d
7 b et d
8 a et c

4 L'organisation fonctionnelle des plantes à fleurs → P. 88-89

1 a et d
2 a et d
3 b et c
4 a, c et d
5 a et d
6 b et c
7 b et d
8 c et d
9 a, c et d

5 Reproduction de la plante : entre vie fixée et mobilité → P. 114-115

1 c et d
2 c
3 a
4 b et c
5 b et c
6 b et d
7 a et c
8 c
9 a

6 La domestication des plantes → P. 138-139

1 b et d
2 a
3 d
4 b et c
5 a et d
6 a
7 b
8 a et b
9 c

7 Comprendre les climats du passé → P. 162-163

1 c et d
2 c
3 a
4 b et d
5 a et b
6 b
7 c et d
8 a et c

8 Agir sur le réchauffement climatique actuel → P. 192-193

1 a, b et d
2 b
3 a, b et c
4 b et d
5 a et c
6 b et c
7 a et c
8 b et d

9 Des réflexes aux mouvements volontaires → P. 216-217

1 c
2 a et c
3 c
4 b et c
5 c
6 b, c et d
7 a et b
8 b

10 La cellule musculaire, une cellule spécialisée → P. 242-243

1 c
2 c et d
3 a et d
4 c
5 c
6 c
7 b et d
8 b
9 d

11 Le contrôle des flux de glucose, source essentielle d'énergie → P. 274-275

1 c
2 b
3 b et c
4 a, b et c
5 c et d
6 a et d
7 b, c et d
8 a et d
9 c

12 Comportements et stress de l'organisme → P. 302-303

1 a et c
2 b
3 c et d
4 c et d
5 a, b et c
6 b et d
7 b et c
8 b et d

INDEX

CRÉDITS PHOTOGRAPHIQUES

4	ph ©	enzozo/Shutterstock
5-h	ph ©	Gabbro/Alamy/Photo12
5-b	ph ©	Julien - stock.adobe.com
6-h	ph ©	DLeonis - stock.adobe.com
6-b	ph ©	Keitma/Alamy/Photo12
7-h	ph ©	Ernesto Benavides/AFP Photo
7-b	ph ©	Steve Gschmeissner/Science Photo Library
8	ph ©	ÊCastelli/Andia.fr
9	ph ©	enzozo/Shutterstock
33	ph ©	Arterra/Universal Images Group Editorial/Getty-Images
42	ph ©	S.Muller/Wildlife
54	ph ©	Bold et al.
59	ph ©	Gabbro/Alamy/Photo12
62	©	Association Paléontologique de Mennecy/apmfossile@gmail.com
65	©	2012 Antoine et al. https://journals.plos.org/plosone/article?id=10.1371/journal.pone.0049997
74	ph ©	Pierre Thomas
80-h	ph ©	Caroline Escuyer/Planet-Terre- (ENS Lyon)
80-b	ph ©	Hervé Mulard
84	ph ©	Hervé Mulard
87	ph ©	Julien - stock.adobe.com
96	©	Cécile Bassaglia https://www2.ac-lyon.fr/enseigne/biologie/photossql/photos.php?RollID=images&FrameID=amidon
113	ph ©	DLeonis - stock.adobe.com
137	ph ©	Mari Tefre/Global Crop Diversity Trust Art project Dyveke Sanne
161	ph ©	Keitma/Alamy/Photo12
191	ph ©	Munir Uz Zaman/AFP Photo
206	ph ©	PHOTOPQR/L'Indépendant/Michel Clementz/Maxppp
215	ph ©	Ernesto Benavides/AFP Photo
221-g	ph ©	Visuals Unlimited/Bsip
221-m	ph ©	Visuals Unlimited/Bsip
221-d	ph ©	Don W. Fawcett/Bsip
241	ph ©	Steve Gschmeissner/Science Photo Library
256	ph ©	Photo Researchers/© Biophoto Associates/Biosphoto
273	ph ©	ratmaner - stock.adobe.com
301	ph ©	ÊCastelli/Andia.fr
329	ph ©	DEEPOL by plainpicture
331	Doc.	« Ma Thèse en 180 secondes : la science pour les nuls »
335	ph ©	pankajstock123 - stock.adobe.com
337	Coll.	Prod DB © Ingrid Chabert - My Box Productions/DR
341	ph ©	DEEPOL by plainpicture

Malgré nos efforts, il nous a été impossible de joindre certains auteurs ou leurs ayants-droit pour solliciter l'autorisation de reproduction, nous avons réservé en notre comptabilité les droits usuels.

Iconographie : Hatier Illustration

PAPIER À BASE DE
FIBRES CERTIFIÉES

Hatier s'engage pour l'environnement en réduisant l'empreinte carbone de ses livres.
Celle de cet exemplaire est de :
1.2 kg éq. CO_2
Rendez-vous sur
www.hatier-durable.fr

Achevé d'imprimer en Italie par L.E.G.O. S.p.A. - Lavis (TN)
Dépôt légal n° 06451-5/01 - Août 2020